高等院校公共基础课系列教材

大学生创新创业教育

(第三版) (微课版)

杨秋玲 杨娟 主编
唐唯 何光美 杜丽洁 黄强伟 副主编

清华大学出版社
北京

本书在写作过程中，得到了很多人的支持和帮助，在此一并表示感谢。为了丰富内容，本书借鉴了大量创新创业方面的书籍、文献和新闻资料，谨向这些资料的作者表示最诚挚的谢意。

由于编者的专业知识和能力有限，书中难免出现纰漏，恳切期待广大读者批评指正，以便对本书做进一步的修改、补充和完善。我们的电话是 010-62796045，邮箱是 992116@qq.com。

书中含有多个重要知识点的视频二维码，扫码即可观看。本书配套的电子课件可以到 http://www.tupwk.com.cn/downpage 网站下载，也可以扫描下方的二维码获取。

编　者

2024 年 9 月

目 录

第一章 创新、创业与职业生涯发展 ……… 1
第一节 创新概述 ……… 5
一、创新的概念与特征 ……… 6
二、创新的类型与方法 ……… 8
三、创新能力的开发 ……… 16
四、创新思维 ……… 23
第二节 创业概述 ……… 34
一、创业的定义与内涵 ……… 35
二、创业的要素 ……… 38
三、创业的类型 ……… 42
四、创业过程与阶段划分 ……… 43

第二章 创业者与创业团队 ……… 47
第一节 创业者 ……… 52
一、创业者概述 ……… 57
二、创业者素质与能力 ……… 65
三、创业动机 ……… 69
四、产生创业动机的驱动因素 ……… 72
第二节 创业团队 ……… 76
一、创业团队及其对创业的重要性 ……… 77
二、创业团队的优劣势分析 ……… 89
三、组建创业团队的策略及其后续影响 ……… 91
四、创业团队的管理技巧和策略 ……… 94
五、创业团队领袖的角色与行为策略 ……… 98
六、创业团队的社会责任 ……… 99

第三章 创业机会与创业环境 ……… 102
第一节 创业机会识别 ……… 104
一、创业机会的定义 ……… 104
二、创业机会的特征和类型 ……… 107
三、创业机会的来源和影响因素 ……… 111
四、创业机会的识别方法和行为技巧 ……… 116
第二节 创业机会评价 ……… 121
一、创业机会评价的特殊性 ……… 122
二、有价值的创业机会的基本特征 ……… 122
三、创业机会评价的评判标准 ……… 124
四、常见的创业机会评价方法 ……… 125
五、个人与创业机会的匹配 ……… 129
第三节 创业风险 ……… 130
一、创业风险的构成与分类 ……… 131
二、系统风险防范的可能途径 ……… 132
三、非系统风险防范的可能途径 ……… 135
四、创业者风险承担能力的评估 ……… 136
第四节 商业模式开发 ……… 138
一、商业模式的定义和本质 ……… 139
二、商业模式因果关系链条的分解 ……… 140
三、设计商业模式的思路和方法 ……… 141
四、商业模式创新的逻辑与方法 ……… 144
第五节 创业环境 ……… 147
一、了解创业环境 ……… 149
二、熟悉行业趋势 ……… 150
三、积累创业资源 ……… 154
四、知识经济发展与创业 ……… 155

第四章 创业资源与创业融资 ……… 158
第一节 创业资源概述 ……… 160
一、创业与创业资源 ……… 162
二、创业资源的类型 ……… 163

三、创业者的内部资源 …………… 164
　　　四、创业资源获取的途径 ………… 166
　　　五、影响创业资源获取的因素 …… 167
　第二节　创业融资 …………………… 174
　　　一、创业融资概述 ………………… 174
　　　二、创业所需资金的测算 ………… 178
　　　三、创业融资方式 ………………… 180
　　　四、创业融资渠道 ………………… 184
　　　五、创业融资的选择策略 ………… 188
　　　六、创业融资困境的深层次原因 … 190
　第三节　创业资源管理 ……………… 192
　　　一、不同类型资源的开发 ………… 194
　　　二、创业资源的整合 ……………… 194
　　　三、有限创业资源的创造性利用 … 200
　　　四、创业资源开发的推进方法 …… 202

第五章　创业计划 …………………… 206
　第一节　创业计划概述 ……………… 208
　　　一、创业计划的定义与作用 ……… 209
　　　二、创业计划的种类 ……………… 210
　　　三、创业计划的内容 ……………… 210
　　　四、创业计划的基本结构 ………… 213
　　　五、市场调查的内容和方法 ……… 215
　第二节　撰写与展示商业计划书 …… 220
　　　一、商业计划书的定义与作用 …… 221

　　　二、商业计划书的分类及
　　　　　组成要素 ………………………… 222
　　　三、研讨创业构想 ………………… 224
　　　四、分析创业可能遇到的
　　　　　问题和困难 …………………… 227
　　　五、凝练创业计划的计划书摘要 … 229
　　　六、将"双创"具体化 …………… 235
　　　七、商业计划书的编制 …………… 236

第六章　新企业的开办 ……………… 240
　第一节　成立新企业 ………………… 242
　　　一、企业的组织形式选择 ………… 243
　　　二、新企业的注册流程 …………… 246
　　　三、企业注册相关文件的编写 …… 250
　　　四、订立公司章程 ………………… 252
　　　五、创立企业涉及的法律法规 …… 255
　　　六、影响创业选址的因素 ………… 257
　　　七、创业选址的步骤 ……………… 258
　　　八、开店选址的十个细节 ………… 259
　　　九、新企业的社会认同 …………… 260
　第二节　新企业的生存管理 ………… 263
　　　一、新企业管理的特殊性 ………… 264
　　　二、新企业成长的驱动因素 ……… 265
　　　三、新企业成长管理的技巧与策略 … 268

参考文献 ……………………………… 277

第一章

创新、创业与职业生涯发展

创新榜样

如何因地制宜发展新质生产力

北京海淀中关村,汇聚了一批人工智能大模型,在全国已备案上线的 117 款"大模型"中占据 47 席;上海嘉定,上汽大众新能源汽车工厂建成投产,赛道切换,稳步转型;内蒙古鄂尔多斯,"沙戈荒"地区千万千瓦级风光基地紧张建设,将源源不断送出绿电……向"新"而行,以"质"致远,发展新质生产力热潮涌动。

习近平总书记强调,"发展新质生产力是推动高质量发展的内在要求和重要着力点""各地要坚持从实际出发,先立后破、因地制宜、分类指导"。党的二十届三中全会《决定》提出,"健全推动经济高质量发展体制机制""健全因地制宜发展新质生产力体制机制"。"改革有破有立,得其法则事半功倍。"坚持稳中求进、以进促稳、先立后破,因地制宜发展新质生产力,就能不断推动高质量发展行稳致远,不断书写中国式现代化崭新篇章。

因地制宜发展新质生产力,要有矢志创新的勇气

生产力是人类社会发展的根本动力。实现社会主义现代化,实现中华民族伟大复兴,最根本、最紧迫的任务是进一步解放和发展社会生产力,尤其要发展"特点是创新,关键在质优,本质是先进生产力"的新质生产力。

从神舟飞船冲破云霄、C919 大飞机翱翔长空,到新能源汽车、锂电池、光伏产品"扬帆出海",再到人才资源总量达 2.2 亿人、独角兽企业数量居世界第二……我国深入实施科教兴国战略、人才强国战略、创新驱动发展战略,创新成果持续涌现。总体来看,新质生产力已经在实践中形成并展示出对高质量发展的强劲推动力、支撑力,为进一步加快发展提供了信心和底气。

因地制宜发展新质生产力，要有先立后破的策略

该"立"的要积极主动"立"起来，为"破"降低风险、打开局面。习近平总书记深刻指出："传统产业不能说是落后产业，传统产业里面也有新质生产力，也有高科技。"新动能完全形成、新模式真正确立之前，不能对改变旧动能、打破旧模式操之过急，应避免出现"旧动能式微、新动能不足"的空档期。先立后破、循序渐进，在构建新引擎的基础上逐步淘汰落后和过剩产能，产业转型才能稳住节奏、有序推进。

江苏常州，对效益低、资源占用大、环保隐患多的企业做"减法"，引进汽车电子、光电材料等企业，50多个村镇工业园区升级为25个特色品牌园区；湖北宜昌，磷化工产业一度造成环境恶化，"关改搬转治绿"，为新能源电池材料产业腾出空间……"腾笼换鸟"、盘活资源，收获了更高效益，也创造了更大机遇。

因地制宜发展新质生产力，要有求真务实的态度

"一把钥匙开一把锁"。我国幅员辽阔，各地资源禀赋、产业基础、科研条件不尽相同。发展新质生产力，没有统一模板、标准答案，必须立足实际、精准发力、科学施策，不能大呼隆、一哄而起、一哄而散，一定要因地制宜，各有千秋。

发展新质生产力，不能脱离实际盲目发展，把大量资源投到自身并无核心竞争力的领域，甚至导致大量低水平重复建设，而要承认客观差异、遵循发展规律、理性做出决策。京津冀、长三角、粤港澳大湾区等地区作为高质量发展动力源，人力资源丰富，科研实力雄厚，发展新兴产业、未来产业基础较好，应发挥优势，先行一步。一些传统产业集聚的地区则须注重利用科技赋能产业升级，不搞简单的"弃旧迎新"。全国"一盘棋"，共谱"协奏曲"，我们就能在未来发展和国际竞争中赢得更大战略主动。

因地制宜发展新质生产力，要有改革攻坚的决心

武汉"光谷"，研发者也是创业者，实验室连着生产线，"一束光"造就5000亿元规模的产业集群。合肥"声谷"，科研优势"先声夺人"，新兴产业"声声不息"，2000多家企业精耕细作智能语音产业，年营业收入超2000亿元。"光谷""声谷"的成功实践，在于抓准了细分赛道，更在于强化了"谷"这个重要支撑。

习近平总书记强调："新质生产力的显著特点是创新，既包括技术和业态模式层面的创新，也包括管理和制度层面的创新。"发展新质生产力，适应劳动者、劳动资料、劳动对象及其组合等的新变化，必须进一步全面深化改革，加快形成同新质生产力更相适应的生产关系。

创新呼唤开放，合作方能共赢。"中国天眼"开放2024全球观测申请，15个国家的科学家主动报名；在深圳，苹果、西门子能源等外资企业加速布局高能级研发中心，从"在华生产"转向"在华研发"……这些年，规则、规制、管理、标准等制度型开放稳步扩大，国际合作正成为科技创新的"加速器"。

"看准了就坚定不移抓"。坚持以习近平新时代中国特色社会主义思想特别是习近平经济思想为指导，全面贯彻落实党的二十届三中全会精神，因地制宜发展新质生产力，必将为推动高质量发展、推进中国式现代化注入强劲动力，开辟广阔前景。

(文献参考：金社平. 如何因地制宜发展新质生产力[N]. 人民日报，2024-08-10(001).)

互动游戏

创新思维本领和创造力测试

参与人数：集体参与

时间：5 分钟

道具：测试卡(附后)

场地：教室

应用：1. 测试学生创新意识和创造力基本学情
　　　　2. 探讨创新思维培养路径
　　　　3. 探讨创造力培养路径

规则和程序：

1. 请认真思考下列题目，结合自己的实际情况做出判断(每题用时 30s 左右)，测一测你是否具备创新思维和创造力。

2. 假设完全符合你的情况，请在表格中的"是"栏打"√"；若不符合，请在表格中的"否"栏打"√"；若不清楚，请在表格中的"不确定"栏打"√"。

3. 填写完毕后，请身边同学交叉评分，并计算出总分。

测试量表一：创新思维本领测试

序号	内容	请在对应选项打"√"			评分
		是	否	不确定	
1	你认为使用古怪和生僻词语的作家，纯粹是为了炫耀				
2	无论什么问题，让你产生兴趣总比让别人产生兴趣困难得多				
3	对于经常做没把握事情的人，你不看好他们				
4	你常常凭直觉来判断问题的正确与错误				
5	你善于分析问题，但不擅长对分析结果进行综合、提炼				
6	你审美能力较强				
7	你的兴趣在于不断提出新的建议，而不在于说服别人去接受这些建议				
8	你喜欢一门心思埋头苦干的人				
9	你不喜欢提显得无知的问题				
10	你做事总是有的放矢，不盲目行事				
总　分					

评分标准：

按照每道题"是""否""不确定"进行相应打分。

1—1，0，2；2—0，1，4；3—0，1，2；4—4，0，2；5—1，0，2；6—3，0，1；7—2，1，0；8—0，1，2；9—0，1，3；10—0，1，2。

测试量表二：创造力测试

序号	内容	是	否	不确定
		请在对应选项打"√"		
1	别人发言时，你总能专心倾听			
2	完成了上级部署的某件事情，你总有一种欢快感			
3	你觉得调查事物来历很有趣			
4	你在发言及写文章时常常应用类比的方法			
5	你总能全神贯注地念书、绘画			
6	你从来不迷信权威			
7	你做事情喜欢寻根问底			
8	你平时喜欢进修或琢磨问题			
9	你常常思考事物的新谜底和新方法			
10	你常常可以从别人的谈话中发现问题			
11	你做带有创造性的事情时，常常忘记时间			
12	你可以主动发现问题，并思考和问题有关的各种解决办法			
13	你老是对周围的事物保持好奇心			
14	你常常预测工作的实际成效，并正确验证这一成效			
15	你老是有些新设想在脑袋里涌现			
16	你有很敏锐的调查力和提出问题的本领			
17	你遇到困难，从不气馁			
18	你在事情陷入窘境时，常能回归问题本身，另辟蹊径解决问题			
19	在解决问题过程中找到新的解决办法，你总会感觉十分快乐			
20	碰到问题，你能从多方面、多途径摸索解决它的办法			

评分标准：

按照每道题选择"是"选项统计个数。

分析：

1. 量表一：得分 11～21 分，说明被测试者善于在创造性与习惯做法之间找出平衡，具有一定的创新意识，适合从事打点工作，也适合从事其他很多与人打交道的工作，如市场营销。得分 10 分以下，说明被测试者缺乏创新思维本领，属于安分守己的人，做事一板一眼，一丝不苟，适合从事对规律性要求较高的职位，如管账、质量监督员等岗位。

2. 量表二：20 道题都打"√"，说明创造力很强；13 道题以上打"√"，说明创造力较强；10～13 道题打"√"，说明创造力一般；低于 10 道题打"√"，说明创造力较差。

特别说明： 以上测试仅反映测试者当时的状态，评价结论仅供参考，希望读者能通过学习本节内容提升创新思维本领和创新能力。

相关讨论：

1. 根据测评情况，自我剖析创新思维本领的优势和劣势，并邀请创新思维本领测试中得分大于 11 分的同学探讨大学生应具备哪些创新意识。

2. 根据测评情况，自我剖析在创造力方面存在的优势和劣势，并邀请创造力测试选择"是"且总数大于 13 的同学探讨大学生提升创造力的方法和路径。

(参考文献：李志，陈培峰. 大学生创新素质培养与训练[M]. 重庆：重庆大学出版社，2021.)

第一节　创新概述

导入案例 1-1

ChatGPT 自面世以来备受全世界关注。据路透社报道，2023 年 1 月，平均每天有约 1300 万名独立访客使用 ChatGPT，是 2022 年 12 月的 2 倍多。ChatGPT 在发布 2 个月之后，月活跃用户数量就超过了 1 亿。抖音国际版(TikTok)运行了近 9 个月，使其月活跃用户数量超过 1 亿，"照片墙"(Instagram)运行了 2.5 年才实现这一目标。至此，ChatGPT 成为史上活跃用户数量增长最快的应用程序。

ChatGPT 既可以被直接应用于许多场景和产品，也可以为其他场景和产品提供支撑。与其他人工智能产品相比，ChatGPT 似乎更加"平易近人"，在商务、司法、教育乃至人们的日常生活中都已经获得应用，但相关应用活动也引发了一些争议。比如在教育领域，学生使用 ChatGPT 写作业或论文的现象引发了人们的热烈讨论。

2023 年 1 月，一项在美国开展的对 1000 名 18 岁以上学生的调查显示，超过 89%的受访学生使用过 ChatGPT 来完成家庭作业。目前已有多所高校和科研机构明确禁止使用 ChatGPT 和其他所有基于人工智能的工具完成学习与考试任务。例如，法国巴黎政治学院通过致全体师生的邮件表示，在没有明确提及的情况下，严禁使用 ChatGPT 和其他所有基于人工智能的工具来完成作业或应对考试及评估，违者将会受到处罚。澳大利亚新南威尔士州、昆士兰州和塔斯马尼亚州也禁止公立学校使用 ChatGPT。同时，也有一些国家和高校对 ChatGPT 的使用持开放态度。新加坡教育部长陈振声在回答国会议员的询问时，把 ChatGPT 比作学习数学时要用到的计算器，表示教育机构需要帮助学生掌握基本概念和获得思维能力，教导学生了解人工智能工具的工作原理，让他们能够批判性地评估这些工具的影响，这样 ChatGPT 就能成为有用的学习工具，而学生也不会过度依赖这些工具。新加坡教育部已经为教育工作者们提供了相应的"指导和资源"。美国麻省理工学院、耶鲁大学、荷兰莱顿大学等高校也对 ChatGPT 的使用持开放态度，并发布了人工智能工具使用指南。荷兰莱顿大学校长赫斯特·毕尔(Hester Bijl)认为，人工智能工具在编写文本方面做得越来越好，这将使人们能够更专注于批判性反思。教师需要教导学生批判性地看待这些工具并恰当使用，使其成为提高生产力的有力助手。

随着生成式 AI 技术的发展，在我国，文心一言、讯飞星火、豆包、通义效率等 AI 产品也得到教育领域的应用和追捧，然而生成式人工智能在学术不端、学习主体弱化等方面的问题也受到大家的关注。

讨论：你使用过 AIGC 吗？AIGC 的哪些应用你最常使用？AIGC 给人们带来便利的同时也产生了一些弊端和风险，如何看待创新所带来的利与弊？

（文献参考：姚晓丹. ChatGPT 的应用：从日常生活到专业领域[N]. 中国社会科学报，2023-02-20(003).）

拓展阅读
1.1 创新概述

一、创新的概念与特征

（一）创新的概念

党的二十大报告指出，加快实施创新驱动发展战略，坚持面向世界科技前沿、面向经济主战场、面向国家重大需求、面向人民生命健康，加快实现高水平科技自立自强。这是面对百年变局、世纪疫情冲击和国内高质量发展等新形势提出的新要求。

面对新一轮科技革命和产业变革、大国竞争加剧以及我国经济发展方式转型等重大挑战在当下形成的历史性交汇，习近平总书记在新时代推动东北全面振兴座谈会上强调："积极培育新能源、新材料、先进制造、电子信息等战略性新兴产业，积极培育未来产业，加快形成新质生产力，增强发展新动能。"在听取黑龙江省委和省政府工作汇报时，习近平总书记再次强调："整合科技创新资源，引领发展战略性新兴产业和未来产业，加快形成新质生产力。"可见，我国想要在激烈的国际竞争中立于不败之地，实现经济的高质量发展，必须以科技创新推动产业创新，以产业升级构筑竞争新优势，加快形成新质生产力。为此，需要在准确把握新质生产力内涵特征的基础上，厘清其与传统生产力、生产关系以及高质量发展之间的关系，推动加快形成新质生产力，从而抢占发展制高点，赢得发展主动权。

英文"创新"一词是"innovation"，起源于拉丁语"innovare"，释义为"更新、变革、制造新事物"。《现代汉语词典》中"创新"的解释是"抛开旧的，创造新的"。

在经济学视角下，创新这一新概念是由美籍奥地利经济学家熊彼特首先系统定义的，他在其著作《经济发展理论》中提出，创新是指企业家对生产要素"进行新的组合"，从而获得超额利润的过程。熊彼特将其所指的创新组合概括为以下 5 种形式。

(1) 引入新的产品或提供产品的新质量。
(2) 采用新的生产方法、新的工艺过程。
(3) 开辟新的市场。
(4) 开拓并利用新的原材料或半制成品的一种新的供给来源。
(5) 采用新的组织方法。

熊彼特所描绘的 5 种创新组合，大致可归纳为 3 大类，如图 1-1 所示。

> 坚持创新引领发展，树牢抓创新就是抓发展、谋创新就是谋未来的理念，以科技创新引领高质量发展、保障高水平安全。
>
> ——习近平

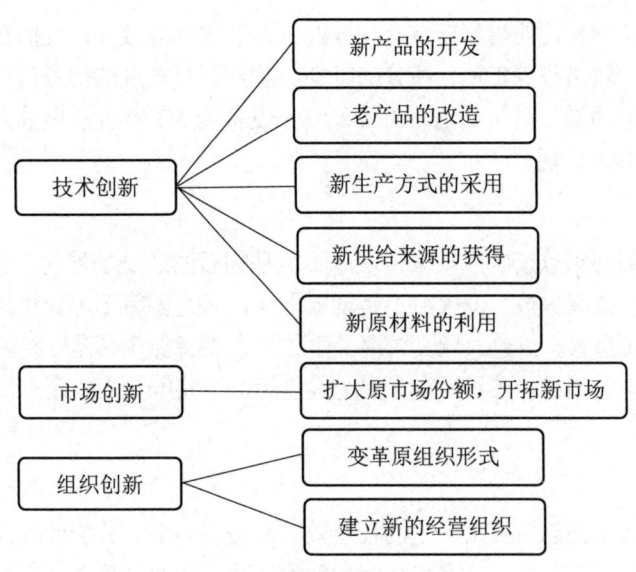

```
                    ┌─── 新产品的开发
                    │
                    ├─── 老产品的改造
                    │
         技术创新 ───┼─── 新生产方式的采用
                    │
                    ├─── 新供给来源的获得
                    │
                    └─── 新原材料的利用

         市场创新 ─────── 扩大原市场份额，开拓新市场

                    ┌─── 变革原组织形式
         组织创新 ───┤
                    └─── 建立新的经营组织
```

图1-1　5种创新组合分类

在管理学的视角下，组织创新作为技术创新的平台，推动技术创新成为企业永续发展的根基，因此技术创新能力的提升是企业核心竞争力提升的关键。技术创新的管理学解释强调了"过程"与"产出"(将设想做到市场)，其是指从新思想产生到研究、发展、试制、生产制造直至首次商业化的全过程，是发明、发展和商业化的聚合，在这一复杂过程中，任何一个环节的短缺，都不能形成最终的市场价值，任何一个环节的低效连接，都会导致创新的滞后。

在社会学的视角下，创新表达为：人们为了发展需要，运用已知的信息和条件，突破常规，发现或产生某种新颖、独特的有价值的新事物、新思想的活动。创新的本质是突破，即突破旧的思维定式，旧的常规戒律。创新活动的核心是"新"，它或者是产品的结构、性能和外部特征的变革，或者是造型设计、内容的表现形式和手段的创造，或者是内容的丰富和完善。

> 蜜蜂采取一种中间的道路，它从花园和田野里面的花采集材料，但是用它自己的一种力量来改变和消化这种材料。
>
> ——培根

(二) 创新的特征

创新作为一种活动，既是一个过程，又是一种境界，具有以下特点。

1. 首创性

首创性即"第一次"，是历史上从未有过的，是"无中生有"或者"有中生新"。新的变动、新的组合、新的改进等，都可以是创新。这种创新可以是完全的"新"，也可以是部分的"新"，只要对旧事物有所突破、有所超越、有所改进，与别人的有所不同，就是创新。例如，共享单车、共享充电宝等"共享模式"的创新，创造了共享经济，并极大地便利了人们出行。

2. 时效性

创新作为一种活动，在思想、理论、技术形成或产品投放市场后，经过一定时间又会被更新的东西所替代，这种替代使得创新具有时效性。由于这种时效性，我们在开展探究性教学或者进行科学研究时，就必须探索项目所处的时期，并需要对发展的前景进行预测。例如，我国改革开放以来，移动通信工具从书信、BP机、1G设备到5G智能手机等方式的创新迭代，是创新活动时效性的具体表现。

3. 成果性

成果性是指创新必须以新的成果来体现，不管是物质的还是精神的，器物的还是制度的。当然，创新的过程中会有失败，但失败不是创新本身，而是创新不可避免的一个阶段、一个环节。文心一言、讯飞星火、豆包、通义效率等生成式人工智能产品是一种创新的物质成果。中国共产党弘扬伟大建党精神，在长期奋斗中所构建的中国共产党人的精神谱系是一种精神文明成果。

4. 价值性

创新的价值性体现在创新成果产生的社会效益或经济效益，其价值标准是社会性的，以不损害社会利益为前提。与之相反，损害社会利益的活动，即便是首创，也绝不是创新。如制造新的毒品，进行新的迷信活动，发明新的计算机病毒等，都不是创新。抖音等直播带货模式的兴起，对人们购物方式和电商运营方式的创新性改变，以及其创造的就业岗位，是创新成果产生社会价值的直接体现。

5. 综合性

从创新活动过程来看，创新是许多人共同努力的结果，即多人投入的产出活动。它既需要科技人员的理论知识和技术，又需要生产者和管理者的共同联合、协作，才能使创新达到预期的目的。因此，创新是一项综合性的活动。C919国产大型客机项目从研制成功到商业运营，项目组始终坚持自主创新，完成飞机的自主设计、自主集成、自主验证；同时坚持开放合作，采取国际通行的主制造商—供应商模式，整合利用全球优质航空资源，塑造出一款世界级飞机产品、全球最新一代窄体客机，掌握了飞机的研制规律、研制方法和关键技术，为后续实施飞机部件国产化、实现高水平自主可控奠定重要基础。C919国产大型客机的研制成功是创新活动综合性的表现。

二、创新的类型与方法

(一) 创新的类型

1. 开拓式创新

开拓式创新是最有价值的，也是最有难度的一种创新。这种创新所创造的事物是历史上不曾出现过，是全新的，并且对于历史进程具有深远的影响，它往往伴随着天才人物的灵光乍现，带有一定的偶然性。如牛顿开创的经典物理学，爱因斯坦开创的相对论，哥伦布发现新大陆，莱特兄弟发明飞机，乔布斯发布的iPhone，Open AI公司推出的ChatGPT，日本电装公司发明的二维码，等等。

2. 升级式创新

开拓式创新固然重要，但俗语说"起了个大早，赶了个晚集"，也有很多开拓者没有赚到钱，模仿者却赚了个盆满钵满的例子。例如，福特并不是汽车的发明者，而福特却靠 T 型车成为当年的美国首富；比尔·盖茨虽然不是图形化操作系统的发明者(图形化最早的发明者是施乐公司，最早的商用者是苹果)，但他的 Windows 操作系统几乎覆盖了所有个人电脑。升级式创新其实非常重要，因为早期产品往往是比较粗糙的，而且价格往往是昂贵的，升级式创新起到了完善产品、降低门槛的作用，因此升级式创新者同样值得尊敬。

3. 差异化创新

大概 10 年前，定位理论开始风靡营销界，颇有营销就等于定位、定位就等于营销的感觉。其实，定位理论所适合的，只是差异化创新这个领域。差异化的例子如专门给老人使用的手机，专门定位于办公的 ThinkPad 笔记本，专门为女性设计的健康体检套餐，等等。差异化创新应该是最常见的一种创新模式，它是由消费者驱动的创新模式。

4. 组合式创新

要理解什么是组合式创新，想想瑞士军刀就明白了。当给一台拖拉机装上一门大炮时，就得到了一辆坦克；当给手机装上摄像头时，就有了"扫一扫"的可能性；当给眼镜装上小电脑时，它就成了 Google Glass；当给牙刷装上发动机时，它就成了电动牙刷；当给扫把装上控制系统时，它就成了扫地机器人。组合式创新同样是一种常见的创新模式，它依赖的不是技术进步，而是对于新需求的敏锐洞察。

5. 移植式创新

所谓移植式创新，就是把在 A 领域所使用的技术或模式，移植到看似没有关联的 B 领域，从而创造出新的产品或模式。移植式创新者需要具备移植思维，其又被称为迁移思维、模仿思维，它是指创新者把某一个领域或者几个领域中的理论、概念、原理、方法和技术等，有意识地转用到另一个或者几个类似的领域中进行研究，为创造发明或解决问题提供启示或借鉴的创造性思维活动。例如，辽河石油勘探局有限公司电力分公司沈阳供电工区配电班班长王洪鹏，为解决配电线路故障点查找起来费时费力且效率低的难题，想到使用类似汽车导航系统的软件可快速找到某条配电线路，便把汽车导航系统的工作原理移植过来，制作了电网数字化地图库，在电脑端和手机端同时实现以线路杆塔为目的地的路径导航，实现数据互传功能，使配电线路故障点查找起来更准确、快捷。

> 若无某种大胆放肆的猜想，一般是不可能有知识的进展的。
> ——爱因斯坦

6. 精神式创新

在大部分发展到成熟阶段的行业中，不要说没有开拓式创新、升级式创新的机会，就连差异化创新的机会也没有什么空间，这时候可能你仅仅能够依赖的就是精神式创新，你只能通过取得人们在情感、文化、价值观层面的共鸣来实现创新。市场中具有"情绪价值"的商品越来越受到年轻人的青睐，如买一瓶"好运喷雾"，下单一份"树洞倾听"……市场上，富含情绪价值的商品品类正变得越来越丰富，销量越来越高。消费品类从物质范畴拓展到精神范畴，消费理念从功能型向享受型、治愈型延伸，看似无实际功用的商品，对消费者来说却是生活的"调剂品"，对商家来说更是新机遇。专家指出，随着市场竞争日益加剧，当产品的独特性和创新性遇到瓶颈时，企业想在市场中站稳脚跟，除了在研发上继续下功夫，还要跳出产品功能性的限制，通过企业文化、品牌故事、时尚包装等手段，为产品附加情绪价值。同时，在品牌成长的过程中，产品的差异性决定了品牌辨识度，产品的情绪性则带来了品牌认可度。在产品功能相近时，谁能提供更多的情绪价值，谁的品牌口碑更好，谁就能获得消费者青睐。

（二）创新的方法

案例1-1

创新发展"AI+安全" 用科技手段为金融行业赋能

在2024年全国两会上，全国政协委员、奇安信董事长齐向东将提案聚焦在"AI+安全"与科技金融。今年是齐向东第二年履职全国政协委员。"政协履职以来，最深刻的心得体会是集众智以定良策、合众力必兴伟业。"齐向东表示，"过去一年的政协工作，让我积累了经验，也为我更好地参政议政打开了新思路。"在《创新发展"AI+安全"护航中国式现代化》提案中，齐向东建议，大力探索"AI+安全"创新应用，抢占国家安全的人工智能战略制高点，提高我国应对网络空间安全风险与不确定性的能力，护航中国式现代化行稳致远。

齐向东认为，AI不仅加剧安全威胁，如数据泄露、欺诈攻击、社会治理风险等，而且加剧攻防失衡，利用和针对AI的攻击层出不穷，网络安全"易攻难守"。此外，AI还加剧了军事威胁，AI武器化趋势显现。

为此，齐向东建议抓住"三个关键"：从供给侧看，开展联合创新，围绕攻防实战和应用场景实现"AI+安全"尖端技术研发突破；从需求侧看，强化政策牵引，推动"AI+安全"技术创新产品在各行业落地应用，建议像支持新能源汽车的发展一样，支持"AI+安全"发展，设置专项基金，对研发创新"AI+安全"产品的企业，给予政府基金、贴息贷款或科研项目等支持；从人才侧看，壮大"AI+安全"领域的实战型、复合型人才队伍。在《做好"科技金融"大文章，促进金融高质量发展》的提案中，齐向东表示，无科技不金融已经成为金融界的共识，无金融不科技也已经成为科创界的现实，需要统筹好发展和安全两件大事。"今年的提案、建议都与新质生产力密切相关。"齐向东对证券时报记者表示，新质生产力的特点是创新，关键在质优，本质是先进生产力。民营企业是发展新质生产力的重要力量。"在数字经济时代，新质生产力离不开数据和网络，高质量发展离不开高水平网络数据安全，只有实现高质量发展和高水平安全的良性互动，才能支撑中国式现代化行稳致远。"

思考：齐向东在提案中运用了哪些创新方法？

(资料来源：王小伟. 创新发展"AI+安全"用科技手段为金融行业赋能[N]. 证券时报，2024-03-05(A04).)

1. 创新方法的发展历程

创新方法按照发展历程分为尝试法、试错法和现代创新方法三个阶段。

1) 尝试法

在人类发展早期，由于没有科学理论和科学试验仪器，人们从事发明创造活动所采用的方法主要是效率极低的尝试法。"神农尝百草，日中七十毒"，便是尝试法的生动写照。其意思是，上古时候，五谷和杂草长在一起，药物和百花开在一起，哪些粮食可以吃，哪些草药可以治病，谁也分不清。于是神农尝百草，每天中毒七十余次，为黎民百姓找到了充饥的五谷和医病的草药。这是效率极其低下，也十分危险的方法。

2) 试错法

试错法是解决问题、获得知识常用的方法，即根据已有经验，采取系统或随机的方式，尝试各种可能的答案。在试错的过程中，选择一个可能的解法应用在待解问题上，经过验证后，该方法如果失败，再选择另一个可能的解法继续尝试。整个过程在其中一个尝试解法产生出正确结果时结束。当问题相对来说比较简单或求解范围比较有限时，试错的方法有一定效果。如果是针对复杂问题，试错法的效率则很低，代价很大。总之，试错法是非常单调、乏味且令人厌烦的。

3) 现代创新方法

在漫长的人类发展历史上，曾产生过无数的创造发明和创新技术，涌现过无数的科学家、发明家。他们的创新实践、创新经验和所取得的丰硕成果，对后来的创造者具有重要的借鉴意义，而创新方法正是从前人成功的创造经验中总结出来的，并被用于实践而得到证实的方法。

创新方法在美国叫"创造工程"，在日本叫"创造工法"。人们从事创造活动，必然要运用各种技巧和方法。各种创新方法对推动创造活动的开展具有十分广阔的应用价值。它能根据一定的科学规律启发人们的创造性思维，开发人们的创新能力，指导人们怎样进行创造发明，指出一条创新成功的捷径；它可以使人们的创新实践少走弯路和不走大的弯路，越过创新障碍，顺利到达创新的目的地。

越来越多的人重视、总结和完善创新方法，因此探索出不少创新方法。有的文献称，目前创新方法已有340多种，还有的文献记载，目前世界上存在的创新方法至少有1000种。

2. 创新的方法

1) 奥斯本检核表法

奥斯本检核表法是美国创新技法和创新过程之父亚历克斯·奥斯本于1941年在其出版的世界上第一部创新学专著《创造性想象》中提出的。奥斯本检核表法又被称为分项检查法，是以提问的方式，根据创新或解决问题的需要，列出有关问题形成检核表，然后逐个对问题进行核对讨论，从而发掘出解决问题的大量设想的一种方法。

奥斯本检核表法主要是引导主体在创新过程中对照9个方面的问题进行思考，即能否他用、能否借用、能否改变、能否扩大、能否缩小、能否代用、能否调整、能否颠倒、能否组合，以便启迪思路，开拓思维想象的空间，促进人们产生新设想和新方案，如表1-1所示。

表1-1 奥斯本检核表

检核项目	含义	示例
能否他用	现有事物有无其他用途？保持不变能否扩大用途？稍加改变有无别的用途	电吹风的功能是吹干头发。日本的一位妇女在冬天或雨天使用电吹风将婴儿尿布上的湿气吹干，她的丈夫由此产生联想，创新出了适合宾馆和其他地方使用的被褥烘干机
能否借用	能否引用其他的创造新设想？能否从其他领域、产品、专案中引入新的元素、材料、造型、原理、工艺、思路	医生在治疗肾结石病人时，借用现代的爆破技术，将炸药的分量用到只能炸碎肾脏里的结石而不影响肾脏本身，创新出了医学上的微爆破技术

(续表)

检核项目	含义	示例
能否改变	现有的事物能否做某些改变,如颜色、声音、味道、式样、花色、音响、品种、意义、制造方法,改变后效果如何	一般漏斗的下端是圆形的,用来向同样是圆形的瓶口里灌装液体,但是因瓶内空气的阻碍,液体不易流下。把漏斗的下端改成方形,插入瓶口时便留出间隙,让瓶内的空气在灌液时能顺利排出而使灌液流畅
能否扩大	现有的事物是否能扩大使用范围?能否增加使用功能?能否增加零部件以延长使用寿命?能否增加长度、厚度、强度、频率、速度、数量、价值	日本某牙膏厂在牙膏中加入特殊物质,当刷牙时间超过3分钟时,该物质使口内牙膏由白变黑,以此提醒人们已经达到必要的刷牙时间
能否缩小	现有事物能否体积变小、长度变短、重量变轻、厚度变薄,以及拆分或省略某些部分(简单化)?能否浓缩化、省力化、方便化、短路化	日本大阪西卡公司推出的超轻型老花眼镜,只有4.5克重(相当于普通眼镜重量的1/5),度数可调,深受人们的喜爱,上市不到1年,就在世界50个国家和地区售出2000余万副,从而以"世界上最受老人欢迎的老花眼镜"载入《吉尼斯世界纪录大全》
能否代用	现有事物能否用其他材料、组件、结构、设备、方法、符号、声音等替代	用激光代替医生的手术刀治疗某些外科疾病,不但快捷、方便,而且病人几乎没有痛苦,也大大减轻了医生的工作量
能否调整	现有事物能否交换排列顺序、位置、时间、速度、计划、型号?内部组件可否交换	过去的老式飞机,螺旋桨是装在头部的,后来有人把它安装在飞机的顶部,于是有了直升机,把它安装在飞机的尾部就有了现代喷气式飞机
能否颠倒	现有事物能否从里外、上下、左右、前后、横竖、主次、正负、因果等相反的角度颠倒过来用	英国科学家法拉第,把"电流能够产生磁场"的原理颠倒过来,实现了"磁能生电"的设想,为世界上第一台发电机的诞生奠定了基础;把对空发射的火箭颠倒过来,人们发明了探地火箭
能否组合	能否进行原理组合、材料组合、部件组合、形状组合、功能组合、目的组合	现在广泛使用的一种多功能小型木工机床,就是将平创机、凿岩机、开榫机、木工钻、木工车床组合在一起的,它很受小型木工厂和木工们的欢迎

奥斯本创造的检核表法中涉及的9个问题,就好像有9个人从9个角度辅助思考。这体现了检核表法的突出特点:多向思维,即用多条提示引导你去发散思考。你可以把9个思考点都试一试,也可以从中挑选一两条集中精力深思。

奥斯本检核表法具体实施步骤如下:根据创新对象明确需要解决的问题;参照奥斯本检核表法列出的9个问题,运用丰富的想象力,强制性地逐个核对讨论,写出尽可能多的新设想;对提出的新设想进行筛选,将最有价值和创新性的设想筛选出来,根据实际需要,提出改进方案。

练习:由一个小组提出需要通过创新解决的问题。其他小组尝试应用奥斯本检核表法罗列新设想，并由问题提出方对解决方案进行评价。

2) 头脑风暴法

头脑风暴法(brain storming)又称智力激励法、BS法。它是由奥斯本于1939年首次提出、1953正式发表的一种激发创造性思维的方法。头脑风暴法是通过小型会议的组织形式，让所有与会者在自由愉快、畅所欲言的气氛中，自由交换想法或点子，并以此激发其创意及灵感，使各种设想在相互碰撞中激起脑海的创造性"风暴"，从而产生解决问题的方法。它适合于解决比较简单、确定的问题，如研究产品名称、广告口号、销售方法和产品的多样性等；也适合于需要大量构思、创意的行业，如广告业等。因此，头脑风暴本质上是一种智力激励法。俗语所说的"三个臭皮匠，顶个诸葛亮"，其实与其有异曲同工之妙。

头脑风暴法利用基本心理机理改变了群体决策中容易形成的群体思维，最大限度地保证了个人思维的自由发挥，让与会者受到他人的热情感染而激起一系列联想反应，为创造性的发挥提供了条件。头脑风暴法的作用主要有以下4点：一是引起与会者的联想反应，刺激新观念的产生；二是激发人的热情，促进与会者突破旧观念的束缚，最大限度地发挥创新思维能力；三是促使与会者产生竞争意识，力求提出独到的见解；四是让与会者的自由欲望得到满足。

> 人可以老而益壮，也可以未老先衰，关键不在岁数，而在于创造力的大小。
> ——卢那察尔斯基

头脑风暴法一经提出便在世界各国引起强烈反响，后经创造学研究者的实践和发展，最终形成了一个相对完善的发明技法群，如三菱式智力激励法、默写式智力激励法、卡片式智力激励法等。三菱式智力激励法由日本三菱树脂公司改进而成，它的优点是修正了奥斯本智力激励法严禁批评的原则，有利于对设想进行评价和集中。默写式智力激励法是无参照扩散法的一种，由联邦德国创造学家荷立创造，其特点是用书面阐述来激励智力。其具体做法是：每次有6人同时参加会议，每人在5分钟之内用书面的形式提出3个设想，因此该激励法又被称为"635"法。会议开始时，由主持人宣布会议议题，允许与会者质疑并由主持人进行解释，然后给每人发3张卡片。在第一个5分钟内，每人针对议题在卡片上填写3个设想，然后将卡片传给右邻的与会者。在第二个5分钟内，每人从别人的3个设想中得到新的启发，再在卡片上填写3个新的设想，然后将设想的卡片再传给右邻的与会者。这样，卡片在半小时内可传递6次，共可产生108个设想。"635"法的优点是可避免因许多人争相发言而使设想遗漏的弊病，其不足是相互激励的气氛没有公开发言方式热烈。卡片式智力激励法又称为卡片法，包括CBS法和NBS法两种。CBS法由日本创造开发研究所所长高桥诚改进而成，其特点是可以对每个人提出的设想进行质询和评价；NBS法是日本广播电台开发的一种智力激励法。

头脑风暴法的实施流程可分为以下5个阶段。

(1) 准备阶段。这个阶段主要是为会议做好各方面的充分准备，包括：确定会议主题；选好主持人和参与人员；确定会议时间、地点；设定评价设想；将会议通知和相关材料发给所有参与人员。上述各项工作准备妥善以后找一个时间对与会者进行适当的训练，使其跳出常规的思维模式，适应自由思考、自由发言。会前可进行柔化训练，即对缺乏创新锻炼者进行打破常规思考、转变思维角度的训练活动，以减少思维惯性，从单调、紧张的工作环境中解放出来，以饱满的创造热情投入激励设想活动。

(2) 热身阶段。这个阶段的目的是创造一种自由、宽松、祥和的氛围，使大家得以放松，进入一种无拘无束的状态。主持人宣布开会后，先说明会议的规则，然后随便谈点有趣的话题或问题，让大家的思维处于轻松和活跃的状态。

(3) 导入阶段。主持人简明扼要地介绍有待解决的问题，介绍时须简洁、明确，不可过分周全，否则，过多的信息会限制人的思维，干扰创新的想象力。

(4) 畅谈阶段。畅谈是头脑风暴法的创意阶段。为了使大家能够畅所欲言，需要制定的规则是：①不要私下交谈，以免分散注意力；②不妨碍及评论他人发言，每人只谈自己的想法；③发表见解时要简单明了，每次发言只谈一种见解。主持人首先要向大家宣布这些规则，随后引导大家自由发言、自由想象、自由发挥，使彼此相互启发、相互补充，真正做到知无不言、言无不尽、畅所欲言，然后将会议发言记录进行整理。

(5) 整理阶段。会议过程中提出的问题多数未经斟酌，加工后才可能产生实质性的作用。①增加设想。会议结束后的两天内，由专门人员对与会人员进行追踪，询问其会后新的设想，因为经过一段时间的沉淀，他可能会产生更有价值的设想，或者可能将原来的设想进一步完善。②评价和发展。这是两个互相联系的方面，即根据一些既定的标准进行筛选判断和综合改善。标准应该根据具体问题拟定，可以包括设想的可行性、成本、可能产生的效果等。专家小组人员可以是提出设想的与会人员，但最好是问题的负责人，人数最好是 5 人。会上专家小组人员将大家的想法整理成若干方案，再根据标准，如可识别性、创新性、可实施性等进行筛选，经过多次反复比较和优中择优，最后确定 1~3 个最佳方案。这些最佳方案往往是多种创意的优势组合，是集体智慧综合作用的结果。

练习： 以"校园文创产品设计"为主题，应用头脑风暴法讨论产品设计中应融入的校园元素有哪些。

3) 组合创新法

要想两物组合之后成为受人欢迎的新事物，在进行组合思考时，就不能拘泥于某一方面，也不能局限于某一事物，而应从多方面、多层次、多种事物中寻找组合物。从近些年来的重大创新成果中，我们可以发现在技术创新的性质和方式中，原理突破型成果的比例开始明显降低，而组合型创新上升为主要方式。据统计，在现代技术开发中，组合型成果已占全部发明的百分之六七十。

组合创新法的种类很多，大致可归纳为以下 7 种类型。

(1) 材料组合。材料组合是指把不同的材料进行组合，其目的是尽量避免各种材料本身的缺点，而通过优化组合实现其功能的最大化。例如，最初使用的电缆都是纯铜芯，虽然导电性能很好，但是铜本身质地比较软。后来电缆经过改进，以铁作为内芯，被开发出内铁外铜的组合材料。目前远距离的电缆采用的都是这种材料，既充分发挥了铜的良好导电性能，又利用了铁质地硬、不易下垂的优点，同时还大大降低了成本。

(2) 功能组合。功能组合是指把用途、功能各不相同的物品组合成同时具有多种用途和功能的新产品。例如，具有按摩功能的梳子就是组合了普通梳子和微型按摩器的用途和功能；按摩型洗脚盆也是在传统洗脚盆的基础上嫁接了按摩的功能。

(3) 意义组合。意义组合是指通过组合赋予新物品以新的意义，其目的并不在于改变其功能。例如，各种旅游纪念品，一个普通的葫芦随处可见，但是印上某景点的名字和标志就具有纪念价值；一件普通的 T 恤衫印上一个团体的名字和标志便具有了代表性。

(4) 原理组合。原理组合是指把具有相同原理的两种或多种物品组合成一种新产品。例如，传统的衣橱太浪费空间，而且衣服存放和拿取都不太方便，于是有人把不同的衣架组合在衣橱里，这样不同种类的衣服可以分别存放，既方便又节省空间。

(5) 成分组合。成分组合是指把成分不同的物品进行组合而产生一种新产品。例如，当今非常流行的各种茶饮品，如柠檬红茶等，色彩缤纷的鸡尾酒也是这种创新方式的产物。

(6) 构造组合。构造组合是指把不同结构的物品进行组合而产生新功能。这种组合方式的最显著发明莫过于房车。它同时解决了外出交通和住宿两大问题，因此自诞生之日起便广受欢迎。

(7) 聚焦组合。聚焦组合是指以解决特定的问题为目标，广泛寻找与解决问题有关的信息，聚焦于问题，形成各种可能的组合，以实现解决问题的目标。

4) 和田十二法

和田十二法又称为十二口诀法(或和田创新十二法、聪明十二法)，是指人们在观察、认识一个事物时，考虑是否可以做出改变。和田十二法是我国创造学研究者许立言、张福奎和上海市和田路小学结合我国实际情况，在检核表法和其他创新方法的基础上，借鉴其基本原理，加以提炼、总结、创新而提出的一种思维创新方法。它既是对奥斯本检核表法的一种继承，又是一种大胆的创新。这种方法主题突出，思路清晰，易懂易记，深受我国广大创新爱好者，尤其是青少年学生的欢迎。

和田十二法有"加、减、扩、缩、变、改、联、学、代、搬、反、定"12 个动词，如表 1-2 所示。

表1-2 和田十二法

序号	项目	含义
1	加一加	能不能在既有的物品上添加什么？加高、加厚？增加时间、次数？与其他物品进行组合会怎样
2	减一减	能不能在既有的物品上减去什么？减高、减轻？减去时间、次数？能不能直接省略或者取消一部分
3	扩一扩	把既有物品扩展或放大会怎样
4	缩一缩	把既有物品压缩或者缩小会怎样
5	变一变	改变既有物品的形状、颜色、音响、味道、气味、次序会怎样
6	改一改	既有物品有什么缺点或不足？使用是否不便？如何改进
7	联一联	既有事物的结果与原因有何联系？对我们解决问题会产生什么帮助？把某些事物联系在一起会怎样
8	学一学	通过模仿一些事物的结构和形状会产生什么构想？学习其技术、原理有用吗
9	代一代	既有事物能不能用另一种去替代？替代后会产生什么结果
10	搬一搬	既有事物挪到其他位置会怎样？还能发挥效用吗？能产生其他新的效用吗
11	反一反	把一件事物上下、前后、左右、内外、反正进行颠倒，会有什么改变吗
12	定一定	要改进某个事物或者解决某个问题，或者防止危险发生，或者提高效率，需要做出什么规定

练习：列举自己熟悉的一个创新发明，应用"和田十二法"分析其创新方法有哪些。

三、创新能力的开发

(一) 创新能力的内涵

创新能力也称为创造力、创造商数(创商)，英文称作"CQ"，即"creativity quotient"的简称。它是一个人的能力智商，与智商(IQ)和情商(EQ)一起构成人类的三大商数。

创新能力一般包括创新意识、创新思维、创新知识、创新人格等多方面，而所有这些方面表现出来就是"面对任何未知的问题、未知的领域，有勇于尝试的冲动，有不断探索、勤于思考、善于发现并提出问题、求新、求异的兴趣和欲望"。

创新能力是指每个正常人或群体在支持的环境下运用已知的信息发现新问题，并对问题寻求答案，以及产生出某种新颖而独特、有社会价值或个人价值的物质或精神产品的能力。创新能力也可以通俗地解释为发现和解决新问题、提出新设想、创造新事物的能力。

创新能力是人类特有的一种综合性本领。《创造学》认为，创新能力是人人皆有的一种潜在的自然属性，即人人都有创新能力，但是隐性的，因此人人都具有开发的潜能。在我国古代，孟子就有"人皆可以为尧舜"的说法，这可谓是"创新能力人人皆有的"一种朴素思想。我国近代教育学家陶行知先生曾说："处处是创造之地，天天是创造之时，人人是创造之人。"

此外，人们的创新能力可以通过科学的教育和训练而不断被激发出来，将隐性的创造潜能转化为显性的创造能力，并不断得到提高。一些所谓"无创新能力"的人，其实他们并不是真的没有创新能力，而是其创新能力没有得到应有的开发。只要进行科学开发，人们的创新能力是完全可以被激发并转变为显性创新能力的。

> 如果你要成功，你应该朝新的道路前进，不要跟随被踩烂了的成功之路。
> ——约翰·D.洛克菲勒

(二) 创新能力的来源

创新能力其实每个人都有，但现实情况是只有少数人在创新，而创新的人中能取得成功的则少之又少。其中的关键原因不在于创新能力的缺乏，而在于个人创新能力是否得到了释放。

一个成功的创新者善于有目的地、系统地思考问题，通过理性或感性的分析掌握社会的期望、价值观和需求，采取行之有效且重点突出的措施，从小处起步，集中满足一项具体的要求，从而使创新能力充分释放，产生良好的创新效果；而一个失败的创新者却爱耍小聪明，舍本逐末，分散了有限的精力，总想改变世界，而不是先改变当前的生活，致使创新能力由于目标太不切合实际以至于得不到正常的发挥。因此，如何最大限度地释放一个人的创新能力，才是创新问题研究的主要方向。本书将这种创新能力归纳如下。

1. 欲望来源

一个人形成某种欲望，对释放创新能力能够产生积极的影响，因为欲望可以集中人的精力、注意力，使人深入所研究的问题、专心致志、废寝忘食、乐此不疲，不断做出一些新的、与众不同的事情。

案例 1-2

欲望之上 技术之下

这是一种颠覆。在互联网中,欲望不息,才会创新不止。

说到底,互联网的每个服务创新,至少有一种技术创新在支撑,跨界如此。整个世界都在为互联网喝彩。各种 IT 业态中,互联网更像贪心的孩子,急速地成长,急速地发展,急速地完成换代周期。对互联网来讲,创新似乎是其能保持如此快速发展且持续繁荣的唯一原动力。谁能在互联网上合理运用了这个动力,谁就会成为财富的聚集地。创新以"天"计算,站在互联网创新金字塔尖上的人和企业永远需要保持警惕。因为爬上塔尖和跌下塔尖的频率始终以"天"而不是"年"来计算。高频率的沉浮背后,是互联网创新模式的密集诞生和昙花消退。

综观中国互联网发展史,在 21 世纪的第二个 10 年,互联网创新似乎达到了井喷状态。LES、团购牵手本地商家,可惜只是昙花般短暂美丽地绽放;微博、轻博客方兴未艾,自媒体成为舆论阵营里举足轻重的力量;二维码冷饭热炒,变身线上线下的重要通道;微信再次颠覆人与人的交流方式,并催生新型业态 O2O;余额宝像一束烟火,点燃了互联网金融的火焰……如果说此前崛起中的互联网,给传统企业关上了一扇门,那么如今的互联网创新从头到脚都打上了跨界融合的烙印,互联网+金融、互联网+工业、互联网+教育、互联网+AI……重新为它们开启一扇窗。

思考:通过案例分析欲望与创新之间的关系。

(资料来源:周寿英. 欲望之上 技术之下[N]. 中国计算机报,2014-01-06(016).)

因此,人们要有意识地去培养和激发自己的欲望,有意识地使自己对某个事物和某个科学领域产生浓厚兴趣,自觉地深入了解它、研究它、热爱它,培养起创新的强烈欲望,时时刻刻想着创新,事事处处琢磨创新,这样,一定会使个人的创新能力得到极大发挥。

2. 突变来源

自然界、社会和人类思维的发展,都不是一条不间断的"量"的渐进线,"量"的渐进过程发展到一定程度就要中断,即引起质变、飞跃。事物通过渐进中断,才能实现由旧质到新质、由旧事物到新事物的转化,这个转化过程便是创新的过程。

案例 1-3

酒类创新风向突变:"微醺"赛道转热 消费"代沟"加深

作为一个万亿规模的传统行业,酒类却是新消费时代的蓝海,在过去十年中,江小白等白酒创新品牌不断涌现,但都难以动摇传统强势白酒品牌的江山。2021 年以来,国内酒类创新再次迎来新一轮热潮,融资事件数量大幅增长,但区别于上一轮白酒热,本轮的热度则转向了低度酒的"微醺"赛道,其背后是新老消费者酒饮需求的"代沟"正在拉大。

是什么催热了低度酒

目前,行业公认酒精度在 20 度以下的酒饮产品,都应该归于低度酒的范畴。低度酒也并非一条全新的赛道，在过去很长一段时间里，国内低度酒市场一直不温不火。近几年来，虽然国内酒类创新品牌不断涌现，但主要集中在白酒领域，从最早的江小白，到2018年前后，随着白酒行业整体复苏，市场上涌现出一批如开山、谷小酒等新白酒或互联网白酒品牌。但直到2020年，国内低度酒赛道的热度才开始逐步升温。在业内看来，这一变化背后是来自新消费群体迭代产生的消费需求的驱动，特别是90后和00后消费者逐步进入市场，其多元化和个性化的饮酒需求催热了低度酒市场。因为低度酒有着酒精度低易入口、味道丰富等特点，满足了年轻群体的饮酒需求，同时低度酒消费场景和饮用方式随意，也符合年轻消费者随性、轻松的饮酒方式。CIC灼识咨询合伙人朱悦表示，低度酒的涉猎人群更广，潜在市场规模较大，其符合当代女性和年轻消费群体对于酒类饮品时尚多元、利口、个性化等多重诉求。其次，酒类饮品消费场景的多元化程度在不断提升，低度酒让年轻人无论在聚会社交，还是日常舒缓压力时，都有了更加符合其需求的选择，其市场也因此更加受到资本的青睐。

酒精消费的"代沟"

高榕资本合伙人韩锐表示，新消费面临的是一个代际特征带来的结构性机会，而"新供给"的基础是"新需求"，"新需求"来自"新人群"。根据CBNData的《2020年轻人群酒水消费洞察报告》，90后的消费人数和人均消费皆呈现增长趋势，他们推崇"适量饮酒"和"健康微醺"，更喜欢"新潮尝新"和"香甜果味"，这和上一代消费者的酒饮需求有了明显的差异。保乐力加集团下属创享欢聚投资基金合伙人兼中国负责人王晨透露，酒行业目前正在进入一个百年未有之大变局，目前年轻消费者关注脱口秀、剧本杀等，这些场所有着酒行业未来一代核心消费群体，使得传统酒企不得不对这些新兴娱乐方式进行关注、分析和进行相应的业务布局。朱悦表示，年轻人对酒文化的态度与老一辈人不同，他们很少认同酒桌文化，同时对于不同的饮酒场合与形式也更加包容。消费场景从餐桌向独酌、小酒吧等多元化消费场景拓展，这也促进了年轻化酒饮的发展。这一变化在最早进行白酒创新的江小白品牌身上也有所体现。在江小白成立十周年之际，其创始人陶石泉曾反思，江小白在十年的发展过程中，在产品和定位上出现了一些误判，在低度化、利口化的创新上过于超前，导致产品的特点太突出，造成了评价毁誉参半的现状；此外，他认为在用户需求成长的同时，江小白未能重视高度酒市场的需求，导致主流用户流失严重。江小白在白酒创新上偏重低度化和利口化，但一方面白酒本就不是年轻消费者的第一选择；另一方面在打响了品牌，完成渠道铺货后，江小白往往面对的却是传统的白酒消费者，其口味需求和江小白年轻化的产品设计形成一种错配，才有了当前毁誉参半的口碑。在2021酒业创新与投资大会上，陶石泉也公开表示："中国酒业创新绝对不是打一个引号绝对意义上的新，一定是又老又新。"从一系列变化看来，江小白在白酒产品上逐渐不再追求产品的绝对"自我"和不爱喝白酒的年轻人的认同，而希望把酒卖给愿意消费白酒的消费者。而在酒饮年轻化上，则通过水果味高粱酒、青梅酒、米酒等低度酒产品来取悦年轻的消费者们。新一轮的低度酒转热的同时，年轻消费者的酒精消费需求正在与传统的酒类消费需求加速背道而驰，但这一切才是刚刚开始。酒业分析师蔡学飞表示，目前酒饮低度化的趋势更多在自饮、朋聚等细分市场，市场尚需长期培养，而白酒基于品牌与社交属性，并不会受到冲击。本身低度酒行业壮大也还需要时间。在殷凯看来，虽然赛道很热，低度酒品牌虽多，但还没有非常成熟的模式，品牌和市场规模也在形成之中，此前大多数低度酒品牌采取了代工生产、线上销售的方式。下一步低度酒还要有两个突破，一方面在代工生产模式为主的情况下，低度酒产品同质化和创新的问题也有待解决,相比于白酒的"不变",低度酒市场消费者口味多变,品牌如何能够跟上潮流也是难点之一;另一方面,线下渠道等拓展还需要"摸着石头过河"。

思考:酒类"微醺"赛道从突变转热,是怎样从量变向质变发展的?

(资料来源:栾立. 酒类创新风向突变:"微醺"赛道转热 消费"代沟"加深[N]. 第一财经日报,2021-12-30(A09).)

创新的机理是突变论,是原有极限的突破,新生事物的产生。达尔文的渐进变化论,说明了生物在既定的道路上不断完善自身适应环境的能力,突变进化论(灭绝、杂交等)虽具有风险性,但能开辟新路,产生新的事物。

3. 压力来源

《生于忧患,死于安乐》中写道:"入则无法家拂士,出则无敌国外患者,国恒亡。"这句话说的是"居安思危"的道理,如果人或国家没有竞争,那就不会有进步,久而久之,就会自取灭亡。人的聪明才智需要在一定的压力场内才能得到释放,这就是人们常说"压力就是动力""变压力为动力"的原因。

案例1-4

双重压力下 新能源车企该如何破局?

经过多年发展,我国新能源汽车行业已实现"弯道超车"。数据显示,中国新能源汽车连续9年领跑全球,2023年产销分别完成958.7万辆和949.5万辆。但目前欧美等地放缓了电动化转型步伐,并开始"打压"中国的电动车,引发市场担忧。同时,国内车市竞争也愈发激烈,"价格战"不断。业内人士认为,对于广大新能源车企业而言,建立差异化竞争优势成为当下最为迫切的任务。

国内新能源汽车产业发展迅猛

"2014年'中国电动汽车百人会'刚成立时,国内新能源汽车销量仅7.5万辆,2023年已经增长到950万辆,渗透率超过30%。数据显示,2023年,我国汽车产销量首次双双突破3000万辆大关,分别为3016.1万辆和3009.4万辆,产销量连续15年稳居全球第一。其中,新能源车产销分别完成958.7万辆和949.5万辆,同比分别增长35.8%和37.9%,市场占有率达到31.6%。中国新能源汽车产销量全球占比超过60%。我国新能源汽车行业的迅猛发展,离不开国家政策的引导和支持。2023年以来,《关于促进汽车消费的若干措施》《汽车行业稳增长工作方案(2023—2024年)》等一系列推动新能源汽车普及发展的政策密集落地。此外,继国务院印发《推动大规模设备更新和消费品以旧换新行动方案》后,商务部将以实施汽车以旧换新为重点,聚焦全产业链、全过程壮大新能源汽车市场,支持新能源汽车发展。2024年政府工作报告中,4次提到新能源汽车,并在"2024年政府工作任务"中明确"巩固扩大智能网联新能源汽车等产业领先优势""提振智能网联新能源汽车""电子产品等大宗消费",更彰显了我国加快汽车智能化转型的决心。

欧美电动化"踩刹车"

在中国电动汽车的产销量持续创新高时,西方国家却放缓了电动化转型的步伐。2024年2月底,有媒体报道称美国苹果公司内部已经决定取消推进了近10年的造车项目,引发"当前已不是造电动车的好时机"的议论。随后,梅赛德斯—奔驰集团股份公司董事会主席、首席执行官康林松也表示,鉴于电动汽车的普及速度未达预期,奔驰将不再坚持原先2030年前在主要市场全面转向电动汽车销售的目标,并对2024年的市场保持谨慎,认为全球经济形势和汽车市场发展处于"异常程度的不确定性"之中。

电动化发展趋势已不可逆转

在国际车企放缓电动化发展节奏的背景下,欧美政府开始采取行动,对中国的电动车展开"打压"。美国总统拜登以所谓"潜在的国家安全风险"为由,宣布将对中国制造的联网汽车展开调查。美国国会通过一项新法律,从2027年10月开始禁止美国国防部从宁德时代、比亚迪、亿纬锂能等六家中国公司购买电池。此外,欧盟开始对中国电动汽车进行"反补贴"调查,意图限制中国新能源汽车的出口。因此,中国对欧盟国家的电动车出口量大幅下滑。事实上,随着全球气候变暖、新一轮科技革命和产业变革加速,电动化、智能化和低碳化已成为当前汽车产业发展新趋势,新能源汽车是世界各国推动经济社会绿色低碳转型发展的必然选择。

车企应进行差异化竞争

当前中国新能源汽车产业发展仍面临不少挑战。2023年年初,特斯拉打响降价"第一枪",随后汽车市场掀起几轮大规模价格战,电动化转型的压力也随之增大。从2023年财报数据看,国内车企也面临新能源汽车规模上量和盈利难的矛盾,多数车企新能源汽车业务还处于"赔本赚吆喝"的状态。因大幅降价,2023年特斯拉的毛利率为18%(2022年为25.6%)。探索推进新能源转型的东风汽车集团迎来了更大挑战,数据显示,2023年东风汽车集团利润由正转负,出现上市以来首次亏损,原因归结为新能源业务投入加大,以及合资业务销量缩减。2024年以来,国内车市竞争愈发激烈,在比亚迪以7.98万元起的售价推出秦PLUS荣耀版后,特斯拉、吉利等纷纷加入降价潮,出现了9家新能源车企同日降价的罕见情况。4月份,价格战的激烈程度有增无减。乘联会秘书长崔东树认为,2024年是新能源车企站稳脚跟的关键年,竞争注定非常激烈。产品同质化也会加剧竞争。2024年价格战大概率会以降价促销和定位下探等多模式混合展开,新能源厂商会包装更多的权益优惠来稳定产品价格。未来,车企该如何平衡盈利挑战和市场需求?中国新能源汽车经历20年培育和壮大,已进入周期性调整阶段,企业需尽快形成规模效应和品牌优势,才能适应不断变化的市场环境。比亚迪相关负责人表示,汽车工业正在经历一场百年未有之大变革,需要很多创新技术、创新平台和创新产品。比亚迪拥有20多年的技术积累,掌握电池、电机、电控等新能源车全产业链核心技术。

思考: 如何让压力在创新中发挥积极作用?

(资料来源:刘威魁. 双重压力下新能源车企该如何破局? [N]. 期货日报,2024-04-11(004).)

我们的一生都在试图摆脱压力,但终归是徒劳的。科学家认为,人需要激情、紧张和压力。如果没有既甜蜜又痛苦的冒险滋味的"滋养",人的机体根本无法存在。对这些情感的体验有时就像药物和毒品一样让人"上瘾"。适度压力可以激发人的免疫力,从而延长人的寿命。试验表明,如果将一个人关进隔离室内,即使让他感觉非常舒服,但没有任何情感的体验,他也会很快发疯。

4. 刺激来源

刺激在创新活动中具有特殊意义。金钱、实物等物质刺激和荣誉、地位、获得知识、成就感等精神刺激都会产生创新动力。这在体育竞赛中体现得最为明显。越是在有巨额奖金的国际大赛中，越容易出现刷新世界纪录的成绩，常常是奖金、荣誉越高、对手越强，竞赛的成绩越好，一些选手甚至可能超常规发挥水平，取得令人难以置信的成绩。可以说每一项新的世界纪录都是刺激使创新能力得到极大释放的结果。现在，科技界、经济界及社会各行各业都设立了名目繁多的奖项，不言而喻都是在利用物质刺激和精神刺激的作用。

> 致富的秘诀，在于"大胆创新、眼光独到"八个大字。
>
> ——陈玉书

（三）创新能力的构成

创新能力是人类大脑思维功能和社会实践能力的综合体现。因此，创新能力是人们进行创造性活动的心智能力与个性素质的总和。我国学者根据创新能力与智力的密切关系，提出了创新能力要素构成图，如图1-2所示。

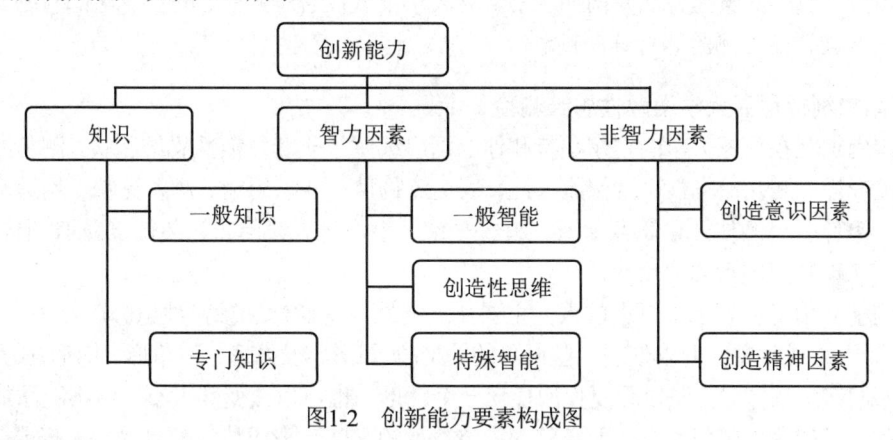

图1-2 创新能力要素构成图

美国创造心理学家格林提出创新能力由10个要素构成，即知识、自学能力、好奇心、观察力、记忆力、客观性、怀疑态度、专心致志、恒心、毅力。

日本创造学家进藤隆夫等人提出创新能力由活力、扩力、结力及个性4个要素构成。其中，活力是指精力、魄力、冲动性、热情等的集合；扩力是指发展行为、思考、探索性、冒险性等因素的共同效应；结力是指联想力、组合力、设计力等的综合。

我国学者提出了如下创新能力的表达公式。

$$创新能力 = K \times 创造性 \times 知识量^2$$

式中：K为一个常量，在式中亦可视为个体的潜在创新能力；创造性主要包括创造者的创新人格、创新思维、批判性思维及其所掌握的创新方法的总和。因此，该公式又可表示为

$$创新能力 = K \times (创新人格 + 创新思维 + 批判性思维 + 创新方法) \times 知识量^2$$

国内学者还提出创新能力由智力因素和非智力因素构成。其中，智力因素包含视知觉能力，即观察力、记忆力、想象力、直觉力、逻辑思维力、辩证思维力、选择力、操作力、表达力等；

非智力因素主要包含创造欲、求知欲、好奇心、挑战性、进取心、自信心、意志力等。

因此，开发创新能力的途径如下：在掌握大量知识和经验的基础上，塑造创新人格、开发创新思维、培养批判性思维、掌握创新方法，并将这些应用于解决问题过程之中。

(四) 创新能力的测评

20 世纪 50 年代，吉尔福特等心理学家发现，智力测验不能测量人的创新能力，创新能力测评需要独立的测试方法。创新能力的测评是为了确定一个人创新能力的大小而采用科学方法对人们的创新能力进行测量和评价的过程，是一项非常有意义的工作。

到目前为止，虽然国内外学者已经开发出十多种创新能力测评的方法，但是尚无一种公认、客观且适合各类人才的测评方法。这些方法大多面向以下几方面：创造性人格测评，创新能力倾向与行为测评，创造性产品的特征测评，以及培养创新能力的环境属性测评等。

一般来说，面向学生的创新能力测评，主要分为教学前期的试探性测评和教学过程中的阶段性测评。无论是试探性测评，还是阶段性测评，都需要采用现有的较为成熟的创新能力测量方法和量表工具，以反映学生创新能力的实际水平。

创新能力测验的典型方法有南加利福尼亚大学发散性思维测验、托兰斯创造性思维测验、芝加哥大学创新能力测验和普林斯顿法等。

1. 南加利福尼亚大学发散性思维测验

美国南加利福尼亚大学的吉尔福特和他的同事编制了一套发散性思维测验。测验的项目包括词语流畅性、观念流畅性、联想流畅性、表达流畅性、非常用途、解释比喻、用途测验、故事命题、事件后果的估计、职业象征、组成对象、绘画、火柴问题、装饰。前 10 项要求言语反应，后 4 项则用图形内容反应。

该测验适用于中学水平以上的人，主要从流畅性、变通性和独特性记分。

例如，"组成对象"要求使用一些简单的图形(如圆形、长方形、三角形、梯形)画出指定的事物。人们在画物体时，可以重复使用任何一个图形，也可以改变其大小，但不能添加其他图形或线条。又如"火柴问题"，要求移动指定数目的火柴，形成特定数目的正方形或三角形。

2. 托兰斯创造性思维测验

这一类测验由美国心理学家托兰斯在明尼苏达大学首创，故亦称明尼苏达创造力测验。根据托兰斯的理论，创新思维是创造力的核心，包含着若干方面的特征，主要为流畅性、灵活性、独特性和周密性等。因此，对创造力的测验可集中表现为对创新思维上述特征的考核。

托兰斯创造性思维测验通常由 3 套试卷、12 种测试题型或分测验组成。

第 1 套试卷为词语(文字)测验，有 7 类试题(或分测验)：第 1~3 类为提问和猜测；第 4 类为物体改进；第 5 类为用途变通；第 6 类为非常问题；第 7 类为假设推断。

第 2 套试卷为图形测验，有 3 类试题(或分测验)：第 1 类为利用给定的图形(彩色纸片)添加内容画出有趣的故事；第 2 类为利用给定的简单线条和图形组构物体略图；第 3 类为利用给定的平行线段或图形画出各种图画。

第 3 套试卷为有声音刺激的言语测验，有两类试题(或分测验)：第 1 类为声音想象；第 2 类为象声词想象。这套测验须用录音录像提供提示语和声音刺激。

托兰斯创造性思维测验适用于儿童和青少年，包括幼儿园的儿童到研究生。自 20 世纪 50

年代后期问世后，这类测验被世界各地创造学研究者广泛应用，已报道的有关应用成果已经超过两千种。

3. 芝加哥大学创新能力测验

美国芝加哥大学的心理学家盖泽尔斯和杰克逊等人根据吉尔福特的思想对青年的创新能力进行了深入的研究，在20世纪60年代编制了这套测验。这套测验包括词语联想测验、用途测验、隐蔽图形测验、完成寓言测验、组成问题测验5个项目。

许多研究表明，智商与创新能力分数之间的相关性很低，但是为正相关。也有研究认为，智商与创新能力之间相关性的高低是由创造力测验的性质而定的，某种创新能力可能要求较高的智力，而另一些创新能力又可能与智力相关性不高。尽管在智力和创新能力的相关性上还有不同的看法，但比较一致的意见是，高智商并不能保证高度的创造性，而低智商的人肯定只能得到创新能力的低分数。

许多心理学工作者也研究了创造性和实际创作作品之间的关系。瓦拉奇等人以500名大学生作为测试对象，发现思维的流畅性和创造作品之间有明显相关关系。思维流畅性能够预测许多领域中的成就。

4. 普林斯顿法

美国普林斯顿创造才能研究公司总经理、心理学家尤金·劳德塞根据多年对善于思考、富有创新能力的男女科学家、工程师和企业经理的个性品质的研究，设计了一套"你的创新能力有多大？"的简单测试。测试包括50个句子，句子不复杂，也不故意"捉弄人"。回答应尽量做到准确、坦率。每句后面用一个字母表示对这一提法的同意或反对的程度：同意用A表示；不清楚用B表示；不同意用C表示。然后，被测试者对选出的答案进行统计，测出自己的创新能力水平。被测试者只需10分钟左右的时间，就可知道自己是否具有创造才能。当然，如果需要慎重考虑，适当延长试验时间也不会影响测试效果。比如第1题：我不做盲目的事，也就是我总是有的放矢，用正确的步骤来解决每一个具体问题。

总之，典型的创新能力测评方法，一方面，可以通过测评结果考察个体的创造性人格特点、创造性思维倾向等方面的人格和行为特征，有利于反映个体的创新能力特质和水平；另一方面，评分结果有一定区分度地呈现出不同个体的创新能力水平和特征，有利于相关教师、研究人员根据个体的实际特点，有针对性地开展教学、实践训练和研究活动。此外，面向创新能力发展教学全过程的综合阶段性测评，还能够从一定程度上反映本阶段个体创新能力发展的实际效果。

创造力的评估有很多版本，主要指标包括上面讨论的流畅性(新想法的数量)、灵活性(新想法的种类)。

四、创新思维

(一) 何谓创新思维

创新思维是以新颖独特的方式对已有信息进行加工、改造、重组和迁移，从而获得有效创意的思维活动和方法。从这个概念的界定中可以看出，创新思维是一个相对的概念，是相对于常规思维而言的。在创新过程中，当应用常规方法和途径无法解决新遇到的问题，或应用常规方法解决问题成本过高时，人们往往需要新的思维指导其寻找解决问题的新方法和新途径。这种新的思维必然要有别于常规的思维，以一种新的、独特的方式处理(加工、改造、重组和迁移)信息，或重新定义问题，从而引导人们获得有效的创意并解决问题。创新思维往往需要打破常规思维形成的思维定式，属于思维的高级形式，是人类探索事物本质，获得新知识、新能力的有效手段。

典型的创新思维活动主要包括分析和综合、比较和概括、抽象和具体、迁移、判断和推理、想象等，人们总是通过这些思维活动获得对客观事物更全面、更本质的认识。

1. 分析和综合

思维的过程总是从对事物的分析开始的。所谓分析，就是在思想上把客观事物分解为若干部分，分析各部分的特征和作用；所谓综合，是在思想上把事物的各部分、不同特征、不同作用联系起来。通过分析和综合可以显露客观事物的本质，并通过语言或文字把它们表达出来。人类的语言、文字也正是在思维分析、综合中逐步形成的。

2. 比较和概括

在分析和综合的基础上，通过对事物各个部分外观、特性、特征等的比较，把诸多事物中的一般和特殊区分开来，并以此为基础，确定它们的异同和之间的联系，就称为概括。在创造过程中，人们经常采用科学概括，即通过对事物比较，总结出某一事物和某一系列事物的本质方面的特性。宇宙、自然界、动物、植物、矿物、有机物、无机物的分类，就是按其本质特征加以概括分类的。

3. 抽象和具体

比较和概括是抽象的前提，通过概括，事物中的本质和非本质的东西已被区分，舍弃非本质的特征，保留本质的特征，就称为抽象。与抽象的过程相反，具体是指从一般抽象的东西中找出特殊东西，它能使人们对一般事物中的个别得到更加深刻的了解。抽象和具体是在创新思考中频繁使用的思维。

4. 迁移

迁移是思维过程中的特有现象，是人的思维发生空间的转移。人们对一些问题的解决经过迁移往往可以促使另一些问题的解决，如掌握了数学的基本原理，有助于了解众多普通科学技术规律；掌握了创新的基本原理，有助于了解人工制造产物的演变规律。

5. 判断和推理

人们对某个事物肯定或否定的概念，往往是通过一定的判断和推理过程形成的。判断分为直接判断和间接判断。直接判断属于感知形式，无须深刻的思维活动，通过直觉或动作就可以表达出来，如两个人比较身高，直接就可以判断出来。间接判断是针对一些复杂事物，由于因果、时间、空间条件等方面的影响，必须通过科学的推理才能实现的判断，其中因果关系推理特别重要。判断事物的过程首先把外在的影响分离出去，通过一系列的分析、综合和归纳，找出隐蔽的内在因素，从而对客观事物做出准确的判断和推理。

6. 想象

想象是人们在原有感性认识的基础上，在头脑中对各种表象进行改造、重组、设想、猜想而形成新表象的思维过程。爱因斯坦认为，想象比知识更重要、更可贵。知识是有限的，而想象是无限的。正是有了想象，人们才能不断地创造出世界上前所未有的新事物。人们已经逐步认识到，世界上的一切没有做不到，只有想不到。想象分为再造性想象和创造性想象两类。人有修改头脑记忆中表象的能力，根据已有的表述和情景的描述(图样、说明书等)在头脑中形成事物的形象称为再造性想象；不依靠已有的描述，独立地、创造性地产生事物的新形象称为创造性想象。把想象视为超现实的观念并不正确，想象总是在人类改造世界的同时产生，是对现实表象的优化和提升。

(二) 创新思维的特征

1. 对传统的突破性

从创新思维的本质看，它打破传统、常规，开辟新颖、独特的科学思路，升华知识、信念和观念，发现对象之间的新联系、新规律，是具有突破性的思维活动。突破性是创新思维的一个显著特征。

首先，突破性体现为创造者突破原有的思维框架。原有的思维框架对思考问题有很多好处，它能使人们省去许多摸索、试探的思考步骤，提高思考效率。但是，原有的思维框架不利于人们进行创造性思考。因此，无论是思考如何解决新问题，还是思考如何解决老问题，都需要人们跳出原有的思维框架，用新的思考程序和思考步骤进行新的尝试。突破以往思维程序和模式对寻求新设想的束缚，对默认的假设、陈旧的观点和固化的模式提出挑战和质疑，从而取得意想不到的成功。

其次，突破性体现为突破已有的思维定式。思维定式可能是对过去某一阶段的经验总结，是经过成功的经验或失败的教训验证的"正确思维"。但是，当事物的内外环境变化时，仍然固守"正确的"定式思维就行不通了，它们常常对创造性思考产生消极作用。不突破思维定式，就会被原有的框架所束缚，就很难进行创新活动。

最后，突破性体现在超越人类既存的物质文明和精神文明成果上。从超越既存的物质文明成果看，产品的更新换代就是科研人员在思维上敢于超越原有产品的结果；从超越既存的精神文明成果看，爱因斯坦突破了牛顿经典力学的静态宇宙观去思考，创立了狭义相对论。

2. 思路的新颖性

创新思维往往是新颖的、独特的。思路的新颖性是指在思路的选择和思考的技巧上都具有独特之处，表现出首创性和开拓性。思路的新颖性表现为不盲从、不满足现有的方式或方法，需要更多地经过自己独立思考，形成自己的观点和见解，突破前人成果的束缚，超越常规，学会用新的眼光看待问题，从而产生崭新的思维成果。如果缺少独立自主的思考，且循规蹈矩、照章办事，则不可能产生新颖的思路，更谈不上创新。

创新思维的一个重要特点是新颖，那么达到什么程度才叫"新"呢？考夫曼和罗纳德把创新思维的结果——创意，分为四个级别，也称四个C，采用两个小写的c，两个大写的C。四个C在不同领域的概念和例子完全不同。下面从创业的角度介绍创意。

1) 微创意

微创意在生活和学习的过程中，对个人经历或某些现象做出新的解释或者发现了其中细微的新颖之处。微创意属于创意的初级阶段。小朋友看着天上的一朵白云惊呼"像一只大鸟"，父母会表扬"真有创意"。很多写作和绘画的创意训练都属于微创意。这个级别的创意主要局限在学习、理解、体验和认知阶段。微创意还不能构成新产品的解决方案和创业机会，但恰恰是这些点点滴滴的积累，为形成更高级别的创意提供了基础。

2) 小创意

小创意是指解决日常生活问题的创意。这样的案例很多，每个人在日常生活中都多多少少遇到过各种各样的问题，都有过为解决问题而产生新想法的经历，没有实际经验的大学生应该多从生活问题入手，寻找创业机会，将来再慢慢过渡到更加新颖的创新思维活动。

3) 专业创意

专业创意是指在工作领域提出具有专业水准和实际应用价值的创意。绝大部分创意、发明和创新驱动型的创意都属于专业创意的水平。在专利数据库中，很多专利都属于专业创意级别。有专业背景的高年级本科生、博士生或专业人员，在已有技术支持下，才可能达到专业创意级别。所谓专业背景并不一定仅局限于科学技术类专业，在任何领域具有一定的学习和工作经历都可以称为具有该领域的专业背景。

4) 重大创意

重大创意是指可能引起重大发现或发明，具有深远历史影响的创意。例如，蒸汽机、电、电话、计算机、互联网、卫星、宇宙飞船、原子弹、核能等可以影响人类社会历史发展进程的创意，可以称为重大创意或历史性创意。

所有创意并不都是全新的，所有创业并不都需要重大创意。有些小创意也可能会有大商机，而有些大创意往往在短时间内很难转化成商业机会。对创业机会的评估要全面、系统地从创意、市场、盈利、团队、资源等方面进行综合考虑。

3. 想法的流畅性

创新思维的另一个特点是反应快、想法多，能够在较短的时间归纳、总结、创造出很多想法，在反应速度和思维的丰富程度方面都有较好的表现。在创新思维领域有一个定律：只有很多想法才会有最佳想法。所以，大量的不同想法是创新思维的基础和前提。

4. 视角的灵活性

创新思维表现为视角能随着条件的变化而转变，能摆脱思维定式的消极影响，善于变换视角看待同一问题，善于变通与转化，重新解释信息。它反对一成不变的教条，会根据不同的对象和条件，具体情况具体对待，灵活应用各种思维方式。创新视角是多种多样的，创造者要学会转变视角，从不同的视角出发会得出不同的结论。换一个角度，换一种思维，或许一切都会有所不同。

5. 程序的非逻辑性

创新思维往往是在超出逻辑思维、出人意料、违反常规的情形下出现的，它可能并不严密或暂时说不出什么道理。因此，创新思维的产生常常省略了逻辑推理的许多中间环节，具有跳跃性。

创新思维的非逻辑性，由于中间环节的省略而呈现飞跃式，有时会显得离谱、不可思议，甚至创造者自己也感到不理解。例如，眉头一皱、计上心来，急中生智等就是创新思维非逻辑性的典型表现。在创新思维活动中，新观念的提出、问题的突破，往往表现为从"逻辑的中断"

到"思想的飞跃"。这通常伴随着直觉、顿悟和灵感,从而使创新思维具有超常的预感力和洞察力。

6. 内容的综合性

创造性活动一般是在前人的基础上进行的,必须综合利用他人的思维成果。科学技术发展史一再表明,谁能高度综合利用前人的思维成果,谁就能取胜,就能取得更多突破,做出更多贡献。正所谓温故而知新,在技术领域,由综合性结出的硕果更是到处可见,所以,综合也是一种创造。

(三) 影响创新思维的因素

创新思维并非少数发明家、天才才具有的素质,而是任何一个正常人都具备的一种思维方式。斯威尼在《致未来的总裁们》中说:"创新思想不是那些专门从事开发创新思想的人的专有领地。"千百年来,人们凭借创新思维不断地认识和改造世界,创造了数不胜数的物质文明和精神文明成果。消除这个误解对于培养创新思维的信心很重要。但是,我们也必须承认,每个人的创新思维能力是有很大差异的,因为创造力是一个人的性格、知识、智力、想象力、思考能力及良好的个性等诸多因素的综合体现。为了保持必要的竞争力以适应环境变化的需要,无论是个体、组织还是社会,都需要创造力。创造者必须学习和提高自己的创造力,并了解影响创造力的各种因素。影响创造力的主要因素包括个人的创造性人格和环境氛围,其中,环境氛围包括教育氛围和团体创造氛围。

1. 创造性人格

创造性人格是指个体在后天学习活动中逐步养成,在创造活动中表现和发展起来,对促进人的成才和促进创造成果的产生起导向和决定作用的人格特质。创造性人格主要体现为好奇心、怀疑精神、探索精神、开放性等特质。此外,一些心理学家也认为,具有丰富想象力,对新思想持开放态度,乐意接受新观念、新体验和新事物的开放性人格也属于创造性人格特质。

创造性人格赋予人们对新事物、新体验的持续兴趣和好奇心,同时,也能够带来强烈的问题意识和探索精神。虽然一个人的智力水平是很难改变的,但是创造性人格特质中的好奇心、怀疑态度、探索精神、学习能力等因素是可以后天培养的。

创造性人格是影响创造力的内在因素。影响创新思维的另外一个因素是外在因素,即环境氛围,包括教育氛围和团体创造氛围。

2. 教育氛围

关注教育氛围中的创造力,更多的是面向个体潜能发展的需要,注重个体在成长过程中的创意启发、创新思维拓展,并结合个体的特点启发其内在潜能,而非面向重大创新突破的需要。

人们通常认为,学校、老师和其他教育资源对学生日后创造性的发展是至关重要的。虽然个别天才儿童在尚未接受学校教育时就展现出较强的创造性天赋,但是研究发现,合理的教育背景、教师适当的引导对学生创造性的塑造具有十分重要的作用。而且研究表明,越是具有创造性的个体,良好的教育氛围对其创造性的塑造作用就越显著。

在当前的学校教育中，基础知识和技能的教育仍然是重点。不过，对个体的思维方式和行为倾向中的发散性思维和批判性思维等方面的培养已经得到了广泛关注。人们试图通过创造性的讨论、测评和训练，营造活跃的教育氛围，倡导培养创新意识、创新精神、创造性的思维习惯和思维品质。在课程设置和教学环节上，创造开放、活跃的教育氛围，鼓励学生根据自己的特长和兴趣对现实、知识和意义进行独特的构建，其目的是希望从个体知识结构兴趣点的发展独特性中产生新的思维内容，通过差异化发展增强创造潜力。学校可以通过让学生参与特定领域(如科学、技术、商业、艺术等)的创造实践活动，丰富学生的实践体验，增长知识和培养特长，从而形成某一领域的创造性专长。

3. 团体创造氛围

当两个或两个以上的人共同从事创造性的工作时，往往会产生更多的新设想、新创意或新思路，这就是团体创造氛围的作用。当个体面对复杂的棘手问题时，通常采取多种办法，希望从他人那里获得灵感和资源。而团体的构成必然需要有两个或两个以上的人，他们具有不同的观念、思想和思维方式。合作的结果很可能是排除不好的选择，做出恰当的判断，提出有效的解决方案。因此，互动的团体氛围有利于创造力的提高，能够促进更多创造性成果的产生。

试想：在思考或解决某一个问题的过程中，是否曾有遇到困难时与他人交流的经历？在一些小团体或小组活动中，是否有从队友那里获得经验或灵感的经历？

有时，团体创造氛围并不是刻意为之，可能就是同学、朋友或者一个工作小组的成员聚在一起讨论问题、交流思想或解决问题。这样的团体可能是长期的合作关系，也可能是短期的、不固定的交流共享关系。但无论是哪一种关系，其内部的不同个体之间必然需要某种形式的协同合作、交流共享。

在团体氛围营造策略中，团体需要关注个体作用的发挥，以及可能抑制团体创造力发展的重要因素——评价、过早判断和争辩等。在头脑风暴的团体策略中，团体要鼓励团体成员尽可能地参与新设想的提出和讨论，能够运用和改进他人的设想，提倡畅所欲言，要延迟评价，强调团体氛围的持续活跃性。

(四) 创新思维的形式

1. 发散思维和收敛思维

发散思维和收敛思维最早源自美国心理学家吉尔福特提出的智力模型中两个对立的维度，即发散创造和收敛创造，这两个术语后来演化成为发散思维和收敛思维这两个概念。

发散思维的目的是针对一个特定的话题，在短时间内尽可能产生更多新的想法和主意。为了从不同的角度进行思考，发散思维的过程包含把一个话题细分成为几部分。发散思维是自由流动的，通常情况下，众多想法的生成是连续的、随机的。

对于一个标准化的问题，收敛思维强调答案的正确性，通常不需要太多的创造力参与其中，如考试中的单项选择题。收敛思维在应用之中受到约束，没有自由，一般是在既定条件下，或者在可供选择的信息、解决方案之上，遵循逻辑或者规则来构造结果。

对发散思维和收敛思维的训练，都有特定的技巧。丹尼尔·库格总结了发散思维和收敛思维的准则，如图1-3所示。

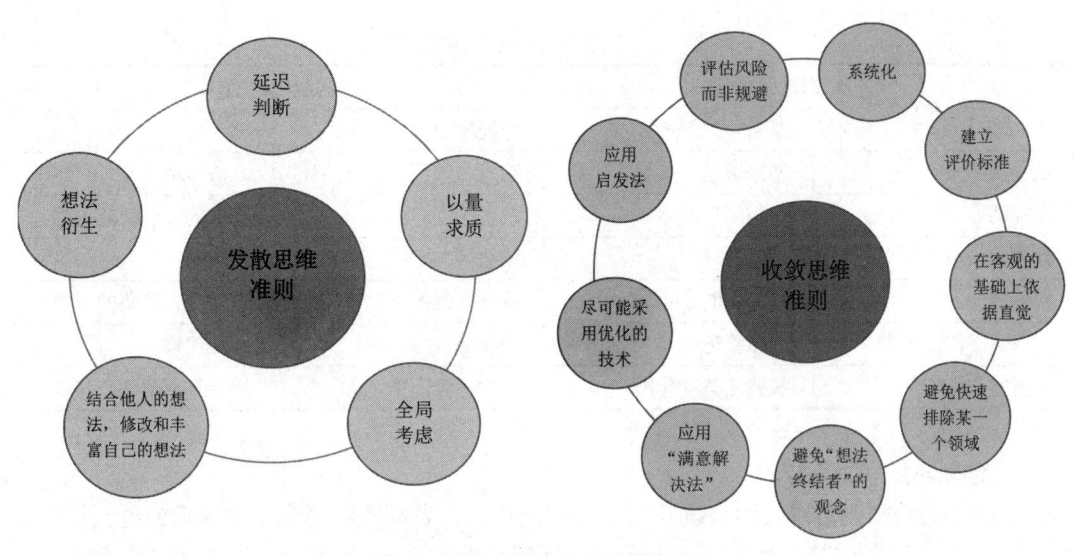

图1-3　发散思维和收敛思维的准则

　　发散思维和收敛思维是创新思维的两个方面，在进行思考、解决困难的过程中，这两个方面相互作用、互相促进。吉尔福特指出，有两种创新思维是至关重要的，发散思维有助于诞生更多新的想法；收敛思维应用在众多可行、合适的解决方案中，识别和选择最为有效的方案。对于一个模糊的问题，最理想的解决方法是遵循逻辑，这时候需要收敛思维。发散思维主要应用于批判性的决策，构建了新思路或者查询的基准线时，而在此基础之上应用收敛思维，能起到事半功倍的效果。在创新思维运作的过程中，发散思维和收敛思维经常相辅相成、交替运用。

　　吉尔福特指出，收敛思维或者发散思维会引发一系列回应，这是它们的特质。相比而言，收敛思维是基于不同方位的，搜寻单一的和特定的回应。然而，收敛思维毋庸置疑是构成创新思维的一个优异特质，是不可或缺的。收敛思维是指在解决问题的过程中，尽可能利用已知的知识和经验，把众多信息和解题的可能性逐步引导到条理化的逻辑序列中，最终得出一个合乎逻辑的、规范的结论。

2. 左脑思维和右脑思维

　　自19世纪起，人们就已经发现大脑两个半球的功能有所不同，因为左半球受损的人会产生各种不同的语言障碍，但右半球受损的人不会出现这些障碍，可是会出现其他障碍。后来的研究发现，左半球的优势在于分析具体的问题，它被认为是语言、理性、分析的一半；而右半球则在分析、理解和识别画面上占优势，它往往被定位为有创新、直观、全面和情感的一半。

　　20世纪60年代末期，美国心理生物学家罗杰·斯佩里发现了大脑两个半球的分工，并获得了1981年的诺贝尔生理学或医学奖。斯佩里和他的同事对经过大脑外科手术切断脑桥的癫痫病患者做了一系列的试验，其结果就是得到了如今众所周知的大脑分工理论：左脑负责语言、逻辑、数字、顺序、局部和分析等功能；右脑负责节奏、空间、形象、想象色彩及整体综合等功能，如表1-3所示。

表1-3　左脑和右脑的职能分工表

左脑(理性脑)		右脑(感性脑)	
语言/文字	逻辑、数学	空间/音乐	整体的
线性、细节	循序渐进	艺术、象征	一心多用
自制的	理智的	敏感的	直觉的、创新能力的
强势的	世俗的	弱势的(安静)	灵性的
积极的	好分析的	感受力强的	综合的、完整的
阅读、写作、述说	顺序整理	辨认面目	同时理解
掌握复杂程序	掌握复杂动作顺序	感知抽象图像	辨识复杂数学

3. 创新思维和批判思维

创新思维和批判思维这两个理论有很多相同点。二者都要对思维或者决策的过程进行评估，都要求具备基本的知识和实践，都要求对现有水平加以改进和提升，都会受到外界资源(如环境、不同的体系、家庭等)的影响。

创新思维和批判思维有相同的目的，二者经常被误解为同一种理论，被认为都可以用于创新创业。实际上，创新思维和批判思维有很大的不同。

创新思维更强调灵活性、原创性、流畅性、联想思维、隐喻思维等。创新思维的目的是刺激好奇心，拓宽维度，促进发散性思考。创新思维的过程是新想法诞生的过程，这个过程一般跨越不同的学科，打破已经建立的具有象征意义的规则或过程。其通常包括的行为活动有准备、酝酿、洞悉、评估、阐述和沟通。

批判思维是在逻辑和理性思维的高阶认知活动中产生的一系列技能，用于问题的识别、分析、判断和解决。批判思维包含的技能有对比、分类、排序、因果、图形化、网状化、类比、演绎归纳推理、预测、计划、假设、评判等。批判思维的过程依附于个体的思想开放性及认知的成熟程度。批判思维是活跃、持久、稳固的，是对知识进行细致、谨慎的思考后言简意赅的总结，是有支撑的论断所下的结论。批判思维包含分析和衡量其自身和别人的意见和观点。

由此可见，创新思维和批判思维是两种相反的思维方式，如表1-4所示。

表1-4　创新思维和批判思维的区别

创新思维	批判思维
有生产力的	分析的
分散的	收敛的
横向的	垂直的
事件发生的主观可能性	事件发生的客观概率
扩散	聚焦
主观的	客观的
答案(唯一)	答案(不唯一)
右脑思维	左脑思维
视觉的	口头的

(续表)

创新思维	批判思维
发散的	线性的
联想的	推理的
直觉的	理性的
是，还有(补充递进)	肯定、可是(表示转折)

在当今创造力和创新能力的研究和教学过程中，非常明显地强调创新思维、发散思维和右脑思维，似乎这些就是创造力的主要特征。本书特别强调，创新思维离不开批判思维，右脑思维离不开左脑思维，发散思维也离不开收敛思维，二者的融合才能构成创新思维的完整过程，缺少任何一个因素都容易走向极端。

4. 想象力

想象力是人们在头脑中创造一个念头或画面的能力。在过去，人类就意识到想象力的重要性。哲学家亚里士多德说过："想象力是发明、发现及其他创造活动的源泉。"创造学之父奥斯本也肯定了想象力的作用，他说："想象力是人类能力的试金石，人类正是依靠想象力征服世界。"爱因斯坦也说过："想象力比知识更重要。"

美国教育哲学家格里尼在她的著作《释放想象力》中强调，培养想象力是教育的一个重要工作。她主张学校应让学生多接触艺术以开启想象力，从而对自我、人性、社会问题有更多的察觉，并努力改进。格里尼认为，想象力是一种将某事物视为可能是其他事物的能力，即一种发展新的观看方式的能力。她强调想象力在教学中发挥的作用，以及当前学校的重心应该是打破旧的量化思维模式以开启新的可能性。想象力即为打破僵化模式与狭隘生活途径的一种方法，具有新奇、跨越界限，以及在杂乱无序的事物当中，找到不同以往的新秩序的力量。通过想象力的运作，人们可以跨越常识或制度，并在经验中发掘新的秩序。当人们发挥想象力时，很有可能改变认识事物和感知生命的角度。

企业家能够成就一番事业，除了具有创新思维，还与他们的想象力紧密相关。如同创造力一样，想象力是能够通过后天开拓、训练得以提升的一种技能。

费利恩在其《企业家教学的十个步骤》一文中的第二步强调了想象能力的培养。他鼓励学生了解发明家和企业家，培养其自身的想象力。人们的创造力和想象力是需要通过训练获得的，教育者必须把自身沉浸在创造力的文化中。具体方法可以是阅读，或结识一些具有创造力的群体，如作家、画家、发明家、企业家等。在讲授企业家精神的课程中，一些教师会在课堂上分享自己的经历。此外，还有一些学校会邀请企业家到学校分享具体的话题。现代日常生活中对想象力的需求日益增长。学校不会期望每一位毕业生都成为伟大的发明家，然而，每一个人在现代社会中，就算是取得微小的成功，也需要发挥想象力。因此，现今的教育系统需要给学生提出更多分析型问题。事实上，作为企业家课程的教学应该更加注重培养想象力和创造力这两个方面的平衡。

想象力和创造力必须应用到商业环境中才有生命力。否则，想象力就会成为白日做梦和漫无目的的思维旅行。

5. 联想思维

从一个事物跳跃地联想到另一个事物及想象那些并不存在的事物是每个人都具有的潜在能力。然而，随着个人知识水平和经验的增长，人们往往会忽视联想和想象所带来的意想不到的可能性。

从人们身边不起眼的曲别针、便利贴、滚珠式水笔到笔记本电脑、移动通信设备等，都曾经是了不起的发明。人们可能需要经过无数次的联想和想象，才最终形成了这样一个个新颖、实用的创意解决方案。

尽管有人认为联想思维和想象思维不可捉摸，可能很多时候我们自己都很难弄清楚我们的创意是怎么产生的，是什么时候产生的，但一些基于心理学的研究能够通过扫描大脑的神经网络，将人思考的瞬间记录下来，并测量找到问题答案过程中神经元的兴奋程度。这就能够让人们了解到，联想和想象本身并不是横空出世的魔术戏法，而是在已有的思想之间建立起来的新联系。

在整个创意过程中，联想和想象的作用十分重要，它们能够帮助人们更好地理解问题的实质，更接近于有待建立联系的问题解决方案。当重要的新发现突然出现时，联想和想象思维能够帮助人们很快地在原有知识经验和有待改进发明的事物之间建立有效联系。然而，联想和想象思维的充分运用绝非创意过程的终点，仍需要花费很多时间和精力来对初步设想和设计方案进行改进和优化。

案例 1-5

卖钱的"水声"

"水声可以卖钱"，是美国一个叫费涅克的人说的一句"疯话"。一天，他去野外游玩，站在山涧小溪旁，听着潺潺的流水声，感觉美极了！于是他想，如果能把这些水声录下来，变成美妙的乐章，供人们享受，自己又可以赚一笔钱，这岂不是一大乐事？第二天，他就带着立体声录音机去录潺潺的水声。回去后，他进行了复制并贴上了"大自然美妙乐章"的标签，以高价出售，赚了许多钱。

费涅克"水声赚钱"的"疯话"包含着联想思维的内蕴。联想思维是由一事物想到另一事物的思维过程。联想的基础是事物之间的相互联系形式，如空间上的联系、时间上的联系、性质上的联系、因果联系、从属联系等。联想思维越活跃，便越能把自己的有限知识和生活经验充分调动起来并加以利用，越能把成千上万的事物与某一事物联系起来，从而拓宽创新思路，创造出新奇的事物。

(资料来源：薛志成. 发明始于联想[J]. 发明与创新(综合版), 2006, (09):10.)

(五) 创新思维的过程

从问题的提出到找到解决方案，创新思维经历了一个漫长的思维组织过程。美国教育学家约翰·杜威(John Dewey)认为每一个思维的两端，开始是一个迷惑、纷乱或困难的情境，结果是一个澄清、统一或解决的情境，思维就在这两端之间进行。在这两端之间，思维的过程经历了五个步骤：①感受到困难或难题，即有疑难的情境引发思维的冲动；②定位和定义困难或难题，即确定疑难究竟在什么地方；③提出解决问题的种种假设，想到可能的答案或解决办法；④对联想进行推理，看哪个假设能解决当前困难；⑤通过进一步观察、试验和证实，肯定或否定自己的结论，即树立信念或放弃信念。在实际经验的过程中，有的阶段可以拼合，有的阶段则历程甚短，甚至没有被人察觉。因此，五个步骤并非固定不变的方式，应随具体情况而定。

美国心理学家华莱士1926年出版了《思想的艺术》一书，书中通过对许多创造发明家自述经验的研究，提出了创新思维过程的四个阶段——准备、酝酿、顿悟和验证，如图1-4所示。

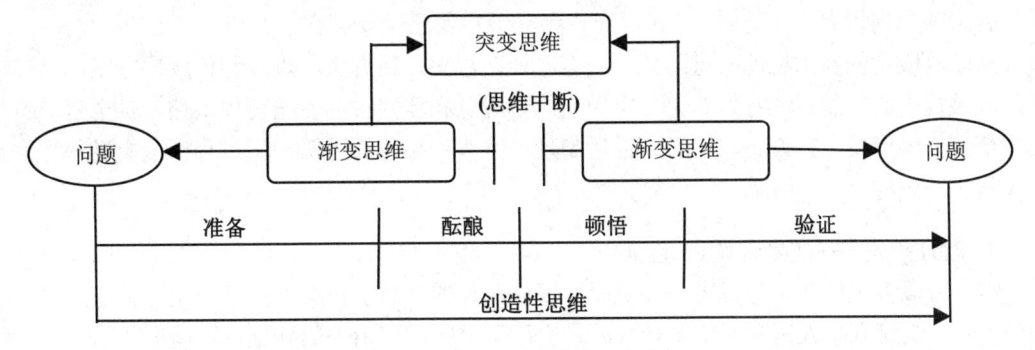

图1-4 创新思维过程的四个阶段

1. 准备阶段——问题提出

这是提出问题、分析问题，并为问题解决搜集各种材料的过程，也就是有意识积累相关背景知识的阶段。

创造者从事创造或创新活动，首先要提出有价值的问题，问题的深度决定着创新的意义和价值，引导着思维的方向。因此，提出有意、有价值的问题成为这个阶段的重要一环。创造者提出问题后，接下来就是进行周密的调查研究，搜集与问题有关的研究成果，然后进行资料分析、信息识别，同时进行一些初步的试验，认识问题的特点，通过反复思考和尝试来努力解决问题。

2. 酝酿阶段——问题求解

假如直接的解决方案不能立即得到，酝酿阶段随即来临。这个阶段重点是对前一阶段所获得的各种信息、资料加以研究分析，从而推断出问题的关键所在，并提出解决问题的假想方案。

酝酿在其性质和持续时间上变化很大，它可能只需要几分钟，也可能需要几天、几星期、几个月，甚至几年。在此阶段，非逻辑思维和逻辑思维互补、潜意识和显意识交替，采用分析、抽象与概括、归纳与演绎、推理与判断等逻辑思维方法，经过反复思考、酝酿，有些问题仍未达到理想的解决方案，出现一次或多次"思维中断"。创造者此时往往处于高度兴奋状态，有着如痴如醉和狂热的感觉。这一过程可能是短暂的，也可能是漫长的，甚至进入"冬眠"状态，孕育着灵感和突变思维的降临。

日本创造心理学家高桥浩认为这一阶段创新思维的特点是："和造酒一样，需要有个酝酿期。在第一阶段中，经有意识的努力而得到的东西大多是勉勉强强、比常识稍胜一筹的东西，不能有大作用。到了下一步的酝酿期，和酿造名酒一样，新的思想方案才逐渐成熟起来。一般的人不能忍耐这个酝酿期，也没想到有经历这一个时期的必要，因而总是在第一阶段里徘徊。"

3. 顿悟阶段——问题突破

这一阶段又称为"豁朗"或"启发"阶段。顿悟一般不是通过有意识的努力而得到的，它常出现在长期深度思索不得而稍作休息后，或转移注意力于其他事情，却被一件毫不相干的事触动。这种顿悟一出现，就不同于许多经验，它是突然的、完整的、强烈的，以致会脱口喊出"是这样的""没错"。华莱士把这种经验称为"尤瑞卡经验"(eureka experience)。如阿基米德终于找到了希腊王向他提出的检验王冠含金量问题的解答时，从浴盆里跳出来狂喜地在大街上边跑边喊，向世界大声宣告："我已经找到它了！我已经找到它了！"

这个阶段是创新思维的关键阶段，新观念、新思想、新方法，以及整个解决方案都是在这个阶段被提出的。需要注意的是，一个闪光的新观念和新假说的提出可能很快，甚至是一瞬间的事情，但要形成完整方案，还必须经历整理、修改和完善的逻辑加工过程，这个过程往往是一个漫长的过程。

4. 验证阶段——成果证明、验证

这一阶段多采用逻辑思维方法，是有意识地进行的。对于科学上的新理论，验证的主要手段是设计、安排观察或试验，所要检验的是由新假说所推演出来的新结论，验证时间一般比较长。门捷列夫花了十几年的时间验证化学元素周期律；哥白尼的日心说验证时间长达三百多年。对于工程技术上的创新成果——新工艺、新技术、新产品，检验的基本方法是实践，就是看它在实践中能否提高产品的质量和生产效率，能否大规模推广，从而产生社会经济效益。

第二节 创业概述

导入案例 1-2

"00后"合伙人"玩"出大学生旅行社

舞蹈专业、土木工程专业、地理测绘专业、旅游专业……一群平均年龄20岁的"00后"们，因为"贪玩"在校园里开启了创业之旅。抓住了青年旅行+社交的属性，打造了独属于大学生的旅行社。6月发出首团以来，已有超2000名大学生报名参团进行周边游。

"00后"创业，来场说走就走的旅行

"起因是我想出去玩，可惜资金不太够。"就读于湖南师范大学地理科学学院的大二学生小吴，是长沙市青春湘行旅行社的主创之一，作为一名大学生旅游爱好者，小吴就曾为旅游搭子和资金而犯愁。现实中的困难转念之间成为创业的灵感。"我就想着打造一个适合大学生的'纯玩'旅行团，是不是会受到大家的认可？"说起自己的创业初心，小吴笑着说，"贪玩，没钱！"说干就干，小吴发布了一篇名为《大学生创业旅行社求意见》的帖子，很快吸引了5名有共同想法的同龄人加入。5月末，长沙市青春湘行旅行社正式在湖南师范大学文创园落地。6月发出首团以来，"青春湘行"先后推出凤凰古城两日游、萍乡武功山夜爬、广东双月湾三日游等"纯玩团"，有超过2000名大学生游客参团，旅行团的价格根据路线不同，收费为人均199元至399元不等。"从长沙出发直奔武功山，往返车费、保险费、导游费全包，不需要

自己做攻略，对于我这种旅游'懒人'来说再合适不过。"在长沙上大学的刘同学刚刚结束"青春湘行"推出的武功山夜爬两日游，对于价格和行程安排都非常满意，"跟团的都是同龄人且收费低廉，后续还会继续参与。"

"旅游+社交"定义青年旅游的未来式

敢想敢做的"00后"既有敏锐的洞察力，也有开阔的创业思路。暑假期间，该旅行社除了继续跟进大学生旅行项目，还顺势推出了"纯玩亲子团"。小吴表示，"青春湘行"不仅想打造大学生旅游品牌，未来还想推出"上班族旅游"系列，为上班族实现周末旅游解决后顾之忧。如果说定位人群精准是这群"00后"大学生创业的基础，那"旅游+社交"的模式就是他们最大胆的尝试，"现在的年轻人比较青睐搭子社交，我们想把旅游和社交结合起来，帮助更多年轻人打开社交圈。"小吴表示，旅行团不单是一次简单的出游，他们会组建微信群，也会在旅行途中插入互动性较强的小游戏，让大家在旅行中彼此熟悉、成为朋友。"这种方式不仅能稳定客源，也为爱好旅游的同龄团友们提供了一个自由的社交平台。"小吴表示，未来并不会拘泥于旅游这一种方式，他还想为年轻人打造更多元化的社交平台。"今年下半年要扩大旅行圈，走出湖南。""青春湘行"6名年轻的创业者憧憬着未来无限的可能。

思考：从"00"后的创业故事中，你获得了什么启发？

(资料来源：田甜，罗雅琴，程丹."00后"合伙人"玩"出大学生旅行社[N].三湘都市报，2024-08-14(A05).)

拓展阅读
1.2 创新概述

一、创业的定义与内涵

《国务院办公厅关于深化高等学校创新创业教育改革的实施意见》明确提出高校创新创业教育的基本原则是"坚持育人为本，提高培养质量"，要"面向全体，分层施教"。可见，高校创业教育是育人和育才的教育，是面向全体学生分层培养不同类型创业人才的素质教育，创业教育不仅仅要培养企业家，更要培养具有企业家精神的各行各业的创业型人才。

针对"创业"的研究最早可以追溯二三百年前的法国，法国经济学家理查德·坎蒂隆(Richard Cantillon)将创业者/企业家一词作为术语引入经济学。而"创业"在我国古代最早出现于《孟子·梁惠王下》（"君子创业垂统，为可继也"）以及《前出师表》（"先帝创业未半而中道崩殂"）。这两处的"创业"均意为"开创基业，传之于子孙"。所以，在我国的《辞海》中，"创业"的定义即为"开创基业"。

"创业"一词在英文中的不同表达方式涉及关于"创业"的不同研究范畴。例如，表示创业企业的有 venture 和 start-up；表示创业者的有 entrepreneur；表示创业行为、创业活动的有 venturing 和 entrepreneurship 等，涉及创业企业、创业者、创业行为和创业精神等方面。

从宏观经济层面来看，创业表现为以下四种类型。①促进经济发展的创业，即发生在现有市场之外，通过引入新的产品和服务建立一个新市场，打破原有的市场平衡，实现经济长远发展的商业活动。在这种情况下，创业者指的是创办一家企业，通过引入一项没有竞争对手、因而也无须遭遇面对面竞争的新产品或新服务来打破现有稳定市场的人。②提高生产效能的创业，指发生在市场内部，通过使现有的市场更加有效来提高整个经济生产效能的商业活动。在这种情况下，创业者就是在已经存在的市场中发现未被满足的市场需求和商机，通过提供比其他新建或已经存在的企业更加便宜或差异化的产品和服务来获得消费者认可、赚取销售利润、赢得竞争胜利和企业生存空间的人。③推动经济增长的创业，即由促进经济发展的创业和提高生产效能的创业所导致的新企业与市场的扩张，也就是能带来一定区域内就业岗位和经济财富的增长。④增进社会福利的创业，其基本过程通常是先有解决某种社会问题的市场需求，然后在现有的市场活动之外人们开展正式的商业活动，进而建立一家企业。

从组织层面来看，组织层面的创业是指根据经济活动所依托的组织形式来区分创业与其他经济活动的差异，进而对创业进行定义。早在19世纪30年代彼特首次提出创业概念时就指出，创业者就是对创意、产品和市场进行重新组合的个体，他们的活动被称为"创业"，这种创业不受限于是否具有成形的商业组织形式。

从个体行为层面来看，个体行为层面的创业是指从创业者在创业活动中的行为表现这个视角来分析和理解创业的本质与内涵。学界认为效果性思维主导下的创业者，会在经济发展活动中寻找创新，这种创业关注的重点在于新技术和新方法在解决市场问题中的应用，帮助创新已有的市场解决方案，并为新企业建立寻找机会。因果性思维引导下的创业团队，将会积极地寻找盈利的机会并且倾向于协调已知的方法去寻找现有的市场目标，通过这种方式来促进生产力的发展。具有创造性因果思维的创业者会迅速地把新的市场准入机制带入现存市场，开发和利用市场机会让经济持续地增长。

综合上述研究，创业是创业者在不同组织和环境中，基于对各类创业机会有效识别的基础上，通过整合和运用资源进行的经济价值创造和社会价值创造过程。该定义主要强调了以下内涵。

（一）创业者是创业活动的行为主体

"创业者"是创业活动的行为主体。成功的创业者应具有较强的创业动机和创业素质。从创业动机和创业素质可以对创业者的成熟度进行评价。创业动机反映创业者的自身态度，具有主观性；创业素质则是创业者开展创业活动时主观条件的体现，二者构成评价创业者成熟度的两个要素，根据这两个要素的相关关系可以将创业者分为4种不同的类型，如图1-5所示。创业者的个性特征是很难改变的，但是可以通过改变他们的思维方式来优化其创业决策的效果。因此，如果创业者创业动机强烈，他们就会自觉地通过各种途径自觉提升其创业素质。

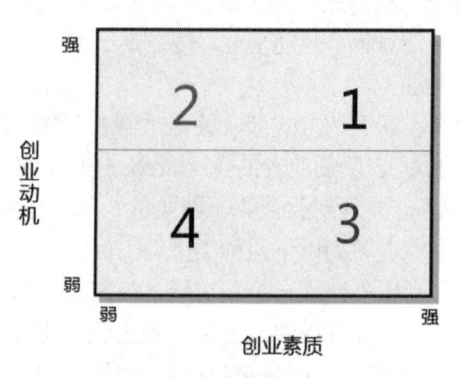

图1-5 创业者成熟度评价表

(二) 创业过程的核心是识别创业机会

创业机会的识别，是创业的前提和核心。谢恩(Shane)和维卡塔拉曼(Venkataraman)(2000)强调了从创业机会视角识别创业过程的一般规律，基于创业机会应主要考虑以下问题：①机会为什么、什么时候，以及如何存在？②为什么某些人(而不是其他人)能够、什么时候，以及如何发现并利用这些机会？③创业者在开发创业机会的时候为什么、什么时候，以及如何采取不同的行为？辛格(Singh, 2001)认为对于创业机会的识别和利用可以是支撑创业这一独特领域的关键环节，而且应该成为创业领域研究的核心问题。布森尼兹(Busenitz, 2003)认为机会的利用将会是创业领域的一个中心，因为它完全没有被其他学术领域探讨过。

案例 1-6

大学生创业者追逐AI风口

一周之内，李墨晗参加了两场市级创业比赛，拔掉了三根白头发。作为 AI 创业项目笑声奇境的负责人，每次路演前，他都希望做好充分准备，来应对评委们对项目创意性、实用性和财务等方面的提问。

在中国传媒大学(下称"中传")读大三的李墨晗是一位年轻的创业者。笑声奇境的产品是喜剧内容增强大模型，它能基于相声技巧和语料库，辅助用户进行相声剧本创作，这在业内还没有先例。2024 年 5 月底，李墨晗的团队推出笑声奇境微信小程序，首周用户数突破了 2 万，大大超出了他们的预料，这让李墨晗对项目的前景有了更多信心。

李墨晗也认识不少其他大学生 AI 创业者，他们的项目涉及领域五花八门，如 AI 求职、AI 调酒和 AI 生成茶叶包装等。李墨晗注意到，在他加入的几个大学生创业社群里，多数能见到的创业项目跟 AI 相关。

越来越多看到风口的大学生投身 AI 领域创业，这在 ChatGPT(美国人工智能公司 OpenAI 的大语言模型)掀起新一轮人工智能浪潮后更加明显。一位多次负责青年创业赛事运营的工作人员告诉记者，近两年，AI 方向的创业项目数量有所增加。看到 AI 风口的李墨晗说，之所以选择在 AI+相声这一赛道创业，主要出于两方面的原因。一方面，这个学期，中传校园里 AI 学习氛围浓厚。Sora(OpenAI 发布的人工智能文生视频大模型)生成的视频在中传引起了很大的震动，很多人都在思考如何更好地将 AI 与传媒结合。在李墨晗看来，AI 可以降低成本并提高效率，但大多数社会用户并不了解 AI 技术的底层逻辑。学生所处的学校环境和技术的结合更为紧密，因此学生可以利用这个信息差，用 AI 技术帮助行业人士降本增效，实现一定的利润空间。另一方面，李墨晗喜欢听相声，也表演相声，是京城高校相声联盟常任理事，他希望有更多人认识相声这一喜剧形式。他认为，如果有平台可以帮助用户使用 AI 完成相声创作，就能降低相声的门槛，能让更多人写出有趣的段子，让更多学校有机会演出学生原创的相声段子。

李墨晗说，未经系统训练的同学很难一开始就写出有趣的段子。相声的创作门槛较高，各个学校的相声社团水平也参差不齐。喜剧团体需要有更多迭代的段子，如果能提高他们的出产效率，一些专业相声公司也会有付费意愿。李墨晗的团队通过采访许多相声行业人士，以及获取一些曲艺协会内部教学资料，逐渐建立起自身的壁垒。李墨晗说，笑声奇境项目最有价值的地方在于将传统相声许多口耳相传但不对外公开的技巧，转化为 AI 能够理解的提示词工程。

通过这种方式，AI 能教授用户如何编写一段相声。

尽管大学生创业者们通常拥有很好的想法和行动力，但更多时候，创业并不是一件简单的事。李墨晗团队推出的微信小程序由于流量超出预期，服务器已经崩掉。除了惊喜，还有不少学生用户向李墨晗反馈，笑生奇境大模型在生成内容时，偶尔会出现重复循环生成和答非所问的情况。

目前，李墨晗和团队还在找专业的老师帮忙解决产品的可靠性问题，希望能重新推出更稳定的产品。有投资人在沟通中向李墨晗表达了投资意愿，但李墨晗认为，笑生奇境在实现更稳定的内容产出后，应该有更高的价值，现在还不是融资的好时机。

除了这些问题，李墨晗还会忧虑，未来笑生奇境实现规模化盈利时，是否会受到集中打压。他觉得，如果产品能够达到预期效果，会对职业相声创作和表演造成一定的影响。但这些问题，可能只有遇到了才能去寻找解决办法。

思考：李墨晗是如何识别创业机会的？

(资料来源：陈奇杰. 大学生创业者追逐 AI 风口[N]. 经济观察报，2024-07-22(023).)

(三) 创业过程具有复杂性和不确定性

创业过程的复杂性体现为创业活动蕴含着一系列管理活动以及这些活动背后的关键要素；创业过程的不确定性表现为这些管理活动和关键要素会以某种组织形式相互关联，并且这种组织形式不同于传统管理活动的标准化流程。创业过程的复杂性和不确定性导致了创业行为的差异性和创业过程的难控性。研究表明，创业活动通常会按照认识未来、了解行为原因、探索行动的出发点、选择行动方案、评价风险承受能力，以及评价合作伙伴的态度的行动逻辑进行，如表 1-5 所示。

表1-5 创业过程的主要活动及特征

创业过程的主要活动	创业过程的活动特征
认识未来	创造：未来是人们采取主动行动导致的某种偶然结果，因此人们要做的不是预测，而是创造未来
了解行为原因	能力：考虑能做什么，而不是应该做什么
探索行动的出发点	资源：梳理现有资源，设想利用这些资源能做什么，能实现什么目标，并基于这些目标来确定使命
选择行动方案	灵活性：行动方案不是唯一的，随着任务的推进，如出现更优的方案，则灵活变换
评价风险承受能力	控制风险：明确自己的承受底线，激进和冒险是不理智的
评价合作伙伴的态度	共赢：强调共赢、珍视用户、合作伙伴及竞争者，力求共同创造价值

二、创业的要素

创业不是一件轻松的事，是以各类前提、条件、资源和要素作为基础来开展的综合性活动。创业是建立在天时地利人和的基础上的艰难挑战，在创业过程中，创业者作为创业活动主体，在有效识别创业机会的前提下，通过自身素质和能力领导团队、获取和运用各类资源和人脉关系，并朝着创业目标前进。在这个过程中，创业者、创业机会和创业资源起着至关重要的作用，是创业活动中必不可少的核心要素。

（一）创业者

创业者是创业活动的主角，创业目标的制定、创业团队的建立、创业过程的控制，以及创业风险的承担主体都是创业者。创业者的创业动机决定着创业活动能否开始；创业者的个性特征、能力、知识结构，以及个人经历决定了创业活动能否顺利进行。"认知"学派认为创业者在心理特性上与普通人应有所不同，而"管理"学派认为创业是一种几乎每个人都可以学会的管理方法。

创业者需要具备一定的企业管理知识。针对大量的创业案例进行研究不难发现，很多创业活动的失败是由于创业者的管理不善导致的，因此创业活动的顺利开展离不开对管理知识与技能的学习、运用、总结和提炼。也有很多创业的失败是由于创业者心理素质的欠缺导致的决策失败或错失机会，因此创业者同时应具备一些特定的认知特性，如较强的心理素质。研究发现，心理特性不是固定不变的，而是可以通过后天的训练得到改善和提升。优秀的创业者或许没有很强的天赋，但一定需要具备"创业者"的心理素质，更需要通过不断学习创业管理的知识来提升创业素质和创业精神。

（二）创业机会

创业机会是一种新的"目的—手段(Means-End)"关系，它能为经济活动引入新产品、新服务、新原材料、新市场或新组织方式。越来越多的创意研究者认为"不能忽视对于创业机会的测量"，创业的关键在于认识到机会的存在并有意愿采取适当的行动。谢恩(Shane)和维卡塔拉曼(Venkataraman)(2000)认为"不同人所识别的创业机会在质量上是有变化的"，这主要是由于个体之间存在认知差异、知识差异和行为差异。创业活动是以"机会"为线索展开的，涉及创业主体通过洞察力对创业机会的存在时间、存在方式及存在原因进行认知，然后采用不同的行动模式来利用这些创业机会。因此，不同类型的创业者识别机会和搜索信息采取行动的能力和过程将呈现出不同的状态。

创业机会会以不同形式出现。其实，好的机会常常不是突然出现的，而是对于"一个有准备的头脑"的一种"回报"。优秀的创业者需要了解机会在哪里和怎样去寻找。对创业者来说，在现有的市场中发掘机会，是比较经济的选择。现有市场中的机会常常存在于：不完全竞争下的市场空隙、规模经济下的市场空间、企业集群下的市场空缺等。创业者也可通过发现潜在的创业机会来展开创业活动。这类机会多来自新科技应用和人们需求的多样化等，优秀的创业者能敏锐地感知社会大众的需求变化，并能够从中捕捉创业机会。对经济活动的多样化和产业结构的调整等宏观经济政策的了解有时也能帮助创业者发掘衍生的创业机会。

（三）创业资源

获取创业资源并有效整合资源是创业机会被识别后，进一步开展创业活动的前提和基础。在整个创业过程中，创业者需要有效聚合各类创业资源，并且借助内外部的力量对创业资源进行有效组织和整合，以形成企业的核心竞争力，确保企业的发展。

在创业活动初期，创业者运用通过自身努力获得的各项资源来推进初创企业的运行。但随着创业活动的快速推进，创业者会迅速意识到必须发掘更多的外部资源来为初创企业提供动力，维持发展速率。基于此，创业资源可分成以下六种类型。

(1) 政策资源：当创业活动需要相应的政策扶持时，政策资源常常意味着更多的人才、资金、服务与优惠。

(2) 信息资源：对于新创企业，及时、准确、丰富的信息往往联结着重要的资源。

(3) 资金资源：对于新创企业而言，如何有效地获取资金是极为关键的，因为在发展初期，产品研发和生产销售都需要大量的资金支持。

(4) 人才资源：高素质人才是创业企业可持续发展的关键资源。对于创新类的创业企业，能否获得或留住关键技术型人才往往意味着创业活动能否继续开展。

(5) 管理资源：很多新创企业都失败于管理不善，因为这类企业的管理者大多是转型的技术人员，其管理能力相较于技术研发能力而言，没有任何优势；因此，为了让创业活动能够顺利开展，管理制度和管理人员也是不可或缺的武器。

(6) 技术资源：对于新创企业而言，积极引进有商业价值的科技成果，将有助于加快产品研发速度，为企业在市场上的竞争提供优势。

资源的多寡是相对的，并且与创业机会间有一个适应、产生差距、再适应的动态过程。成功的创业企业应着眼于对有限资源的高效利用，并根据资源来制定发展战略。

案例 1-7

小作坊代工厂成长为全球电池业领先企业

"2023 福布斯中国创新力企业 50 强"榜单发布。欣旺达电子股份有限公司(以下简称"欣旺达")凭借卓越的创新能力与强大的综合实力，成为上榜的两家电池企业之一。1997 年，广东茂名两兄弟王明旺与王威，在宝安成立了欣旺达。经过 26 年的发展，兄弟两人白手起家，从一间民房开设加工厂起步，一跃成为全球消费类电池行业的龙头企业。距离欣旺达位于宝安区石岩街道的总部不远的深圳(宝安)劳务工博物馆，见证着深圳第一家、全国首批"三来一补"企业的诞生。欣旺达展示大厅内，代表前沿技术的产品，以及一项项技术专利和奖项，是企业发展的历程展现，更是深圳企业在改革开放春风吹拂下，由小变大，由大变强，进而成为行业领跑者的生动演绎。如今，"成为受人尊重的世界级新能源企业"，已成为企业迈向全球化的新目标。

草根创业逆袭的"深圳故事"，白手起家成就全球锂电"龙头"

和很多白手起家的企业家一样，1967 年出生于广东茂名的王明旺，自小家境贫寒。高中毕业后，他怀揣几十块钱，到了深圳一家锂电池公司打工。1991 年从中山大学电子专业进修班毕业后，他进入香港精森(深圳)电子公司做产品销售，并萌生了创业的念头。但王明旺的创业之路并非一帆风顺。从 1992 年开始，他和朋友开过生产模具的小作坊、办过电子加工厂，几经辗转结果都不顺利。转机出现在 1995 年。当时索尼电池厂遭遇火灾，电池缺货导致索尼手机价格翻倍且供不应求。嗅到了商机的王明旺，低价买到电池材料，与亲弟弟王威，开始了第三次创业。正是这次创业成就了如今的欣旺达。1997 年，王明旺与王威，在石岩成立了欣旺达，成为电池 OEM、ODM 供应商。

创业初期，他们面临着资金紧张、市场竞争激烈等诸多困难。但是，他们对电子科技的热爱和对市场的敏锐洞察力，使得他们能够在困境中找到突破口。1999年，成立两年多的欣旺达凭实力拿下康佳集团的手机电池订单，开启了"开挂"一般的成长之路。有大企业背书，欣旺达随后又切入飞利浦、NEC(日本电气)、海尔、联想的供应链。进入智能手机时代，收获了苹果、小米、华为、OPPO等手机厂商客户。2011年4月，欣旺达在创业板成功上市，成为创业板第一家以"锂电池模组整体研发、制造及销售"为主的上市公司，最新市值也达到518亿元。时至今日，欣旺达已发展为全球锂离子电池领域的领军企业，形成了3C消费类电池、智能硬件、动力电池及动力总成、储能系统及综合能源、自动化与智能制造、实验室检测服务等六大产业群。

技术创新跑出的"深圳速度"，抢占风口竞速新能源

其实，早在1978年，迎着改革开放的春风，深圳首个"三来一补"企业石岩上屋热线圈厂就在石岩诞生。1997年，欣旺达创立时，"三来一补"企业在宝安已经遍地开花。但为何欣旺达能够"杀出重围"，从代工厂一路拼到行业领先大企业？最核心的秘密武器是：持续的自主创新能力。一个关键数据可见欣旺达对创新的重视：自2014年开始，欣旺达每年研发投入节节攀升，近5年研发总投入近百亿元。创新驱动成效显著，欣旺达不断结出创新"硕果"。不论是最初布局的3C消费类电池等板块，还是近几年切入的动力电池等赛道，欣旺达均处于行业领先地位。如在3C消费类电池领域，欣旺达智能手机用锂离子电池模组荣获工信部"制造业单项冠军产品"，手机电池业务在全球占有率达30%；在产业风口的动力电池领域，欣旺达成为国内第4家全球动力电池一级制造商，其安全型动力电池解决方案荣获广东省科技进步一等奖。此外，今年4月份，欣旺达针对新能源汽车市场，推出了闪充技术，充电10分钟可续航400公里，真正实现了"喝杯咖啡的时间就能充满电"。值得一提的是，在多年发展中，欣旺达的创新不仅仅局限于产品端，在加快产业转型升级方面，这家企业的创新也走在行业前列。欣旺达打造了国家级的智能制造示范工厂，不仅自主开发了3C消费类电池和动力电池等自动化生产基地，还打造了深圳市首条5G+工业互联网生产线，充分应用数字孪生、IoT、大数据、5G等技术，实现智能化生产，推动产能提升17%。

立足深圳布局全球，扎根宝安推动新能源电池出海

企业的成功，离不开技术创新，也离不开市场开拓。在拓展国内市场的同时，欣旺达更是加快了海外布局，今年8月，欣旺达宣布投资约19亿元人民币，在匈牙利建设新能源汽车动力电池工厂一期。该项目是欣旺达在欧洲的首个自有生产基地。

其实，这不是欣旺达第一次在国外建厂。在欣旺达的生产基地版图中，除了国内城市，还能看到印度新德里。此外，公司还在美国洛杉矶、以色列特拉维夫、德国汉堡等地设立了技术中心和客户服务中心。除了海外生产基地，位于欣旺达"大本营"——宝安区石岩街道的锂电子电池智能制造产业园项目，于2023年12月验收交付使用。据了解，该项目建设以3C消费类锂离子电池模组为主的智能制造生产车间及研发中心、检测中心、智能仓库等，全面打造具有国际一流水平的自动化、数字化、智能化工厂。全面达产后，预计每年为宝安区贡献100亿产值。"虽然欣旺达已经在多地建设多个产业园，但始终会将公司最核心的总部、研发基地和灯塔工厂留在深圳、留在宝安。"欣旺达负责人表示。立足深圳、扎根宝安，欣旺达以"新工厂、新产品、新技术"多方发力，加速全球化布局，推动国产新能源电池扬帆出海。凭借奋斗不息的进取精神和强大的创新能力，依托深圳这片创业热土，欣旺达必将迎来更美好的明天。

小组讨论：
1. 白手起家的欣旺达是如何寻找创业资源的？
2. 创业资源对欣旺达成功创业带来了哪些帮助？

(资料来源：李丹，李吉莹. 欣旺达演绎深圳创业故事[N]. 深圳特区报，2023-11-24(A01).)

三、创业的类型

按照不同的标准，创业可分成不同的类型。了解创业类型是为了在创业决策中做比较，选择最适合自己条件的创业类型。

1. 从创业动机角度划分

从创业动机角度划分，创业可分为机会型创业与就业型创业。机会型创业是为了抓住和利用市场机遇，以创造和满足新的需求为目标而进行的创意。机会型创业会带动新的产业发展，而不是加剧市场竞争。就业型创业是为了谋生而自觉地或被迫地走上创业之路。这类创业大多规模较小，且多集中于服务业，属于尾随型和模仿型，主要是在现有市场上寻找创业机会。

2. 从企业建立渠道划分

按照新企业建立渠道的不同，创业可以划分为自主型创业和企业内创业。

(1) 自主型创业是指创业者个人或团队白手起家进行创业，自主型创业可以归纳为如下几种方式。①创新型创业。创新型创业是指创业者通过提供有创造性的产品或服务，填补市场需求的空白。②从属型创业。从属型创业大致有两种情况：创办小型企业，与大型企业进行协作，在企业整个价值链中，做一个环节或者承揽大企业的外包业务；加盟连锁、特许经营，利用品牌优势和成熟的经营管理模式，减少经营风险。③模仿型创业。根据自身条件，选择一个合适的地点和进入壁垒低的行业，学着别人开办企业。

(2) 企业内创业是指进入成熟期的企业为了获得持续的增长和长久的竞争优势，为了倡导创新并使其研发成果商品化，通过授权和资源保障等支持的企业内创业。企业内创业是动态的，正是通过二次创业、三次创业乃至连续不断的创业，企业的生命周期才能不断地在循环中延伸。

3. 从创业主体角度划分

按创业主体分类，创业可以分为大学生创业、失业者创业和兼职者创业。

大学毕业后自主创业，可独立创业，也可合伙创业；可基于所学专业创业，也可涉足未学过的专业。失业者创业大多选择服务行业，投资少，回报快，风险低。例如，北京的月嫂服务就是失业工人开创的，市场巨大，十分适合有生活经验的中年妇女。兼职者创业是在工作之余通过兼职的方式进行创业。

4. 从创业项目角度划分

按创业项目分类，创业大致可以分为传统技能型创业、高新技术型创业和知识服务型创业三种。传统技能型创业由于选择了使用传统技术、工艺的创业项目，因此将具有永恒的生命力，如独特的技艺或配方都会拥有市场优势。高新技术型创业就是针对知识经济项目、高科技项目进行的创业活动，项目知识密集度高，带有前沿性、研究开发性质。知识服务型创业是为了满足人们节省精力、提高效率的需求，进行的各类知识性咨询服务创业活动。

5. 从创业风险角度划分

按创业风险划分，创业大致可以分为依附型创业、尾随型创业、独创型创业和对抗型创业。

(1) 依附型创业可分为两种情况。①依附于大企业或产业链而生存。在产业链中确定自己的角色，为大企业提供配套服务。②特许经营权的使用。

(2) 尾随型创业即模仿他人创业，所开办的企业和经营项目均无新意，行业内已经有许多同类企业。

(3) 独创型创业有两种类型。①填补市场需求内容的空白，属于经营项目独创。②填补市场需求形式的空白，也就是旧内容新形式，例如，产品销售送货上门，经营的商品并无变化，但在服务方式上扩大了，从而更具竞争力。

(4) 对抗型创业是指进入其他企业已形成垄断地位的某个市场，与之对抗较量。这类创业必须在知己知彼、科学决策的前提下，把自己的优势发挥到淋漓尽致，抓住市场机遇，避开市场风险，减少风险损失。

6. 从创业周期角度划分

按创业周期划分，创业可分为初始创业、二次创业与连续创业。初始创业是一个从无到有的过程。在初始创业阶段，企业的死亡率较高，风险来自多方面，创业者需要承受的心理压力和经济压力都较大。二次创业是指企业成熟期再次创业的情况。二次创业的目的是使企业不要进入衰退期，恒久地保持成长期和成熟期的良好状态，彰显出长久的竞争优势。连续创业是在二次创业的基础上，再次将企业生命由原来所系的产品(或服务、技术)嫁接到另一种新产品(或新服务、新技术)上。进入第三次创业的企业往往有了较大的实力和规模，抗风险能力比较强，而且经过三次创业的企业，不少走向了分权化、集团化。

四、创业过程与阶段划分

创业过程包括创业者从产生创业想法到创建新企业或开创新事业并获取回报的一系列过程。创业过程涉及四个阶段，每个阶段重点如表1-6所示。

第一阶段重点是创业动机激发。
第二阶段重点是创业机会识别与评估。
第三阶段重点是整合创业资源。
第四阶段重点是创建并管理新企业。

表1-6　创业过程的阶段重点

第一阶段 创业动机激发	第二阶段 创业机会识别与评估	第三阶段 整合创业资源	第四阶段 创建并管理新企业
1. 创业者自我认知与自我评估 2. 创业动机激发	1. 创业机会的识别 2. 创业机会创新性评估 3. 创业机会风险评估 4. 创业机会与个人技能、目标 5. 市场分析	1. 现有资源的分析 2. 资源缺口与可获得资源匹配度分析 3. 获得其他资源的渠道分析	1. 管理方式的选择 2. 衡量成功要素 3. 控制环节把控

动态性与复杂性是创业过程的重要特征，蒂蒙斯在其创业过程理论模型中运用创业机会、资源与创业团队三要素概括了创业过程的复杂性，并采用三要素的动态平衡过程来总结创业过程的动态性，高度揭示了创业过程的动态性与复杂性特征，如图1-6所示。

蒂蒙斯认为，创业过程是创业机会、创业团队和资源之间适当配置的高度动态平衡过程，创业机会、资源与创业团队是创业过程的关键构成要素，其中创业机会是创业过程的核心要素，创业过程实质上是发现与开发创业机会的过程；资源是创业过程的必要支持，是创业机会谋求收益的基础；创业团队是在创业过程中发现和开发机会、整合资源的主体，是新创企业的关键构成要素。

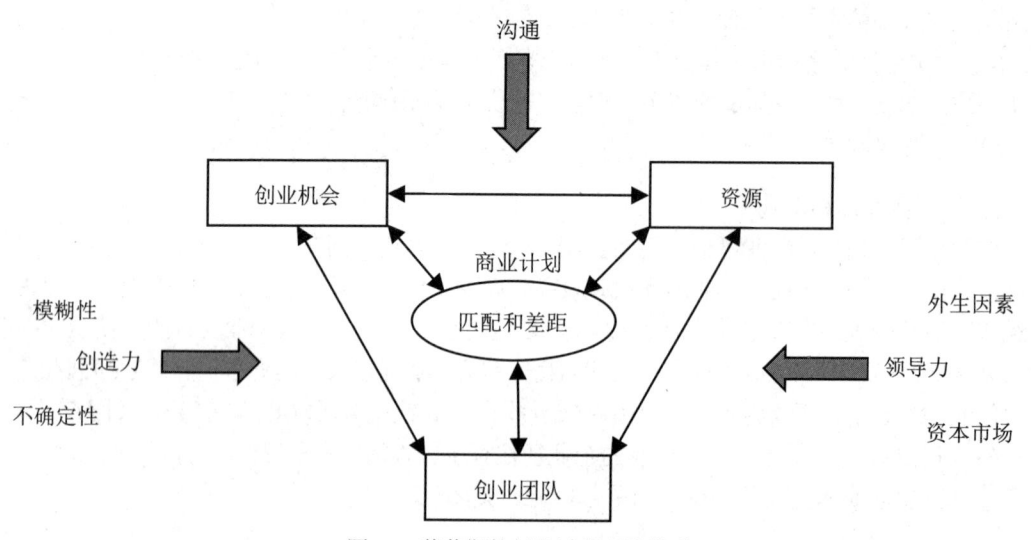

图1-6 蒂蒙斯的创业过程理论模型

蒂蒙斯认为，由于时空变迁、机会模糊性、市场不确定性、资本市场风险及外在环境等因素对创业活动的冲击，创业过程充满风险与不确定性，创业机会、创业团队和资源三要素也会因相对地位的变化而产生失衡现象，此时创业团队扮演着调整活动重心以获得创业机会与资源相对平衡的核心决策者角色；创业初期机会挖掘与选择是关键，创业团队的决策重心在于迅速整合资源以抓住创业机会；随着新企业的创立与成长，资源日渐丰富，企业面临更为复杂的竞争环境与市场环境，创业团队的决策重心转向合理配置资源以提高资源使用效率，构建规范管理体系以抵抗外部竞争与不确定性等活动。

创业是一项高度综合的复杂动态管理活动，在创业过程中需要认识到以下两点。

1. 创业活动是在企业管理过程中实现的

这里的企业管理过程可以广义地理解为机会寻找及其后的管理过程，包括预想企业阶段和实际企业阶段。预想企业阶段指设计商业计划和组织创业资源的阶段，实际企业阶段指创业机构正式运行后的阶段。对于新创企业的创业过程来说，实际企业阶段包括初创期、成长期和成熟期，对于现有企业的创业过程来说，实际企业阶段包括初始期、发展期和成熟期。把"预想企业阶段"纳入企业管理过程的目的是想强调创业活动的实干性和实现性，是想将"发明"或"梦想"与真正的创业区分开来。一个真正的创业者早在做商业计划和组织创业资源之时，便已开始企业管理的活动。然而，"发明家"会停留在完成发明之时，而"梦想家"只会停留在梦幻之中。

2. 创业是一种高风险的活动

随着全球化的逐渐深入，各个市场和各国贸易壁垒逐渐打破，全球市场的有效性得到了空前的提高。这一方面使创业者失去了很多以往的创业机会，同时给创业活动带来了巨大的竞争压力，增大了创业的风险。计算机通信技术特别是互联网技术的广泛应用，使得创业者获得信息更为方便和迅速。信息的丰富一方面会降低创业的风险，另一方面，不同创业者之间所了解到的社会信息的差别也变得越来越小，这又会逐渐消除个别创业者凭借社会信息的优势进行创业的可能，在总体上加剧创业的难度和竞争的风险。当前的创业大多发生在高科技产业，如信息、生物、新材料、新能源等，更多是凭借创业者的高智力劳动进行的，高智力劳动使得创新过程更难以把握，创新结果的不确定性更大，这也会加剧创业的风险。

扩展阅读

创新与创业的关系

创业可以推动新发明、新产品或新服务的不断涌现，创造出新的市场需求，从而进一步推动和深化科技创新，因而提高了企业或者整个国家的创新能力，推动了经济增长。创业的关键在于创新，创新是创业的源泉，持续创新必然推动和成就创业。创新和创业相辅相成，二者的动态融合及相互影响对于创业成功和企业成长至关重要。创业和创新的融合是一个动态整合、集成与优化的过程，在这一过程中，创新精神、创业能力和市场意识始终是创业成功和企业持续成长的内在动力。

创新是创业的本质与源泉

创业通过创新拓宽商业视野、获取市场机遇、整合独特资源、推进企业成长。创新能力是最重要的创业资本，创业者在创业过程中需要具有持续旺盛的创新精神、创新意识，需要独特、活跃、科学的思维方式，这样才可能产生富有创意的想法或方案，才可能不断寻求新的思路、新的方法、新的模式、新的出路，最终获得创业成功。

创新的价值在于创业

创新的价值在于将潜在的知识、技术和市场机会转化为现实生产力，实现社会财富增长，造福人类社会。通过创业可实现创新成果的商品化和产业化，将创新的价值转化为具体、现实的社会财富。创业者必须具有能发现潜在商业机会并敢于冒险的特质，科技创新成果也必须经由创业者推向市场，使其潜在价值市场化，使创新成果转化为现实生产力。

创业推动并深化创新

创业应该是具有创业精神的个体与有价值的商业机会的结合，即开创新的事业，其本质在于把握机会、创造性地整合资源、创新和超前行动。创新包括技术创新、制度创新和管理创新。对于创业者及其所创建的企业来说，创新就是将新的理念和设想通过新产品、新流程、新市场需求及新的服务方式有效地融入市场，进而创造新的价值或财富的过程。

创新与创业相辅相成

创业可以推动新发明、新产品或新服务的不断涌现，创造出新的市场需求，从而进一步推动和深化科技创新，因而提高了企业或者整个国家的创新能力，推动了经济增长。创业的关键在于创新，创新是创业的源泉，持续创新必然推动和成就创业。创新和创业相辅相成，二者的动态融合及相互影响对于创业成功和企业成长至关重要。创业和创新的融合是一个动态整合、集成与优化的过程，在这一过程中，创新精神、创业能力和市场意识始终是创业成功和企业持续成长的内在动力。

(资料来源：陈晓暾，陈李彬，田敏. 创新创业教育入门与实战[M]. 北京：清华大学出版社，2017.)

章节回顾

1. 创业是创业者在不同组织和环境中，在对各类创业机会有效识别的基础上，通过整合和运用资源进行的经济价值创造和社会价值创造过程。

2. 从创业动机和创业素质可以对创业者的成熟度进行评价。创业动机反映创业者的自身态度，具有主观性；创业素质则是创业者开展创业活动时主观条件的体现，二者构成评价创业者成熟度的两个要素。

3. 创业过程涉及四个阶段：创业动机激发、创业机会识别与评估、整合创业资源、创建并管理新企业。

4. 创新是创业的本质与源泉，创新的价值在于创业，创业推动并深化创新，创新与创业相辅相成。

5. 批判思维是在逻辑和理性思维的高阶认知活动中产生的一系列技能，用于问题的识别、分析、判断和解决。批判思维是活跃、持久、稳固的，是对知识进行细致、谨慎的思考后言简意赅的总结，是有支撑的论断所下的结论。批判思维包含分析和衡量其自身和别人的意见与观点。

第二章

创业者与创业团队

创新榜样

埃隆·马斯克：无限创想与意志胜利

编者按：埃隆·马斯克(Elon Musk)，被誉为"硅谷钢铁侠"，以卓越的创新能力和坚定的意志，成为当代科技界的领军人物。作为 SpaceX、特斯拉、SolarCity 等多家科技公司的创始人，他不仅在互联网泡沫时期迅速崛起，更通过对太空探索的执着，开创了商业航天的新纪元。

在新能源领域，他同样展现出了非凡的远见和执行力。特斯拉(Tesla)作为全球电动车市场的领军企业，通过 Model S、Model 3 等车型，彻底改变了人们对电动汽车的认知，推动了全球汽车工业的电气化进程。特斯拉的成功不仅是技术的胜利，更是马斯克对可持续能源的坚定承诺。他相信，清洁能源是人类未来生存和发展的关键，因此他在特斯拉之外，还创立了 SolarCity，致力于推广太阳能发电系统，进一步推动了全球能源的绿色转型。马斯克的成功，不仅依赖于他的技术创新和商业敏锐度，更依赖于他对未来的无限创想与坚定的信念。

奇幻亿万富翁

1995 年，马斯克成立了 Zip2，做媒体电子业务，帮助全国性的网络媒体与地方化的商家合作，将产品地方化，客户包括《纽约时报》和《芝加哥论坛报》。这一年，互联网的泡沫刚刚开始，还没有人知道在之后的几年时间里，网络创业公司的价值会直蹿云霄，动辄达到数十亿美元。1999 年，康柏的 AltaVista 部门用 3.07 亿美元现金和 3400 万股票收购了 Zip2，马斯克的个人资产超过 2000 万美元。那是硅谷不断诞生一夜暴富神话的时代。

1999 年，马斯克马不停蹄地创立了一家叫 X.com 的电子支付公司。2000 年，X.com 收购了 Confinity，更名为 Pay Pal，实现了安全的网上支付，马斯克是它的最大股东，拥有 11.7%的股份。2002 年 10 月，eBay 用 15 亿的股票收购了 PayPal，PayPal 正式确立了马斯克在硅谷的地位。他与彼得·泰尔(Peter Thiel)共同创立的 PayPal，培养了很多杰出的创业家，包括 Slide 创始人马克斯·列夫琴(Max Levchin)、LinkedIn 创始人里德·霍夫曼(Reid Hoffman)、YouTube

创始人陈世俊和查德·荷里(Chad Hurley)、Yelp创始人杰里米·斯托普尔曼(Jeremy Stoppelman)。这批人被称为硅谷的"PayPal帮"。马斯克也开始诠释打上他个人烙印的硅谷极客精神，即思维的"第一性原理"，也就是打破一切知识的藩篱，回归到事物本源去思考基础性的问题——这与他的物理学出身又密不可分。事后看，2002年恰好是互联网泡沫即将达到最大的年份，爆破在即，不知是有意还是无意，马斯克在泡沫顶峰实现了套现，实现了财富最大化。刚刚30岁出头，他已成为硅谷又一位年轻的亿万富翁，个人资产达到1.5亿美元。

青年得志、活力最旺盛的年龄与以惊人速度获得的巨额资本相结合，总会发生点什么。马斯克对自我的认知迅速重构，他跃入了新贵阶层。就像硅谷，财富不断激励着更大的科技雄心和更飞扬的想象力。马斯克膨胀爆炸的躁动的年轻意志最终被安放在了他童年的幻想与庇护所里，那就是浩瀚的外太空。

进阶2.0："太空极客"

2012年5月，名为"猎鹰9号"的火箭成功发射升空，整个宇航界为之震动。它开启了一个新时代：第一架私人所有的商业运输飞船进入了一直由国家垄断的"国际空间站"。美国航空航天局(NASA)商业轨道运输服务平台正式开始其太空之旅，取代了航天飞机向"国际空间站"补给货物和人员。这家公司叫SpaceX，首席执政官是埃隆·马斯克。科幻故事始于10年前。

事情来得偶然。2001年，PayPal打算上市前夕的一天，马斯克与他在宾大的老友阿迪奥·睿西(Adeo Ressi)开车从纽约驶向汉普顿。睿西也刚在繁荣的互联网经济中捞到了一大桶金，他们开始思考怎么处置这笔财富。"当我们开始谈到太空时，就像讲了个笑话，这太贵太复杂了。"睿西回忆说。又开了几公里，却又想，"可能也没那么贵那么复杂吧"。开出纽约时，"我们决定，去全世界转转，看看太空里有没有什么能做的"。马斯克于是打开电脑，登上NASA网站，搜索NASA的火星计划，什么都没找到。"我以为它们已经在去火星的路上了，结果什么都没有。"马斯克回忆说。一个月后，正在犹他州的航空航天顾问吉姆·坎特雷尔(Jim Cantrell)接到电话，电话中的人介绍自己是一位"互联网亿万富翁"，要跟他谈谈。"亿万富翁"在电话里畅想，"我要把人类变成跨星际物种"，然后要求"周末见一面"，还表示："我有私人飞机，可飞去你家。"坎特雷尔回答："不，我们在盐城湖机场见。"一切就这么开始了。马斯克跟坎特雷尔见了面，一拍即合，当即决定组团研究一下去火星要花多少钱。睿西说，当时想的只是，"买支火箭，装只老鼠或粮食作物，送上火星，引起公众关注，告诉全世界，有两个有钱的家伙能去火星。除此之外，别无他念"。他们开始全世界地逛火箭商场。先是在巴黎安排欧洲卫星发射联盟 Arianespace 的人在卢浮宫对面的顶级酒店会面，"包下了整个顶层，开了60个小时会，30个小时派对"。但欧洲的要价太贵，他们只好转道去俄罗斯。马斯克得到的信息是，俄罗斯有一种洲际弹道导弹，一枚700万美元，原打算买3枚。"俄罗斯人每人面前两瓶伏特加，每两分钟举一次杯，喊着'为了太空''为了美国'，把我们全放倒了。"坎特雷尔回忆。去了4次，最后一次，马斯克带上2100万美元现金，俄罗斯人说："不，小男孩，我们说的可是2100万美元一个，你的钱不够吗？"于是，在飞往伦敦的飞机上，马斯克对坎特雷尔说："我想我们可以自己造火箭。"

2002年1月，马斯克在里约热内卢的沙滩上度假，他开始研读一本书，书名叫《火箭推进基本原理》。他是物理系毕业的，可从来都不是什么火箭科学家，但他最终读遍了坎特雷尔的大学教材，列出了造火箭的计划进度表。一位叫汤姆·穆勒的火箭工程师接到了马斯克的电话，他是美国最大引擎制造商 TRW 的液体推进器专家，制造过世界上最大的发动机引擎。马斯克询问了火箭的造价，把穆勒招到了麾下。同样接到电话的还有在波音公司当了 15 年德尔塔(Delta)火箭测试主管的蒂姆·布萨(Tim Buzza)、麦道飞行公司里主持"大力神"火箭的结构设计师克里斯·汤普森(Chris Thompson)，他们一拍即合。很难相信，企业巨头和 NASA 里最顶尖的一批火箭工程师都受到召唤似的来到了硅谷。一位 TRW 的工程师日后回忆，马斯克的卖点是"做实际工作的自由——造火箭"，而不是"成天开会，设备批条一等数月，搞办公室政治"。这位工程师说，他曾经"消耗在明知没有前途的项目上，精神都被拖垮，现在终于解脱了无聊"。一位 NASA 出来的工程师则回忆，在 NASA，"几年时间耗在一个小研究上，却根本不知道火箭造到了哪一步，而在 SpaceX，马斯克每周五向大家汇报火箭进度，感觉在参与人类的历史进程"。

回到洛杉矶，马斯克把公司更名为 SpaceX，开始向家人、杂志记者、好莱坞明星和他身边所有的富人朋友宣布去火星的想法，他说他将是第一个进入太空的私人公民，说"这是 45 亿年来人类第一次有可能将自己的触角扩张到地球之外，我们需要抓住这一机会"。他高调地把自己变成了一个公众人物，有人问，为什么要追求名气，他回答："如果人们不知道我是谁，就没有人会卖给我零部件。"马斯克与乔布斯有着根本的不同。乔布斯走向小的极致美，马斯克走向更宏大的雄壮美——他要造汽车、造太阳城、造火箭，狂人般的宏大工业英雄主义创造宏大新商机。他喜欢谈"让人类跨星际""在宇宙中求生存""火星殖民"和"新世界"。实际上，做着星际航空梦的硅谷高科技亿万富翁有很多，他们形成了一个俱乐部群体，被称为"太空极客"和"新太空资本家"。他们的童年都热爱科幻和太空探索，少年时目睹过阿波罗登月，他们的财富级别让他们可以玩卫星和火箭，他们有钱在得克萨斯、达拉斯和华盛顿州买地做发射基地，也有钱雇用最优秀的工程师和购买价格不菲的零部件。他们坚信"莫尔斯定律"：技术以幂次方速度更新，价格则快速下降，但火箭业违背了定律，成本越来越昂贵。他们还有社会理想，要让大众也能获得太空信息，享有太空权。当然，这背后是巨大的未来商业。这个俱乐部的成员包括亚马逊的创始人杰夫·贝佐斯(Jeff Bezos)，与比尔·盖茨共同创立微软的保罗·艾伦(Paul Allen)、《毁灭战士》游戏的制作者约翰·卡尔玛克(John Carmack)、老一辈的互联网企业家吉姆·本森(Jim Benson)和谷歌创始人拉里·佩奇(Larry Page)。他们的太空情结与好莱坞相互呼应，斯皮尔伯格、卡梅隆等都乐于为硅谷造势。探索太空的努力已经成了硅谷新贵的地位象征，新游戏规则是："有一驾'湾流 V'豪华飞机不算什么，现在得有一支火箭。"这股力量的崛起，吸收了曾经环绕在政府资助的太空探索壮举周围的能量与热情，也让私人资本进入太空从想象开始变得可能。极客精神也进阶到新的层次，他们现在要叛逆与对抗的是 NASA、大军火商洛克希德·马丁、大集团波音公司，以及它们所代表的巨型组织的官僚体制。

太空极客对人类未来的思考有自己的哲学纲领。他们中的很多人都是 XPrize 基金会的董事会成员，基金会主席叫彼得·戴尔蒙蒂(Peter Diamondi)。2012 年，他出版了一本名为《丰裕：未来比你想象得要好》的书，是对 1967 年罗马俱乐部《增长的极限》的遥相回应。20 世纪，人类对世界的认识建立在资源稀缺的基础上，《增长的极限》因此认为，人口的增长最终会导致地球不可承受。21 世纪，硅谷则以它与生俱来的科技乐观主义宣称，尽管人类历史有灾难兴衰，呈幂数增长的科技却一直在人口增长的同时提高着普通大众的生活质量，通信技术、互联网、人机交互、生物医学、纳米技术、人工智能、基因工程，无一不在将过去贵族乃至总统才能享受的奢侈品变为大众消费品。未来，到 2050 年，人类的人口总数将接近 100 亿，对地球究竟能否承受,悲观派与乐观派仍争论不休。而硅谷给出的解决之道是,消除稀缺性,让丰裕变成可能。那些新崛起的亿万富翁和科技慈善家将在这一历史进程中扮演重要角色,科技创新、开发新能源、探索外太空,都是通往未来之路。灵光乍现的那一瞬间,马斯克把住了时代脉搏。5个月后,他个人出资1亿美元,共筹3.2亿美元投入公司,两年半里,追加5000万美元,造出了"猎鹰1号"。就像西南航空、戴尔和纽柯钢铁这样的创新企业一样,SpaceX并没有大型的研发实验室,没有博士军团,没有政府资助,做的不是基础性的科技创新,采用的是成熟技术和设备,创新之处在于生产流程中所做出的一个个成本最小化的小改进。马斯克的雄心是,把商业发射市场的火箭发射费降低九成,在未来把10万人送上火星,进行星际移民。成本是核心的核心,有没有专利并不重要。"猎鹰1号"用的主发动机是上世纪60年代的老古董,只有一个燃料喷射器,很老,但很可靠。在SpaceX,任何省钱办法只要有效,都可一试。财务很灵活,只要可能降成本,就批预算、买设备,上了5000美元的申请单,拿到马斯克办公室亲自批,说明理由即可。在创业企业,每个人都是股东,都想方设法省每一美元。他们没有买新的经纬仪跟踪火箭轨道,而从eBay上买了个二手货,省下2.5万美元。第一截按设计应可部分回收,雇一个专业的火箭打捞公司要25万美元,但也有能处理敏感设备的商业打捞公司,一家公司同意打捞,只要6万美元。一些火箭工艺设备已在美国领先的民航工业中应用,从市场直接购买就行,无须再像其他国家那样独立研发,降低了开发费用。买到航天级精炼煤油和液氧在美国也不是什么难事。"猎鹰1号"运载小卫星的最终报价是590万美元,是当时美国市场价的1/3。美国航空航天专家霍华德·迈克库尔迪(Howard McCurdy)说:"马斯克的秘密不在技术,而在预算控制。不像NASA,他不受巨型组织和固定合同商的约束,也不受政府一年不如一年的航空项目预算的拖累。""猎鹰1号"造出来后,SpaceX已经拿到了三个客户的订单,其中包括马来西亚政府和美国国防部。"猎鹰4号"还没造,就已经拿到了一份订单。2004年,运气降临。这一年,小布什总统推出了星座计划,按计划,NASA将退出地球轨道的发射任务,全面转向深空,地球轨道运输则转交商业公司,"商业轨道运输服务"项目(COTS)应运而生,为SpaceX这样的公司开启了不可估量的商业空间。NASA对SpaceX鼎力相助,开放了阿波罗计划的部分技术,"猎鹰"系列的"灰背隼"发动机就采用了登月舱下降级发动机的喷注器。NASA还允许它使用测试台架,美国空军也为它提供了发射场地。然而,发射却连续失败了。2006年,"猎鹰1号"仅发射一秒后,就因燃料管破裂而失败。2007年,公司再次试射,火箭因为自旋稳定问题,导致传感器关闭了引擎又失败。2008年,公司第三次试射。"猎鹰1号"在太平洋中部的夸贾林环礁发射升空,仅两分钟后,火箭开始震颤,发出异常声音,最终与地面失去联系。公司从沸腾陷入寂静。火箭上搭载着美国国防部和NASA的3颗人造卫星,以及208名希望将骨灰撒向太空的死者骨灰(其中有主演《星际迷航》的詹姆斯·杜汉和"阿波罗7号"宇航员戈登·库珀),它们都坠入海洋。这次是新设计的冷却系统出了问题。马斯克面临巨大的压力:如果第四次还是失败,SpaceX将无力承担第五次发射。巨额赌注的失败,还是难以承受之重,几亿美元财富化为青烟。曾有许多壮志未酬的私人航天公司消失在风中,SpaceX随时可能步后尘。2008年,马斯克陷入了人生的最低谷。他的另一家公司——特斯拉电动汽车,也濒临破产。硅谷在一夜间创造奇迹,也在一夜间让奇迹破灭,被世人遗忘。亿万富翁现在最需要的是资金,但在金融危机爆发的2008年,没人愿意把钱用于预订太空旅行的位子。

意志的胜利

2008年,对马斯克来说,是意志力的极限考验。第三次试射失败后,马斯克的声明显得很平静。他说,公司"最近刚刚得到一笔数额庞大的投资",加上原有资金,"我们的资金基础非常雄厚",足以继续支持下一阶段的火箭研发工作。"我们有决心,我们有资金,我们有专家","将继续进行第四次发射,第五次发射也在筹备,制造第六枚'猎鹰1号'的计划已批准"。舆论对创想家的失败真的足够宽容,"火箭研发初期接连遭遇失败的先例很多,希望SpaceX继续尝试"。但人人心里都清楚,马斯克的钱在火光中快烧没了。马斯克想造火箭时,睿西就曾告诉他,"结果是二元的,成或败","因为火箭会爆炸"。不光是钱的事,"还有他的信誉。他已经卖出了所有的发射,必须退款"。一切都系于第四次发射,命悬一线,"要么是史诗般的失败,要么是史诗般的胜利,没有中间项"。发射失败后,有人质疑他,火箭的本质是物理学,而不是什么创新经济模式。他毫不留情地反击说,要是听这种人的话,事情永远不会好,不会发生变化。有人问他:"你怎么会这么乐观?"他说:"无论乐观、悲观,我只想要把事情做成。"他从PayPal老搭档彼得·泰尔他们的"创业者基金"那儿拿到了一笔投资,继续搞火箭。与马斯克一起创立PayPal的好友马克斯·列夫琴说,马斯克就像一个"在黑暗中乱舞剑的人。每有疯狂的想法,总想着把它不计成本地做成,炸个2000万美元根本不是问题。他认为历史总是自然地按他的意志前进,现实里,如果碰巧是,那就是传奇;如果碰巧不是,那就是灾难"。2008年9月28日,马斯克的意志胜利了——他孤注一掷,第四次发射"猎鹰1号"。那一天,火箭升上天空,进入了预定轨道。最低的发射价和新的航空航天时代诞生了,它拿到了美国航空航天局(NASA)16亿美元的订单和其他客户9亿美元的订金。许多人开始预言,下一批万亿级别的富翁将诞生于外太空。马斯克喜欢畅谈未来。他跟NASA的工程师谈载人飞船,谈可回收的发射器,跟名流和媒体谈星际旅游和占领火星。有一次他说:"如果速度慢,以最佳的能源消耗,去火星要6个月,行星每18个月重新排列一次,从火星回来也要6个月。我想很快就可以把行程时间缩短到3个月。"

(资料来源:蒲实. SpaceX 再创历史|埃隆·马斯克:无限创想与意志胜利. 《三联生活周刊》2013年第39期,有所删改)

互动游戏

团队协作

简述: 需要每组被绑在一起来完成数件任务
人数: 不限
场地: 不限
道具: 绳子或其他可以绑的东西
方法:
1. 分组,不限几组,但每组最好二人以上。
2. 每一组组员围成一个圈圈,面对对方。老师帮忙把每个人的手臂与隔壁的人绑在一起。
3. 绑好以后,现在每一组的组员都是绑在一起的,老师设置每组应完成的任务。

例子: 吃午餐;包礼物;完成美术作品等。

第一节　创业者

导入案例 2-1

从宿迁走向世界：刘强东的创业之路

早年经历

1974 年，刘强东出生在江苏最穷的一个城市"宿迁"。小的时候家里穷到一连数年每天的三餐只有红薯和玉米。他的父母是地道的农民，为了生计，父亲四处借钱买了一条船，一年四季风雨无阻地漂泊在海浪之中。由于父母经常出海，他和妹妹从小被寄养在外婆家。5 岁左右的刘强东，便呈现出他独立性的一面，妹妹饿了，他就用砖块搭起灶台做饭。再大一点的他，割猪草、挑粪、弹棉花等什么都做。从小练就了一身独立的个性。

小学四年级之前，刘强东一年只能吃上一两次猪肉。平日里偶尔吃一次，然后过春节的时候会吃一次。每当春节的时候，外婆到镇上买猪肉，总会请求店主多给一些肥肉，这样就可以做猪油。平日里吃不到肉，就用猪油拌米饭吃，饭吃完了，再用热水冲一碗猪油花汤，一直喝到再也没有油花为止。刘强东最喜欢的一道菜是扣肉，唯一能让他吃上这道菜的，只有村里办喜事的酒席。村里有嫁娶的喜事，大家都会去喝喜酒，但每家都会带上一两个小孩子，所以，肉一般是不够吃的，往往是盘子还没有放到桌子，肉就被抢光了。而刘强东总是抢不到肉的那个小孩，他只能吃盘子里剩下的油。日常的三餐也只是吃玉米和红薯。像馒头、米饭只能在过年的时候吃上几次而已。刘强东曾说，他离开宿迁后，15 年没吃过红薯，因为吃怕了。

大学生活

小时候的刘强东，不但独立性强，还是班里的尖子生，一直是镇上的第一名。作为全村唯一的大学生，全村人凑了 500 块和 76 个鸡蛋。带着全村的嘱托和仅有的物资，刘强东踏上了去往北京的列车。他知道，从此他必须独立生存，家里和村里再也拿不出一分钱给他了。大学期间，刘强东确实做到了独立生活，没有向家里要一分钱。大一就开始各种兼职，学校的老师办培训班，他就兼职抄信封。那时候，广告宣传没有这么发达，基本靠邮寄定向打广告，而抄信封成了刘强东兼职的一份工作。最多的时候一个月能赚到一千多元。大二后，刘强东帮老师卖书，这份兼职算是一份"美差"，那时候的书也好卖，又不用加班熬比抄信封赚得多。一个暑假能赚一两万块钱，在那个年代，这可是一笔不小的数目。大三的时间，刘强东兼职的工作更上一层楼，利用自学编程技术，帮助老家电力部门，编了一套电力管理系统，给沈阳一家快餐店编了一套餐饮管理系统，着实让他大赚一笔。利用这个技术，刘强东很快买了一部"大哥大"的手机，同时，还买了一台"学生机"。

创业起步

积累了一部分资金后，刘强东开始筹划自己创业的事情。大四那一年，他发现学校附近的餐饮店，从不缺人气，家家生意都是特别红火，眼尖的刘强东决定开一家餐馆。他拿出自己全部的积蓄，又跟亲戚朋友借了一部分，凑足了 20 万把学校附近的一家饭馆盘了下来。学生时期的刘强东，便体现了"以人为本"的生意策略，他给餐厅的员工工资高出行业两倍，还给每一位员工配上手表,吃的方面,必须每天两荤两素,不允许吃饭店剩下的菜,固定的日子里还可以喝点酒。但是,他的良心却被当成"漏洞",采购员低价采购食材,却开高价发票,从中赚取差价,大厨和前台收银员谈起了恋爱,收银不计入账单,两人悄悄将部分钱纳入私人腰包。

大学毕业后,刘强东进入一家外企,从最初的销售做起,一路升任物流、信息、管理等职位,每月从2000多元干到每月4000多元的工资,这在90年代末,绝对算是非常高的待遇了。遭受一次创业失败的刘强东,本想拿着高工资过几年安稳日子。可突如其来的一场变故,让刘强东走向了创业之路。

京东的崛起

1998年,刘强东的家里如同发生一场灾难性的事故,一家人维持生计的船沉入海底,好在家人没有发生意外。当时父母瞒着刘强东好久。后来,刘强东知道了这件事,让父母不要再跑船,所欠的钱由他来偿还。家庭从此断了生计,所欠债务成为刘强东第2件扎心的事情。或许是命运的使然,刘强东面对家里所欠债务,迫不得已再次走上创业的道路上。如果不是家庭变故,刘强东的创业之路可能会晚几年,时代瞬息万变。晚几年的机遇会截然不同,也许就不会造就今天的京东了,或者说另一个版本的刘强东!

1998年6月,不甘心打工的他,背着父母在中关村租了个柜台,买了一台二手电脑和一辆二手三轮车,取名为京东多媒体。从此,刘强东开启了京东的创业之旅。"京东"是龚晓京和刘强东名字的组成部分,龚晓京是刘强东的第一任女朋友。当时的中关村,是全国最有名的电子产品批发销售市场。但这里,也是最"黑"的市场,假货、山寨版等真假难分,经常因买卖发生打架斗殴的事情。最初,刘强东主要是卖婚纱影楼视频编辑系统和硬件设备。从第一天做生意开始,刘强东便要求自己,坚持高性价比服务的原则。合理的定价、高质量的服务。同时,拒绝还价。坚持售卖正品,开正规发票,假一赔十!由于他坚持正品、低价、高质量的服务,因此他的店面口碑越来越好,生意也越来越红火。后来,他开始加卖光磁产品、刻录机、录像带,以及电脑产品及维修。为了提高销量及店铺的知名度,刘强东专门设立了配送服务,为其他柜台送货,并承诺2分钟送货上门,超出2分钟时间,赔偿10元钱。那个时候的刘强东,脑海里便有了物流配送的服务理念。因为坚持打造用户体验、货真价低的服务原则,刘强东的客户粉丝越来越多,生意异常火爆。

由于他进货量非常之大,因此有了跟上游厂商议价的资本,在价格上更具竞争力。2001年,刘强东已成为当时中国最大的光磁产品代理商,在全国铺开了十几家分销点。刘强东的财富突破了1000万元。有了资金,刘强东的野心更大了,他在北大资源楼12层,租了一间18平方米的办公室。又经过一年多的发展,他把整个12层全部买下来,而此时的刘强东,把目光投向了国美,学习打造国美的零售商业模式,建立京东品牌的连锁店。

正当刘强东集中所有精力准备全国扩张的战略时,2003年的非典突然席卷全国,这场没有任何前兆的瘟疫,让刘强东一夜之间关停了所有的柜台。生意一时陷入僵局!店铺关门大吉,是实体行业的大忌。刘强东在21天的时间里,亏掉了800多万。在20年前,800万是多么可怕的一个数字。巨大的亏损,让刘强东第一次感觉到害怕。他不知道这场非典疫情什么时候能过去,按照这种状态持续下去,公司将在维持三个月后破产关门。那段时间,刘强东经常为困守在一起的兄弟们下厨做饭,每天都要讨论如何度过这次难关。在一次讨论会上,一位员工说,这种情况下,可以试试网上销售。

于是，刘强东采取最传统的网上发帖的办法，在论坛上发布产品信息，加大促销及团购优惠力度，附上联系方式，以便用户购买，通过物流、快递方式发货给用户。巧的是，该论坛的版主，是京东一位老用户，他说："5 年了，我没有见过这家公司卖假货。"版主的这句话之后，才有人在论坛上买京东的产品。通过这个论坛，刘强东勉强熬过了"寒冬"。

但是，"寒冬"过去了，迎面而来的是他的感情又出现了问题。刘强东的女友龚小京，一家三代都是"从政"人员，根本不愿意女儿从事一份销售光盘的工作，也看不上穷困家庭出身的刘强东，一直阻碍、干扰他们的恋爱，在万般无奈下，龚小京被迫与刘强东分手，从此离开了京东。一场疫情让刘强东损失千万元，加上初恋女友的分道扬镳，这是刘强东第 3 件扎心的事。但通过这一场意外，刘强东摸索出互联网的销售模式，可以说，这场非典促使京东成功转型。找到更好的销售通路，剩下的全是刘强东的强项，打造正品价值、合理的价格策略、提高用户服务体验。京东三大铁的定律，让刘强东一路开挂，事业越做越大。在那个互联网"逐鹿中原"的时代，刘强东一直坚持自己的铁律原则。

2004 年，阿里获得 1 亿元的融资；当当网成功上市，亚马逊也是一种势不可挡的架势冲上来。而刘强东却要打造自己的物流体系，实行销售、配送一条龙服务，这个模式遭到了所有人的反对。要知道，彼时的大佬们做的都是"轻资产"模式，刘强东无疑是背道而驰，打造实体的运营模式，这可是烧钱的事，在那个京东还是一名"小老弟"的时期，风险之大可想而知。看到电商的红利后，刘强东逐步撤掉实体柜台，转型发展互联网及京东物流模式。

2006 年，刘强东陆续将资金投入仓储物流和京东商城的建设中。但这种耗资的投入，必须依靠资方的支持。很快，刘强东获得了第一笔 1000 万美元的融资。今日资本徐新是刘强东的第一位伯乐，她要求刘强东，在未来的几年可以不实现利润，以抢占市场为主。但霸气的刘强东直接给出承诺，2007 年销售额 8000 万，2008 年销售额突破 3.5 亿，2009 年销售额达到 10 个亿。2007 年，刘强东确实超额完成目标，但 2008 年的金融危机来了，让京东的估值从 1.5 亿美元降到了 8000 万美元。

走向世界

刘强东又再一次恐惧起来，强打精神四处融资，一天最少要见四五位投资人，最疯狂的时候，他一周见了 50 位投资人。几乎跑遍了整个投资圈，但依然没有什么结果，眼看京东就要彻底崩盘。供应商闹事、兄弟们工资发不上，三十几岁的刘强东，一夜之间白了一撮头发，每天只能靠喝酒缓解压力。这时，还是徐新伸出援助之手，找到了香港富豪梁伯韬。这一次，刘强东完成了 2100 万美元的融资。

拿到这笔钱后，刘强东的第一件事就是升级京东的物流体系，完善服务技术和网络建设。刘强东再一次起死回生，而这一次刘强东开始让京东蜕变，并逐步形成有效的竞争力。2010 年，刘强东继续扩张，他找到了学长张磊，想要融资 7500 万美元，全面扩建京东的仓储物流。张磊是高瓴资本的创始人，投资过腾讯、滴滴、蔚来等，被称为中国的巴菲特，投资眼光十分独到。对于刘强东的想法，张磊认为 7500 万美元，根本做不成事。他要求刘强东至少融 3 亿美元，否则他不会投。在张磊看来，刘强东的提案，如同美国的亚马逊一样，京东完全可以做到中国式的亚马逊，但资金规模需要达到 25 亿元。显然，刘强东被张磊的前瞻眼光所折服，同时提醒了他，要打造中国式的亚马逊，两人一拍即合。

很快，张磊以 10 亿美元的估值投向京东，让京东获得 2.65 亿美元，后来又追加了 5000 万美元。因为有了资金，京东很快与阿里巴巴形成了差异化竞争。京东自建物流，绝对是重资产，非常烧钱，但是如果没有京东的物流体系，京东应该不会坚持多久就会被淘汰，至少达不到今天的高度。2012 年，全网闻名的"京东大战苏宁"之战，让刘强东成功将经销商和用户黏到了京东平台上。虽然京东被骂为"行业搅局者"，但这是刘强东准备多时的策略，为了京东的发展，为了让用户买到货真价实的商品，为了让用户得到更好的服务体验，被骂几句又算什么。

在互联网快速发展的那几年，京东的自建物流优势，得到了充分发挥的作用，京东因此得到了飞跃的发展。

2014 年，京东结伴腾讯，双方形成战略合作。借助腾讯的流量优势，使更多的人得知京东的服务模式，让更多的人成为京东的用户。自此，京东开启了全面扩张的发展。5 月，京东成功在美国上市，市值超过 300 亿美元，刘强东坐上了电商"头把交椅"。

2017 年，第四届乌镇互联网大会，一群互联网大拿在乌镇聚集。在这都造就互联网巨头的创业者中，唯一不同的是，京东没有合伙人，只有刘强东。腾讯有 5 位创始人，阿里有"18 罗汉"，百度有"七剑客"，小米有"七联创"，美团起码还有王慧文。唯独京东，只有刘强东一人，他是一个不需要合伙人的人物，这在传统行业或许有，但在互联网公司里极其少见。

回报家乡

走在宿迁街头，京东的 logo 随处可见，走几步就可能遇见京东或京东供应商的员工。过去十年，宿迁见证了京东从一片电商红海脱颖而出，京东亦陪着宿迁从江苏"十三妹"成为一匹"黑马"。甚至有人说，刘强东恨不得把京东的所有资源，都搬回老家。但在十年前，刘强东的老家，却是江苏省内一座根本不打眼儿的地级市，由于地处苏北，河湖密布，陆路交通十分不便，经济总量常年垫底，产业结构也很初级。在少年刘强东的成长时期，因为当地经济不发达，不少宿迁人只能外出打工。

历史上，宿迁曾是一座商贾名城。作为"禹治九水"之一的古泗水，因其地理位置和南北走向，尤其是下游通畅，水运商贸开发甚早。数千年来，在古泗水滋养下，宿迁这座苏北小城积聚了厚重的历史底蕴。"项王故里""第一江山好去处"的标签人尽皆知。

沧海桑田，皆成过往。经济发展和产业转型的趋势下，历经转型阵痛的宿迁一度湮没。而今，电商是宿迁的代名词。沿着宿迁市洪泽湖路一路东行，穿越古黄河、京杭大运河，便来到宿迁的地标建筑群——宿迁电商产业园。

有创业者说，假如在北上广，电商企业入驻可能只能拥有一条技术流水线，但在宿迁，从前期电商平台设计开发，到后端销售运营，园区拥有完整的互联网生产线链条。如今，宿迁拥有全国最大的商务呼叫中心。宿迁 16 个乡镇、132 个村入选阿里巴巴"全国淘宝镇""全国淘宝村"，数量居江苏全省第一；全市累计获批省级"电商镇" 17 个、"电商村" 38 个，同样全省领先。宿迁成为名副其实的"客服之都""电商名城"。

为了解决宿迁的就业问题，京东自 2009 年起投资宿豫(宿迁辖区)，从在高新区租赁办公场地设立客服中心开始，先后投资设立了全国客服中心、淮海经济区仓储物流中心、京东智慧城和京东物流平行总部等项目，总投资超过 100 亿元。不过，最初刘强东要在宿迁设立京东客服中心时，当地连火车站都没有，但刘强东不顾公司内部强烈反对，坚持把京东客服中心落到宿迁。这个客服中心最初只有 80 多个人，而今天已发展到上万人。其中，70%是宿迁本地人。

2015 年，京东上市后第二年，刘强东带领数十位京东高管下了一次乡。在其间一次会议上，刘强东提出了京东农村电商未来发展的"3F战略"，提出要持续强化农村电商的拓展，消除农村消费不公平，为农村和城市用户创造全新价值。那次会议之后三个月，京东网购页面推出"宿迁板块"，列出了宿迁的水产品、农产品等。

2016年以来，京东陆续将全国客服中心、信息研发处理中心、财务结算中心、物流管理中心及云计算基地迁往或选址宿迁，帮助宿迁3600家企业完成超过7亿元的电商销售额，宿迁市宿豫区也成为京东全国农村电商示范区，在全国首个实现电商服务"村村通"。除了京东客服中心，京东还在宿迁建造了第一个自建数据中心京东云华东数据中心，第一个科技研发和培训基地京东云小镇，以及京东淮海经济区电子商务运营中心、京东智慧城等项目，项目总计达到15个。由此，宿迁逐渐成为京东客服中心和辐射全国的事务中心。

一个人，一个公司，改变了一座城。现在，宿迁不到500万的人口中，从事电商业的人口已经超过55万。也就是说，每9个宿迁人，就有一个是从事电商行业的。刘强东对家乡"资源倾斜"的操作，给当时产业体系亟待转型的宿迁送了一本"秘籍"——农村的致富之路或许可以靠电商。

2015年，宿迁成立了电子商务产业园区，政府和京东一起培训农民上网，学习做电商。在当地政府的支持下，京东在宿迁的投资版图不断扩展。作为宿迁电商产业园区项目投资的龙头企业，京东在此着力打造"四大中心"，即电子商务产业集聚中心、区域物流快递配送中心、定制经济创新示范中心、现代服务业发展中心。

京东更大的贡献，还在于它所引发的"连锁反应"。

2016年3月16日，宿豫区与南京途牛科技有限公司签订合作协议，标志着途牛旅游网全国客服中心正式落户宿迁电商产业园区。此后，当当、天天拍车、爱回收、小米等600多家互联网企业，跟着京东的脚步，把客服中心搬到了宿迁，培育了客服呼叫、电子商务、仓储物流等产业，形成了电商园区的基本盘。3万余名年轻人才集聚于此，带活了片区发展。

这些业务，形成了宿迁电商产业园区的基本盘。如今，呼叫中心已成为宿迁重点发展的产业之一，直接带动了当地2万人就业和超过20亿元的税收。如今的宿迁电商产业园区，集聚了超过3.5万的年轻人，平均年龄仅23.8岁，平均学历大专以上，从2015年年底到2017年年底，创造了电商交易额两年翻番的"奇迹"。新鲜血液与新兴产业集聚于此，带活了整个片区的发展。

2020年4月，国务院正式批复设立"中国(宿迁)跨境电子商务综合试验区"。2021年，宿迁电商产业园被评选为"国家小型微型企业创业创新示范基地"。而今，宿迁电商产业园区已形成"3+2"产业体系，即呼叫客服、电商运营、物流仓储三大基础产业和重点发展的物联网智能制造、互联网金融两大特色产业。在宿迁电商产业园内，筑梦小镇、智慧云谷、京东物流二期等一大批"超级体量"的电商项目正在生长。

2021年，宿迁给自己定下了一个目标："五年内电商交易额突破3000亿元，成为具有一流影响力的电商名城。"未来，宿迁将打造跨境电商产业园4~6家，培育引进知名跨境电商平台5~10家，在跨境电商综合服务平台备案企业300家以上。2021年12月30日，宿豫与京东签订《全面深化战略合作框架协议》。目前，双方在京东物流、京东产发、京东科技、京东健康、京东国际、京东京喜事业群、京东零售、乡村振兴等板块开展全面合作。

回头再看，长期GDP在江苏省垫底，宿迁真的差吗？真实的原因是江苏的实力实在是"太强了"：全省所有城市全部入围"中国百强城市"榜单的省份只有江苏。2021年9月25日，宿迁市迎来建市 25 周年，在"2021 年中国百强城市排行榜"中，它位列 89 名。虽然在全省排名最后，但宿迁 2021 年 GDP 也高达 3.72 千亿元，超过了很多省会城市。分产业看，第一产业增加值 353.03 亿元，比上年增长 3.1%；第二产业增加值 1613.47 亿元，增长 9.9%；第三产业增加值 1752.51 亿元，增长 9.5%。最近五年来，宿迁更是一跃成为长三角地区发展速度最快、综合实力提升最明显的地级市之一，俨然一匹黑马，这其中，电商经济发挥着重要及示范作用。

一个企业和一座城，如何产生强大的化学反应，激活整座城市，并推动产业升级？京东和宿迁或许给出了答案。

(资料来源：根据网络资料整理)

一、创业者概述

(一) 创业者的定义和大学生创业者

1. 创业者的定义

有时，21 世纪的这一代人被称为 E 一代(创业的一代)，因为他们是自工业革命以来最具有创业精神的一代人。谁是创业者？创业者的定义随着全球化和数字化的发展而不断扩展。当代创业者不仅仅是识别市场机会并组织资源以创建企业的人，他们还需要具备全球视野、数字化思维，以及在不确定环境中快速调整的能力。

创业者(entrepreneur)一词来自 17 世纪的法语词汇，它有两个基本含义：一是指企业家，即在现有企业中负责经营和决策的领导人；二是指创始人，即将创办新企业或者是刚刚创办新企业的领导人。

Brockhaus(1980)认为创业者是一位有愿景、会利用机会、有强烈企图心的人，愿意担负起一项新事业，组织经营团队，筹措所需资金，并承受全部或大部分风险。Nelson(1986)认为"愿意承担风险是能否成为成功创业者的关键，其他条件还包括运气、时机、资金和毅力"。Knight(1993)从基于风险的角度认为，创业者应该是那些在不确定性环境中承担风险并进行决策的人，赋予了创业者不确定性决策者的角色。Stevenson(1999)认为创业者是一位希望攫取所有的报酬，并将所有的风险转嫁他人的聪明人。Timmons(1999)认为创业者是由强力承诺与毅然耐性所驱使的人。后来研究者们倾向于认为，创业者是发现和利用机会，负责创造新价值(一项创新或一个新组织)过程的个体。

上述定义虽然侧重点有所不同，但创业者总是和风险、不确定性、创新及机会联系在一起。国内学者在借鉴国外定义的基础上，对创业者定义和分类做了一些拓展。林强等学者认为，创业者分为狭义和广义两种：狭义的创业者是指参与创业活动的核心人员；广义的创业者是指参与创业活动的全部成员。陈震红和董俊武指出，创业者是创业活动的推动者和实施者。郑美群和吴秀娟在总结创业者的各方定义后，认为创业者就是善于发现市场需求，并敢于承担风险和责任，组织资源满足市场需求的人。姚飞和王大海认为，技术创业者是指高技术企业的创始人，他们主要由高校科研人员转变而来，通常也是企业的所有者或经营者。黄兆信等将企业内部创业者定义为能够在现行公司体制内，发挥创业精神和革新能力，敢冒风险来促成公司新事物的产生，从而使公司获得利益的管理者。

在本书中，创业者被定义为能够识别市场机会，并通过创建企业或在现有组织中推动创新，以获得机会带来的收益的人。同时，创业者需要为其决策失误承担相应的风险，无论是在资本上还是声誉上。这一定义，主要强调以下几个方面：①创业者必须是市场机会的发现者，创业者凭借其信息的优势、知识(不仅包括一般意义上学习获得的知识，还包括在工作过程中积累的经验)的积累和特殊的敏感性，发现新的市场需求(当然这个需求能够在现代时空的约束下制造出产品用于满足它)，以更低的价格提供现存市场产品和未被完全识别出的需求；②通过开创企业或在现有组织中，组织人、财、物等要素，开发市场机会，企图获得机会带来的收益；③创业者必须要为自己对机会价值判断的失误而承担风险，如果自己投入资本，则面临着资本和名誉的双重损失，如果没有注入自己的资本金，同样也会因为声誉受损，影响自身未来的市场价值。

2.1.1 创业者定义

2. 大学生创业者

大学生创业者是指有理想、有胆识，不通过传统的就业渠道谋取职业发展，而是为自己开辟一条择业新路，利用自己的知识、才能和技术，以自筹资金、技术入股、寻求合作等方式主动参与社会竞争，创立新的企业，成为为自己、为社会创造就业机会的人。

当前，我国大学生自主创业的环境不断改善，从中央到地方政府以及各高校都鼓励和支持大学毕业生自主创业，各级政府为大学毕业生创业制定了一系列的优惠政策，各高校为大学生创业积极创造各方面的条件，对有能力的大学生来说，自主创业获得了难得的机遇。

虽然目前真正走上自主创业道路的大学生还为数不多，但代表了一个方向，引领了一种新的就业潮流。自主创业要求大学生创业者能结合专业特长，根据市场前景和社会需求创造出新的产品和服务，并因此实现自己的人生价值。

(二) 创业精神与创业思维

1. 创业精神

创业精神的本质是创业者在创业过程中具有开创性的思想、观念、个性、意志、作风和品质等重要行为特征的高度凝练，主要表现为勇于创新、敢当风险、团结合作、坚持不懈等。

创业精神造就了创业者，尽管创业者的创业环境和所从事的创业活动不尽相同，但是他们有一些基本的共同特质：不满足于现状。无论是史蒂夫·乔布斯不满于计算机系统的集控化，还是穆罕默德·尤努斯不满于贷款机会的缺乏，他们都抓住了机会改变现状；敢于冒险，足智多谋；尽管经历起起落落，但他们坚持不懈，最终获得成功。这些共同特质形成了创业精神的核心。

(1) 创新是创业精神的灵魂。创业活动中的创新包括从产品创新到技术创新、市场创新、组织形式创新等。创新被认为是表现创业精神的具体化。创业者具有创新精神，才可能创建新颖独特的企业，并保持一个企业的特色和可持续发展。

(2) 冒险是创业精神的天性。没有甘冒风险和承担风险的魄力，就不能成为创业者。无数创业者的经历证明，创业者虽然生长环境、成长背景和创业机缘各不相同，但无一例外都是在诸多不确定性因素条件下敢为人先，勇于创新的实践者。

(3) 合作是创业精神的精华。社会发展到今天，行业分工越来越细，没有谁能一个人完成所有创业需要完成的事情。真正的创业者善于合作，能将合作精神扩展到企业的每位员工。面临困境时，团队成员间能团结一心，奋力拼搏。

(4) 执着是创业精神的本色。创业的过程必然伴随着各种艰辛和曲折，因此创业者必须坚持不懈。创业实践表明，往往只有偏执者才能在创业中生存下来。

创业精神是创业的动力，也是创业的支柱。没有创业精神就不会有创业行动，也就无从谈起创业成功。因此，创业精神对创业至关重要。

2. 创业思维

研究和学习创业，不一定要创办企业，但一定要掌握创业思维，要保持旺盛的创业精神，把创业精神和技能运用到自己的工作实践中。在竞争激烈的时代，面对社会对创新型人才的大量需求，创业思维十分重要。美国百森商学院杰出的创业学教授蒂蒙斯(Timmons)等将可以通过训练获得的创业思维归纳为六大类。

1) 责任感和决策力

责任感和决策力是创业者需具备的第一要素。有了责任承诺(承诺指对过去所做努力的坚持)和决策力，创业者可以克服难以想象的障碍，并且可以弥补其他缺点。创业者一直生活在巨大的压力之下：最初为公司求得生存机会，然后是使公司站稳脚跟，最后是将公司发展壮大。创办一家新企业需要创业者首先献出他们的时间、情感和忠诚，因此责任感和决策力通常意味着个人牺牲。衡量创业者是否具有责任承诺有以下三个方面：①是否把自己净资产的一大部分投资于企业；②是否愿意接受较少的薪水；③在生活方式和家庭上是否做出了较大的牺牲。无论哪一方面没有满足，创业者都可能比其他人更早放弃。尽管研究表明创业者极有信心，可他们在判断哪些能做、哪些不能做以及从哪儿可以获得帮助解决问题时，却表现得非常现实。

2) 领导力

成功的创业者不需要凭借正式权力(多为组织授予的权力)就能向别人施加影响，这是领导力。他们善于化解冲突，懂得什么时候以理服人，什么时候以情感人，什么时候做出妥协，什么时候寸步不让。要成功经营企业，创业者必须学会与多种角色，包括客户、供应商、资金援助者、债权人、合伙人及内部员工等相处。由于不同的角色在目标上常会有冲突，因此只有当创业者成为一个调停者、磋商者而非独裁者时，创业才会成功。

3) 执着于创业机会

成功的创业者都会为创业机会殚精竭虑。他们的目标是寻求并抓住商机，将其变成有价值的东西。他们受到的困扰往往是陷在商机里不能自拔。他们总能发现机会，这就要求创业者区分各种创业机会的价值，抓住重点。

4) 对风险、模糊和不确定性的容忍度

创业总伴随着高风险、模糊和不确定性，成功的创业者需要容忍风险、模糊和不确定性。创业者几乎把所有的资金都投入创业的事业上，但成功的创业者不是赌徒，而是有计划地冒风险，并且让其他人和他们一起分担财务与商务上的风险。例如，合伙人会投入其资金和声誉，客户会提前付款，供应商则提供信贷。他们能乐观而清晰地看到公司的未来，从而保持勇气。通过仔细定义目标、战略、控制和监督他们的行动方式，并按照他们预见的未来加以调整，从而降低了创业风险。创业者还要容忍模糊和不确定性，并对冲突泰然处之。创业者初期可能没有订单，即使有，也可能出现订货无法如期交货的现象。更为糟糕的是，组织、结构和秩序的缺乏成为家常便饭。无休止的变化把模糊性和压力带到了企业的各部分。具体工作无法确定并常常被动，如新客户、新同事的加入，以及无法避免的挫折和出人意料的事件。成功的创业者把压力化为好的结果，将绩效最大化，并把负面影响、精疲力竭和沮丧情绪最小化。

5）创造、自我依赖和适应能力

成功的创业者不满足也不会停留于现状，是持续的革新者。研究表明，真正的创业者会积极寻求主动权并采取主动。他们喜欢主动解决问题，通过创新和创造实现生存和发展。成功的创业者有很强的适应力和恢复力。他们积极搜寻信息，并利用好这些信息，搜寻并利用反馈信息，从错误和挫折中学习经验，以及对未预见到的情况做出反应。因此，创业者总是优秀的听众和快速的学习者。创业者不怕失败，失败反而会坚定他们获取成功的信心。害怕失败的人会丧失他们可能具有的获得成功的动力，他们会倾向于从事一项简单的、几乎不会失败的任务，或者虽然在很困难的情况下做事，但如果做不成，他们也不会负个人责任。成功的创业者有能力从失败的经验中吸取教训。他们能更好地理解自身和他人在失败中所起的作用，因此能在将来避免类似的情况发生。成为成功的创业者要不断地试错，这一特性使他们所遭受的严重挫折和失望成为学习过程中不可或缺的一部分。

6）超越别人的动机

成功的创业者受到内心强烈愿望的驱动，希望和自己定下的标准竞争，追寻并达到富有挑战性的目标。新创企业的创业者对地位和权力需求很低，他们从创建企业的挑战和兴奋中产生个人动机。他们受获取成就的渴望而不是地位和权力的驱动。成功的创业者会要求自己坚持最高标准的正直可信的品性，他们说到做到，有长远眼光。他们能清醒认识到自身及其伙伴的优缺点，以及周围影响他们的竞争因素和其他环境，对自己能做什么、不能做什么，保持冷静而现实的态度。创业者能清醒地认识其他有价值的创业品质——洞察力和幽默感，保持洞察力能认识自己的优缺点，保持幽默感可以使创业者开怀大笑，平息他们的紧张，并且常常能化不利为有利，朝着获取更多利润的方向发展。

案例 2-1

财散人聚的创业思维

新东方创办于1993年，当时俞敏洪是唯一一个在新东方做教师的员工。后来新东方越办越大，俞敏洪觉得一个人干起来很无聊，他不想一个人把"苹果"吃下去，而是想分享他已经创造的财富，于是他想起了在国外的朋友。他相信朋友进来以后，新东方肯定会做得更好，到时候就不是一个小"蛋糕"，而是大"蛋糕"了。最初，新东方百分之百是俞敏洪的，1995年他把新东方一分为五，于是他自己的收入立刻就降低了，但新东方做大后他的收入又提高了。俞敏洪的朋友们加入之后，每个人在自己的所属领域都做得非常大，可以毫不夸张地说，他们这个团队在全中国是数一数二的。俞敏洪这种"分享理论"的激励效果十分明显，使得新东方进入第二个发展阶段，实现了快速扩张。以学生人数为例，1995年突破1万人，1996年2万人，1997年4万人，1998年7万人，1999年14万人，2000年突破20万人。新东方还建立了相对完备的出国考试培训、基础外语培训、出国留学服务教学体系，并迅速扩张到全国多座大城市，真正抢占了国内英语培训市场。俞敏洪的创业经验是值得借鉴的，他不像某些管理者首先把自己的利益抢好、拿好，而把员工的利益放到一边不管。这样的管理者一般来说都是当不长久的，因为谁都不愿意跟一个自私自利的人打交道，尤其是自私自利的管理者。

(资料来源：孙燕芳. 大学生创业基础[M]. 青岛：中国石油大学出版社，2015.)

(三) 创业者人格特质

具有什么样心理特征的人更愿意创业、更适合创业？一直以来，人们热衷于识别创业者特质，认为创业者富有创新精神、喜欢冒险、雄心勃勃且勇敢无畏。与非创业者相比，创业者具有更强烈的成就需求、自治能力、权力欲和独立性。成功的创业者倾向于相信自己能够控制自己的命运，而不是受环境控制。

蒂蒙斯认为成功的创业者具有一些共同的态度和行为。他通过对哈佛商学院杰出创业者学会第一批21位学员的跟踪研究总结出：成功的创业者表现出了一些共同的创业特质。他把这些创业特质归纳为"六大特质"和"五种天赋"。其中，六大特质是指"可取并可学到的态度和行为"，五种天赋是指"其他人向往的，但不一定学得到的态度和行为"。这里隐含着创业者的能力一部分是天赋，另一部分是后天学习形成的含义。

1. 六大特质

(1) 责任感和决心。这一点比其他任何一项因素都重要。有了责任感和决心，创业者可克服不可想象的障碍，并弥补其他缺点。

(2) 领导力。成功的创业者是富有耐心的领导者，他们能够勾勒出组织的愿景，并根据长远目标进行管理。他们无须凭借正式的权力就能向别人施加影响，并能很好地协调企业内部和企业与顾客、供应商、债权人、合伙人的关系，在与其友好相处的同时，共同分享财富和成功。

(3) 执著于商机。创业者受到的困扰是陷入商机里不能自拔，意识到商机的存在可以引导创业者抓住重要问题来处理。

(4) 对风险、模糊性和不确定性的容忍度。高速变化、高度风险、模糊性和不确定性几乎是不可避免的，但成功的创业者们能容忍它们，并善于处理悖论和矛盾。

(5) 创造性、自立与适应能力。成功的创业者相信自己的能力，他们不怕失败，并且善于从失败中学习。

(6) 超越别人的动机。成功的创业者受胜出别人的动力驱使。他们受到内心强烈愿望的驱动，希望和自己定下的标准竞争，追寻并达到富有挑战性的目标。

这里需要说明的是，并非必须具备这些特质才可以创业，或只要具备了这些特质就一定能够创业成功，其实拥有这些特质并不是成为创业者的必要条件。如果缺乏上面的某些态度和行为，创业成功是可以通过经验和学习来学到的，也可通过开发、实践或历练得到。

2. 五种天赋

蒂蒙斯将下面5种态度和行为描述为一个特殊企业家天生的才能，它们是令人向往但不一定学得到的。事实上，蒂蒙斯研究发现，一些相当成功的企业家，他们缺少其中几项特征，或每种特征都不突出，并且，几乎没有哪个企业家拥有下面所有方面的特殊才能。但是，如果企业家拥有了这些天生的才能，那么无疑会大大增加创业成功的可能性。

(1) 精力、健康和情绪稳定。企业家面临特殊的工作压力和极高的工作要求，因此他们的精力、身体和心理健康变得十分重要。他们虽然可以通过运动、注意饮食习惯和休息来稍作调整，但每一项都和遗传有很强的相关性。

(2) 创造力和革新精神。创造力一度被认为是只有通过遗传才可获得的能力，而且大多数人认定它本质上是遗传而来的。但新的研究表明，创造力、革新精神与制度、文化有很大的关系。它们只可诱发，不能模仿。

(3) 才智、智慧和概念化。没有哪一家成功的或具有高发展潜力的企业其创始人是不具备才智或只有中等才智的，这些才智包括高度灵敏的嗅觉、企业家的直觉及狐狸般的狡猾。这种才智犹如艺术家和作家的才情、灵性，十分稀缺和珍贵。

(4) 远见和激励的能力。远见是一种天生的领导素质，它具有超凡的魅力。没有人认为这种特殊的品质是后天培养的。所有伟大的领导者都是通过这种能力传递他们的影响力的。而成功的企业家则通过这种能力激发灵感，激励他的员工为他设下的目标团结奋斗。

(5) 价值观。企业家个人的价值观和伦理价值由其生活的环境和背景决定，它在人生的早期就形成了。这些价值观构成了个人不可分割的部分，进而影响他的企业及企业的价值观。

(四) 创业者的类型

国内外学者对创业者的分类多种多样，分类的标准也不同，主要按创业者的人格特质、创业内容和创业主体等标准来分类。

1. 按照创业者的人格特质分类

美国心理学家约翰·麦纳(John B.Miner)对 100 位事业有成的创业者进行长达 7 年的跟踪调研发现，这些创业者存在共同的人格特质。约翰·麦纳据此将创业者分为四种类型：成就上瘾型、推销高手型、超级主管型和创意无限型。

(1) 成就上瘾型创业者。这类创业者的人格特质表现为：必须拥有成就；渴望回馈；喜欢拟定计划和设计目标；具有强烈的进取心；对认定的事业表现出执着、不放弃的决心，坚持到底，不达目的不罢休，是目标非常确定的上瘾者。

(2) 推销高手型创业者。这类创业者的人格特质主要表现为：善于观察和体恤他人的感受；喜欢帮助他人；相信社会互动很重要；需要与他人发展良好的关系；有良好的交际能力，相信销售对执行公司经营战略十分重要。

(3) 超级主管型创业者。这类创业者的人格特质表现为：很讲信用，很负责任，他们的能力、力量来自贯彻目标的决心，期望成为企业中的领导人物；具有决断力；对集体持肯定态度；喜欢与他人竞争；期望享有权利；渴望出人头地。

(4) 创意无限型创业者。这类创业者的人格特征主要表现为：热爱创新，富有创意；相信新产品的研发对企业经营战略的执行很重要；有创意、有主张，绝对与众不同，有着强烈的冒险精神及好奇心。

2. 按照创业内容分类

创业者可以根据创业内容分为生产型、管理型、市场型、科技型和金融型五种。

(1) 生产型创业者。生产型创业者是指通过创办企业推出产品的创业者，以生产技术为主体，这种产品通常科技含量高。

(2) 管理型创业者。管理型创业者是指综合能力较强的创业者，他们对专业知识并不十分精通，在管理和协调中有自己的特长，能够通过各种有效的管理手段带领企业前进。

(3) 市场型创业者。市场型创业者的一个重要特点就是注重市场，善于把握市场变化机会。

在中国计划经济向市场经济转轨的过程中，涌现出大批的市场型创业者。海尔集团张瑞敏说过"三只眼睛看世界"，其意思就是：计划经济时期，企业只有一只眼，即盯住政府就可以了；市场经济条件下，企业则要有两只眼，一只盯住市场，另一只盯住员工；转型期的企业则需要具备第三只眼，也就是说盯住市场和员工之外，还要盯住政府出台的政策。

(4) 科技型创业者。科技型创业者多与高校和科研机构相关联，以高科技为依托创办企业。例如，马斯克(Elon Musk)通过 SpaceX 和 Tesla 展示了技术创新与创业结合的典范。

(5) 金融型创业者。金融型创业者实际上是一种风险投资家，他们向企业提供的不仅仅是资金，更重要的是专业特长和管理经验，他们不仅参与企业的经营方针和规划的制定，而且参与企业营销战略的制定、资本运营及人力资源管理。

3. 按照创业主体分类

按创业主体可以把创业者分为勤奋型、智慧型、关系型、机会型、冒险型五种。

(1) 勤奋型创业者。勤奋型创业者比较常见，他们主要依靠自己的勤奋努力来发现机会并取得成功。李嘉诚是勤奋型创业者的杰出代表。

(2) 智慧型创业者。这类创业者依靠自己的聪明才智获得创业的成功。例如，张一鸣通过对算法的深刻理解，成功打造了今日头条和抖音。

(3) 关系型创业者。关系是创业过程中一种重要的资源，也是一种有潜在价值的非显性的人力资源。关系型创业者就是依靠前辈或自己建立的各种社会关系和人际关系获得成功的。由于新创建的企业在创业初期缺乏各种资源，没有建立自己的品牌和信誉，因此关系就显得非常重要。如果在合理合法的范围内利用各种社会关系和社会资源，创业者的成功机会就较大。

(4) 机会型创业者。这类创业者的显著特点在于能够敏锐捕捉机会，并最终取得创业的成功。如搜狐的创始人张朝阳之所以获得成功，关键就是把握住了机会。他 1986 年毕业于清华大学物理系，获得李政道奖学金赴美留学；1993 年底在美国麻省理工学院获得博士学位，同年任某公司亚太地区(中国)联络负责人。但他认准了中国互联网潜力巨大之后，毅然回国创业。

(5) 冒险型创业者。这类创业者有强烈的自我色彩、用不完的精力，爱在冒险中表达勇气，依靠自己的过人胆略和抵御风险的能力而获得成功。在中国知名的创业家中，史玉柱是冒险型创业者的典型代表。据说，他在推出保健产品之后，意识到需要通过广告宣传才能打出品牌，但当时公司账上的资金已经不足以支付一次广告的费用，史玉柱便利用刊登和付款期限之间的"时间差"，刊登了广告。之后，史玉柱的公司收到了一个订单，解了燃眉之急。这次冒险让他成功了。

(五) 创业者的产生与培养

在知识经济高速发展的今天，传统雇佣制的经济与创业的界限也变得模糊起来，并且产生了大量介于雇佣制与创业者之间的自由职业者。而在当今社会中，由于信息的高速发展，社会的价值被大量分享，学习的成本降低，因此造就了社会的快速转型。当今社会最有价值的东西包括：可以随时随地学习的知识和技能、有兴趣并富有意义的工作、不断提升自我的机会，以及全球化网络(包括虚拟世界的高效沟通和协作)。正是这种变化为人们带来了创业的便利，数字工具的普及和在线平台的发展，改变了当今的创业环境。当人们的创业活动不再与金钱单纯挂钩时，这种创业活动就会变得多姿多彩，创业动机也丰富起来。

1. 热情驱动创业

这类创业者创业的动机是梦想有自己的企业，喜欢在自己的公司中扮演决策者的角色，随着社会创业氛围的增强和创业支持政策的完善，这些人即使最初没有明确的创业方向，但一旦获得机会，就会毫不犹豫地迈入创业行列。数字创业和创意经济领域为热情驱动型的创业者提供了广阔的施展空间，他们在考虑创业时，并不太会考虑将来干什么，在传统行业的创业活动中，也能施展他们的技能。

2. 梦想改变生活现状

有些人的创业动机非常简单，他们希望能够以创业养家糊口，改变自己贫穷的现状。这些创业者通常更关注实际的生活需求，利用数字平台和在线市场，创建一个符合个人状况和生活方式的小企业，以"小生意"或者"小微企业"来确保基本的经济收入。然而，当市场机会出现时，他们中的一部分人也会毫不犹豫地扩大企业规模。通常情况下，此类创业者并没有较为宏大的创业计划，他们或许只想经营一家生活型企业，在实现基本经济目标的同时，也通过业务发展获得个人满足和乐趣。数字化工具和社交媒体的广泛使用，进一步降低了创业的门槛，使得这些创业者能够更加轻松地进入市场，并扩大他们的业务规模。

案例 2-2

聂云宸——喜茶创始人

喜茶，这个在中国茶饮市场上掀起一股风潮的品牌，是由一个 90 后的年轻人创立的。他的名字叫聂云宸，29 岁时身家已达 45 亿元，是 2023 年胡润百富榜上的 90 后白手起家首富。那么，聂云宸是如何做到这一切的呢？他是如何从一个卖手机的小店老板，变成一个领导着一个估值超过 160 亿元的茶饮巨头的 CEO 的？他是如何打造出一个拥有千万粉丝和消费者的网红品牌的？他是如何在竞争激烈的茶饮市场上，找到自己的独特定位和优势的？

从卖手机到卖茶：聂云宸的创业之初

聂云宸，1991 年出生于江西丰城的一个军人家庭，父母都是监理工程师。他从小就有着坚强的意志和勤奋的品质，立志要成为一名医生，为人民服务。他以优异的成绩考入了广东科学技术职业学院人文学院行政管理专业，本想回到家乡从事医疗工作，却因为一次偶然的机会，改变了他的命运。

2010 年，19 岁的聂云宸开始了他的第一次创业，在广州卖手机。他凭借自己敏锐的市场观察和良好的人际关系，很快就在手机店赚到了人生的第一个 20 万。他没有满足于自己的成绩，而是想要寻找更大的机会和挑战。他发现，当时的茶饮市场还很落后，没有什么创新和特色，而年轻人对茶饮的需求却很大。他决定进军茶饮市场，开创自己的品牌。

那个时候的奶茶还停留在用"粉末"冲饮的时代。喝过粉末奶茶的聂云宸开始逐渐思考：用粉末做的奶茶，口感一般还不健康，为什么人们愿意为产品买单呢？那如果有一款又好喝又健康的产品，人们会不会更加喜欢？于是他开始认真研究，用真材实料，萌发用真实果肉代替粉末的想法。事实证明，人们更愿意为健康且创新的好产品买单，尽管价格贵了一些。

2012 年 5 月 12 日，聂云宸在广东江门九中街开了第一家茶饮店，取名"皇茶 RoyalTea"(喜茶 HEYTEA 的前身)。他的店以原创芝士奶盖茶为主打产品，吸引了很多年轻人的喜爱。他不断地改进和创新，推出了更多的口味和种类，如水果茶、鲜奶茶、鲜榨果汁等。

从皇茶到喜茶：聂云宸的品牌升级

聂云宸的茶饮事业看似一帆风顺，但其实遇到了很多困难和挑战。他的店因为太火爆，经常被仿冒和抄袭，他的商标也被别人注册了。他的店因为太小众，难以打开全国的市场，他的店因为太依赖线下，也难以适应互联网的变化。他意识到，如果想要让自己的品牌走得更远，他必须进行一次全面的升级和变革。

2016 年，聂云宸重新注册了商标，将"皇茶"改名为"喜茶"，并获得了由 IDG 资本和天使投资人何伯权的 1 亿元融资。他的目标是打造一个更年轻、更时尚、更国际化的茶饮品牌，让更多的人喜欢上茶。他的口号是"不止是好茶"(More Than Just Tea)，他的理念是"用茶连接你我"(Connect You and Me with Tea)。他的店也进行了重新设计，采用了更简约、更现代、更舒适的风格，让顾客有一种在家的感觉。他的店也开始了线上线下的融合，利用微信、支付宝等平台，提供了预约、外卖、会员等服务，让顾客有更多的选择和便利。

细节决定成败

再后来喜茶开始火了，口碑上来之后，在哪里开店哪里就火爆，2016 年开了 50 家店，2017 年在上海人民广场，创下"买杯奶茶排队数小时，上百人排队"的壮观场面。

一款好的新颖的产品，既是创始人的念想，也是消费者的追求和渴望，而拥有非凡创新意识的人，加上勇于实践的执行力，往往都能站在风口的浪尖上。能成大事的人都是死磕细节做起的。装修店铺的风格、设计商标 logo、管理团队员工，很多事情都是聂云宸自己亲力亲为。

在产品上，聂云宸对原料更是精心配置。为了茶叶，喜茶专门在贵州建了个自有茶园；每年研发 100 多款产品，诞生出的不到 10 款；三年修改秘方四十多次；多肉葡萄，亲自雇人剥皮去籽；国内缺桃，那就从国外进口……

聂云宸说："我始终认为自己是个创始人，这很关键，我要做好创始人该做的事情。"正是这么死磕细节的人，正是这么有责任感的人，才可以把细节做好，才可以把喜茶这个品牌做大。

(资料来源：根据网络资料整理)

二、创业者素质与能力

(一) 创业者的基本素质

对于创业者而言，基本素质其实并没有过多特殊的要求。创业者也不是一群特殊的人群，大多数人都可以成为创业者。但是成功的创业者除了具备一般人的基本素质，还应具备如下独特的创业素质。

1. 身体素质

所谓身体素质，是指身体健康、体力充沛、精力旺盛、思路敏捷。良好的身体素质是成功创业的前提，健康的身体是成功创业的基础。①创业之初，受资金、制度、管理、经营环境等各方面条件的限制，许多事情都需创业者亲力亲为；②创业过程中，创业者需要不断地思索如何提高经营管理水平，从而使企业在激烈的竞争环境中迅速成长；③在整个创业过程中，创业者的工作时间远远长于一般工作者，并且需要承受巨大的风险压力。所有这些因素要求创业者必须具备充沛的体力、旺盛的精力、敏捷的思路，如果没有过硬的身体素质，创业者必然力不从心、难以承受创业重任。

2. 道德素质

道德素质特指人在道德方面的内在基础。道德是理想之光，成功的创业者必定是一个道德高尚的人，他会在创业的过程中，造福一方，惠及他人，做到言出必行、讲诚信。创业过程中，创业者要做到以下两点。①适度控制私心小利。从个体角度讲，如果创业者过于看重自己的利益得失，不注重维护创业团队成员或企业员工的利益，创业者将成为孤家寡人。从企业的角度讲，如果创业者过于关注企业局部、短期的利益，企业则很难做大、做强、做久。②创业者要做到得意不忘形，失意不失志。一个成功的创业者，在创业顺利时能够居安思危，在创业失利时能够保持斗志使企业转危为安。

3. 心理素质

心理素质是指创业者的心理条件，包括自我意识、性格、气质、情感等心理构成要素。创业者自谋生路，不论做什么都可能会遇到困难和挫折，可能出现意想不到的问题，因此要有充分的心理准备，要有吃苦的心理准备，要有遇到困难和挫折的心理准备，要有失败的心理准备；有了心理准备，就能在遇到困难和挫折的时候，泰然处之，渡过难关，走出失败的阴影，到达理想的彼岸。一些成功者从谋生到创业的历程，都充满了艰辛和坎坷，甚至到了山穷水尽的地步。所以，创业者自身的心态非常重要，在创业实践中起着关键的调节作用。在现代创业环境中，心理韧性和应对压力的能力被视为成功创业者的重要特质。

4. 思想素质

思想素质是指一个人的意识形态、思维活动、行为和作风所显示的思想、道德修养、品性、认识等实质。企业是一步一步做大做强的，这要求创业者必须具备特殊的思想素质，具体包括以下两点。①既要志存高远，又要脚踏实地。创业者既要为企业做全局的、长期的未来战略规划，又要步步为营按照市场规律办事，从小处做起，做到精细管理。②既要有胆有谋，又要有风险防范意识。创业不是靠运气，而是靠胆识和谋略，是一种理性的风险投资，这也要求创业者必须有胆有谋。同时，创业集融资与投资为一体，有一定的风险，这又要求创业者必须有一定的风险及防范风险的意识。

5. 知识素质

创业者的知识素质对创业起着举足轻重的作用。大学生想要创业，只有良好的愿望是不够的。即使具备了创业意识，也只是为创业提供了指引方向。要真正实现创业目标还得靠真本事，必须要有过硬的本领。一位优秀的创业者，其知识结构要具有专与博相结合的 T 型结构。当代认知心理学派认为，合理的知识结构有利于同化原有的知识或概念，形成新的观点和观念。良好的创业知识结构是创业者未来发展的基础，为创业心理与行为提供了一个基本的认知框架和背景。在知识经济时代，创业者还需要具备跨学科的知识和全球化的视野，以适应不断变化的市场环境。

6. 经验素质

经验素质是创业者在创业过程中实践经验的积累。经验是形成管理能力的中介，是知识升华为能力的催化剂。缺少创业经验，是创业者特别是大学生创业者面临的一个重要问题。创业需要创业者具备很强的综合能力，一些创业者虽然有一些好的创业构想，但是由于缺乏创业经验，不是项目很难得到市场的认可，就是很容易被别人复制。在现代创业环境中，创业者可以通过孵化器、加速器等平台，获得更多实践机会和资源支持，从而积累宝贵的经验。要想提高自己的创业成功率，创业者就应该考虑如何积累创业经验，切实提高经验素质。

7. 协调素质

创业者在创业过程中需要协调企业内部各部门、各成员之间的关系，同时，还要协调企业与外部相关组织、个人之间的关系。这种关系既包括工作关系，也包括人际关系，所有这些要求创业者必须具备综合的协调素质。创业者的协调素质，是一种性质复杂的素质，要求创业者懂得一套科学的组织设计原则，熟悉并善于运用各种组织形式，善于用权，能够指挥自如，控制有方，协调人力、物力、财力，以获得最佳效果。在全球化和数字化的背景下，创业者的协调素质还应包括跨文化沟通和全球资源整合的能力。

2.1.2 创业者素质

（二）创业者的必备能力

要成为成功的创业者，必须具有出色的经营才能。创业能力是一种能够顺利实现创业目标的知识和技能。它除了具有能力的一般含义，还有自己的独特内涵。

1. 创新能力

创新能力就是创业者在生产经营活动中善于敏锐地察觉旧事物的缺陷，准确地捕捉萌芽的新事物，提出大胆的、新颖的推测和设想，继而进行周密论证，拿出可行性解决方案的能力。在当今的数字化和全球化背景下，创新能力不仅限于产品或服务的改进，还包括商业模式、客户体验和市场战略的创新。创新不仅仅是从无到有地创造一种产品或服务，更多的是在以往的基础上对原有的产品或服务进行改进。创业者的创新能力往往体现在技术、管理和营销上的创新。创业是开创一项事业，没有一种可以复制的模式可以让我们一劳永逸。一个新的管理理念或者新开发的产品或服务，往往会给创业者带来惊人的回报。

2. 决策能力

决策能力是指创业者能够根据外部经营环境和企业内部经营实力，选定经营项目，确定企业发展方向和目标，拟定企业发展战略和营销组合策略，并能根据内外情况变化适时做出调整的能力。在大数据和人工智能的辅助下，现代创业者还需要具备数据驱动的决策能力，能够快速分析市场趋势并做出明智决策。

提高创业者决策能力有以下几种途径：①从博学中提高决策的预见能力；②从实践中提高决策的应变能力；③从思想上提高决策的冒险能力；④从心理上提高决策的承受能力；⑤从思维上提高决策的创造能力；⑥从信息上提高决策的竞争能力；⑦从群体上提高决策的参与能力。

3. 营销能力

营销能力是市场营销技能最直接的体现，也是所有市场销售行为结果的体现。对于大学生创业者来说，行之有效的营销非常关键，新创企业往往做不起广告，多数只能通过创业者亲自拜访目标顾客获得订单。随着社交媒体和电子商务平台的普及，创业者的营销能力还需要包括数字营销技能，能够有效利用网络和社交平台推广产品和服务。

4. 交往能力

交往能力是指妥善处理组织内外关系的能力。交往能力包括与周围环境建立广泛联系和对外界信息的吸收、转化能力，以及正确处理上下左右关系的能力。人际交往能力是创业者发展和巩固其人脉资源的重要保障。人际交往能力主要包括表达能力和反应能力两个方面。在跨国经营和全球化合作日益增多的背景下，创业者还需要具备跨文化交往能力，能够在多元文化环境中有效沟通和合作。

表达能力是充分、有效地将自己的观点阐释给对方的能力。充分有效的表达能够使大家领悟企业目标、面临环境和工作对策，能够使大家更加有效地为完成共同的目标而努力。反应能力是表达能力的有效补充，良好的反应能力能够帮助表达者随时领会和把握表达对象的需求和对表达内容的理解，有效调整表达的方式和内容。

5. 管理能力

管理者的管理能力从根本上说就是提高组织效率的能力。管理者若要准确地把握组织的效率，须具备如下五种管理能力。①战略管理能力。战略管理能力是指创业者通过制定、实施、评价企业战略以保证企业组织有效实现自身目标所表现出来的能力。其要求创业者具有战略眼光，能从总体上把握形势，既考虑当前利益，又考虑长远利益，尤其是在某些特定情况下，能够着眼于长期目标，而不拘泥于一时一地的得失。②文化管理能力。文化管理能力是指创业者为解决企业的长期生存和发展，在企业内部建立的一种全体员工共同遵循的基本信念和认知的能力。③信息管理能力。信息管理能力是指创业者善于收集、整理与分析信息，并使之系统化，在企业内外建立通畅信息渠道的能力，这是决策科学化最重要的基础条件。④人力资源管理能力。人力资源管理能力是通过招聘、甄选、培训、报酬等管理形式对组织内外相关人力资源进行有效运用，满足组织当前及未来发展的需要，保证组织目标实现与成员发展的最大化。⑤组织管理能力。组织管理能力是指创业者为了有效地实现企业目标，运用行之有效的手段，把企业生产经营活动的各个要素、各个环节，从纵横交错的相互关系上，从时间和空间的相互衔接上，高效、科学地组织起来的能力。随着远程工作和虚拟团队的兴起，创业者还需具备管理分散团队和利用数字化工具提升组织效率的能力。

6. 用人能力

公司的管理和运作与其说是资金的运作，不如说是人的运作。创办一家新企业，很重要的一点是要组建一支强有力的核心团队。宁愿投资一流团队的二流技术，也不愿投资一流技术的二流团队，这是创业投资上不成文的信条。其明明白白地说明了建立好一流团队对于创业的重要性。创业者必须坚持"以人为本"的管理理念，必须懂得人力资源的管理。一方面，创业者要网罗企业发展所需的关键人才，招贤纳士，留住人才；另一方面，要充分利用和开发企业现有人才，做到"人尽其才"，构建一个"学、教、练"相结合的学习型的人才团队。在知识经济时代，创业者还需要通过建立企业文化和创新的激励机制，打造一个充满活力的团队。

创业者对待下属要具有两种素质：一种是"德"，也就是要奖赏下属，学会财富分享，才能凝聚人心，才能激励工作；一种是"威"，廉政树威，才敢惩罚下属的不当行为。只有将二者有机结合起来，即"宽猛相济，恩威并施""赏罚严明"，才能进行有效的管理。只有"赏"才能鼓舞员工的干劲，激励员工敬业精神，塑造职工可以仿效的榜样。

2.1.3 创业者特征

三、创业动机

(一) 创业动机的含义

创业动机是引起和维持个体从事创业活动，并使活动朝向某些目标的内部动力，是鼓励和引导个体实现创业成功而行动的内在力量。它不仅是创业者行动的驱动力，还是创业行为的重要推动因素。创业动机是创业者的内在动力，创业行为是这种内在动力的外在表现。

创业动机产生的内在动力是需求，外在条件是诱因。这些因素共同作用，激发并维持创业者的创业热情和决心。创业动机可以激发、指导、维持和协调创业活动。

1. 创业动机产生的内在动力与外在条件

(1) 创业动机产生的内在动力是需求。生存需求、自尊需求、自我实现的需求是创业动机产生的三个内在动力。例如，有人是为了生存而创业；有人是为了获取他人的尊重、获得自尊心的满足等而创业；还有人是为了实现自身的价值和人生的理想而创业。

黄峥，拼多多的创始人，他的创业动机之一就是为了缩小城乡消费差距，让更多的人能够以更低的价格买到高品质的商品。在创立拼多多之前，黄峥看到了中国广大的农村和低线城市消费者在电子商务中的缺失，以及他们对价格敏感的特点。为了满足这些消费者的需求，他创立了拼多多，通过创新的社交电商模式，让消费者以团购的方式获得优惠。黄峥的创业不仅仅是为了个人的成功，更是为了实现让人人都能享受优质商品的梦想，随着拼多多的迅速发展，这一梦想也在不断扩大。

(2) 创业动机产生的外在条件是诱因。物质和非物质的刺激是驱使创业者产生创业动机的外部因素。例如，有人是因为受到别人较丰富的物质条件的刺激而产生创业想法；有人是因为没有得到他人或社会足够的重视和尊重而产生创业动机；还有人是因为看到他人为理想而奋斗、开创自己喜欢的事业而萌生创业的想法。这些外部诱因通过提供机会、资源或激励，促使个体采取创业行动。

2. 创业动机的激发、指导、维持和协调功能

创业动机具有以下三种功能。①激发功能。创业动机能激发创业者产生某种创业活动。创业者在受到某些刺激，特别是当这些刺激和当前的创业动机有关时，创业动机更容易被激发。②指导功能。创业动机使创业活动针对一定的目标或对象。例如，在成就动机的支配下，有人会放弃舒适、稳定的工作而选择创业。创业动机不同，创业活动的方向和所追求的目标也不同。③维持和协调功能。当创业活动产生以后，创业动机维持着这种创业活动，并调节着创业活动的强度和持续时间。如果创业活动达到了目标，创业动机将促使创业者终止这种活动；如果创业活动尚未达到目标，创业动机将驱使创业者维持(或加强)这种活动，或转换活动方向以达到某种目标。

> 科学研究工作，尤其富于创造性的意义，尤其要依靠自力更生。当然，自力更生并不等于封锁自己。
>
> ——中国科学院院士、地质学家 李四光，1971

(二) 创业动机的分类

有研究者将创业动机分为艺术型创业者和管理型创业者。通常来讲，艺术型创业者具有强烈的个体性动机去做他们想做的事情，驱动他们的也总是个人的自由追求、自我挑战的欲望，或者是满足生活方式等。相较之下，管理型创业者则具有更多的商业色彩，通常是受到经济利益驱动或者从奠定基业等具体目标出发，关注于构建一个组织以便能够更多地参与管理和控制。艺术型创业者更注重非经济利益，管理型创业者则更关注经济利益。

在当今社会，随着创业环境的多样化和个性化需求的增加，创业动机的分类也更加复杂。有的学者把创业动机分为 4 类：①个人挑战；②为家族做贡献；③经济需求；④生活方式需求。

大学生创业是适宜的创业环境与做好创业准备的大学生相结合的产物，大学生走上创业的道路，归纳起来主要有以下 4 种类型。

1. 生存的需要

首先，由于经济的原因，许多的家庭越来越难以负担昂贵的学费。在沉重的经济压力之下，为了顺利完成学业，这部分学生中的一部分人只好利用课余时间打工来维持正常的学习和生活。在打工的过程中，有一部分具有创业素质的人会发现商机并且去把握它，于是开始走上创业的道路。

其次，有一部分独立性很强的学生，想要独立生存，于是在他们中也产生了一定数量的创业先行者。

2. 积累的需要

按照奥尔德弗的 ERG 理论，人的需求分为生存、相互关系和成长。这三种需求并不一定按照严格的由低向高的顺序发展，可以越级。当代大学生随着年龄的增长，对于相互关系和成长的需要会逐渐强烈。一部分大学生为了增加自己的实践经验，丰富自己的社会阅历，或者为了自己以后的发展或实现自己的某个目标做好经济上的准备，会在条件成熟的情况下走上创业的道路。这个类型的创业者往往以锻炼为目的，承受失败的能力较强。同时由于压力较小，失败和半途而废的比例也比较高。

3. 自我实现的需要

心理学研究表明：25~29 岁是创造力最为活跃的时期，这个年龄段的青年正处于创造能力的觉醒时期，对创新充满了渴望和憧憬。他们思维活跃、创新意识强烈，同时所受的约束和束缚较少，按照 ERG 理论对成长的需要也更为强烈。另外，由于大学生所处的环境，他们往往更容易接触一些新的发明和学术上的新成果，或者他们中的一部分人本身拥有具有自主知识产权的科研成果。为了能早日实现自己成功的目标，他们中的一部分人改变了自己的成功观念也

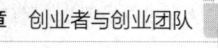

开始了自己的创业生涯。

4. 就业的需要

当前，我国的大学生就业形势相当严峻，一方面表现为需求不足，另外一方面表现为大学毕业生的工资待遇降低。在这种情况之下，为了找到一份自己满意的工作，有一部分大学生也开始了创业。在"数字游牧"文化的兴起下，越来越多的人选择自由职业或小规模创业，以追求灵活的工作方式和生活方式。这类创业者的动机是摆脱传统的工作束缚，实现个人生活与工作的平衡。他们通常利用互联网和远程工作平台，从事咨询、设计、编程、内容创作等工作，享受着工作地点和时间的自由。在此过程中，创业不仅成为一种应对就业压力的手段，也逐渐成为实现个人职业理想和社会贡献的途径。

扩展阅读

创业宣言

一本中译本的德国创业者手册里面收录了一篇阿尔贝特·施威茨尔的自由宣言，这篇自由宣言目前更多地被冠名为"创业宣言"而广为流传。

我怎会甘于庸碌，
打破常规的束缚是我神圣的权利，
只要我能做到，
赐予我机会和挑战吧。
安稳与舒适并不使我心驰神往。
不愿做个循规蹈矩的人，
不愿唯唯诺诺，麻木不仁。
我渴望遭遇惊涛骇浪，
去实现我的梦想，
历经千难万险，哪怕折戟沉沙，
也要为争取成功的欢乐而冲浪。
一点小钱，怎能买动我高贵的意志。
面对生活的挑战，我将大步向前，
安逸的生活怎值得留恋，
乌托邦似的宁静只能使我昏昏欲睡。
我更向往成功，向往振奋和激动。
舒适的生活，怎能让我出卖自由，
怜悯的施舍更买不走人的尊严，
我已学会，独立思考，自由地行动，
面对这个世界，我要大声宣布，
这，是我的杰作。

(资料来源：阿尔贝特·施威茨尔《创业宣言》)

(三) 创业动机的影响因素

从短期看，创业者的层次及其影响因素的共同作用形成了创业者不同的创业动机，不同的创业动机导致创业者创业行为过程与行为结果的差异，同时，创业者的创业活动导致创业者的现实需求得到满足。这些动机的变化往往受市场环境、政策支持、社会文化及科技进步等多重因素的影响。而从长期看，由于需求在时间上的连续性，已有需求的满足又会导致新需求的产生，从而形成一个循环，最终表现为创业精神对经济增长的贡献。由此可见，决定创业者行为差异的深层次原因是创业者的需求层次及其影响因素。创业的决定是各种因素共同作用的结果，这些因素包括创业者的个性特征、个人背景、相关的商业环境、个人目标、可行的商业计划，以及创业者期望值与结果的对比。此外，创业者还关心创业中付出的努力与可能的收获之间的关系。图2-1 所示为一个反映创业动机形成过程及其影响要素的模型。

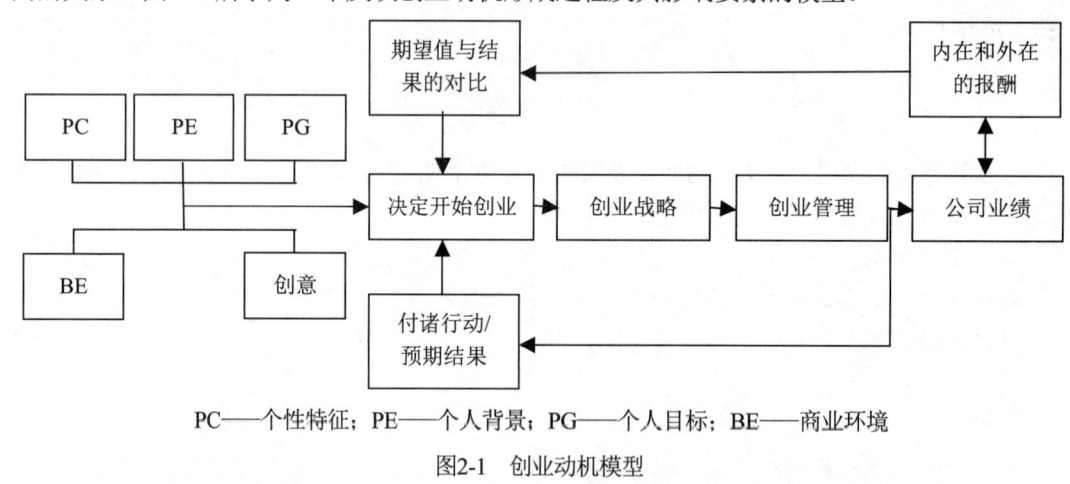

PC——个性特征；PE——个人背景；PG——个人目标；BE——商业环境

图2-1 创业动机模型

创业者最初的期望和最终的结果会极大地影响他们创立和维持一个企业的动力。如果企业的经营业绩达到或超出预期，创业者的信心和动力就会增强，当企业的经营业绩达到或超出期望时，创业行为就会被正面加强，创业者将有动力继续创业。而到底是留在现在的企业，还是创建另一家新企业则依他们的创业目标而定。当实际结果难以达到预期时，创业者的动力就会下降并相应地影响是否继续创业的决定。在此过程中，创业者需要不断调整和优化自己的策略，以应对市场环境的变化和企业内部的挑战。这些对未来的预期同样会影响后面的公司战略、战略的实施和公司的管理。

四、产生创业动机的驱动因素

(一) 创业者选择创业的动机受诸多直接和间接因素的影响

创业者产生创业动机的驱动因素包括直接因素和间接因素两个方面。直接因素包括个性特征因素、社会特征因素、认知特征因素和个体所拥有的资源因素；间接因素包括宏观因素中的社会保障水平、收入水平和人口统计特征。

1. 直接因素的影响

(1) 个性特征因素。和从事固定工作相比，开创事业风险更大，创业者必须承担这些相对较大的风险。创业者常常因其新创企业的绩效差而感到不满，且超过一半的企业在5年内都失败了，更确切一点，新企业在5年之内的存活率在33%左右，由此可见创业过程中存在的风险是很高的。创业者的冒险精神显著强于管理者，风险倾向强的个体更容易产生创业动机。

(2) 社会特征因素。创业动机呈低级需求动机、中级需求动机和高级需求动机三因素结构。最近的研究表明，产生创业动机的驱动因素最重要的是高级情感、成就、自我实现等高级需求，其次是兴趣，生存动机在三因素中居于最后的位置，尤其是大多数大学生创业，其并不是迫于生计、不得已而为之，而是经过理性思考之后的主动行为。

(3) 认知特征因素。创业者的自我效能感是指个体相信自己能够成功扮演各种创业角色，并完成各项创业任务的信念强度。创业自我效能感是创业者的一种信念和自信，具体是指创业者的能力能够影响所处环境并通过相应行为获得成功的自信。当人们面对挫折时，自我效能感影响人们的选择、热情、努力和坚持，同时影响人们对目标能够成功实现的信念，自我效能感是评价创业行为非常关键的认知变量。只有人们对创业成功具备足够的信念和自信时，才有可能产生创业的稳定倾向，因此自我效能感越强，创业动机越强。

(4) 个体所拥有的资源因素。个体拥有较多的创业资源，不仅能够增强创业者创业认知的渴望性，产生创业倾向，而且对创业认知的可行性产生了积极的正面影响。张维迎指出，成为成功的创业者的一个重要条件是资本(资本是创业资源之一)，个人所能调配的创业资源越多，创业动机越强烈。

2. 间接因素的影响

从间接影响创业动机形成的原因看，创业者的需求层次还受诸多具有长远意义的宏观因素的影响。

(1) 社会保障水平。高水平的社会保障可以提高人们的需求层次，由于需求层次决定创业动机，因此可以得出：社会保障水平越高，高级需求动机类型的人创业动机越高；社会保障水平越低，低级需求动机类型的人创业动机越高。政府的创业扶持政策、税收优惠、融资渠道等都会影响创业动机的强弱。在创业初期，政策支持可以显著降低创业者的风险，增加创业的吸引力。

(2) 收入水平。创业者作为有理性思维的个体，短期内的收入变化不会对创业者的需求层次产生显著作用，对创业动机的形成没有太大影响；长期内的收入提高有利于创业者需求层次的提高，从而影响创业动机的形成。

(3) 人口统计特征。人口统计特征是创业者群体特点的体现，主要表现为创业者群体受教育水平、经验和经历等。由于人口统计特征的差异，相同的外部因素会对创业者个体的作用产生不同的结果，从而形成了同一国家或同一地区创业者需求层次的多样性和创业者创业动机的差异。

(二) 如何获得创业的驱动力

在当今社会，创业活动对经济的推动作用有目共睹，从房地产的大鳄到电子商务的巨头，再到开蛋糕店的普通创业者，这些创业者不仅通过创业为自己积累了大量的财富，同时也在创新与实践之间积极搭起了一座桥梁，改变了人们的生活。那么如何把梦想转变成内在的驱动力？这就需要在日常的生活中逐渐地加以培养。

(1) 关注世界的发展与变化。从第二次世界大战结束到 21 世纪，是世界发展变化最快的阶段，从计算机的应用到互联网时代的到来，从干细胞的研究到克隆技术的发展，世界进入了一个信息化、科技化的时代。这种发展带来了知识全球共享以及产品的全球化特点，这种巨大的改变，使得商业更加活跃，创业的种类更加繁多。目前，保持竞争力已经不再单单依靠有限的技术，一个好的创意往往不受地域的限制，技术、资源甚至专家团队也变得越来越容易得到，这对于创业者来说是一个有利的环境。例如，德国大众汽车公司可以将自己的生产线安排在中国，还可以将自己的销售公司建立在墨西哥，而它的总部在德国的沃尔夫斯堡。这个全球的公司，对其管理是一项巨大的挑战，但是互联网的出现，可以使一切有效的资源得到利用，因此管理难题也可以成功地被攻克。对于一个创业者来说，这意味着在生产和商机的获取上能获得更多的创意、激励和专家意见。

(2) 技术的创新与淘汰。我们所处的世界中，充满了触手可及的全球性的知识、经验、劳动力与资本，技术在迅速更新，这对于创业者来说既充满机遇也是一种挑战，如今的技术突破已不再仅限于几所高校、科研单位，技术的更新也将全球同步，因此可以说，产品生产周期的缩短与技术的落伍使专利技术失去了它的保护效力。而且，公司的竞争也不能再像早期一样依靠贸易保护、货币限制、某地优越的地理便利与廉价的劳动力条件了。这些都促使创业者必须不断创新以保持竞争优势。创新不仅体现在产品上，而且体现在商业活动及运营模式上，技术的创新已经成为创业的驱动力之一。

(3) 解决顾客的迫切需求。创业的驱动力还来自针对顾客迫切需求的解决方案。当顾客在市场中发现某种不便或者某种需求未被满足时，就为创业者提供了一个创业的契机，这种顾客需求的满足方案可以催生一个好的创业项目。例如，罗红是好利来公司的创办者，如今好利来公司不仅有遍布全国的门店，而且建立了两家大型的食品加工企业，成为蛋糕制造业的领军企业。多年前，好利来公司总裁罗红还只是一个仅仅拥有梦想与激情的年轻人。在母亲退休后的第一个生日，罗红为了表达孝心与祝福，希望能为母亲选购到一个式样新颖、口味馨香的生日蛋糕，然而几乎跑遍了全城，他也没有寻找到可心的蛋糕。1991 年，罗红在四川雅安开办了第一家蛋糕店，开始了艺术蛋糕的事业。

(4) 创意的获取与互联网的发展。电脑上网与搜索引擎的自动搜索技术，带来了全球知识的共享，而比互联网通信更为重要的是不受限制地获得最好的创意、技术、研究资源和专家团队。例如，网络世界可以支撑一个总部在深圳，基础设施建在上海、北京、广州，生产基地在东南亚，并在北美有销售总部的生产企业。这家公司的员工组成也是全球化的，因此对其进行管理必将是一个挑战。对一个创业者来说，任何一项创业活动都离不开互联网技术，更不用说单纯的互联网的应用。这种工具兼商机的方式，可以帮助创业者走得更远。但需要记住的是，其他创业者也会有同样的想法。

(5) 相似案例的不同解决方案。当其他人的创意获得成功的时候，你还能不能再创业呢？可以明确的是，创业者不会因为某一行业的新技术或者新创意已经被运用而产生退缩，相反，如果一个创意获得成功，将会对整个行业甚至整个经济领域带来不同程度的变化。例如，零库存的销售模式，不仅给戴尔公司带来巨大的财富，而且改变了整个销售行业的现状，为整个商业环境注入了新的风气。这使得创业者有更多的机会利用已经成熟的创新技术帮助自己创业。

创业者需要学会思考，一旦有好的创新，就需要考虑创新观念的原则还能有其他哪些方面的应用。在此阶段，创业者不需要关注太多细节，其需要注意的是，对于失败的创新也要进行分析，以便使新的创新不会因为同样的原因而失败。

扩展阅读

企业家誓言——1904年美国《企业家》杂志的发刊词

1904年，美国《企业家》杂志选用《常识》中的一段话作为发刊词。此后百余年中沧海桑田，物是人非，但杂志扉页上的这段话从来没有改变，它被称为企业家誓言。

I do not choose to be a common person.

It is my right to be uncommon—if I can.

I seek opportunity—not security.

I do not wish to be a kept citizen, humbled and dulled by having the state look after me.

I want to take the calculated risk, to dream and to build, to fail and to succeed.

I refuse to barter incentive for a dole;

I prefer the challenges of life to the guaranteed existence; the thrill of fulfillment to the stale calm of Utopia.

I will not trade my freedom for beneficence nor my dignity for a handout.

I will never cower before any master nor bend to any threat.

It is my heritage to stand erect, proud and unafraid; to think and act for myself; to enjoy the benefit of my creations; and to face the world boldly and say:

"This, with God's help, I have done."

我是不会选择做一个普通人的。

如果我能够做到的话，我有权成为一位不寻常的人。

我寻找机会，但我不寻求安稳，我不希望在国家的照顾下成为一名有保障的国民，那将被人瞧不起而使我感到痛苦不堪。

我要做有意义的冒险。

我要梦想，我要创造，我要失败，我也要成功。

我拒绝用刺激来换取施舍；

我宁愿向生活挑战，而不愿过有保证的生活；宁愿要达到目的时的激动，而不愿要乌托邦式毫无生气的平静。

我不会拿我的自由与慈善做交易，也不会拿我的尊严去与发给乞丐的食物做交易。

我决不会在任何一位大师面前发抖，也不会为任何恐吓所屈服。

我的天性是挺胸直立，骄傲而无所畏惧。

我勇敢地面对这个世界，自豪地说：

在上帝的帮助下，我已经做到了。

(资料来源：根据网络资料整理)

第二节　创业团队

导入案例 2-2

沃尔玛的团队建设之道

美国沃尔玛公司总裁萨姆·沃尔顿曾说过："如果你必须将沃尔玛管理体制浓缩成一种思想，那可能就是沟通。因为它是我们成功的真正关键之一。"

沟通就是为了达成共识，而实现沟通的前提就是让所有员工一起面对现实。沃尔玛决心要做的，就是通过信息共享、责任分担实现良好的沟通交流。

沃尔玛公司总部设在美国阿肯色州本顿维尔市，公司的行政管理人员每周花费大部分时间飞往各地的商店，通报公司所有业务情况，让所有员工共同掌握沃尔玛公司的业务指标。任何一个沃尔玛商店都定时公布该店的利润、进货、销售和降价的情况，并且不只是向经理及其助理们公布，还向每位员工、计时工和兼职雇员公布各种信息，鼓励他们争取更好的成绩。管理界有许多关于团队建设的理念和方法，但都过于抽象或复杂，让"团队建设"显得神秘兮兮。其实"团队建设"不过是管理工作中的一项而已，并没有多少与众不同的地方，都存在"务实"和"务虚"的成分。所谓"务实"就是物质层面的东西，即表明团队建设始终要从工作出发，以工作结尾；所谓"务虚"就是精神层面的事情，即团队建设工作要搞好团队内人际关系，要始终关注人在工作过程中的感受，想方设法提高他们的工作满意度。许多人认为团队建设就是和稀泥，只要大伙高高兴兴就是了，这是大错特错，如果只会做人不会做事，团队必定乌烟瘴气。

沃尔玛特别重视管理者在团队建设中的核心作用，一个好的领导能够将一支羸弱的队伍变成士气高昂、富有战斗精神的团队，而一个不好的领导足够摧毁一支威武之师。权变管理理论认为领导力由"领导、环境、下属"互动决定，领导给予什么样的领导方式取决于下属综合素质和具体工作环境。在沃尔玛有两种领导方式可供实施，即"指南针式"和"地图式"领导方式。针对那些新入门、技能较差、综合能力较低的员工，领导者要施以"地图式"领导方式，要手把手教会他们技能，非常详细地告诉他们工作目标和要求，经常给予工作支持，否则他们永远到达不了"目的地"；而对于能力、经验、动力都较高的员工，则只需施以"指南针式"的领导方式，告诉他们你的期望，给予恰当的鼓励，他们就会像狮子一样冲向阵地。

沃尔玛特别擅长员工士气的塑造，只要员工有较好的表现，哪怕仅仅是一个天才的思想，管理者都会立刻做出积极的反馈，然后"公开、大声地"表扬这位员工，并号召全体同仁效仿。管理层的这种"以小见大"的认可会极大地鼓舞员工追求卓越，并成为他们长期的工作动力。相反，有时员工犯了错误，管理层会小心地呵护员工"已经受伤"的心灵，尽量避免在公众场合批评他，而是把他叫到没人的角落，帮他分析失误的原因，帮他找到改进工作的方法，减轻他的心理负担，当然最后该处罚还得处罚。以上做法在沃尔玛被称为"大声表扬、小声批评"。沃尔玛很少进行物质奖励，促销比赛的第一名，也只是被奖励了一个10元左右的笔记本，实在无足轻重。可是，总经理却用10分钟时间"狠狠地"表扬了第一名的工作精神和方法，并给他发了一个奖状，然后又和他合影，最后还让他给大伙讲几句，这种"招待"让人很受用。沃尔玛认为"物质激励"很容易把员工引导至"唯利是图"的不轨之路，结果就破坏了团队的正气，而精神奖励更会使团队积极向上！沃尔玛就是这样"小处着手，大处着眼"，不断地积累员工对企业的满意度。士气有正有负，如同月有阴晴。如果员工有怨气得不到发泄，也会导致团队气氛紧张，于是沃尔玛为此专门设置一些"向上"沟通的渠道。沃尔玛有个"门户开放"政策，大致的意思是员工如果觉得不满意可以向直接上级的任意上级沟通，如通过总裁信箱、总裁热线、人事总监热线、区域总监热线，当然员工也可以直接走进任何更高管理层的办公室，向他诉说自己的"糟糕的心情"而不用担心会受到报复或打击。另外，沃尔玛还有比如"草根会议"和"人事面谈"等由人力资源部门组织的管理层不在现场的保密的沟通方式，来了解员工对企业、管理层的看法。当然这些越级沟通方式并不能得到跨级领导的直接指示，但他一定会给到一些中立的、不带偏见的意见让员工和其领导亲自解决，当然员工会得到跨级领导"持续保持关注"，直到员工满意为止的承诺。

(资料来源：根据网络资料整理)

一、创业团队及其对创业的重要性

美国考夫曼基金会创业领导中心创始人考夫曼(Kauffman)认为，伟大的创业具有三大原则：像你希望别人对你一样对待别人；与人分享共同创造的财富；回报社会。不难看出，这三大原则关注的核心并不是个人英雄主义的个体创业者，而是卓有成效的创业团队。投资家在甄选创业投资项目时通常把创业团队的卓越表现作为首要考察和评估的内容。

2.2.1 创业团队定义

(一) 创业团队概述

团队是由员工和管理层组成的一个共同体，它合理利用每一名成员的知识和技能协同工作，解决问题，达到共同的目标。创业团队就是指在创业初期(包括企业成立前和成立早期)，由一群才能互补、责任共担、愿为共同的创业目标而奋斗的人所组成的特殊群体，如表2-1所示。

表2-1 创业团队的定义

学者	定义
Kamn & Shuma(1990)	创业团队是指两个或两个以上个体成员为了实现共同的目标而一起从事创业行为，建立一个新创企业并共享其财务权益的团体
Ensley & Banks(1992)	创业团队成员包括对创业决策产生影响的个体
Chandler & Han(1998)	创业团队成员特指在公司成立两年内加入的人员
Leon Schjoedt(2009)	拥有两个或两个以上成员，他们共同享有财务权益并对所创企业负责，在达成创业目标的过程中相互支持并且往往在创业的早期阶段处于执行层的地位
李书文(2014)	在创业的早期阶段，由两个或两个以上成员组成的团体，团体成员共同制定创业目标、参与新创企业战略决策并共享财务权益，团队成员往往在所创企业中担任管理层的职务

创业团队有别于一般团队，不同之处主要有以下几点。

1. 团队的目的不同

初创时期的创业团队建设的目的在于成功地创办新企业，随着企业成长，创业团队可能会发生成员的变化，新组建的高管团队是创业团队的延续，其目的在于发展原来的企业或者开拓新的事业领域。然而，一般团队的组建只是为了解决某类或者某种特定问题。创业团队的最终目标通常是通过创新和市场开拓来实现企业的可持续发展，而一般团队则更关注于完成既定任务或项目。

2. 团队成员的职位层级不同

创业团队的成员往往处在企业的高层管理的位置，对企业重大问题产生影响，甚至会关系到企业的存亡。而一般团队的成员往往由一群能解决特定问题的专家组成，其绝大多数成员也并不处于企业高层位置。这种高层决策权的集中使得创业团队能够迅速应对市场变化，而一般团队通常在组织结构中层次分明，决策过程较为缓慢。

3. 团队成员的权益分享不同

创业团队成员往往拥有公司股份，以便团队成员负有更高的责任，而一般团队未必要求成员拥有股份。这种股权激励机制促使创业团队成员更关注公司的长期发展与成功，而一般团队成员的利益更多地体现在薪资和短期奖励上。

4. 团队关注的视角不同

创业团队成员关注的往往是企业全局性的、战略性的决策问题，而一般团队成员只关注战术性或者执行层面的问题。创业团队必须具备全局视野，以应对创业过程中出现的各种不确定性和挑战，而一般团队则更倾向于专注于具体的操作或技术问题。

5. 成员对团队的组织承诺不同

创业团队成员对公司有一种浓厚的情感，其连续性承诺(由于成员对组织投入而产生的一种机会成本，足以让成员不离开组织的倾向)、情感性承诺(个体对组织的认同感)和规范性承诺(个人受社会规范影响而不离开组织的倾向)较高，而一般团队其成员的组织承诺并不高。这种高度的组织承诺使得创业团队更具有凝聚力，成员们愿意为企业的成功付出更多努力，并在面对困难时更加团结，而一般团队的成员对组织的情感依赖相对较弱，更多地关注个人发展。

大学生创业团队应该具有较强的资源整合能力，能通过团队成员间的技能互补来提高驾驭环境不确定性的能力，从而降低新创企业经营风险，增加创业成功的概率。这种资源整合能力不仅体现在团队内部，还包括团队与外部资源的有效链接，如导师、投资者和行业专家的支持。大学生创业团队通过充分利用这些资源，能够更好地适应市场变化，提升企业的创新能力和竞争力。

> 异想天开给生活增加了一分不平凡的色彩，这是每一个青年和善感的人所必需的。
> ——巴乌斯托夫斯基

(二) 创业团队是如何运作的

1. 从成员所起的作用来看

狭义的创业团队是指追求共同目的、共享创业收益、共担创业风险的一群创建新企业的人；广义的创业团队则不仅包括狭义的创业团队，还包括与创业过程有关的各种利益相关者，如风险投资人、专业顾问等。

一般而言，按照其成员所起的作用，可以将广义的创业团队的成员分为以下 4 类。
(1) 初始创建者：通常指企业的发起人。
(2) 核心员工：通常指新企业成立后引进的骨干员工，主要来源包括招聘、熟人介绍等。
(3) 董事会：主要指利益相关者，其主要作用是提供指导、增加资信等。
(4) 专业顾问：主要指部分与新企业保持紧密联系的外围专家，以及利益相关者，包括顾问委员会、投资人和贷款方、咨询师等。

2. 从成员的角色分工来看

如果从成员的角色分工来看，成功团队中应该具备 9 种角色类型。业界被誉为"团队角色理论之父"的英国团队管理专家梅雷迪思·贝尔宾在观察与分析成功团队时发现，一个结构合理的团队应该由 3 大类、9 种不同的角色组成，依据成员所表现出来的个性及行为划分，这 9 种角色分别是完成者、执行者、塑造者、协调者、资源调查者、协作者、创新者、专家和监控评估者。他们分别负责行动导向(执行团队任务)、人际导向(协调内外部人际关系)和谋略导向(发现创意)3 类任务。这就是著名的"贝尔宾团队角色理论"。

贝尔宾团队角色理论的应用不局限于传统企业，在创业团队中尤其重要。该理论可以帮助创业者在建构团队时，确保每个职位的逻辑性与完整性，并帮助团队成员正确分析自我能力与特质，找准自己在团队中的定位，同时不断优化自己的能力，形成优势互补，从而实现 1+1>2 的效果，以此来塑造出一个完美的创业团队。9 种角色分类及详细释义如表 2-2 所示。

表2-2　贝尔宾团队角色理论

类型	角色	角色描述及个性特征
行动导向(负责执行团队任务活动)	完成者	为团队带来严谨和担当。勤勤恳恳、尽职尽责、积极投入、找出差错、准时完成任务
	执行者	为团队带来稳健和信誉。执行力强、纪律性强、办事高效利索、值得信赖、保守稳健
	塑造者	为团队带来动力和韧性。极强的成就导向，充满活力激发人心，有克服困难的动力和勇气
人际导向(负责协调团队内外人际关系)	协调者	为团队带来成熟，起到掌舵、支柱的作用。成熟和自信，能够阐明目标，促使决策，合理分工，成员信任与认同，典型的人际导向型团队领袖
	资源调查者	为团队带来热情和发展方向，外向、热情、健谈，善于发掘机会、谈判，构建关系网络并获取外部资源
	协作者	为团队带来高效合作和凝聚力，善于倾听、性格温和、感觉敏锐，能够防止摩擦、平息事端、趋利避害，促使团队融洽，保持振奋向上的团队精神
谋略导向(负责提出创意与提供专家智慧)	创新者	为团队带来创新和变革力。高智商、富有创造力和想象力，不墨守成规，敢想敢干，能够解决难题
	专家	为团队带来特殊技能、专业性。目标专一，提供专业的知识和技能，同时表现为高度内向，自我鞭策，甘于奉献
	监控评估者	为团队带来客观评判、明智决策。明智、谨慎、聪明，遇事沉稳、冷静，具有战略眼光和远见卓识，在重大决策上往往能够做出正确的评估与判断

表 2-2 中所列为理论上成功团队中的 9 种角色，事实上，创业团队通常不会有这么多人，一个完美团队的形成也不可能一蹴而就。但是，这个理论框架至少提供了一个重要的信息，那就是角色之间的能力互补，创业者仍然可以参考这种成功团队的组合结构，尽量按照这个标准去组建自己的团队，规划和寻找合适的成员。而在创业初期，一个人完全可以兼任不同的角色，成员之间也可以轮换角色，这样依然会取得较好的团队成效。待队伍壮大、时机成熟，一支结构更合理、成员更多元、运行更高效的完美团队也就自然形成了。

案例 2-3

要选择合适的合伙人

学酒店管理专业的李萱一直梦想着做一家餐饮公司。2004 年，李萱和一个合伙人在北京开了一家做宴会外卖服务的公司。她的合伙人是一位拥有十余年外卖经验的"海归"，一直在海外工作的他曾同时掌管 5 个餐饮部门，具备丰富的管理经验和专业知识。有这样的管理者辅助，李萱感到很有信心。

最初，他们为朝阳公园附近写字楼里的公司做了几场司庆、公司聚餐和新闻发布会等活动，取得了不错的效果，也为公司赚取了不少利润。

然而不久后，李萱的公司在客户开发方面越来越难，接的订单也越来越少。她的合伙人尽管在国外做宴会方面拥有丰富的经验，但在国内几乎没有客户资源，而且缺乏开拓客户的兴趣。在这种情况下，公司决定附带做工作餐(快餐)业务，因为做工作餐的运作资金不需要很多，相对循环周期短而且灵活。她认为北京的商业圈很多，快餐市场相对稳定，其发展已日渐成熟，尽管利润不高，只要数量得以提升，利润仍是显而易见的。就这样，公司以宴会外卖为主打项目，用快餐保障收支平衡，以及维持公司正常运转，生意又忙碌起来。

不过，后来公司在承办宴会外卖活动时，李萱却感到人手不足，有点力不从心了，而作为保障收支平衡的快餐却又不能停下，否则公司的品牌形象和服务质量就会受到影响，从而"两败俱伤"。同时李萱发现，快餐正在拖累公司的业务，兼做快餐正成为他们的一个错误决定。因为公司虽然一直都在忙碌着，却一直处于亏损状态，快餐市场其实垄断性很强，产业过于被动，而且负责人回扣太多，加上食品时令差价悬殊，量少又导致自然管理成本升高。此时，由于精力有限，李萱已没有机会做更多的宴会，填补卖快餐造成的亏损，公司也没有资金再运转下去。

终于，在 2005 年 6 月，李萱和合伙人忍痛割爱，将公司关掉了，李萱也因此有了负债。李萱觉得除了目标市场定位不明确导致公司倒闭，对合伙人的过分依赖也是其失败的原因。她的合伙人尽管是一位拥有十余年外卖经验的"海归"，而且很能吃苦，但是被忽略的是中西文化和整体社会背景的差异。长期的海外生活已经让他对国内的环境感到陌生，导致了认识上的偏差，以至于误认为外卖市场一定会被国内市场认可，事实证明他的判断过于超前，至少目前市场规模还很有限，也不会迅速成长。商家经常将活动成本和活动所带来的收益进行比较，这样无形中减慢了这个产业的发展速度。此外，合伙人没有客户的积累和开拓意识，意味着做宴会外卖存在很大的风险。因此，尽管后来多方弥补，但是一开始选错合伙人带来的损失已经无法挽回。

(资料来源：陈晓暾，陈李彬，田敏. 创新创业教育入门与实战[M]. 北京：清华大学出版社，2017.)

(三) 创业团队对创业的重要性

创业团队对创业的成功具有重要作用。有一项针对美国 20 世纪 60 年代创业的 104 家高科技企业的研究报告指出，在年销售额达到 500 万美元的高成长企业中，有 83.3%的企业是由创业团队建立的。没有团队的创业也许并不一定会失败，但要创建一个没有团队而具有高成长性的企业极其困难。

通常来讲，一支优秀的创业团队具有以下几个特征。

1. 统一意志

志同才能道合。一个统一的团队，必须具有共同的愿景，有共同的意志、共同的目标及共同的价值观。在统一的意志下，团队才可能形成团结战斗的集体。正如苹果电脑的联合创始人乔布斯所说："如果每个人都要去旧金山，那么，花许多时间争执走哪条路并不是问题。但如果有人要去旧金山，有人要去圣迭戈，这样的争执就很浪费时间了。"

> 在当今世界，有丰富的技术、创业者、资金和风险资本，真正短缺的是卓越的团队。你的最大挑战将是建立一个卓越的团队。
>
> ——杜尔(Doerr，1997)

共同的创业理念是组建团队的首要准则。成功的创业者以正确的创业理念来组建创业团队并指导创业活动。创业理念决定着创业团队的性质、创业的目标和创业的行为准则，这一基本准则指导着团队成员如何工作和如何取得成功。

2. 分工明确

分工是为了协作，明确的分工就是要让团队中的每个成员清楚自己的职责和任务。科学合理的分工是调动成员积极性和创造性的基础，要做到人尽其才。现代创业团队特别注重跨职能合作，鼓励团队成员在各自领域深耕的同时，也积极参与其他领域的决策和讨论，以提升整体创新能力和适应性。

3. 才华各异

一支优秀的创业团队成员应该各有所长、相互补充、相得益彰。通常来讲，一支优秀的创业团队必须包括以下几种人：①创新意识强的人，可以决定公司未来发展的方向，相当于公司战略决策者；②策划能力强的人，能够全面周到地分析整个公司面临的机遇与风险，考虑成本、投资、收益的来源和预期收益，以及公司管理规范章程、长远规划设计等工作；③执行能力强的人，具体负责执行过程，包括联系客户、接触终端消费者、拓展市场等；④在一个技术类的团体中至少还应该有研究开发型的人才，创业团队还要根据需要有财务、法律、审计等方面的专业人才。

4. 单一核心

创业团队中的带头人作为核心人物，是团队成员在合作共赢的过程中发自内心认可的，具有远见、威望、魄力和决断力的人。创业团队不能出现两个核心人物，不能有两个人的主要能力完全一样。如果核心人物的优势和职位出现重复，必然少不了各种矛盾，可能最终导致整个创业团队涣散。然而，随着企业的发展，领导结构也需要适应变化，这意味着在某些情况下，共同领导或多核心结构可能是更为有效的管理方式。

5. 彼此信任

在合伙关系中，相互信任和相互尊重是建立和谐人际关系必不可少的条件。信任也是解决分歧、达成一致的唯一途径。

只有在充满相互信任和相互尊重的创业团队氛围中，合伙人之间才能在创业的艰苦旅途中风雨同舟，携手前行，坚定不移地为实现创业团队的愿景和目标而共同努力奋斗。以下例子说明了创业团队合伙人相互信任和相互尊重对新企业创业成功的重要性。在一家移动医疗设备研发制造新企业里，有一个由 4 个合伙人组成的创业团队。分管研发的合伙人向担任首席执行官的合伙人提交了一份关于研发一款面向细分市场的全球最新移动医疗设备的建议书。首席执行官因不相信这个合伙人有能力带领他的研发团队在短期内完成这个任务而没有批准这份建议书。可是，一年后该企业的竞争对手研发的一款同类设备取得了非凡的技术优势和市场收益。这样，这家移动医疗设备研发制造新企业只能非常后悔地错失一个非常好的市场机会。这个案例凸显了信任在创新型企业中的重要性，尤其是在高科技领域，团队的信任和协作往往是成功与失败的分水岭。

(四) 创业团队的价值

有关调查发现：70%以上创业成功的企业，有多名创始人。其中企业创始人为 2～3 人的占 44%，4 人的占 17%，5 人及以上的占 9%。这表明，在现代创业环境中，团队合作已成为成功的重要因素，尤其在需要多学科合作和快速创新的高科技行业。我们可以从两个方面来进一步理解创业团队的价值。

(1) 相对个人创业而言，团队创业具有以下突出优势。

① 对工作目标及责任共同承担。团队成员共同承担创业过程中的挑战和责任，能够在困难时互相支持，减少个人承担的风险。

② 团队成员能力互补、认知共享。创业团队通常由具备不同技能和背景的成员组成，能够更好地应对复杂的市场环境和技术难题。这种互补性不仅增强了团队的整体实力，还提高了团队在面对不确定性时的适应能力。

③ 更有效的决策。多样化的团队可以带来更广泛的视角和更丰富的经验，从而在决策时更加全面和谨慎。特别是在关键时刻，团队的集体智慧往往能够避免个体决策时的盲目性和偏见。

④ 更高的工作绩效。团队合作可以提高工作效率，确保资源的有效利用。团队成员可以根据各自的优势分配任务，从而最大限度地提高整体绩效。

⑤ 更加迅速地应对技术变革的能力。创业团队具备灵活性和多样性，能够迅速调整战略，以应对快速变化的市场和技术环境。这种敏捷性在当今竞争激烈的市场中尤为重要。

⑥ 创业机会的识别、开发和利用能力大大提高。团队成员可以通过集体讨论和头脑风暴，识别新的市场机会，并利用集体的资源和网络将其转化为现实。这种集体智慧和多样化的资源整合能力是单一创业者难以匹敌的。

(2) 相对于一般群体而言，创业团队同样具有明显的优势。团队本身是一个群体，但是又不完全等同于群体，二者的区别如下。

① 所做的贡献不一样。团队中成员所做的贡献是有互补性的，而群体中成员之间的工作在很大程度上是互换性的。这意味着在创业团队中，每个成员都带来独特的价值，而不仅仅完成分配的任务。

② 所承担的责任不同。团队中成员共同承担团队目标成败的责任，同时承担个人责任，而群体成员一般只承担个人成败的责任。在创业团队中，这种共同责任感可以增强团队的凝聚力和使命感。

③ 绩效评估标准存在差异。团队的绩效评估主要以团队的整体表现为依据，群体的绩效评估则以个人表现为依据。这种以团队为中心的评估方式能够激发团队成员之间的合作与互助。

④ 目标实现方式完全不同。团队的目标实现需要成员之间彼此协调且相互依存，群体的目标实现则不需要成员间的相互依存性。在创业团队中，这种协同作用是实现创新和成功的关键。

案例 2-4

共同创业的案例小集

1. 美团——王兴与王慧文

美团的成功背后，是创始人王兴和他的合伙人王慧文之间的紧密合作。两人自清华大学结识，经历了校内网的失败和后来的饭否网，他们的创业合作历经挫折和积累经验。2010 年，他们再次携手创立美团，以团购业务切入市场。尽管当时团购市场竞争激烈，但王兴和王慧文凭借对市场的深刻理解和强大的执行力，使美团迅速成为行业的领先者。

他们的合作并非仅仅停留在业务的分工上。王兴负责战略规划，王慧文则专注于产品和技术的开发，两人互补的技能和对市场的共同理解推动了美团的快速成长。美团逐步扩展到外卖、旅游、酒店预订等多个领域，不断提升用户体验和业务广度。2018 年，美团在中国香港成功上市，这标志着其成为中国本地生活服务领域的巨头。2023 年，美团的年收入达到 2767 亿元人民币，显示出其在市场中的强大生命力。

2. 拼多多——黄峥与达达

拼多多的崛起在中国电商行业中堪称奇迹，其背后是黄峥和达达的成功合作。2015 年，黄峥意识到中国下沉市场中巨大的消费潜力，创立了拼多多，通过微信的社交电商模式迅速积累了用户。达达作为黄峥的合伙人，凭借在京东的丰富经验，负责拼多多的供应链和物流管理，为拼多多的快速扩展奠定了基础。

拼多多的创新模式——让消费者通过拼团以更低的价格购买商品，在短时间内吸引了大量用户。达达的加入不仅在运营上为拼多多提供了保障，还通过优化物流系统提升了用户体验。2018 年，拼多多成功在纳斯达克上市，成为中国电商市场的一匹黑马。到 2023 年，拼多多的市值已超过 1.37 万亿元人民币，显示出其在中国市场的强劲影响力和增长潜力。

3. 字节跳动——张一鸣与梁汝波

字节跳动的成功，离不开张一鸣与梁汝波之间的合作。2012 年，张一鸣创立了字节跳动，并邀请他的大学同学梁汝波加入团队，负责技术研发。张一鸣凭借对互联网信息流和算法推荐的深刻理解，推出了今日头条，通过精准的算法推荐技术迅速吸引了大量用户。而梁汝波在技术上的深厚功底则确保了字节跳动产品的高效运营和持续创新。

随后推出的抖音(国际版：TikTok)，凭借短视频的社交传播和智能推荐算法，迅速风靡全球，成为字节跳动的明星产品。到 2023 年，字节跳动的全球用户数已经超过 20 亿，成为全球估值最高的科技公司之一。张一鸣与梁汝波的合作，不仅展示了技术创新的力量，更是团队协作与战略眼光的完美结合。

4. 大疆创新——汪滔与李泽湘

大疆创新的故事是技术与战略的成功结合。汪滔在香港科技大学学习期间，得到了导师李泽湘的指导，并在其支持下创立了大疆创新。李泽湘不仅在技术开发上给予了汪滔关键的支持，还帮助他制定了公司的发展战略，确保大疆能够在全球无人机市场中占据领先地位。

通过两人的合作，大疆创新成功开发了消费级无人机产品，并迅速占领了全球市场。截至2023年，大疆创新占据了全球消费级无人机市场70%以上的份额，成为行业标杆。这一成功案例展示了导师与学生之间的深厚信任与合作如何推动技术创新和商业成功。

这些案例表明，优势互补的创业团队在资源共享、风险共担和群策群力方面展现出显著的优势。相比于单独创业，团队创业的成功率更高，因为合伙人之间的紧密合作能够有效整合多方面的技能、经验和人脉，形成强大的竞争力。这些成功案例不仅展示了合伙创业的成功路径，还为未来的创业者提供了宝贵的经验和教训。无论是在技术创新、市场开拓，还是战略规划上，合伙人之间的协作与互补能力都是企业取得成功的重要基石。

(资料来源：根据网络资料整理)

(五) 团队建设的方法与步骤

有人的地方就有争论，即便是志同道合的伙伴，有时也会产生无法调和的分歧。因此，在团队的组建过程中，需要包含 5P 要素，掌握一些方法。

1. 创业团队的5P要素

1) 目标(purpose)

目标是指团队应该有一个共同的既定目标，为团队成员导航，指导要向何处去，没有目标，这个团队就没有存在的价值。创业团队应将目标分为长期目标与短期目标，长期目标即公司愿景，短期目标则是长期目标的分解。清晰明确的目标不仅能够激发团队成员的工作热情，还能提高团队的凝聚力。目标的完成，应当是所有团队成员共同努力的过程，而不能成为创业者自己奋斗的辛酸史。

2) 人(people)

人是构成团队最核心的力量，2 个(包含 2 个)以上的人就可以构成团队。目标是通过人员具体实现的，所以人员的选择是团队中非常重要的一部分。成功的创业团队往往由不同背景和技能的成员组成，以确保团队的多样性和综合能力。一般来说，创业者都愿意选择技能最优、经验丰富的人员作为创业团队成员。当这些人员进入团队时，如何留住他们就成为摆在创业者面前的一个难题，如果处理不得当，就会造成人才的流失，这是创业过程中的普遍现象之一。为避免这种情况，创业者需要制定有效的激励机制和职业发展路径，以增强团队成员的归属感和长期承诺。

3) 定位(place)

定位通常包含两个层次：团队在企业中的定位，是指团队在企业中所扮演的角色以及团队内部的决策力和执行力；成员在团队中的定位，是指团队成员在团队中扮演的角色及团队内部决策的制定和执行。明确的定位有助于提高团队的工作效率和决策质量，避免资源的浪费和角色的冲突。

4) 权限(power)

权限是指新企业中职、责、权的划分与管理。一般来说，团队的权限与企业的大小、正规程度相关。在新企业的团队中，核心领导者的权力很大，随着团队的成熟，核心领导者的权限会降低，这是一个团队成熟的表现。明确的权限划分有助于避免决策过程中出现的混乱和效率低下问题，同时能够促使团队成员在各自的职责范围内最大限度地发挥作用。

5) 计划(plan)

计划有两层含义：①为保证目标的实现而制定的具体实施方案；②计划在实施中又会分解出细节性的计划，需要团队共同努力完成。一个详细的、可操作的计划不仅是实现目标的保障，还能为团队提供清晰的工作指引和评估标准。

以上是团队构成的要素，但是创业之初，创业者往往会面临很多困难，团队的建设并不像想象中的那样简单，这需要创业者有心理准备。初创企业的团队建设通常是在创业过程中不断调整和完善的。有时创业过程会与团队组建一起完成，由于创业活动的特殊性，创业团队不必具备每一个因素。随着企业发展逐步成熟，团队建设也应该逐步完善，创业者应当时刻记得一句俗语——"三个臭皮匠，顶个诸葛亮"，这正说明创业团队在创业过程中的重要性。

创业团队通常是在创业初期通过不断地寻找和整合资源得到的，团队成员共同参与从新企业的创建到发展的整个过程并做出贡献。作为创业团队成员，共同参与创业过程，他们的思路会影响创业者的战略决策，在经济上占有一定的股权，因此也承担一定的风险。虽然每个创业者的创业过程各不相同且具有不可复制性，但是我们在研究了中外众多的创业活动后仍然可以得出以下结论：一个人单打独斗的创业要比团队创业的成功率低得多。因此，成功的创业不仅依赖于个人的努力，更依赖于一个高效、合作、互信的团队。

> 单个的人是软弱无力的，就像漂流的鲁滨逊一样，只有同别人在一起，他才能完成许多事业。
>
> ——叔本华

2. 团队创建的基本步骤

一个新创业团队的建立，可以通过下面 5 个步骤进行。

1) 制定战略目标与重点

明确自己事业的方向与工作重点至关重要，这对于选择创业合作者，以及后期整个团队章程的制定等都起着决定性的作用。在制定战略目标时，团队应考虑市场需求、行业趋势及自身资源的匹配度。制定明确的短期和长期目标，可以为团队提供清晰的方向和行动指南。

2) 创业者自我评估

创业者自我评估主要指就创业者的各项能力、素质，以及现有的资源进行自我测评，明确自己的优势与劣势，为后期寻找相似或者互补的团队成员(创业合作者)，寻找补充性的资源，提供重要参考依据。自我评估还应包括创业者的风险承受能力、决策风格及领导能力，以确保团队成员之间的良好配合和协同工作。

3) 选择创业合作者

选择创业合作者,要注重如下两个核心问题。

(1) 注重互补性技能组合。在挑选团队成员时,创业者要努力保证所找的对象有助于形成互补性的技能组合。值得注意的是,创业者不仅要寻找目前拥有未来团队所需要技能的人员,还要寻找具备技能开发潜质的人员。通常的技能组合包括解决问题的能力、决策能力、人际关系能力、专业技能、团队技能等。

(2) 注重人员规模。创业团队的人数初期一般不宜过多,以便于股权的分配、内部统一集中管理、达成一致,以及高效率的执行,当然,具体规模应该根据战略目标与重点确定。合理控制团队规模有助于保持团队的灵活性和高效性,避免因人员过多导致的沟通障碍和管理复杂性。

4) 确定组织结构、职责与权利

进行初期内部的组织结构设计,简单、高效、便于沟通交流与操作执行即可。同时,明确各自的职责与权利,具体包括组织所赋予的职责与权利范围,以及团队成员的授权范围。在组织结构的设计过程中,应考虑团队的灵活性,确保能够快速响应市场变化,同时明确各成员的责任和权利,避免职责重叠或缺失。

过程中应注意:职责的安排不应该一成不变。可以在某一时间进行职责轮换,也可以指定几名成员在整个创业过程中共同承担某些职责。这种灵活的职责分配方式有助于提升团队的应变能力,并促进成员的多技能发展。这是高效创业团队的具体体现。

5) 制定组织目标与章程

制定组织目标(尤其是要突出初期现实可行的目标)与章程,主要目的是统一创业团队的努力方向、价值取向及行为规范,使得创业团队的方向、文化和行为达成一致,确保创业发展不偏离轨道。章程的具体内容主要包括:使命与目标、团队文化、决策原则。章程还应明确团队的沟通机制、冲突解决流程及绩效评估标准,以确保团队在遇到挑战时能够有序应对。

案例 2-5

Yahoo得名的由来

雅虎(Yahoo)是美国著名的互联网门户网站,也是20世纪末互联网奇迹的创造者之一。其服务包括搜索引擎、电邮、新闻等,业务遍及24个国家和地区,为全球超过5亿的独立用户提供多元化的网络服务。但你知道Yahoo得名的由来吗?

Yahoo的创办故事已经成为互联网领域最老的传奇了。杨致远和费罗是旧识,费罗在1988年毕业于杜兰大学,而且一度当过辅导杨致远的助教。一向全"A"的杨致远在费罗的判官笔下却居然只得了"B",对此杨致远至今还在发牢骚。后来两人同班听课,还在作业方面开展合作。以此为起点,两人成了最佳搭档。

费罗内秀,喜沉思,而杨致远活跃,是社团中的领袖。费罗善于在屏幕上整理资料,有一种"只要在终端前,就能统治全世界"的感觉,他的实验室像个被暴风肆虐的地方。而杨致远的住所比较干净,但在计算机的操作上,没有费罗有规划。两人的实验室相邻,不久两人报名一起去了日本,在那里两人都成了外国人,友谊与日俱增。回到斯坦福,他们在一辆学校拖车上成立了一间小型办公室。恰在这时,他们同时迷上了互联网。每天,他们有数小时泡在网上,分别将自己喜欢的信息链接在一起，上面有各种东西，如科研项目、网球比赛信息等。Yahoo 就从这里发展起来。开始时他们各自独立地建立自己的网页，只是偶尔对彼此的内容感兴趣才互相参考，渐渐地他们链接的信息越来越广，他们的网页也就放在了一起，统称为"杰里万维网向导"(Jerry's Guide to the World Wide Web)，"杰里"是杨致远的英文名，他们共享这一资源。收集的网站越来越多，两人就开始分类。每个目录容不下时，再细分成子目录，这种核心方式至今仍是 Yahoo 的传统。不久，他们的网站招来了许多用户。人们纷纷反馈信息，还附上建设性意见，使内容更加完善。"要不是有这么多外来回应，我们就不会坚持下去，更不会有今天的 Yahoo"。到 1994 年冬，两人忙得连吃饭、睡觉都成了奢侈，学业也扔在了一边，他们开始着手网站的商品化。

当时，网上有许多竞争者，如 WebCrawler、Lycos、Worm、Infoseek 等，这些网站都靠软件自动搜索起家，虽范围广泛，但不准确。而 Yahoo 则纯粹是手工制品，搜索准确，更加实用。实际上到 1994 年底，Yahoo 已成为搜索引擎的领导者。1995 年的一个夜晚，杨致远和费罗翻着韦氏词典，为他们的产品编造名字。其中"Ya"取自杨致远的姓，他们曾设想过一系列可能的名字，最后选择了"Yahoo"。

企业从哪里来？到哪儿去(使命、目标)？有何优势？有多大弊端？有何机会？有多大风险？这些都是在合作创业之前先要明确的，否则，大家会感到目标不明，像一只无头的苍蝇，四处乱飞，劳而无功。只有所有合伙人具有高度一致的创业理念，像杨致远和费罗那样，确立共同的志向、共同的追求，才能齐心为企业的明天尽自己的一份力。

(资料来源：陈晓暾，陈李彬，田敏. 创新创业教育入门与实战[M]. 北京：清华大学出版社，2017.)

我们选择的创业伙伴，往往是同乡、同学、同事(也包括上下级)、夫妻、朋友、亲戚等关系。大家都认识、熟悉，这些成为共事的前提。然而，这种熟悉的关系如果不是建立在理念一致的前提下，在创业过程中就很容易出问题。在创业的道路上，理念和目标的高度一致性比个人关系的亲密更为重要。要确定谁能跟你一起创业，关键是在合作之前确定谁心中的梦想跟你是一样的，在以后的经营管理中理念也能够一致，这样才能确保团队的稳定、和谐。

(六) 团队建设的技巧

团队建设的技巧总结如下。

(1) 彼此互补。这一点非常重要，团队角色理论的立足点就是 9 种角色的优势互补。因此，彼此互补就是彼此之间是否具有各种不同的技能，以便形成互补性技能组合。这种技能上的互补能够使团队在面对复杂问题时，利用多种角度和专业背景提出更为全面的解决方案，增强团队的整体竞争力。

(2) 彼此相似。彼此相似是指创业团队成员之间往往具有相似的价值观、兴趣爱好、背景等。这种相似性可以增强团队内部的协作性和默契度，减少潜在的冲突，提高团队的执行效率。因此，选择创业团队成员时，我们应该尽量找寻与自己具有"相似性"的成员对象。

(3) 创造价值。创造价值是指找寻创业合作者时，我们应该重点考虑对方是否能够帮助你解决眼前的棘手问题，或者未来是否可以为实现团队目标创造巨大价值，这不仅包括专业技能的贡献，而且包括战略视野、商业敏锐度和创新能力。这些人通常在某些专业领域具有特殊的才能。

（4）经验成熟。候选人是否具有团队工作经验也非常重要。如果我们找寻的创业合作者具有类似领域、类似合作方式的团队工作经验，那么后期的团队磨合工作就会轻松很多，工作效率也会很高。有经验的团队成员往往能够更好地应对创业过程中出现的挑战，并且在团队协作、沟通和决策方面表现得更加成熟。

（5）身边找人。身边找人是指向身边的朋友或者同事解释自己的战略目标，要求他们推荐可靠的人选，这样可以增强彼此的信任感、认同度，并减少后期考察对方、彼此磨合的时间成本。利用已有的信任关系，可以降低团队内部潜在的摩擦，并加快团队组建的速度。

（6）取得共识。"道不同不相为谋"，取得共识是一个创业团队高效运作、快速成长、走向成功的根本前提。因此，如果候选人并不认同我们的价值观、战略目标、商业计划等，我们应该考虑立刻换人。确保团队成员在核心理念上的一致性，可以避免在执行过程中出现方向上的分歧，保障团队的长期稳定发展。

案例 2-6

职位悬赏App团队的解散

2015 年 4 月，罗文娟加入了职位悬赏 App 团队，见证了该团队的起起落落。

这个 App 是共享经济下的产物，采用熟人推荐机制。当你看到一个合适的职位时，可以推荐自己的熟人，熟人一经录用，你便能获得收益。闲置猎头和其他有较多人脉资源的人都能成为这个 App 的受众，针对的更多是有丰富工作经验的人。同时，公司通过这个渠道，能够招聘到很多原渠道接触不到的人才，并且不再需要支付高昂的猎头费用。

在刚开始起步的时候，这个产品发展得很好，也受到了很多投资人的关注，在上线之前就拿到了种子轮投资。

当时另外两个合伙人都从腾讯公司出来，双方都有想要创业的想法，于是一拍即合地开始做这个产品。但创业过程中，CTO 的家中陆续发生了很多的问题，父母的身体状况很不好，CTO 在顾及家庭的过程中，也影响了工作，并没有安排好团队的协调工作。团队起初很体谅CTO，让技术团队在没有 CTO 参与的情况下单独开发产品。

"当时 CTO 一周大概有三四天都不在公司，对工作也不太上心。团队从 5 月开发到 8 月，却没有看到任何产品。"于是罗文娟便和 CEO 商量，要不要和 CTO 交流一下，这毕竟是一个创业团队，如果他保持这样的现状，团队或许需要换一个人。"但是 CEO 本身就不太擅长和人交流，而且他觉得这种事情不好说。"罗文娟解释道，"毕竟，从人性的角度来说，这种事情确实不太好讲。"

之后，CTO 家里的问题越发严重，CTO 的工作状态也一直受到家里的影响。"团队如果拧成一股绳，会有很强的战斗力，这种情况下，可以弥补一些资本和技术的不足。但是有的时候，团队中人越多越会出现一些问题。我后来也思考，CTO 对工作不大在意一方面是因为个人问题一直没有处理好，另一方面就是他认为背后有团队所支撑，他的问题可以由公司的其他人弥补。"

于是罗文娟和 CEO 商量，希望找到更好的方式来解决问题。在这之间还有一个小插曲，就是他们的技术人员出卖了他们。

有一天，罗文娟的一个竞争对手对她说："你们公司现在既然出了问题，你不如来我们公司。"罗文娟一打听，才知道是一名技术人员把公司的困境都告知了这个竞争对手。然而当罗文娟把这件事情告诉 CEO 的时候，CEO 反应道："可能他也有自己的难处吧。"罗文娟说："其实我思索之后，觉得可能和 CEO 本人的经历有关。他是一名'海归'，他在遇到这种违背契约精神的事情后，缺乏应对复杂突发问题的能力，选择逃避而不是想办法去处理问题。起初他还拒绝去和那名技术人员交谈，当我生气了，他才答应去和技术人员谈话。"

而在这几件事情之后，CEO 告诉罗文娟，他打算暂停这个公司。"他其实是担心 CTO 不愿意退出，或者要求他高额回购股份，所以想要假装公司破产。但是这个决定是很错误的，在那之后，团队项目无法继续下去。对于我个人而言，觉得这个项目非常可惜。因为现在我回头看，当时我们的模式是很棒的。"

创业本就是在摩擦中曲折前行的，团队之间需要更多的沟通。遇到问题更是如此，应该共同去寻求解决方法。而在创业团队的沟通中，团队成员需要经常进行直接的谈话和交流，这样才能够避免其他的错误。

职位悬赏 App 于 2015 年 9 月下线，当月底，公司宣布解散，历时不到半年。

(资料来源：陈晓暾，陈李彬，田敏. 创新创业教育入门与实战[M]. 北京：清华大学出版社，2017.)

二、创业团队的优劣势分析

(一) 创业团队的优势

"一个好汉三个帮。"几个人齐心协力，集合各自优势，所产生的能量会远远超过个体单独产生的能量。同样的道理，一个由研发、技术、市场、财务、融资等各方面组成的可以进行优势互补的创业团队，是创业成功的法宝。团队创业会带来各方面的优势，至少包括以下几点。

1. 促进优势互补

不管一个人如何优秀，他都不可能具备所有的经营管理经验，同时任何人都不可能在知识、资源、能力、技术等方面具有同样的优势，特别是对于首次创业的人，他们往往缺乏对市场的判断力和对潜在市场的洞察力。创业团队的建立将会十分有效地解决这些问题。在一个团队中，不同的人掌握不同的社会资源，他们具备不同的知识、能力和经验，有的有客户关系、有的有政府关系、有的有理论、有的有经验、有的懂技术、有的擅长内务、有的擅长外交……这种优势互补的创业模式将会极大地强化团队成员间的彼此协调。通过团队成员之间的有效配合，创业团队能够更好地应对复杂的市场环境，迅速适应变化，提高整体竞争力。一般来说，一个团队的角色结构和能力结构越合理，这个团队的知识面就越宽广，创业成功的可能性也就越大。

2. 减少决策风险

一个新创企业在起步阶段总会遇到各种困难，如果创业者在遇到麻烦时完全亲自解决，不仅会花费大量的精力和时间，而且常常会由于创业者对问题洞悉得不到位而加大问题的解决难度，从而增加决策风险。然而，当创业决策是由一个团队而非个人做出时，集体智慧可以有效减少盲点，提高决策的准确性和可行性。成败就变成了集体的事情，只要创业团队成员能够同甘共苦，发挥每个成员的特长，就必定能提高解决问题的效率，增加解决问题成功的可能性。这种集体决策方式不仅减少了个人错误决策的风险，还能在复杂问题上形成更为稳健的应对策略。

3. 缓解融资问题

中小企业融资问题一直困扰着很多新创企业，究其原因，无非是银行贷款难度大，同时民间借贷利率偏高，这让许多中小企业难以负担。在外部融资极其困难的情况下，内部融资成了解决中小企业融资，特别是新创企业融资问题的办法。创业团队中不同的成员可能拥有不同的融资渠道和资源，通过多方努力，可以更有效地整合资金。在经济不景气的大环境下，内部融资的作用尤其显著。团队合作在筹资过程中还能够增强外部投资者的信心，降低融资成本，促进企业更快地步入正轨。

(二) 创业团队的劣势

团队创业虽然有诸多好处，但是现实生活中我们发现，组建了自己的创业团队并不一定就能成功，当中的原因可能是经济萧条、竞争恶化、产品定位不合理等，但不可否认的是，团队创业并不一定是一种完美的创业模式，在我们看来，至少有以下几点劣势。

1. 思想冲突

新创企业团队一般由少数几个人组成，大多数成员会直接参与管理决策。而且因为都是企业的创始人，不论是否有经验，他们在企业中都担任要职，都发表"重要意见"，关于一个问题难免会出现不同的见解，提出不同的方法。在创业初期，由于各成员背景和思维方式的不同，思想冲突在所难免。在出资人出资比例相当的情况下，此种情况尤其严重，甚至会引发激烈争论，问题却迟迟得不到解决，一旦出了问题，就可能互相指责，互相推诿。这种思想冲突如果不能得到有效解决，可能会拖延决策进程，影响企业的发展速度，甚至导致团队的分裂。

> 没有一个卓越的团队，即使有一个伟大的创意，也无法实现或难以有效实现这个创意。
> ——投资家阿瑟·洛克(Arthur Rock, 1987)

2. 管理冲突

既是员工又是出资人的双重身份，往往使合伙人成为创业团队最难管理的人群。在这种情况下，团队成员既要作为出资人参与企业的战略决策，又要作为员工执行日常工作，这种身份的双重性往往会导致角色混淆和管理矛盾。许多创业团队成员由于不能在企业中摆正自己的身份，他们常常认识不到自己也是企业的员工，也应该遵守企业的规章这一事实。在现实中，很多创业团队成员会自觉或不自觉地抬高自己的地位，越位发号施令，这会导致企业管理成本的增加。管理冲突不仅增加了企业的运营成本，还可能影响团队的凝聚力和执行效率。

3. 利益冲突

企业利润会随企业的壮大而增加，当企业规模壮大后，当初出资谨慎的企业合伙人常常由于原先出资过少而后悔，心态逐渐开始不平衡，工作量不少可分红时却少于别人，容易产生"老板为老板打工"的心态。这种利益分配的不平衡容易引发团队内部的不满和纠纷。还有那些没有出资或出资较少的创业团队成员，他们掌握了企业的核心技术或无形资产，当这些知识投入没有被恰当量化成货币时，有的人会出现不平衡的心理。当诸如此类的局面不能被合理化解时，合伙人之

2.2.2 创业者和创业团队的关系

争常常会瞬间激化。利益冲突如果得不到有效的调解，不仅会削弱团队的战斗力，还可能导致创业项目的失败。

三、组建创业团队的策略及其后续影响

强调新企业创业团队的重要性，并不意味着每个新企业必须在最初的开始阶段就已经具备一个完整的创业团队。比较常见的是，先有一个创始人单独或两个联合创始人合作创办一个新企业，然后有其他合伙人陆续加入该企业与创始人组成创业团队。

(一) 组建创业团队的策略

任何创业团队想要获得成功，都必须在成员的选择上深思熟虑。吸引合适的成员能够带动企业更好地生产运作。不合适的成员会对新创企业未来的发展造成潜在危险。但不管是何种创业团队，下面几个问题都是在选择团队成员时应当给予重视的。

1. 能否在不同层面上给予互补

优势互补是企业成功的关键因素。角色的完善、技能的多样化，都会给企业带来无限生机，成员们在角色、技能、权力上的结构越合理，创业成功的机会就越大。纯粹的技术人员组成的企业容易形成以技术为主、产品为导向的情况，从而使产品的开发与市场脱节；全部由市场和销售人员组成的团队了解市场的定位，却缺乏产品开发的能力。因此，好的创业团队会充分考虑团队成员的多样化组合，在技术、财务、市场、管理等各方面做到全面、完善。这种多样性可以让团队在面对复杂的商业环境时，做出更为灵活和全面的应对。

2. 团队成员的个性、兴趣与企业价值观是否一致

创业团队成员的个人性格、兴趣和品德决定了今后企业文化的形成。任何人才，不管其智商多高，专业水平多好，如果对创业没有信心，将无法适应企业的需求。企业文化是企业的核心竞争力之一，因此，在寻找合伙人时首先应考虑对方的个性与个人价值观等因素是否与自己心目中的理想企业文化与形象相匹配，只有在匹配的情况下，团队整体协作才更有效、更有战斗力。一致的价值观和目标能够确保团队成员在面临挑战时，齐心协力，共同奋斗。

3. 团队成员加入的目的

马斯洛需求理论告诉我们，人的需求大体上分为五个基本层次，分别是生理的需求、安全的需求、社交的需求、尊重的需求和自我实现的需求。团队成员的行为方式很大程度上是由他们的需求层次决定的。在选择合伙人时，必须确保团队成员的个人目标和需求与企业的长期战略一致。缺乏基本生活需要的人很可能为了赚钱养家而变得急功近利，对企业的短期利益可能会有好处。而需求层次较高的成员则更关注企业的长期发展和自身的职业成长。这种需求的匹配能够确保团队在发展过程中减少内部矛盾，保持一致性。

4. 团队规模的适度性

除了对人员的合适性进行分析，组建创业团队时还应该考虑团队的规模大小，任何团队的规模都有一定的限制，收益边际递减的原理告诉我们，并不是成员越多，公司效率就越高。一般一个创业团队的成员应控制在3～5人为宜，以便任务分工能够有效地开展，从而保证各项

工作的效率与质量，提高办事速度，保证新创企业能在较短的时间内占据有利的市场地位。

(二) 组建创业团队对创业活动的后续影响

一个优秀的创业团队，必定要有合理的角色结构、技能结构、权力结构，同时必定要有明晰的目标、良好的沟通、合适的领导者，成员间有一致的承诺，且相互信赖。因此，优秀创业团队的影响也必定是深远的，优秀创业团队产生的后续影响如下。

1. 能够对创业团队的行为产生约束性影响

每一个优秀创业团队都有核心价值观，团队内的成员会自觉或不自觉地受其核心价值观感染，久而久之，核心价值观会使成员们形成一套带有该企业特色的行为及行事规范，成员们都会按照这样的规范办事，这些规范成了他们之间无形的约束条件。这种内在的行为规范和企业文化将会在企业成长的过程中不断强化，成为企业可持续发展的核心力量。

2. 创业团队对团队目标及期望值保持高度一致

合理的内部机构和人员设置，明晰的角色、技能、权力分工，高效的机制，恰当的领导指导都是优秀创业团队的必备条件。这些条件的存在，使创业团队成员彼此常常能够相互理解，紧密配合，步调一致。即使团队成员在某些问题上存在分歧，通过有效的沟通和协调，他们依然能够统一目标，共同为实现企业的长期愿景而努力。这种一致性是团队凝聚力和执行力的重要保障。

3. 创业团队能互助共进、信息共享

沃尔玛公司流传着一句话："如果你必须将沃尔玛体制浓缩成一个思想，那可能就是沟通。"由此可见，沟通是否顺畅是评价一个新创企业是否能取得成功的关键因素之一。优秀的企业会积极推动团队内部的信息共享，鼓励成员之间的互助合作，因为团队成员之间的互助共进、信息共享会提高企业的协调效率。这种信息共享不仅能够提高工作效率，还能激发创新和创造力，帮助企业在市场竞争中保持优势。

4. 创业团队具有很强的凝聚力

所谓团队凝聚力，是指领导向下凝聚团队的力量，和团队成员主动向上凝聚的力量。凝聚力的大小取决于创业团队成员之间的相互吸引力，以及成员对创业团队的向心力，两者之间相互映衬。成功的创业团队不仅拥有共同的目标，还通过共同的努力和经历形成了强大的凝聚力，这种凝聚力是团队应对挑战和困难的核心力量。当团队成员彼此信任、团结一致时，团队的战斗力将大大增强，从而提高企业在市场中的竞争力。

案例 2-7

比尔·盖茨和他的创业合作伙伴

来自湖滨中学或者哈佛的那一帮年轻的计算机迷开创的微软帝国已经确立了在全球软件行业的领袖地位。这一切成就的得来，并不单单属于比尔·盖茨一个人。在其光芒之下，还站着他创业中不可或缺的创业合作伙伴和创业团队成员，尤其是盖茨的两个同学：微软第二大股

东保罗·艾伦和微软 CEO 史蒂夫·鲍尔默。

1. 比尔·盖茨与保罗·艾伦

比尔·盖茨早期的创业合作伙伴就是保罗·艾伦。艾伦是盖茨在湖滨中学的同学，两人1968年相识并建立了友好关系。后来，他们一起创立了微软公司。在很长一段时间里，公司仅有两名雇员，盖茨进入哈佛大学学习法律，艾伦则服务于微型仪器公司。艾伦是一个喜欢技术的人，所以他专注于微软新技术和新理念。盖茨则以商业为主，销售员、技术负责人、法律事务、商务谈判及公司总裁一个人全揽，两位创始人配合默契。由于对微机技术上的敏感，艾伦在研发BASIC语言和操作系统方面显示了充分的远见，首先发现了个人计算机的创业机遇，并不断地向盖茨提出创办公司的要求，一再鼓动在哈佛大学读大三的盖茨退学创业。

在微软公司开办时，两个最初的创业者在签订合作协定的时候，盖茨提出他在BASIC语言的最初开发中做了更多的工作，性格谦让的艾伦也认可这一点。因此，盖茨获得了微软公司大部分的权益，即在公司股份中，盖茨占60%，艾伦占40%。不久之后，这种比例又进一步调整为64%和36%。但是，从股份的多少不能划分的是，盖茨和艾伦这个精干的创业团队，缺一不可。

实际上，艾伦对微软的贡献不可低估。艾伦制定了"先赢得客户，再提供技术"的公司发展战略。1981年，IBM的个人计算机问世，急需配套的操作系统。艾伦从西雅图计算机公司买到了SCP-DOS程序的使用权，两人对该软件程序做了扩展改编，重新命名为MS-DOS，再卖给IBM。MS-DOS是微软开始走向世界软件业第一品牌的发家宝。

1983年，艾伦因病辞去了微软副总裁职务。三年后，当微软公开上市时，艾伦拥有的36%的股票使他也成为全球顶级富豪之一。

2. 比尔·盖茨与史蒂夫·鲍尔默

当微软还是一家只有十几名员工的小公司时，盖茨不得不事必躬亲，除开发产品外，还必须确定员工工资、计算税利、草拟合同、指示如何销售产品等。随着公司规模的不断壮大，微软在人员配备上的缺陷随即暴露出来。盖茨开始为管理上的琐事而烦恼。于是他意识到微软需要不懂得技术的智囊人物，需要具有各种特殊技能的人才，而不仅仅是编程高手，比如产品规划人员、文档编写人员、实用性专家，以及使他们协同工作的聪明的经理、能够回答客户问题的技术人员、能够帮助客户更快上手的咨询专家等。

盖茨首先想到了他在哈佛大学的同寝室同学史蒂夫·鲍尔默。1980年，即微软创建的第6年，鲍尔默在盖茨的劝说下，也从学校退了学，进了微软公司，成为微软的第17名员工，也是第一位非技术员工。盖茨聘请鲍尔默担任总裁助理，也就是盖茨的助理，并赠送了7%的微软公司股份。鲍尔默并不熟悉计算机编程技术，但他与盖茨不同的是，他善于社交。他似乎认识哈佛的每一个人。

此后，鲍尔默几乎干遍了微软公司的所有部门，被称为"救火队长"，例如，招聘培养高素质的管理人员，管理重要的软件开发团队，同英特尔和IBM等重要伙伴打交道，控制公司的营销业务并建立了庞大的全球销售体系。身材魁伟、大嗓门的工作狂鲍尔默，其天赋之一就是激励才能。性格狂躁的他与性格偏内向的盖茨成为完美搭档，那些与鲍尔默进行过谈判或是完全进行对抗的竞争对手，都了解他的作风。

1998年7月，鲍尔默正式担任微软总裁，成了微软仅次于盖茨的第二号最有影响力的人物。

2000年1月，鲍尔默正式担任微软CEO。他在管理方面的得心应手让盖茨终于得以从捉襟见肘的管理状态中逃脱了出来，成为一名专职的程序员和微软的最大股东。微软公司的销售工作在鲍尔默的主持下几乎是一步一个台阶，微软的年利润增长率达到28%。

（资料来源：龚荒. 创业管理：过程・理论・实务[M]. 北京：清华大学出版社，2011.）

四、创业团队的管理技巧和策略

(一) 创业团队的管理技巧

创业团队的管理不同于工作团队的管理。对于大多数企业内的工作团队来说，如研发团队、销售团队和项目团队等，因为人员和岗位稳定性相对较高，人们习惯性地将重点放在过程管理上，注重通过建设沟通机制、决策机制、互动机制和激励机制等发挥集体智慧，实现优势互补，提升绩效。但对创业团队管理而言，正好相反：重点在于结构管理，而不是过程管理。

(1) 创业团队管理是缺乏组织规范条件下的团队管理。在创业初期，创业团队还没有建立起规范的决策流程、分工体系和组织规范，"人治"味道相当浓厚，处理决策分歧显得尤为困难。此时，团队成员之间的认同和信任尤其重要，但又很难在短期建立起来。因此，认同和信任关系取决于创业团队的初始结构。这一阶段的管理需要核心创业者具备强大的领导能力和灵活应对突发问题的能力。

(2) 创业团队管理是缺乏短期激励手段的团队管理。成熟企业内的工作团队可以凭借雄厚的资源基础、借助月度工作考核等手段，在短期实现成员投入与回报的动态平衡。相比之下，创业初期需要团队在时间、精力和资金等资源方面进行高强度投入，但短期无法实现期待的激励和回报，不仅是因为没有资源，更主要的是对创业团队的回报以创业成功为前提。成功不可一蹴而就的时候，就需要找到能适应的合伙人，找到能够在缺乏短期激励的情况下仍然保持激情和动力的合伙人。

(3) 创业团队管理是以协同学习为核心的团队管理。成熟企业内工作团队的学习以组织知识和记忆为依托，成员之间共享着相似的知识基础。但是创业过程充满不确定性，需要不断试错和验证，并在此基础上创造并存储组织知识和记忆。创业团队的协同学习，建立在团队成员之间在创业之前形成的共同知识和观念基础上，这仍旧取决于创业团队的初始结构。因此，创业团队在成立之初，就需要通过共同学习和经验积累，不断提升团队整体的应变能力和创新能力。

核心创业者对于团队成员的选择，决定了创业团队管理的基础架构，这是实现有效的创业团队管理的重要前提。

通常来讲，创业团队可以从三方面入手来实施结构管理，分别是知识结构、情感结构和动机结构。知识结构反映的是创业团队成功创业的能力素质；情感结构是创业团队维持凝聚力的重要保障；动机结构则是创业团队实现理念和价值观认同的关键因素。

1. 知识结构管理

知识结构管理的核心，是建立以创业任务为核心的知识和技能互补性，强调创业团队有完备的能力来完成创业相关任务。

一个成功的创业团队需要成员在技术、管理、市场、财务等方面形成优势互补的知识结构，例如，《西游记》中由唐僧率领的取经团队被公认为一支"黄金组合"的创业团队。四个人的性格各不相同，却又同时有着不可替代的优势。例如，唐僧慈悲为怀，使命感很好，有组织设计能力，注重行为规范和工作标准，所以他担任团队的主管，是团队的核心；孙悟空武功高强，是取经路上的先行者，能迅速理解、完成任务，是团队业务骨干和铁腕人物；猪八戒看似实力不强，又好吃懒做，但是他善于活跃工作气氛，使取经之旅不至于太沉闷；沙僧勤恳、踏实，平时默默无闻，关键时刻他能稳如泰山、稳定局面。

2. 情感结构管理

情感结构管理的重点是注重年龄、学历等不可控因素的适度差异。团队成员之间过大的年龄和学历差距，可能在混沌状态下导致情感性冲突。中国文化注重层级和面子关系，如果创业团队之间年龄和学历因素差距过大，成员之间在混沌状态下发生冲突和争辩，很容易导致彼此感觉丢面子而演变为情感性冲突。一旦出现这种情况，创业团队将不得不把时间和精力浪费于沟通方式设计和内部矛盾化解，内耗大于建设，不利于创业成功。俞敏洪在创立新东方时，五个创始人均来自北京大学(以下简称"北大")，他们共享着北大精神的自由文化和人文环境，相似的年龄和学历背景使他们能够快速建立信任和协同合作，这也是新东方成功的重要因素之一。

3. 动机结构管理

动机结构管理的关键在于注重创业团队成员理念和价值观的相似性。如果创业团队成员之间的价值观不同，团队的愿景和方向就容易出现分歧。如果创业团队成员之间价值观不同，想做事业的成员可能不会过分关注短期收益，而怀揣赚钱动机的成员则不会认同忽视短期收益的做法。相似的理念和价值观有助于创业团队保持愿景和方向的一致，有助于创业团队克服创业挑战而逐步成功。

值得一提的是，创业团队的结构管理是兼顾三方面结构要素的平衡过程，短板效应非常明显，如果某一结构要素不足，可能导致整个团队的效率和凝聚力下降。但是现实中，人们往往过分重视知识结构的互补性，而对于情感结构管理和动机结构管理重视程度不够，因此引发的问题往往会随时间而强化，一旦创业出现困难和障碍，往往会转变为创业团队的内耗和冲突。

2.2.3 创业团队结构

(二) 创业团队的管理策略

1. 打造团队精神

团队精神是各个成员的精神支柱，是创业成功的基石，是否拥有和谐向上的团队文化是进行团队管理的灵魂。良好的团队精神和积极的团队文化能够有效激发成员的内在动力，提升团队整体效率。团队精神和团队文化能充分调动整个小组成员的团队意识，相互理解和支持，为实现团队的目标服务。

2. 重视团队精神

一个没有团队精神的团队或者企业，一切美好的想法和愿望都将成为"零"；没有团队意识的员工，无论学识有多高、技术有多精、学历有多高，对企业来讲都是"零"。团队精神是企业凝聚力和战斗力的核心，只有具备"团队精神"的团队，才会形成一种无形的向心力、凝聚力和塑造力。

3. 形成团队精神

(1) 培养团队成员的敬业精神。敬业是积极向上的人生态度，而兢兢业业做好本职工作是敬业精神中最基本的一条。要做到敬业，就要求创业者具有"三心"，即耐心、恒心和决心。任何事情都不是一蹴而就的，不可只凭一时的热情、三分钟的热度来工作，也不能在情绪低落时就马马虎虎、应付了事，特别在创业的初期，要勇敢地面对并解决困难，而不是一遇困难就退缩。敬业精神也是团队文化的重要组成部分，能够帮助团队成员在面对挑战时保持韧性和专注，推动整个团队向前发展。

(2) 建设学习型团队。每个成员的学习、每次团队的讨论，就是团队成员思想不断交流、智慧火花不断碰撞的过程。英国作家萧伯纳有句名言："两个人各自拿着一个苹果，互相交换，每人仍然只有一个苹果；两个人各自拥有一个思想，互相交换，每个人就拥有两个思想。"如果团队中每个成员都能把自己掌握的新知识、新技术、新思想与其他团队成员分享，集体的智慧势必大增，这样的学习型团队不仅能提升个人能力，还能使团队在不断变化的市场环境中保持竞争优势。团队的学习力就会大于个人的学习力，团队智商就会大大高于每个成员的智商，整体大于部分之和。

(3) 建立竞争型团队。人类社会发展遵循着优胜劣汰的法则，在激烈的市场竞争条件下，竞争意识应渗透到团队建设之中，从而建立一个竞争型团队。竞争型团队不仅要在外部市场中竞争，更要在内部建立良性竞争机制，以促进成员之间的良性互动和进步。竞争型团队必须具有竞争意识，敢于正视自己，敢于面对强手。竞争型团队要提高自身水平和技能，能有效完成团队任务。要以发展来吸引人，以事业来凝聚人，以工作来培养人，以业绩来考核人，用有情的鼓励和无情的鞭策，让团队的每一个人都能以积极的心态工作，实现自我和超越自我，最大限度地发挥团队威力。

4. 塑造团队文化

高效的团队注重团队文化的塑造，尤其是共同价值观的培养。团队文化是由团队价值观、团队使命、团队愿景和团队氛围等要素综合在一起形成的。在团队文化塑造过程中，领导者应明确团队的核心价值，并通过各种方式传达给团队成员，使之成为团队行为的指南。塑造团队文化的关键是在团队形成与发展的过程中确立团队的价值观、团队使命和团队愿景，并以此为基础逐渐形成相应的团队文化氛围。

5. 设置创业团队的组织结构

团队在设置组织结构时，必须以自己的战略任务和经营目标为依据，这是设置企业组织结构的出发点和归宿。一个合理的组织结构能够确保团队高效运作，减少资源浪费。在设置组织结构时要注意以下几点。

1) 权责分明

团队的任何一项工作都离不开其他人的配合，只有协作配合好，才能顺利完成管理工作。对于初创立的创业团队，人员的分工一般比较粗放，很多事情不分彼此，一起决策，共同实施，但一定要注意落实责任、权责分明，避免出错或失误后互相推诿，造成团队成员之间的矛盾。

2) 分工适当

在设置不同的组织结构时，分工要适当。分工并不是越细越好，分工过细导致工作环节的增加，往往会引起工作流程延长，会削弱分工带来的好处。适当的分工能够减少内部摩擦，提高团队的整体效率和反应速度。解决扯皮的事情关键是整个团队或成员要在团队精神的指导下相互协调以完成总体目标。

3) 适时联动

适时联动是为了完成特定任务，成立打破部门分工、跨越部门职能的专门工作小组。小组成员具有双重身份，既要向本部门主管汇报工作，又要向跨部门小组组长负责。这种联动机制可以在关键项目上形成合力，确保项目按时高质量完成。

这种模式适用于已经具有一定规模的大学生企业。创业团队初期由于没有专门的跨部门功能小组，各成员各司其职，在企业规模不是很大的情况下，运行状况还比较好。但是随着企业规模的不断扩大，尤其在新产品更新速度不断加快和一些比较重大的项目上，缺乏全盘的统筹和协调，会造成企业运转困难。因此，一个专门负责新项目或一些重大项目的组织协调工作的机构就显得尤为重要。当有新项目时，组织各职能部门职员成立一个跨部门功能小组，小组成员在向本部门主管负责或报告的同时要向小组组长报告该项目所辖职能的进展状况，直到项目完成，小组解散，当有新项目时重新组织新的跨部门功能小组，不断滚动。这样，跨部门功能小组在组长的协调下充分发挥团队精神，提高工作效率。

跨部门功能小组从组织结构上保证了团队精神的实现，但要充分发挥相关部门和小组成员的团队意识和能动性，还应该讲究一定的方法和途径，并按部门职能或小组成员特长进行合理分工，协调和监督各小组成员的工作进度，朝着团队的既定目标前进。

6. 优化创业团队的运作机制

1) 做好决策权限分配

创业团队内部需要妥善处理各种权力和利益关系，特别是在初创阶段，决策权限的分配将直接影响团队的协作效率和执行力。确定谁适合从事何种关键任务和谁对关键任务承担什么责任。在治理层面，创业团队主要解决剩余索取权和剩余控制权问题。治理层面的规则大致可以分为合伙关系与雇佣关系，同时，还必须建立进入机制和退出机制，约定以后创业者退出的条件和约束，以及股权的转让、增股等问题。此外，明确的决策流程和责任划分，可以避免因权力争夺而导致的内耗，确保团队在面对外部挑战时能够迅速做出反应。而在管理层面，最基本的原则有三条：①平等原则，制度面前人人平等；②服从原则，下级服从上级，行动要听指挥；③秩序原则，不能随意越级指挥，也不能随意越级请示。大学生创业团队内部的管理界限没有那么明显，但一定得把决策权限厘清，做到有权有责。

2) 制定员工激励办法

新创团队需要妥善处理创业团队内部的利益关系。团队成员的积极性和创造力是推动企业前进的重要动力，因此，科学合理的激励机制不可或缺。大学生创业的资金筹措本来就是难题，团队的报酬体系就显得尤为重要，分配也应更加合理谨慎。团队的管理者要认真研究和设计整个团队的报酬体系，使之具有吸引力，并且使报酬水平不受贡献水平的变化和人员增加的限制，即能够保证按贡献付酬和不因人员增加而降低报酬水平。激励办法不仅仅局限于物质激励，还应包括精神激励，如工作认可、晋升机会等，以全面调动团队成员的积极性。

3) 建立绩效评估体系

业绩考核必须与个人的能力、团队的发展、扮演的角色和取得的成绩结合起来。传统的绩效评估方法往往只关注个人表现，忽视了团队协作的贡献，这在创业团队中尤其不足以全面评估团队成员的价值。而在创业团队中，团队协作是关键。绩效评估应注重个人与团队整体表现的结合。成功的绩效管理不再限定于只注重个人的绩效，而是更加注重整体表现。通过定期的反馈机制，团队成员能够清楚地了解自己的表现与团队目标的契合度，并及时进行调整。这样的交流能让员工个人了解团队合作的重要性，个人需要不断进行自我调整以适应不断变化的环境和业务发展。此外，绩效评估体系应包括具体的指标和可衡量的目标，确保评估过程的透明度和公平性。

五、创业团队领袖的角色与行为策略

(一) 创业团队领袖的角色

创业团队领袖是创业团队的灵魂，是团队力量的协调者和整合者。在一个创业团队里面，常常存在两类创业领袖：一类是正式创业团队领袖；另一类是非正式创业团队领袖。正式创业团队领袖是指团队公认、有正式职位的人员，是公司运转的骨架，能起到承上启下、纲举目张作用的创业领导人，如总经理、副总经理、经理、主管、主任等。非正式创业团队领袖是指没有行政职务，但对工作氛围、员工积极性的调动具有重要作用的领袖。在一个团队里面，有特殊技艺的人、善于沟通的人容易成为团队里的非正式领袖。本书所提到的创业团队领袖专指正式创业团队领袖。

(二) 创业团队领袖的行为策略

1. 项目策划

创业团队领袖是项目策划的召集人和组织者。项目策划包括策略思考与计划编制等。项目策划需要注意以下几个方面的问题：①要弄清策划项目的价值所在、所涉及的范围和有关的限制因素，创建企业市场服务的定位；②确定由谁作为该项目的策划小组负责人；③考虑当选定创业目标，在资金、人脉、市场等各方面条件都已准备妥当或已积累相当实力后，要带领团队准备完整的创业经营计划。创业经营计划除了能让创业者自己坚定创业目标，梳理创业内容，还可以说服他人合资、入股，甚至可以募得创业资金。

2. 组织实施

创业团队领袖在制订行动计划以后，要组织团队成员实施计划。计划的执行程度和创业团队领袖的组织实施能力呈正相关关系。创业团队领袖组织团队实施计划的过程中，必须注意以下几个问题。①团队行动必须随着企业创业环境的变化而变化，必须与创业企业的发展目标相适应。②设计组织改革的方案时要集思广益。团队人员需要共同参与思考设计组织改革的基本框架和操作流程。③要创造一个有利于激活企业组织的良好氛围。创业团队领袖要充分发挥自己的组织领导能力，确立改革创新的理念，使组织能够沿着健康的方向运行。

3. 提高领导力

创业团队领袖是一个指挥员，要精明果断，根据具体情况设计出最佳的组织结构形式，既要善于量才用人，扬长避短，最大限度地发挥团队成员的能力，也要善于抓住决策时机，及时下达正确的指令，使团队成员步调一致。

4. 加强控制

控制是指根据既定的目标不断跟踪和修正所采取的行为，以实现预想的目标或业绩。控制的主要目的是使正确的行动得到长期保持，错误的行动得到及时改正。通过评估监控创业团队的绩效，将实际的表现与预先设定的目标进行比较，纠正显著的偏差，使创业回到正确的轨道。由此须采取考核和激励两个措施，对执行计划的团队和个人实施考核，对员工实行激励，以提高他们的工作兴趣和工作效率。

六、创业团队的社会责任

创业团队在创造利润和对团队成员及股东承担法律责任的同时，还要承担为政府创造税收、为员工创造工资、为消费者创造产品和服务、为社会公众创造福利和保护自然环境等责任。社会责任不仅是企业可持续发展的基石，更是创业团队赢得社会信任的重要途径。创业团队的社会责任要求创业团队必须超越把利润作为唯一目标的传统理念，强调在创业过程中对人的价值的关注，强调对消费者、环境和社会的贡献。

创业团队应该承担的社会责任主要包括以下几种。

(一) 向社会提供优质产品和服务的责任

由种种原因造成的诚信缺失正在破坏着社会主义市场经济的正常运行，由于企业的不诚信，假冒商品随处可见。很多企业因商品造假的干扰和打假难度过大，导致企业难以为继，岌岌可危。创业团队必须以诚信为基石，致力于提供高质量的产品和服务，以赢得消费者的信赖，并在市场竞争中立于不败之地。为了维护市场的秩序，保障人民群众的利益，创业团队必须承担起明礼诚信，确保产品货真价实的社会责任，并积极推进质量管理体系建设，确保产品和服务达到国际先进水平。

(二) 促进国家创造和积累财富的责任

企业的任务是发展和盈利，并担负着增加税收和促进国家发展的使命。在新时代高质量发展的要求下，企业不仅要追求经济效益，还要兼顾社会效益和生态效益。企业必须承担起发展的责任，搞好经济发展，要以发展为中心，以发展为前提，不断扩大企业规模，扩大纳税份额，完成纳税任务，为国家发展做出贡献。企业发展必须立足国内大循环，同时积极融入国际循环，实现内外联动的高质量发展。所以无论哪个创业团队，都要高度重视在创新、协调、绿色、开放、共享的新发展理念指导下实现可持续发展。

(三) 节约资源和保护环境的责任

中国是一个人均资源特别紧缺的国家，企业的发展一定要与节约资源相适应。企业不能顾此失彼，不顾全局。作为创业团队，一定要站在全局立场上，坚持可持续发展，高度节约资源；并要下决心改变经济增长方式，发展循环经济，调整产业结构；推进低碳环保技术的研发和应用，积极参与碳达峰、碳中和行动，落实绿色生产责任，推动经济与环境的协同发展。尤其要响应党中央号召，坚定不移地贯彻创新、协调、绿色、开放、共享的新发展理念，坚持绿水青山就是金山银山的理念。随着全球和我国的经济发展，环境日益恶化，特别是大气、水、海洋的污染日益严重，野生动植物的生存面临危机，森林与矿产过度开采，给人类的生存和发展带来了很大威胁，环境问题成了经济发展的瓶颈。为了人类的生存和经济的可持续发展，创业团队必须担负起保护环境、维护人与自然和谐的重任，积极投身生态文明建设。

(四) 提高就业率和就业质量的责任

人力资源是社会的宝贵财富，也是企业发展的支撑力量。保障企业职工的生命和健康，确保职工的工作与收入待遇不仅关系到企业的持续健康发展，还关系到社会的发展与稳定。为了应对国际上对企业社会责任标准的要求，也为了使党的二十大关于"促进高质量充分就业"的目标落到实处，我们的创业团队必须承担起保护职工生命、健康和确保职工待遇的责任。同时，创业团队应积极参与技能培训和人才培养，为社会输送高质量的劳动力，促进社会就业结构的优化。创业团队要多与员工沟通，多为员工着想，努力构建和谐劳动关系，提升员工的幸福感和获得感。

(五) 履行社会公益事业的责任

虽然我国的经济取得了巨大发展，但是作为一个有14亿人口的大国还存在很多困难。特别是农村的困难更为明显，更有一些穷人需要帮扶。党的二十大报告强调要全面推进乡村振兴，这固然需要政府努力，但也需要企业为国分忧，参与社会的扶贫济困是为了社会的发展，也是为了企业自身的发展，我们的创业团队，更应该重视扶贫济困，更好地承担起扶贫济困的责任。创业团队可以通过设立公益基金、开展志愿服务等方式，积极参与乡村振兴、教育扶持、医疗救助等公益事业，为实现共同富裕贡献力量。

扩展阅读

尤努斯——穷人的银行家

1976年的孟加拉国，一位从美国学成归国的经济学博士因看到赤贫村民受高利贷商人的盘剥而大受震撼，从此他开始了针对穷人的小额信贷事业。30年来，千百万人在他所开办的当地农村银行的帮助下脱离了贫困，这一成功的扶贫方式更被复制到世界各地，令无数人受益。2006年10月13日，备受瞩目的诺贝尔和平奖颁给了孟加拉国农村银行和它的创始人穆罕默德·尤努斯。以表彰他们"自下层为建立经济和社会发展所做的努力"。

尤努斯在2004年接受采访时曾谈到过他创立格莱珉银行的缘由："我是教经济学的，我的梦想就是让人们有更好的经济生活，于是我常常扪心自问：我在教室里所讲授的课题到底有什么实质的好处？因为我教给学生的全都是一些关于经济学的理论，而当我真正走出教室时，看到的却是人民深重的灾难，骨瘦如柴的人们奄奄一息，整个国家都陷入了困境。所以我一定要走出大学校园，到村庄中去，这些都发生在1975年。"

1976年，尤努斯碰到了一名制作竹凳的赤贫妇女，因为受到放贷人的盘剥，她一天连两美分都挣不到。于是尤努斯掏出27美元，分别借给42个有同样境遇的女人。他希望这些人能借助这笔贷款摆脱廉价出卖劳动力的命运。当年，以此为目的的"格莱珉银行"成立了。1983年，当局允许其正式注册。这被普遍认为是全球第一家小额贷款组织。

(资料来源：根据网络资料整理)

章节回顾

1. 创业者总与风险、不确定性、创新和机会联系在一起。创业者分为狭义和广义两种：狭义的创业者是指参与创业活动的核心人员；广义的创业者是指参与创业活动的全部成员。

2. 创业精神的本质是创业者在创业过程中具有开创性的思想、观念、个性、意志、作风和品质等重要行为特征的高度凝练，主要表现为勇于创新、敢当风险、团结合作、坚持不懈等。创业精神造就了创业者，是创业者们拥有的共同特质。

3. 创业动机是驱动个体从事创业活动的内在力量，它引发并维持创业者为实现创业目标而不断努力的动力源泉。创业动机是创业者的内在动力，创业行为是这种内在动力的外在表现。

4. 团队是由员工和管理层组成的合作共同体，它合理利用每一个成员的知识和技能协同工作，解决问题，达到共同的目标。创业团队是指在创业初期(包括企业成立前和成立早期)，由一群才能互补、责任共担、愿为共同的创业目标而奋斗的人所组成的特殊群体。

5. 创业者的大多数能力并非与生俱来，其某些方面的能力可以通过教育来获得和传承。提高素质的途径一靠学习，二靠改造。要想成为一个成功的创业者，就要做一个终身学习者和自我改造者。大量事实表明，创业者可以通过创业教育培养和提高创业素质率。

6. 创业团队的5P要素：目标、人、定位、权限和计划。

7. 创业团队通常是在创业初期通过不断寻找合适的成员来组建的，团队成员共同参与从新企业的创建到发展的整个过程并做出贡献。创业团队领袖是创业团队的灵魂，是团队力量的协调者和整合者。一个创业团队里面，常常存在两类创业领袖：一类是正式创业团队领袖，另一类是非正式创业团队领袖。正式创业团队领袖是指团队公认、有正式职位的人员，是公司运转的骨架，能起到承上启下、纲举目张作用的创业领导人。在一个团队里面，有特殊技艺的人、善于沟通的人容易成为团队里的非正式领袖。

第三章

创业机会与创业环境

创新榜样

孙凌：不断尝试才能找到方向

孙凌认为在校大学生可分为以下三类。

第一类是知道自己想要做什么，并去做的人。

第二类是不知道自己要做什么，并什么都不做的人。

第三类是不知道自己要做什么，然而一直试着去做的人。

孙凌认为他属于第三类。

刚迈入大学的孙凌因为迷茫，不知道未来要做什么，在大学期间尽可能尝试，从学生会到科协，从小干事到部长再到主席，参加老师的科研项目，主持、辩论……他努力尝试做不同的事情，在不同组织中锻炼自己，在各种活动中发现自己的闪光点。

也正是这种不断尝试的精神，使他积累了丰富的组织、管理、沟通等能力，为他以后的创业之路奠定了基础。

创业，是偶然，也是必然

孙凌小时候家庭条件不错，身边创业成功的案例也比较多，围绕在周围的"商业气息"或多或少对他产生了潜移默化的影响。在大学期间，他积极参与学校里组织的各类创业活动，在这个过程中也认识了一群优秀的前辈和朋友。因为能力出众，他在一次创业活动中结识了一位有创业想法的学长，那位学长邀请他一起创业，一拍即合，他们成了合伙人，共同经营众创青年服务中心平台。

孙凌选择创业是因为在不断尝试的过程中，发现自己并不适合在学术方面发展，甚至某些学科还亮过"红灯"。加之，他本身不安于现状，不想找一个循规蹈矩的工作或者走一条父母已经铺好的道路，而是想要做一些与众不同的事情。他觉得创业是一个更适合他的选择。

几乎所有的创业者都想成为比尔·盖茨这样的人物，他们也坚信自己能够成为这样的人。孙凌一开始创业时也是什么都不懂，只是凭着一腔热血，觉得互联网能够改变天下，觉得随便一个偏互联网的商业模式就能颠覆一个行业。

后来，他发现并不是这样的。在时代洪流中，想要抓准时机创业其实并不容易。你会被各种接踵而来的问题击垮，公司的资金运营不足、团队成员之间的意见分歧、投资人对大学生创业团队的质疑……诸此种种问题，都是大学生创业者在残酷的商业竞争中不得不面对的考验。

前段时间，在其中一个项目面临问题时，涉及经济利益的纠纷接踵而至，让他感受到了现实的压力。静下来的时候，他偶尔也会思考人生，已经大四了，快毕业了，这样每天一睁眼几乎都在忙创业这件事，好像看不到头，这样真的有意义吗？

但他始终坚信这是他热爱的事情，无论遇到多少困难，产生多少怀疑，他都从未想过放弃。创业，于他而言，是梦想，是拼搏的动力。

创业，这份"业"始终要靠自己打拼出来。

他想对正在翻阅这本书籍的同学们说的话

通过协办校内的创新创业大赛，他发现有很多学弟学妹都有创业的想法，但很多项目并不是从一个公司视角来考虑的，只是以一个项目团队的方式在运营，很不成熟。他建议在校大学生可以在创业公司待一段时间，了解创业公司的运作模式和建立商业模式的过程，这会对以后的创业有较大帮助。其次，不管创业的路多艰难，他都希望大学生创业者们能够坚持下来，为梦想努力。谁都不知道自己会不会是下一个创业先锋，谁都不知道自己将来会不会成功，即使是那些现在叱咤风云的人物。

对于还在创业和就业这二者之间犹豫不决的人，他建议可以先创业再就业。第一次先奔着失败去，不要抱着成功去，给自己一个期限，努力去做。不管成功与否，创业经历带来的收获真的会比在一般公司实习多。

最后，希望每个人都能找到一条适合自己发展的道路。

(资料来源：根据网络资料整理)

互动游戏

集体造句

用接龙的方式造句。第一个人说出一个单词，第二个凭直觉脱口说出他想到的一个词，如此进行下去，直到句子完成。每个人思考的时间越短越好。当句子完成后，大家一起说 yes, yes, yes 来相互肯定。

目的：享受集体的智慧和幽默。

第一节　创业机会识别

导入案例 3-1

还有风口吗？

有趋势，就有风口。有趋势，就有潜在的赚钱机会。

在如今消费降级的今天，很多打工人不再去知名商场花钱，而是选择了地摊货或者网购，这就给地摊经济、十元店和拼多多等网购平台带来了机会。

对于普通人来说，无论是创业，还是上班，我们都可以问自己一个问题：我现在做的事情，是不是契合了趋势？我现在做的事情，是不是解决了什么问题，帮助人们更好地追随趋势？

在纪录片《这也能赚钱》中有一个定制车尾柜的中年人值得大家学习。

他的团队做的事情很简单，改造汽车后备厢，掏出一个地摊柜，给车主一个当街摆地摊的机会。网上调研过，这种后备厢式地摊，利润率远高于奶茶咖啡店，固定支出只有车钱、油钱和设备钱，相比商场的店租要便宜很多。

同样一杯柠檬茶，店里卖 16 块，地摊卖 8 块，消费者会怎么选？在消费降级趋势风靡的今天，大部分人可能会更看重性价比。那么这种后备厢式地摊，自然会更有机会。当然，抓住趋势未必就能赚钱，因为你看得见的趋势，别人未必就看不见。能发现这种地摊经济机会的，肯定不止一个人，第一个搞后备厢地摊的人大概是赚钱的，第二个大概也是赚钱的，但是如果再多下去，这业务卷起来了，未必人人都能赚钱，搞不好还有人亏钱。所以很多做后备厢地摊的摊主，其实都是兼职。白天正经上班，晚上和周末再来做一份兼职，补贴家用。

而节目里这位大叔的赛道非常特别，他是做后备厢柜子的，相当于众人掘金他卖铁锹。你可能看到掘金的卷死，但很少看到卖铁锹的被卷死。由于正常装修做家用衣柜书柜，价格都奔5000～6000 元去了，而他们做后备厢柜，只卖 1000～2000 元，因此正常做家装的企业很难有欲望和他们卷这个细分赛道。这就属于摸到了趋势和风口，而因为赛道太窄了，很少有大型企业愿意去卷他们。而他们作为先行者，已经可以圈着自己的客户们和一些大型商家谈判集体摆摊合同了，既能帮自己的后备厢地摊客户们赚钱，也能帮商场引流。某种意义上来说，他们做的其实是一个地摊圈的 Wework。未来，他们或许也能搞定这些地摊主的换车、装饰、保险，甚至为地摊主们提供更多需要的服务。

(资料来源：根据网络资料整理)

一、创业机会的定义

(一) 创业机会

创业的核心是不拘泥于资源的限制去追求机会。在创业学先驱蒂蒙斯教授看来，机会是创业不可或缺的一个关键要素，创业的本质就是发现和开发机会，并利用这些机会进行一连串的商业活动。

3.1.1 创业机会识别

经济学家柯兹纳在 1997 年定义机会是一种潜在的宝藏，隐藏在未被满足的市场需求和被低估的资源之间。在市场中，消费者的需求有时明确，有时模糊。即使消费者并不总能准确说出自己需要什么，但消费者仍能意识到某些产品的价值。举例来说，苹果公司推出第一代 iPhone 时，消费者并不了解智能手机的功能和体验。但市场上确实存在对功能更强大、使用更便捷的通信设备的需求。这种需求在消费者心中是潜在的、模糊的，尚未被明确表达或满足。iPhone 的触屏技术和直观界面，让消费者感受到了其革命性的价值。

机会源于人们的需求，同时存在于未被充分利用的资源，通过创新来优化资源的利用，从而创造新的市场机会。例如，3D 打印技术最初只用于快速原型制作，但随着创业者们发现其在制造业、医疗、房地产、教育等领域的潜力，这项技术演变成为巨大的商机。对柯兹纳而言，创业就是通过识别这些机会实现盈利的过程。市场的不完整性和信息的不对称性为企业家提供了独特的机遇。

(二) 发现机会与创造机会

1. 发现机会

以柯兹纳等为代表的机会客观派认为，创业机会是独立于创业者意识的客观存在。也就是说，机会本身已经存在于客观环境中，只等待聪慧的创业者将其挖掘出来。创业者在与外部环境互动过程中，通过各种渠道和方式获取环境变化的信息，从而发现市场上现有产品和服务的不足，以及消费者之间的差异。这一派观点认为，创业是创业者在不同组织和环境中，基于对各类创业机会的有效识别，通过整合和运用资源进行的经济价值创造和社会价值创造过程。

举个例子，优步的创始人发现了传统出租车服务的不足，识别了消费者打车难的问题，从而抓住了这个市场机会，创立了网约车平台。许多企业在进行战略规划时，通常会从行业、市场、竞争和技术等角度进行分析，期望从中发现新的机会点。

2. 创造机会

以艾瓦雷兹(Alvarez)为代表的机会主观派则认为，创业机会归根结底是创业者主观创造的产物，并不能独立于创业者而存在，通常是创业者实践能力和创造性想象能力的衍生物。商业机会本质上是一种满足需求的手段，机会是可以创造的，强调创业者的主观能动性。哈佛大学教授霍华德·史蒂文森(Howard Stevenson)认为创业就是不拘泥于当前资源条件的限制对机会的追寻。在城市中，交通拥堵和短途出行不便常常困扰市民，创业者通过技术创新，提出了共享单车的概念，开发了无桩共享单车系统，满足了用户短途出行的需求，并实现了资源的高效利用。

管理学大师彼得·德鲁克支持企业领导者既要发现机会，也要通过创新和战略性的思维来创造机会。在任正非看来，"'寻找机会，抓住机会'是后进者的名言；'创造机会，引导消费'是先驱者的座右铭"。机会是企业发展和扩张的动力，企业只有善于创造机会才能走得更远，这一点华为深以为然。在经济环境复杂多变的情势下，如果只是被动地适应市场需求，不主动创造市场机会，就可能失去占领市场的先机，企业也难以获得长期稳定的发展。

> 人生中最困难者，莫过于选择。
>
> ——莫尔

案例 3-1

1号店创始人于刚对创业机会的领悟

于刚，1号店前董事长，联合创始人。2015年7月，于刚确认从1号店离职。2015年8月于刚以1药网创始人、董事长的身份强势回归。于刚谈到创业时说："要敢于否定自己，你不革自己的命，别人就会革你的命。"

对于创业，于刚有十大领悟，其中两项就是关于创业机会的，具体如下。

(1) 在创业过程中，决策的速度往往比决策的质量更重要。在创业过程中，尤其是跟互联网相关的企业，他认为决策的速度通常比决策的质量更重要。为什么？因为如果在那个时间没有做出决策，就没有再做这个决策的机会了。互联网信息很多，传播速度非常快，要做非常快的决策。他们最早在10平方米、只有一张桌子的办公室，后来搬了5次办公室，但是他跟他的联合创始人刘峻岭从来都在一个办公室里，做决策讨论后，马上就往前推动。因为他们知道大方向是对的，他们要往前走，不能停滞不前。但是他们有一个纠错机制，这个机制让他们每两个星期回头看看过去做的决策对不对，哪些地方需要改正。这始终让他们往前走。

(2) 有舍才有得，人生里最后悔的不是做一件事失败了，而是有机会去做而没做。于刚以前在亚马逊时，去欧洲访问配送中心，路上他与贝佐斯进行了一些交流。贝佐斯介绍他自己曾经是华尔街投资公司的资深副总裁，和他太太开着车，一路上写商业计划，到了西雅图开始融资。最后，贝佐斯建造了亚马逊。在车库里用门装了4条腿作为他的桌子创业时，他认可自己的决定，他看到这个机会，当时互联网以一年24倍的速度在增长，他觉得如果他不做的话，一生会后悔。

(资料来源：根据网络资料整理)

案例 3-2

"小创业"的2条路径

今天，一个普通人，没太多启动资金，也不想赌上太大的风险，这样能创业吗？能创哪方面的业？《运营之光》作者黄有璨分享了"小创业"领域。他说，简单来说，核心就是两件事。

第一，做高级服务业。

这两年，很多人在买房、买车这方面的大额消费支出在减少，在中小额的服务方面，消费支出却可能有些许的上升。对高级服务业的需求，可能会持续增长。什么是高级服务业？例如，人生教练、家庭整理收纳师、深度陪游陪玩、中小企业顾问……这些对智力、专业度、知识储备要求更高的服务，都属于高级服务业的范畴。

做这种高级服务业，起步难吗？难，但也没很多人想象的那么难。今天你去看很多做"小创业"的创业者，他们很专业，但他们的典型业务其实并不复杂，甚至没有产品，只做高单价的服务。例如，做一个小红书的自媒体教练，为你的用户做私教、做陪跑，三个月收费一两万。一年下来，只要服务二三十人，就能有五六十万的收入了。此种工作状态有机会变得相对没那么卷，收入也不比在职场差。

第二，做个体的小流量变现。

例如，做社群，做社区团购，做博主，做超级个体。成为从成千上万个博主、主播里，跑出来的一个幸运儿。这种路径的变现能力强，但也很难被复制。

再如，做高级服务业，做小流量变现。黄有璨老师说，在他看来，这两个板块，可能是目前最适合"小创业"者进入的。相对开店，它的方式更"轻"，如需要的资产轻，要承担的风险也相对轻。等到收入多起来，往后你还可以去慢慢去搭建自己的业务模式，从产品到团队，去逐步解决问题。

(资料来源：根据网络资料整理)

二、创业机会的特征和类型

创业机会是具有商业价值的创意，表现为特定的组合关系。创业机会来自一定的市场需求和变化。

(一) 创业机会的特征

杰弗里·蒂蒙斯教授认为一个好的创业机会必须具备4种特质。创业者必须好好领会这些特质，才能发掘真正的创业机会。

1. 能提供客户认可的产品与服务

创业机会必须建立在某种产品与服务之上。其中的道理很简单，因为交易是等价的，要让客户心甘情愿地从口袋里掏钱，你就必须有"料"和他交换。没有一个明确的、对客户有价值和意义的产品或服务，创业者将难逃失败的命运。因此，假如你不能清楚地说出你的产品或服务是什么，以及如何为客户带来价值(价值主张)，这样的"机会"就需要小心反思。

2. 机会必须对你有莫大的吸引力

请特别留意，这里的关键词是"你"。一个真正的机会，必须对你有磁石般强大的吸引力。影响创业者成败有两个关键主因，那就是创业者的投入程度和不轻言放弃的态度。真正的机会应该让人"着魔"，让创业者深深地"陷"进去，你会不眠不休、不惜一切代价去利用好它。至于机会吸引你的理由，则因人而异——例如，对于丰厚回报的渴望、个人嗜好、儿时夙愿、成就感，或是对国家与社会的担当，等等。总之，什么理由都不重要，重要的是它必须对你有非常强大的吸引力。唯有这样，你才能全身心投入，才最有可能获得成功。

3. 机会有一定的持续性

机会必须具有一定的持续性，只能做成一两笔生意的"一锤子买卖"并非真正的机会。机会有两种情形：一是市场需求会持续存在；二是市场需求可能短暂，但可以为我们带来另一个需求。就"创业机会"而言，这两种情形必居其一。

4. 机会通常需要有一个"窗口"或时机

德鲁克根据产业的发展，提出机会之窗理论。它是指产业的发展有一个生命周期，在产业刚刚产生时，人们并不了解该产业，所以在市场上规模很小或者几乎没有顾客群，而到了大家开始认识其价值时，该产业会出现爆发式的增长，这时产品和行业都进入了高速成长期。对于创业者来说，早期的进入期是最难的，这个时期最大的问题就是如何生存下去，并且一方面要完善产品，另一方面要宣传产品，这时的机会非常小。而到了成长期，机会突然增大，德鲁克把它比喻为机会像打开了一扇窗户一样。所以这个现象被取名为"机会之窗"。而到了成长期结束前，会有更多的企业涌入，这时产业成长的空间越来越小，大淘汰开始了，机会之窗自然就关闭了。

我们的创业通常需要一些客观条件的配合，也就是我们通常说的"天时、地利、人和"。所谓的"机会窗口"，并不只是一个单纯的时间节点那么简单，而是一个所有条件都已经具备的特定情形。无论市场情况如何好，或是资源多么充足，只要没有完全准备好，都不能算是"窗口"。只有"万事俱备，不欠东风"，才能赢得创业这一场"生死之战"的胜利。如果不能把"机会窗口"清晰、准确地阐述出来，那么，这个所谓的"机会"很可能是有水分的。

> 善于捕捉机会者为俊杰。
>
> ——歌德

(二) 创业机会的类型

1. 从表现上划分

创业机会在其表现上，可以分为显性机会、隐性机会和突发机会。

1) 显性机会

显性机会是指在目前的市场上存在明显没有被满足的现实需求，这是表面的市场机会。显性机会是大家都很容易看到的，但这种机会如果很快就消失，它也可能是一个陷阱。我们判断这种机会，就要看它是不是一直存在，是不是可以商业化或者通过怎样的商业化可能把它持续化，这种机会对自己可能是一个机会，但对其他人是否同样为机会，为什么这种显性机会会一直存在，这些问题的回答和解决取决于机会的持续性和实现这一机会的资源、成本、独特能力及环境等各项条件。如果基本条件具备，那这就是天赐良机。

2) 隐性机会

现有的产品种类未能满足或尚未完全为人们意识到的隐而未见的需求，就是隐性机会。隐性机会也是潜在的市场机会，发现和识别潜在的市场机会比识别显性机会需要更多的判断力和行业经验。另外，潜在的市场机会是通过识别征兆而得来的，创业者要能在变化的因素中发现代表未来趋势的征兆。能够开创新时代的创业者往往具有对未来趋势准确把握的能力，在新事物出现征兆时就能够迅速地识别。

3) 突发机会

有时会有一种突发的变化造成一种不平衡，由此而带来一个新的机会，我们把它叫作突发机会。德鲁克把它叫作意外的机会。它是指一种由外部的突发性变化而带来的机会，但这种机会往往也是一闪即逝的。如何把握这种机会，并由此使得这种机会成为可持续性的机会，是一个重要问题。

2. 根据创新的程度划分

1) 复制型创业

复制型创业(entrepreneurial reproduction)是在市场和产品都相对明确的情况下，复制已有的创业模式。开网店、补习班、私立学校、洗衣店、饭店、来料加工厂、经济型旅店等都是典型的复制型创业。公司扩张、连锁店、加盟店也都属于复制型创业。该类企业都有成功的例子，有规可循。所以，该类创业机会叫作复制型机会，比较容易识别。无论哪个城市都会有市场上的供需问题，所以这是一种显性的创业机会。看到这样的问题，也就找到了创业的机会。虽然显性创业机会相对容易识别，但并不意味着所有的人都能看到或者想到。显性创业机会的识别主要取决于创业者的创业意愿，想创业的意愿是根本动力，有这个意愿就不难找到这样的创业机会。还要注意的是，显性的复制型创业并不容易成功。正因为市场和产品是已知和明确的，所以门槛较低，竞争也会很激烈。因此，必须找到供需之间确实存在问题的行业，才能够生存和持久。如果这个市场已经饱和，就要认真评估，非常谨慎。

很多生存型创业都属于复制型创业，有些进入门槛相对比较低。但是，复制型创业未必都是开店等简单的生存型创业，很多高科技企业也可能是复制型的，如智能手机、计算机、汽车、电动汽车、卫星、火箭、过期专利产品等，都可能是复制型创业的机会。对于高科技企业的复制，竞争会很激烈。IBM很早就垄断了大型计算机市场，利润丰厚，很多企业试图复制大型计算机，一度有七家计算机公司和IBM竞争，但是没有一家成功。倒是后来的小型计算机和微型计算机打败了IBM，这就是另外一种创业模式——模仿型创业。

中国著名天使投资人徐小平认为，复制是创业正常的主流的行为，这其中并没有道德评判，创业者完全可以通过对他人模式的学习，经过自己的调整获得更为了不起的创意。在硅谷有这么一句话，保护你创意最好的办法就是快点把它做起来。要想保护自己的创意不被别人偷走，最好的办法就是在最短的时间内将它做大做强。

2) 模仿型创业

模仿型创业(entrepreneurial imitation)是指对一种已经成功的创业模式进行改良，从一个市场移植到新的市场，或者从一个地方移植到另外一个地方，所以这样的机会也称作移植型机会。例如，QQ最初模仿了国外的ICQ，再结合中国人的习惯和市场进行改进和完善。其他类似的例子包括搜索引擎、网上支付、网上开店、网上书店、电视广告、厂家直销、手机打车、健身房、众多的电视节目等，其中的大多数是复制后进行一定的改进。移植和模仿型创业机会的识别需要有广泛的阅历和视野。多学习，多了解，会提升识别移植和模仿型机会的能力。中国还是一个发展中国家，向西方学习和借鉴的创业机会很多，在合法的范围内，有很多创业机会可以开发和学习。

复制型创业和模仿型创业从产品的角度来看，主要区别是复制型创业基本复制市场类型和产品，而模仿型创业往往会根据新的市场对产品做小的改进或渐进式创新。中国地域辽阔，不同地区有不同的产品和区域特色，这些特点提供了很多可移植的创业机会。例如，南方的东北菜、北方的四川菜、东部的兰州拉面、西北的江南菜都是典型的复制型创业。但是你会发现，很多异地风味菜式的原材料、口味和原产地的并不完全一样，甚至会搭配一些本地菜式，很多国外的中餐馆也和中国的不一样。这样就不是简单的复制，而是更接近模仿，因此有一定的特色。成功的模式是不容易被复制的，虽然可以借鉴。因此，模仿方式比简单的复制更复杂，尤其是在一个不明确的、文化不同的新市场上。

其他创业模式也可能涉及商业模式的创新，而商业模式的创新经常被模仿，因为大部分商业模式没有知识产权保护。不过涉及技术的移植和模仿则不那么容易实现，需要购买专利或者支付技术转让费。冒险模仿或生产山寨产品不是创新创业教育所鼓励的，寻找创业机会的前提是尊重知识产权，做到合法、合理。无论是商业模式的模仿还是技术的移植，本质上都是满足用户的需求，解决新市场用户面临的问题或潜在问题。这种类型的创业是把已知的产品转移到新市场的过程。因此，了解本地市场的需求和问题，了解发达地区的技术和成功模式，就是识别这类创业机会的重要因素。

3) 增值型创业

增值型创业(entrepreneurial valorization)是通过提供一种全新的或者大幅度改进的产品来满足已知的用户需求的创业方式。创新的产品会比原有的旧产品提供更高价值或更高性价比，所以称之为增值型机会。

打车软件就是增值型创业的例子。出租车行业作为传统行业已有较长历史，行业已基本饱和，然而依然有很多人要排长队等候出租车，在高峰期尤其如此，而在比较偏僻的地方则很难遇到出租车。手机打车软件发现了这个问题和需求，并提供了方便快捷的打车和付款方式，给传统的出租车行业带来冲击。增值型创业既需要坚实的专业技术知识和创新能力，也需要敏锐的观察力和发现所在市场各种问题与需求的能力。

4) 风险型创业

风险型创业(entrepreneurial venture)往往是利用某种技术或社会发展趋势带来的创业机遇而创造出全新的产品、全新的市场甚至全新的行业。风险型创业属于典型的机遇性创业的一种。准确地说，是借助新趋势而开拓的新的创业机会，这样的趋势包括技术变革、政治和制度变革、社会变革、人口结构变化和产业结构变革等。例如，半导体技术的出现给人们带来了意想不到的新产品——手机、卫星通信、个人计算机，在半导体问世之前，无论产品还是用户，都是不存在的。因为市场和产品都是不确定的和高度创新的，所以风险很高，失败几率也大，所以称作风险型创业。风险型创业必须借助一个大的趋势，不然很难达到一定的规模。因为风险型创业的机会大部分是借助社会和技术的变化趋势，所以，关注某个领域的重大进步，深入学习和参与某个行业的技术发展，关注新闻和时事报道，参与时事政治讨论等，都有助于发现潜在的创业机会。风险型创业是隐性创业机会，不是发现机会，而是创造机会。怎样创造机会，预见到未来的问题是创造创业机会的前提。例如，中国新城镇发展、老龄化、纳米技术、航天技术、新能源技术等都可能带来新的创业机会。

四种创业机会类型是理论上的概括，实际上，一个创业企业有可能介乎其中两者之间，或者更接近某个类型。以创新程度为例，并不是每个企业都是完全创新型（即从 0 到 1）或者完全复制型（即从 I 到 IV）。虽然我们鼓励创新型创业，但是不排斥其他类型的创业。

3. 其他划分方式

按其他类型划分，创业机会分为问题型机会、趋势型机会和组合型机会三种类型。

1) 问题型机会

问题型机会指的是由现实中存在的未被解决的问题所引致的一类机会。问题型机会在人们的日常生活中和企业实践中大量存在，如顾客的抱怨、大量的退货、无法买到称心如意的商品、服务质量差等，在对这些问题的解决中会存在价值或大或小的创业机会。

2) 趋势型机会

趋势型机会是在变化中看到未来的发展方向，预测到将来市场潜力的一类机会。趋势型机会一般出现在经济变革、政治变革、人口变化、社会制度变革、文化习俗变革等多个方面，一

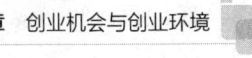

旦被人们认可，它产生的影响将是持久的，带来的利益也是巨大的。

3) 组合型机会

组合型机会是将现有的两项或两项以上的技术、产品、服务等因素组合起来，实现新的用途和价值而获得的创业机会。

现实社会中大部分的商业机会都是组合型机会。在校大学生可以从身边出发，通过自己的创新性思维将现有产品或服务进行整合，更好地满足市场需求，实现自己的创业梦想。

三、创业机会的来源和影响因素

(一) 创业机会的来源

创业机会是怎么来的，关于这一问题，业界有着众多的观点。美国凯斯西储大学的谢恩教授提出：创业机会主要来源于四种变革，分别是技术变革、政治和制度变革、社会和人口结构变革，以及产业结构变革。下面主要围绕谢恩教授的观点来展开论述。

1. 技术变革

技术变革带来的创业机会，主要源自新的科技突破和社会的科技进步。通常，技术上的任何变化，或多种技术的组合，都可能给创业者带来某种商业机会，具体表现在以下三个方面。

1) 新技术替代旧技术

当在某一领域出现了新的科技突破和技术，并且它们足以替代某些旧技术时，通常会随着旧技术的淘汰和新技术的未完全占领市场而暂时出现市场空白。让我们想象一下，若 ChatGPT 之类的智能工具普及开来，人们的生活会发生怎样的变化。也许有一天，我们不再需要手动驾驶汽车，而是通过自动驾驶技术来掌控我们的交通工具。也许有一天，我们不再需要手动打字，而是通过语音输入来与 AI 进行交流。这些变化不仅会改变我们的生活方式，还会改变我们的工作方式。

2) 实现新功能

新技术的出现无疑会给创业者带来新的商机。在中国，除了大型科技公司，还有许多新兴的人工智能创业公司不断涌现。这些公司在不同的 AI 应用领域进行创新，并逐渐在国内外市场上崭露头角。例如，专注于计算机视觉和深度学习的商汤科技(SenseTime)在图像和视频分析、自动驾驶、智慧城市等领域取得了显著进展。其技术被广泛应用于安防、金融、零售和手机制造等行业。旷视科技(Megvii)以其人脸识别技术闻名，推动了在智能手机、安防、物流等领域的人工智能应用。旷视的 Face++平台是其核心产品之一，支持多种 AI 应用场景。

3) 新技术带来的新问题

多数技术的出现对人类都有既有利又有弊的两面性，即在给人类带来新的利益的同时，也会给人类带来某些新的问题，这就迫使人们为了消除新技术的某些弊端，再去开发新的技术并使其商业化。例如，汽车的消声器和楼房的避雷针。技术变革使人们可以做新的事情或者以更有效率的方式做惯常的事情，AI 的出现让人们的视频拍摄、剪辑更快捷、更有效率。不是所有的新技术都对新企业有利。研究发现，小规模、个性化生产的弹性(柔性)制造技术和"数字技术"更适合新企业的建立。

2. 政治和制度变革

随着经济发展、科技变革等，政府必然会不断调整自己的政策，而政治和制度的某些变化，则可能给创业者带来新的商业机会。政策的变化能够带来创业机会，例如，随着低空空域的逐步开放，低空经济产业将具有更广阔的市场前景。目前，在国家交通强国战略引导下，国内对低空经济产业及eVTOL飞行器等相关领域都进一步明确政策支持和管理方向，规划到2030年，推动国内低空经济形成万亿级市场规模。政策的变革也清除了很多不利于生成新企业的官僚政治障碍，这些障碍的清除，使得创业者的创业成本大大降低，原来无利可图的创业项目变得有利可图。

政策也可能通过强制增加需求的方式创造出新的商机，如汽车安全带。政府政策的改变可以为新企业带来机会，例如，对某些行业进入限制条件的放宽(如民用航空、资源开采等)、政府采购政策的导向(对科技型中小企业、创造大量就业的企业)有可能为新企业带来机会。

案例 3-3

堆粪便成金山

一名商人经营的一家造纸作坊正好挨着斯里兰卡的"大象孤儿院"，孤儿院里收容了近百头与象群走失的大象。最初，这家作坊的原材料主要是挨家挨户收来的废纸和草秸。一天，这名商人遇到了大象孤儿院的负责人，负责人正为每天堆积如山的象粪苦恼不已，负责人半开玩笑地说，如果大象粪也能造纸就好了。当时正在为原料供应不足而发愁的商人二话没说，背了一筐象粪回到作坊让工人加工起来。经过过滤清洗、粉碎打浆、筛浆脱水、压榨烘干及压光等制作程序后，一张张光亮的象粪纸奇迹般出现了。这意外的发现，使商人兴奋极了，白天在大象孤儿院里看到的一堆堆象粪仿佛变成了一座座金山。当晚，商人决定把自己的作坊注册成为一个纸业公司，并用亚洲象学名中的后一个单词给公司命名，即"马克西莫斯"。大象孤儿院再也不用为打扫不完的大象粪便发愁了，如今，大象的粪便成了"珍贵的粪便"，甚至人们还开玩笑地说道："哪里有粪便哪里就有钱。"

其实，大象的粪便并不是那么"丑陋"，它颜色金黄，本身也没有什么腥臭气味。斯里兰卡的象粪纸主要有两种颜色，而这与大象的食物息息相关：一种是深色纸，用吃棕榈树叶的大象的粪便制成；另一种是浅色纸，其原料则是专吃椰子的大象的粪便。象粪纸成本低，产出却高得惊人。一般情况下，一头成年大象平均每天要排出100多公斤的粪便，1公斤象粪能制造出60多张A4大小的纸张。虽然象粪纸里75%的原料都是大象的粪便，但因为使用了特殊的工艺，产品不仅没有臭味，而且手感非常细腻。象粪造纸不仅给大象孤儿院和当地的工人带来了可观的经济收益，而且给斯里兰卡赢得了殊荣，2006年，在荷兰举办的"世界挑战"大赛中，象粪纸以其人与自然和谐共处、有效利用和保护野生动物资源的超人创意一举夺冠。如今，象粪纸已成为斯里兰卡人引以为豪的国宝，很多名人改要用象粪纸做自己的名片。还有不少高级酒店用象粪纸制作成《入住须知》和别致菜单。象粪纸还一度被斯里兰卡政府包装成精美的国礼，赠送给外国政要。斯里兰卡的象粪纸已远销欧美和日本等国家。不少国家也纷纷效仿，泰国也用大象粪便造纸，美国的动物园也进行了尝试。德国的动物园除了用大象粪便造纸，还从象粪中提取绘画的颜料。

(案例来源：陈阳. 象粪当国礼[J]. 政府法制，2012，第32期.)

3. 社会和人口结构变革

社会和人口结构变革诞生出创业机会。人的需求是变化的，不同时期的社会和人口因素的变化会产生不同的需求。随着现代社会的快速发展，这种变化中的需求更加明显。大量女性人口加入就业领域，创造了家政服务业和快餐食品业的市场机会；人口寿命延长导致的老龄化问题，创造了老龄用品市场。

社会和人口是紧密联系在一起的，有时社会文化的变革也是创业机会产生的引擎。例如，随着中国国家实力的增强，中国文化产业的相关市场蓬勃发展，越来越多的外国人学习中医、太极拳和中国传统文化，中餐、中国结和唐装等中国文化产品在国外的市场也越来越大。社会和人口因素的变化改变了人们对产品和服务的需求，需求的变化为新事物的产生带来机会。

4. 产业结构变革

产生结构变革影响创业机会。业内人士通常认为产业结构的变化是一种威胁，他们通常的做法是极力压制这些变化，而不是拥抱这些变化，但这确实是行业以外的人或者创业者改变自身命运的绝佳机遇。判断产业结构是否即将发生变化的四个指标：①某项产业正在快速成长；②产业产量是过去的两倍；③以前被认为丝毫没有关系、彼此独立的科技整合在一起；④产业运营方式在局部迅速发生改变。

当期市场供给缺陷也能产生新的商业机会。非均衡经济学认为，市场是不可能实现真正的完全供求平衡的，总有一些供给不能实现其价值，因此，创业者如果能发现这些供给结构性缺陷，则同样可以找到用来创业的商业机会。

（二）影响机会识别的关键因素

机会识别是指创业者识别机会的过程。创业机会识别作为一种主动行为，带有浓厚的主观色彩，创业者的个体因素起到了重要作用。此外，一些研究者逐渐认识到机会识别是个体与环境的互动过程，外部因素尤其是环境中的客观机会因素本身的影响同样不容忽视。

1. 个体因素

1) 创业警觉性

创业警觉性指一种持续关注、注意未被发觉的机会的能力。创业警觉性是三个维度的整合体，分别为：①敏锐预见，指敏感于机会的涌现，对商业前景做出前瞻性的预测；②探求挖掘，指善于分析和挖掘商业情报和信息，从中分析出潜在的机会，以及隐含的利润；③重构框架，指善于打破既定的范式，赋予既有资源以新的价值和用途。

2) 先验知识

先验知识包括特殊兴趣和产业知识两个维度。特殊兴趣指对某一领域及其相关知识的强烈兴趣；产业知识是指由创业者在多年工作中积累而来的知识和经验。有研究提出，对创业机会识别起关键作用的先验知识有 4 种，即特殊兴趣的知识和产业知识的结合、关于市场的知识、关于服务市场方式的知识和有关顾客问题的知识；还有研究表明，先验知识不仅被用来搜索机会，更重要的是，它还与认知过程中结构关系的匹配有系统的联系。

3) 创造力

创造性或创新能力最早与乐观、自我效能等因素一同被归为成功创业者性格特质中的一种。虽然近年来，有关性格特质对创业过程的研究越来越少，但与一般人格特质不同，创造性的重要作用日益显现。

发散性思维和收敛性思维共同构成了创造力。研究发现，信息多样化与发散性思维存在交互作用，只有在信息多样化的条件下，发散性思维才对企业经营理念的形成产生显著的影响。有研究甚至认为机会识别本身就是创造性活动，而非仅仅被创造力这一特质所影响。

4) 社会关系网络

个人社会关系网络的深度和广度影响着机会识别。建立了大量社会与专家联系网络的人，比拥有少量网络的人容易得到更多机会和创意。一项对 65 家初创企业的调查发现，半数以上创业者报告说，他们通过社会联系得到了他们的商业创意。一项类似的研究，考察了独立创业者(独自识别出商业创意的创业者)和网络型创业者(通过社会联系识别创意的创业者)之间的差别。研究人员发现，网络型创业者比单独创业者识别出多得多的机会，但他们不大可能将自己描述为有创造性的人。

2. 机会因素

不论过去还是现在，在创业机会识别过程中，研究者重点关注的都是创业者的差异，即影响机会识别的个体因素。对这一情形，有研究提出，在机会识别领域，个体中心的研究成果已颇为丰硕，今后研究的注意力应更多地放在机会本身上。进而，他们强调了机会的差异在创业机会识别中的作用，认为相对隐性的机会比较容易通过先前经验识别，而相对显性和规范的机会则比较容易通过系统搜索识别。张爱丽也提出应该从个体因素与机会因素结合的视角考察创业机会识别过程。研究表明，创业者更偏好于有价值的并且与自己以往知识有关的机会，因为这种机会符合创业者的愿望并具有一定的可行性。

3. 各因素的交互作用

尽管创业机会识别的影响因素在不断地丰富和完善，但单一影响因素的作用已不足以解释整个过程，因此对各影响因素交互作用的探讨成为必然趋势。有研究者发现，警觉性和以往知识的交互作用，以及警觉性和创新型认知风格的交互作用是决定机会营利性识别的主要因素，以往知识和创新型认知风格的交互作用是决定机会可行性识别的主要因素。只有在信息多样化的条件下，发散性思维才对企业经营理念的形成产生显著的影响。此外，工作经验丰富的创业者能从高密度网络中受益，识别到更具有创新性的机会。

4. 观察趋势

顺应时代发展，引领时代潮流的创业项目容易成功；逆潮流的或者与社会发展趋势相反的项目则容易走向失败。所以，创业者应在众多的创新性想法中，从政治、经济、社会和科技的角度进行分析，选择符合发展趋势的创业机会。

1) 政治趋势

政治制度的变革为创业机会提供了基础。如 2014 年 10 月 1 日"三证合一、一照一码"登记制度改革在全国范围内全面实施以来，改革成效明显，2015 年全国平均每天新登记企业 1.2 万户，截至 2015 年底，全国实有各类市场主体 7746.9 万户，同比增长 11.8%，注册资本(金)175.5 万亿元，同比增长 35.8%。

政府规章制度的变化，也会为创业者创建差异化的企业提供支撑。如欧元区成立之后，2002 年 7 月欧元成为欧元区唯一合法货币。一个偶然的机会，温州商人得知欧元将在欧洲大面积发行流通的信息，并且得知欧元纸币的面积要比一般纸币长 1.4 厘米，这就意味着欧洲人原来的钱包放不下新欧元。这条很不起眼的信息瞬间触动了他们十分敏感的商业意识，于是，他们迅速组织一流的设计人员昼夜兼程，开发出质地柔软、做工精湛的专用钱包，马上发往欧洲市场促销。由于恰逢其时，营销得力，该钱包很快成为市场的热销产品。

对于依赖政府的支持性规定而存在的企业，如烟草行业和高档酒店行业的企业，在规章制度发生变化后其生存受到显著影响。因此，创业者在进行机会识别时，要关注机会和政治制度的关系。

2) 经济趋势

对经济趋势的理解和观察，有助于确定创业机会的适宜领域或回避领域。当经济强劲时，人们会增加消费，而经济低迷时则会减少支出。如经济高速发展时可以从事奢侈品交易，而经济下行时化妆品的经营会取得不错的效果，实现所谓"口红效应"的效益。

经济因素导致的另一个趋势是企业为了持续降低成本而面临不断创新的压力。如随着人力成本的上升，温州眼镜业开始用机器替换工人并因此降低了成本，尝到了甜头。用激光电焊机取代了原来的人工电焊，在减少物料损耗的同时，生产效率提升 1 倍，生产成本减少 60%。由此，势必带动机器人行业快速发展。

3) 社会趋势

社会趋势的发展会对大多数创业机会形成非常大的影响。因为所有产品或服务存在的原因，主要是满足了社会需求而不仅仅是物质层面的需求。例如，餐饮 O2O 的快速增长，不是因为大家喜欢快餐、喜欢在家吃外卖，而是在竞争日益激烈的情况下，人们的工作太忙，没有时间亲自做饭；社交 App 的流行，也是基于人们忙碌之中的交往需求。

人们对于环保和健康的关注，业务的全球化等社会趋势，都会带来相当多的创业机会。只要用心观察，善于分析社会趋势，就能够从若干创意中找到适合开发的机会。

4) 科技趋势

科技趋势常常与社会、经济趋势等相结合，共同创造创业机会。对于科技趋势的预测和利用，可以用来满足人们日益提高的生活品质需求。

随着人们对预期寿命提高的期盼以及住房条件的改善，3D 打印技术得到迅猛发展，而且已经取得了不小的成功。2014 年 4 月，首批 10 幢应用 3D 打印技术建成的房屋在上海张江高新青浦园区正式交付使用，这大大缩短了房屋的建筑周期，而且大大降低了房屋的建筑成本；2016 年 5 月 20 日，北京清华长庚医院成功为骶 1-2 骨巨细胞瘤患者实施根治术，该手术精准化整块(en-bloc)切除高位骶骨肿瘤，并植入 3D 打印个体化适型假体，重建脊柱骨盆稳定性，成功为患者保住下肢及二便功能，为世界首例。可见，随着科技的发展，技术变化可以使原来很多难以实施的项目变为现实，为创业者带来更多契机。广大学生应善于发现这种变化，充分利用科技趋势。

5. 创新思维

创业的本质就是创造。而创业机会的识别过程也要求创造新的手段，最终形成新的产品、新的服务、新的原材料，以及新的组织方式，其本身就是一个不断反复的创造性思维过程。可见，创新思维对创业机会识别及其后续创业活动十分重要。例如，从纷繁复杂的信息中，你有没有可能挖掘出客户的需求，并提出具有创意性、产生新价值的产品或者服务解决方案，取决于你的创新思维能力。如果缺乏一定的创新思维能力，即使你获取了高价值信息甚至明确了客户的新需求，恐怕也难以识别出蕴藏其中的创业机会。

6. 创业环境

环境的变化是创业机会的重要来源，因此创业环境必定会对创业机会的识别产生巨大影响。创业环境是创业过程中多种因素的组合，包括宏观经济政策与制度、产业结构、人口环境、技术环境、自然环境、市场环境、创业价值观等。例如，创业型经济发展的政策倾向、人们生活方式的改变、市场竞争环境的公平性，都会对创业机会的识别产生较大程度的影响，甚至影响创业者的创业积极性。

案例 3-4

创业机会的识别

天津博苑高新材料有限公司是中国第一家专业从事制卡材料研究、开发与产业化的高新技术企业。创始人李春刚创办这家企业源于一次意外的"帮忙"经历。

1996 年，李春刚还是某大学化学院的一名博士生，一位朋友找到他，让他帮忙介绍老师或者研究员为天津磁卡开发一种专用胶水。

天津磁卡当时是国内最早开发信用卡的企业，在制卡行业有很大的影响力。但由于技术所限，制卡胶水全部需要从英国进口。因为胶水是水性的东西，运输起来很不方便。而且英国方面定价也很高，1 吨胶水要 30 多万元，并要求每次订货都要先打 10 吨或 5 吨的预付款过去。这给天津磁卡带来很大的压力，于是天津磁卡的相关人员便萌生了在国内找科研机构协助开发替代品的想法。李春刚获得这个信息之后非常兴奋，觉得这是一个十分难得的挑战自己的机会，于是抱着试试看的态度告诉这位朋友："你们就不要找别人了，就交给我来做吧。"之后李春刚便开始了刻苦的科研攻关，经过 8 个多月的努力，到了 1997 年年初，他研发的产品已经达到了天津磁卡方面的质量要求，并且天津磁卡想以很高的价格一次性买断他的技术，这对一直心怀创业梦想的李春刚来说没有多大的吸引力，当然也就没有答应这个要求。接着天津磁卡又提出可以出资帮助李春刚组建一家新企业，产权归天津磁卡，经营管理全部由李春刚负责。另外天津磁卡再给他一笔经费，让他帮助收集、开发新技术和新材料。李春刚觉得这个条件倒是有助于自己实现创业的目标，于是接受了邀请，并在 1997 年 6 月博士还没毕业的时候注册成立了企业，这就是今天的博苑。

(案例来源：根据网络资料整理)

四、创业机会的识别方法和行为技巧

(一) 创业机会的识别方法

常用的创业机会识别方法有 4 种，即市场调研发现机会、系统分析发现机会、问题导向发现机会和创新变革获得机会。

1. 市场调研发现机会

这里的市场调研主要强调一手资料获取与二手资料获取两个方面。

(1) 通过与顾客、供应商、代理商等面对面沟通，获取一手资料与信息，了解现在发生了什么，以及未来将要发生什么。

(2) 通过各类媒体、出版物、数据库，获取想要的资料与信息，了解一些通过面对面沟通形式可能无法触及的信息。

获得这些一手资料与二手资料后，要对这些资料进行分类并编码，便于自己随时查询、使用。尤其是针对自己的某个特定想法时，可以精准地通过现有的市场调研数据来发现可能的创业机会。

2. 系统分析发现机会

在市场经济发展日渐成熟的现状下，那种"野蛮生长"方式亦能生存、处处是顾客与商机(市场不饱和)的时代已经一去不复返，现实中更多的企业往往是在"夹缝中求生存，变化中寻商机"。因此，如今绝大多数的创业机会都需要通过系统的分析才能够得以发现。我们唯一要做的就是，借助市场调研的方式，从企业的宏观环境(政治、社会、法律、技术、人口等)与微观环境(细分市场、顾客、竞争对手、供应商等)的变化中寻找新的顾客需求和新的商机，这已经成为当今时代创业机会识别最常用、最有效的方法之一。

3. 问题导向发现机会

问题导向是指创业机会识别源于一个组织或者个人面临的某个问题或者明确的需求，这可能是创业机会识别最快速、最精准、最有效的方法，因为创业的根本目的是为顾客创造新的价值，解决顾客面临的问题。在这个过程中，常用的方法就是不断与顾客沟通，不断汲取顾客的建议，基于顾客的需求创造性地推出新的产品或者服务。当然，在此基础上，创业者再进行市场调研、系统分析，就是有的放矢，会显得更为科学、严谨。不过，在问题导向发现机会的过程中，要注意把控问题的难易度，不可不切实际地探寻问题解决方案，那样只会徒劳无功。

4. 创新变革获得机会

通过创新变革获得创业机会的方式在高新技术、互联网行业中最为常见。这种创业机会识别过程，通常针对目前明确的或者未来潜在的市场需求，探索相应的新技术、新方法、新知识或新模式，或者利用已有的某项技术发明、商业创意来实现新的商业价值，而且一旦获得成功，创业者凭借其具有变革性、超额价值的新产品或者新服务很容易就能够在市场中处于压倒性的主导地位。但是，任何新生事物的成长都是要经历艰难曲折的，与其他任何方式相比，创新变革的方式难度更大、风险系数也更高。因为新技术或者新知识能否真正满足顾客的需求，尚需市场的检验，只有对其稳定性、先进性有了十足的把握，才能称得上获得了真正的创业机会，而且新技术的发明通常需要大量持续的资金、人力与物资投入，这个过程往往也是极其漫长与艰难的。

(二) 识别创业机会的行为技巧

既然创业要从机会中产生，那么机会在哪儿？哪些情况又代表着机会？可以说机会无时不在，无处不在。

1. 从"低科技"中搜寻机会

随着科技的发展，开发高科技领域是时下热门的课题。但是，创业机会并不只存在于高科技领域。在运输、金融、保健、饮食、流通这些所谓的"低科技"领域也有机会，关键在于发现。

Ideas Box 是一个来自巴黎的创业项目，主要产品就是四个彩色的盒子，里面装着各种教学用具、网络装置和独立电源。教学用具包括：卫星网络连接器，15 个平板电脑，4 个笔记本电脑，5 个高清摄像机，50 个预装 5000 本电子书的阅读器，25 本实体书，离线 MOOC 课程，TED 视频，预装 100 部纪录片、动画片的电视和手工课需要的道具等，可以在 20 分钟以内组装一个小型教室。同时，盒子中的内容都可以设置成当地的语言，如阿拉伯语，这对于教育资源稀缺地区的孩子来说，无疑是珍贵的。有了这些软硬件配备，只要有老师加以引导，就可以大幅提升当地的教育质量。创始人称，硬件、软件的成本(如图书、电影版权等)是一定的，所以订购的 Ideas Box 数量越多，单价就会越便宜。

2. 在大企业无暇顾及的缝隙中寻找机会

目前，市场上许多价格昂贵或需求大、通用性强、购买频率高的商品为大企业所垄断。大企业依赖大批量生产方法，充分发挥生产和营销上的规模效应来获得收益，这是创业企业望尘莫及的。然而，大批量生产方式必然会引起分工协作的发展。在现代生产体系中，大企业想真正获得规模效应，谋求利润最大化，就必然会摆脱样样都由自己生产的传统体制，把相当一部分零部件或加工过程、装配过程转移出去，求助于社会分工与协作，而把自己有限的资源集中到附加值最高的环节。创业企业可以利用这种机会来发展自己。市场上总有一些对大企业而言既小又很特别的市场，这些市场不仅容量小而且发展潜力不大，但这些市场又符合市场细分有效性标准。一般而言，大企业对此无暇顾及或根本不愿顾及。因此创业企业可以以此为机会，主动介入，以满足这一层次的需要。

3. 在变化中抓住机会

环境的变化会给各行各业带来良机，人们透过这些变化，会发现新的前景。这些变化包括：产业结构的变化、科技进步、通信革新、政府放松管制、经济信息化、价值观与生活形态变化，以及人口结构变化等。在国有企业改制与公共部门产业开放、市场自由竞争的趋势中，可以在交通、电信、能源产业中发掘更多的创业机会。再如人口的变化，像单亲家庭快速增加、妇女就业的风潮、老龄化社会、教育程度的变化、青少年国际观的扩展等，必然提供许多新的市场机会。

4. 追求"负面"就会找到机会

所谓追求"负面"，就是着眼于大家"苦恼的事"和"困扰的事"。因为这些事是苦恼、困扰，所以人们总是迫切希望解决，如果能提供解决的办法，实际上就是找到了机会。例如，双职工家庭，没有时间照顾小孩，于是有了家庭托儿所；没有时间买菜，就产生了送菜公司。这些都是从"负面"寻找机会的例子。

5. 整合资源创造机会

创业者除了要学会寻找机会，还要懂得创造机会。每个人在成长的过程中都会学习一些知识，从事过一种或几种职业，有一些工作或生活中的朋友。此外，创业者也许还具备一些专业技能或特长，有特定行业的从业经验，以及过去的工作网络或销售渠道。所有这些不论是创业者自身具有的，还是存在于外界的，都是创业者的个人资源。从自己拥有的资源入手，通过分析与整合，也会产生创业的机会。曾经做过中学教师，后来创办了"好孩子集团公司"的宋郑还在创业之初，通过一位学生家长得到了第一批童车订单。之后不久，宋郑还在将自己设计的好孩子童车准备投入生产时遇到资金短缺问题，她依然是通过一位在银行工作的学生家长解决了问题。资源的整合为宋郑还今日的成就提供了重要的支持，如果没有这些外部资源也许就不会有今天的"好孩子"。

扩展阅读

高校小伙的水果生意经

2015年第一季度，邱旺健的水果生意收获了"开门红"，销售额突破400万元。这让拥有硕士文凭、原本在高校有着稳定工作的28岁小伙觉得自己没改错行。

在此一年半之前，邱旺健辞去了辅导员的工作，注册了长春果健商贸有限公司(以下简称"果健")，用O2O模式销售起了绿色有机水果。

从开水果超市起步

起初邱旺健创业，就是因为心疼父母四处打零工，想自己赚钱。大四那年，邱旺健去沈阳旅游，路过水果批发市场，看到进货商穿戴整齐，不像普通的水果商贩，且进货量很大，前去询问才知道他们是在沈阳开大型水果超市的。

很多年前，长春很少有大型水果超市。邱旺健想，为何不在长春开一家水果超市？考察了沈阳市内几家水果超市后，邱旺健心里有了底：专业水果超市里各类水果都要摆设美观，墙面装有大镜子让室内显得更宽敞，并且每天都有特价促销商品。

回到长春后，邱旺健从亲朋好友处筹集了20万元，在一处新住宅区租了一间130多平方米的门市房，复制沈阳大型水果超市的经营模式，和父母一道开起了水果超市。

开业当天，店内人流不断，销售额1.3万元，这让邱旺健和父母很是欣喜。邱旺健说："其实没有什么技术含量，就是照搬别人的开店方式。"邱旺健认为当时卖得好是因为水果超市在长春还很少见。邱旺健边工作边开店，他负责每天半夜去水果批发市场进货，父母负责白天看店。传统的水果超市，租金少和降低进货价是盈利的两个重要因素。为此，邱旺健与志同道合的朋友合作开连锁店，各店统一品牌，独立结算。开店第一年，邱旺健就还清了20万元借款。到2012年，他们在长春共开了8家水果连锁店，其中两家是邱旺健独自所有。

但好景不长，这种传统水果超市复制性很强，随着近几年长春市水果超市数量的激增，房租又不断上涨，邱旺健的收入不再可观。

鲜果切失败反助转型成功

事业遭遇瓶颈，邱旺健去北京、上海、广州、海南等地调查了解水果行业状况。他发现，电子商务在水果行业应用更加普遍，在一线城市，鲜果切需求量很大。回到长春，在做了简单随机调研后，邱旺健便购买物流配送车，选择宅配地点，还建立网上鲜果切商城。当时正边工作边读研的邱旺健决定辞职开公司，专心卖水果。因为准备不充分，鲜果切销售3个多月，月销售额只有1000余元，入不敷出。

失败让邱旺健冷静下来思考其中原因。深受北、上、广企业和白领认可的鲜果切，为何在长春却水土不服。此外，顾客对鲜果切的质量和卫生问题的质疑，没能得到解决。邱旺健认为得想办法转变，扭亏为盈。做鲜果切时，顾客质疑水果的卫生和质量，那就做绿色有机水果，既不用切块，无公害还有益于健康。邱旺健首先选择草莓，因为它老少皆宜，既比苹果和香蕉等常见水果高档，又不是稀有水果，价格是顾客可以接受的。邱旺健找到丹东的99草莓种植基地，与当地农户签订了排他性协议，成为吉林省唯一代理商。

商家自己说草莓如何绿色、健康，消费者是不会信的。为打消顾客疑虑，邱旺健想到了"让水果可溯源"。他在草莓种植大棚内安装摄像头，实时监控草莓的生长过程，并链接到"果健"官网，消费者登录后，便可观看。此外，草莓包装箱体上，贴有二维码，客户扫码后会看到有关草莓的种植地、生长过程和检测标准等内容的图片及文字介绍。

至于销售渠道，邱旺健放弃了看上去高端的网上商城，改用更加方便的微信。进货前，由公司6名销售人员通过微信朋友圈了解周围人对草莓的需求量。如此，邱旺健第一批购进了100箱草莓，一下子便销售一空，紧接着他又购进了300箱。3个月下来，草莓销售额达84万元，邱旺健的水果生意再次红火起来。

草莓的销售期只有短短4个月，为增加绿色有机水果的种类，邱旺健又先后到海南、四川、云南等地，建立自己的货源基地。目前，"果健"在全国建立了20多个绿色、无公害水果基地，不同季节保证有10余种水果供应，价位在每公斤20元～40元。"果健"配有自己的冷链运输物流团队，当天订购，第二天送货，满100元免费送货。

情感营销增加客户黏性

水果质量得到保证，但如何能广而告之，并增加顾客的黏性？邱旺健带领团队尝试微信情感营销，即销售团队除在朋友圈发布水果销售信息外，还要晒工作和生活等内容，让顾客对"果健"有感情；同时，鼓励顾客在朋友圈晒"买家秀"，晒完即可参与每月一次的抽奖。

2015年，邱旺健把原有两家水果超市升级为"果健"绿色水果直营店，以线下实体店的形式，提供产品展示、品尝和促销等活动，带动线上销售。实体店销售额仅占销售总额的10%。除长春外，邱旺健还在吉林省和黑龙江省的12个城市建立了"果健"销售网，与有意向者进行股份制合作，由邱旺健统一提供货源。

经过一年半多的积累，"果健"线上稳定客户有3万余人。虽然健全了微信公众平台、App、电子商务网站、企业QQ、微博等网络销售平台，但"果健"最主要销售渠道仍是销售员个人微信。有人建议重点建设企业App和网上商城，但邱旺健担心轻易改变买家的消费习惯，会破坏客户黏性。

一年半的快速发展，邱旺健再次遭遇瓶颈。团队素质跟不上发展速度，目前是一人多职，分工不明确。下一步，邱旺健打算把财务、采购、销售和物流四部分进行明确分工，还要琢磨如何整合和利用已开发的网络销售平台，吸引更多客源。

(资料来源：根据网络资料整理)

第二节 创业机会评价

导入案例3-2

《黑神话：悟空》霸榜：中国文化复兴与创业新机遇

在游戏领域，国产游戏《黑神话：悟空》的横空出世如同一颗璀璨的星辰，照亮了中国游戏产业的天空，也再次印证了中国文化的强大影响力。这款游戏的霸榜不仅仅是游戏行业的一个现象级事件，更是中国文化在当代世界舞台上绽放光彩的生动体现。

《黑神话：悟空》以中国古典名著《西游记》为蓝本，深入挖掘中国传统文化的精髓。从游戏的场景设计到角色塑造，从剧情架构到音乐配乐，无不散发着浓郁的中国文化气息。

在场景设计方面，游戏中展现了神秘莫测的神话世界，古老的寺庙、幽深的山林、奇幻的仙境，每一帧画面都仿佛是一幅精美的中国传统山水画。这些场景不仅给玩家带来了视觉上的震撼，更让玩家沉浸在中国传统文化的独特氛围中。例如，游戏中的花果山，瀑布飞泻，绿树成荫，猴子们在山间嬉戏，完美地再现了《西游记》中孙悟空的出生地，让玩家仿佛置身于充满奇幻色彩的神话世界。

角色塑造方面，主角孙悟空的形象栩栩如生，他勇敢无畏、机智灵活，既保留了原著中孙悟空的经典形象特征，又融入了现代游戏设计的创新元素。游戏中的其他角色，如妖怪、神仙等，也都各具特色，充满了中国传统文化的魅力。这些角色的设计不仅体现了中国古代神话中的丰富想象力，还展示了中国传统文化中对人性、善恶、道德的深刻思考。

剧情架构上，《黑神话：悟空》延续了《西游记》的经典故事脉络，同时进行了大胆的创新和拓展。游戏以孙悟空的成长历程为主线，融入了对人性、命运、信仰等主题的深刻探讨。玩家在游戏中不仅可以体验到精彩刺激的战斗，还能感受到中国传统文化中所蕴含的深厚哲理。例如，游戏中的一些剧情任务，要求玩家在面对困境时做出道德选择，这不仅增加了游戏的趣味性，还让玩家在游戏中思考人生的价值和意义。

音乐配乐方面，《黑神话：悟空》采用了传统的中国民族乐器，如二胡、古筝、笛子等，营造出了一种古朴、神秘的氛围。音乐与游戏场景、剧情完美结合，让玩家在游戏中感受到中国传统文化的独特魅力。例如，游戏中的战斗音乐激昂澎湃，充满了力量感，而在一些宁静的场景中，音乐则舒缓悠扬，让人心情舒畅。

《黑神话：悟空》的成功并非偶然，它是中国综合国力不断提升的必然结果。随着中国经济的快速发展，国家对文化产业的投入不断加大，中国文化在国际上的影响力也日益增强。

一方面，经济的发展为文化产业提供了坚实的物质基础。中国作为世界第二大经济体，拥有庞大的国内市场和雄厚的资金实力。政府对文化产业的支持力度不断加大，出台了一系列政策措施，鼓励文化创新和产业发展。例如，设立文化产业发展专项资金，支持优秀文化作品的创作和推广；加强文化产业园区建设，为文化企业提供良好的发展环境。这些政策措施为中国文化产业的发展提供了有力的保障。

另一方面，科技的进步为文化创新提供了强大的技术支持。随着互联网、人工智能、虚拟现实等技术的飞速发展，文化产业的创新空间不断拓展。例如，虚拟现实技术的应用让玩家可以更加身临其境地体验游戏世界；人工智能技术的发展可以为游戏中的角色赋予更加智能的行为和反应。这些技术的创新不仅提高了文化产品的质量和体验感，还为中国文化的传播提供了新的途径和方式。

国力的强盛不仅体现在经济和科技方面，还体现在国家对文化自信的坚定树立。我国高度重视文化建设，提出了"文化自信"的重要理念，强调要传承和弘扬中华优秀传统文化，推动中华文化走向世界。在这种背景下，中国文化产业迎来了前所未有的发展机遇。《黑神话：悟空》的成功，正是中国文化自信在游戏领域的生动体现。它向世界展示了中国文化的独特魅力，也为中国文化产业的发展树立了榜样。

思考：结合《黑神话：悟空》的成功，你认为在当今文化创业还有哪些机遇？

(资料来源：根据网络资料整理)

一、创业机会评价的特殊性

(一) 超前性与预见性

创业机会评价发生在一切经营活动开始之前，它与一般的战略机会评价相比更具有超前性和预见性。从创业项目启动到新创企业经营进入正轨需要经历一个漫长而又复杂的过程，因此创业者在分析创业机会时必须更加谨慎，留有一定的余地。

(二) 综合性和系统性

创业机会不是独立存在的，创业机会评价不应该仅局限于对创业机会本身的评价，更需要从系统的角度或思维来思考评价问题，综合考虑市场、行业、经济、环境、政治、社会等各方面要素，选取评价指标。其中比较重要的评价指标包括财务、顾客、内部因素和创新成长4个方面。从系统角度看，这4个指标既包括内部因素，也包括外部因素；既包括财务因素，也包括非财务因素；既包括当前因素，也包括将来因素。

(三) 持续性和动态性

创业机会评价是一个持续的过程，是一个从商业概念的产生、筛选、完成，到商业模式(或商业计划)的形成的过程。创业机会评价是一个动态的过程，贯穿于商业概念到商业模式(或商业计划)的每一个步骤。创业机会评价的动态性也是一个对商业概念不断完善过程的体现，创业机会评价的动态性也反映了创业环境和创业团队的动态性，这种动态性是社会需求与经济变化的必然结果。

二、有价值的创业机会的基本特征

较好的创业机会一般具有以下几方面的特征。

(一) 价值性

一个好的创业机会，必然具有特定市场利益，专注于满足顾客需求，同时能为顾客带来价值增值。客户应该能够从产品或服务的购买中得到利益，或可降低成本，或可获得较明显的、可衡量和确定的价值。创业企业能带给顾客的价值越高，创业成功的机会也会越高。纵观国内外，成功的企业都是为客户提供了最大价值的企业，都是为客户解决了最大痛点、最大问题的企业。

(二) 可行性

创业机会的可行性是指创业机会在技术、管理、财务资源及市场竞争等方面有现实基础，能为创业者带来经济效益和社会效益，以及未来的发展前景很好。假如创业者打算创办一个以产品生产为主的新企业，其技术可行包括：①推出的产品适销对路，能够满足市场需要；②工艺技术过关，具备满足生产需要的设备、技术人员和操作工人；③各种原料、材料、燃料、动力可获得；④不存在环境保护及其他社会问题等。经济可行包括生产的产品预计年销售量大、成本费用在可以承受的合理范围内、资金利润率有吸引力和投资回收期短等。

(三) 时效性

创业机会具有很强的时效性，如果时间迟滞，创业"机会之窗"就会关闭。机会之窗理论指出，创业者有可能把握住的创业机会，其机会窗口应该是敞开的而非关闭的，并且能保持足够长的敞开时间，以便加以利用。假如在机会窗口接近关闭的时候选择创业，留给创业者的余地将十分有限，其成功的可能性和营利性都将受到影响。因此，有价值的创业机会必须在创业"机会之窗"存在期间实施。

智能手机的普及带来了大量的移动应用开发机会。当时，智能手机市场正在快速增长，人们对应用程序的新鲜需求不断提升，这是一个开放的"机会之窗"。很多创业者在此时进入市场，开发了各种各样的应用，从社交媒体平台到游戏，再到生产力工具，从而取得了很大的商业成功。然而，随着时间的推移，该市场逐渐成熟，"机会之窗"开始缩小。大型科技公司也逐渐主导了应用市场，新进入者要想成功变得更加困难。这意味着，如果创业者在机会窗口接近关闭的时候进入市场，他们可能会面临巨大的竞争压力和资源限制，使得成功的可能性和盈利空间受到影响。

(四) 创业者能够获得利用机会所需的关键资源

创业资源是支持商机转变为发展潜力的一切东西。拥有一定的创业资源，是创业活动的基本前提。创业资源是创业的基础，它影响创业的类型和路径的选择，同时影响企业以后的成长。在创业初期，拼多多获得了高榕资本和红杉资本等多家投资机构的融资，迅速积累了发展所需的资金，支持平台的快速扩张和市场推广。同时，拼多多通过与大量优质供货商合作，提供质优价廉的产品，进一步推动了用户的转化和留存。

案例 3-5

与西门子"较劲"

4年前，因为项目中的一个关键控制器被西门子垄断，刚刚开始创业的大学生杨震买不起。

一气之下，他率领团队独立开发了一套控制器，从而完成了一套合同金额达200万元的舞台机械控制系统。

4年后，杨震创办的成都炎兴科技有限公司(以下简称"炎兴科技")已经打破了西门子在关键控制器领域的垄断地位，并占据了全国57%的市场份额。

但这不是他的最终目标。杨震的理想是，打破西门子等国际巨头企业在国家基础工业小型机械自动化领域的垄断地位，做中国平民企业用得起的小型机械自动化产品。

杨震走上创业道路，纯属偶然。

他是电子科技大学电子工程学院信息对抗专业2003级的学生。在校期间，他和同班另外5名爱钻研技术的同学常常跟着老师在实验室做项目，有时候，他们也到外面接活儿干。大四那年，有一家公司找他们开发一套电力系统用的无线抄表系统，完成项目后，他们赚了30万元。

"当时大家都惊呆了"，眼看就要毕业了，他们不知道怎么处理这笔钱。于是，大家合计，由杨震牵头注册一家公司，公司取名"炎兴科技"。成都市成立了青年(大学生)创业园，杨震的公司入驻创业园，得到了优惠政策的扶持。

现在看来，当时这个决定纯粹是为了给那30万元找个安顿之处，他们甚至不知道公司该做些什么，于是哥儿几个骑着自行车，绕着成都市区一环路转了一圈，试图找到创业的灵感。

直到不久后，在实验室做项目时认识的一个朋友给他们介绍了一笔业务，炎兴科技这才有了第一个项目——给远在甘肃的嘉峪关大剧院做一套舞台机械控制系统。

对年轻的创业团队来说，这个合同金额达200万元的项目价值不小，但难度更不小，最大的难题是系统中的控制器。

控制器是项目的核心部分。他们调查发现，当时国内所有剧院舞台机械控制系统中，控制器都是用西门子的产品，国内尚没有生产厂家，也就是说，西门子垄断了上述产品的国内市场。

一问该产品的价格——70万元，他们吓了一跳。更让他们憋屈的是，对方要求一次性付70万元，两个月之后才发货。炎兴科技没有那么多钱，一年的项目期限也容不得他们再等两个月。杨震"一气之下"决定自己做控制器。

趁晚上学校实验室设备不用的时候，他们把设备借出来，白天再还回去。这样钻研了两个月，杨震的团队做出了一个自己的控制器。当他们兴冲冲地从成都赶到甘肃，把控制器接上舞台设备时，眼前的景象"把他们魂都吓掉了"，"各种设备在舞台上空飞来飞去，该动的它不动，该往上的它往下"。

他们赶紧拉下紧急开关，带着设备返回成都，继续钻研。原来，实际荷载状态和实验室仿真状态大不一样，这才导致设备失控。

经过反复调整，一年后，杨震的团队圆满交工。"甲方很满意，因为他们需要的功能我们都实现了。"杨震说。

(资料来源：根据网络资料整理)

三、创业机会评价的评判标准

无论采用什么方法评价创业机会，都应该把握一定的判断标准。这些标准主要有创意及其竞争力、行业和市场、创业团队，以及经济因素和投资回报等。

1. 创意及其竞争力

创作者应考虑创意是否具有价值，符合新颖性、真实性和价值性的特点。如果具备以上3个特性，就需要具体分析其在市场上的竞争力。一般来说，企业要确认并且列出所有竞争产品和竞争企业，而且至少要与3个满足相似市场需求的竞争对手的产品或服务进行对比。企业的产品或服务通过分析突出自己产品或服务的差异性，形成独特的特点，与市场上竞争对手的产品至少要具备3~5个与众不同的特点。只有那些有价值和竞争力的创意才值得投入时间与精力进行开发。

2. 行业和市场

行业一般是指生产同类产品或具有相同工艺过程或提供同类劳动服务的经济活动类别。行业由出售者，即生产者或劳务提供者构成。市场由一切具有特定需求和欲望，并且愿意和能够通过交换的方式来满足需求和欲望的顾客构成。

创业机会评价时，首先要关注提供相同或类似产品或劳务的行业，包括其竞争情况、收获条件等，在行业的机会窗口打开期间进入才能获利；其次要关注消费的市场，只有市场足够大，才能够收回成本获取利润。创业者一定要能够清晰界定细分市场。

一般来说，市场数据应至少每3年收集一次，要尽可能多地收集二手数据。

充分竞争的行业和有较大潜力的细分市场可以为创业机会的成功开发提供基本保障。

3. 创业团队

创业团队永远是创业中最核心的因素，是决定创业成败的关键，也是风险投资家最看重的因素。对创业团队的评价是项目评价中最重要的标准之一。在进行评估时，要确保团队中至少有一人具备新创意所属行业领域的相关经验，而且团队成员要对拟开发的项目感兴趣，以保证机会的成功开发。

兴趣永远是最好的老师，知识和经验有助于识别并低成本解决开发过程中的问题。

4. 经济因素和投资回报

创业的目的之一便是获取经济回报，因此，经济因素和投资回报也是评价创业机会时需要重点考虑的因素。创业者应尽可能在成本效益原则的指导下，在较短时间内，以较低成本获得较高的回报。

一般来说，成长较快的行业、收益率较高的行业都是具有吸引力的领域，值得进行创业尝试，当然，这样的领域也会是竞争较激烈的领域。所以，创业者在开发创业机会时要能够进行风险分析和管理，并设计好商业模式。

四、常见的创业机会评价方法

1. 标准打分矩阵法

约翰·巴奇(John G. Burch)的标准打分矩阵是通过选择对创业机会成功有重要影响的因素，再由专家小组对每一个因素进行最好(3分)、好(2分)、一般(1分)三个等级的打分，最后求出每个因素在各个创业机会下的加权平均分，从而可以对不同的创业机会进行比较。表3-1所示为其中10项主要的评价因素，在实际使用时可以根据具体情况增加或选择部分因素进行评价。

表3-1 标准打分矩阵法

标准	专家评分			
	最好(3分)	好(2分)	一般(1分)	加权平均
易损伤性				
质量和易维护性				
市场接受度				
增加资本的能力				
投资回报				
市场的大小				
制造的简单性				
专利权状况				
广告潜力				
成长的潜力				

2. 西屋电气法

该方法是由美国西屋电气公司制定的，通过计算和比较各个机会的优先级对一系列可供选择的投资机会进行评价，为最后的决策提供依据。其公式为

$$机会优先级别 = [技术成功概率 \times (价格-成本) \times 投资生命周期] \div 总成本$$

在该公式中，技术和商业成功的概率以百分比表示(从 0~100%)，价格以销售的产品数量计算；成本以单位产品生产成本计算；投资生命周期是指可以预期的年均销售数额保持不变的年限；总成本是指预期的所有投入，包括研究、设计、生产和营销费用。对于不同的创业机会，将具体数值代入计算，特定机会的优先级越高，该机会越有可能成功。

3. 哈南法

由哈南提出的这种方法认为，通过让创业者填写针对不同因素的"预先设定权值"的选项式问卷，可以快捷地得到创业机会成功潜力的各个指标。对于每个因素来说，不同选项的得分范围是-2 分~+2 分，通过对所有因素的得分加总，从而得到最后的总分。总分越高，说明特定创业机会成功的潜力越大，如表 3-2 所示。

表3-2 哈南法选项式问卷表

1. 对于税前投资回报率的贡献	
+2	大于 35%
+1	25%~35%
-1	20%~25%
-2	小于 20%
2. 预期的年销售额	
+2	大于 2.5 亿美元
+1	1 亿~2.5 亿美元
-1	5000 万~1 亿美元
-2	小于 5000 万美元

(续表)

3. 生命周期中预期的成长阶段		
	+2	大于 3 年
	+1	2～3 年
	−1	1～2 年
	−2	少于 1 年
4. 从创业到销售额高速增长的预期时间		
	+2	少于 6 个月
	+1	6 个月～1 年
	−1	1～2 年
	−2	大于 2 年
5. 投资回收期		
	+2	少于 6 个月
	+1	6 个月～1 年
	−1	1～2 年
	−2	大于 2 年
6. 占有领先者地位的潜力		
	+2	具有技术或市场领先者的能力
	+1	具有短期内的或和竞争者同等的领先者能力
	−1	具有最初领先者能力，但容易被取代
	−2	不具有领先者能力
7. 商业周期的影响		
	+2	不受商业周期或反周期的影响
	+1	能够在相当程度上抵抗商业周期的影响
	−1	受到商业周期的一般影响
	−2	受到商业周期的巨大影响
8. 为产品制定高价的潜力		
	+2	顾客获得较高的利益能弥补较高的价格
	+1	顾客获得较高的利益可能不足以弥补较高的价格
	−1	顾客获得相等的利益能弥补相等的价格
	−2	顾客获得相等的利益只能弥补最低的价格
9. 进入市场的容易程度		
	+2	分散的竞争使得进入很容易
	+1	适度竞争的进入条件
	−1	激烈竞争的进入条件
	−2	牢固的竞争使得很难进入

(续表)

10. 市场试验的时间范围	
+2	需要进行一般的试验
+1	需要进行平均程度上的试验
-1	需要进行很多的试验
-2	需要进行大量的试验
11. 销售人员的要求	
+2	需要进行一般的训练或不需要训练
+1	需要进行平均程度的训练
-1	需要进行很多的训练
-2	需要进行大量的训练

哈南通过对创业机会评价的经验分析，发现只有那些最后得分高于 15 分的创业机会才值得创业者进行下一步的策划，低于 15 分的都应被淘汰，创业者不必利用应被淘汰的机会。

4. 贝蒂的选择因素法

这种方法的核心是通过对 11 个因素的评价来判断创业机会。如果创业机会只符合其中 6 个或更少的因素，这个机会就很可能不是适宜的创业机会。相反，如果这个机会符合其中 7 个或 7 个以上的因素，则这个机会就是大有希望的机会，如表 3-3 所示。

表3-3　贝蒂的选择因素法

这个创业机会在现阶段是否只有你一个人发现了？
初始产品生产成本是否可以接受？
初始市场开发成本是否可以接受？
产品是否具有高利润回报的潜力？
是否可以预期产品投放市场和达到盈亏平衡点的时间？
潜在的市场是否巨大？
你的产品是否为一个高速成长的产品家族中的第一个产品？
你是否拥有一些现成的初始客户？
你是否可预期产品的开发成本和开发周期？
是否处于一个成长中的行业？
金融界是否能理解你的产品和顾客对它的要求？

5. 史蒂文森法

霍华德·史蒂文森(Howard Stevenson)认为可以从以下几个方面来评价创业机会：①机会的大小、存在的时间跨度以及成长性；②潜在的利润是否可以用来弥补资本、时间和机会成本的投入，并获得令人满意的收益；③机会是否开辟了额外的扩张、多样化或综合的商业机会选择；④在可能的障碍面前，收益是否会持久；⑤产品或服务是否真正满足了真实的需求。

6. 隆杰内克法

隆杰内克(Longenecker)认为，以下 5 个方面对于一个创业机会的评价至关重要：①对产品有明确界定的市场需求，推出的时机也是恰当的；②投资的项目必须能够维持持久的竞争优势；③投资必须具有一定程度的高回报，从而允许一些投资中的失误；④创业者和机会之间必须互相合适；⑤机会中不存在致命的缺陷。

五、个人与创业机会的匹配

对每个人而言，有些机会能看见，但不能被自己把握。有的创业机会，即便价值潜力很大，但如果自己没有相应的条件和因素，盲目行动的话可能会给自己带来无法挽回的损失。那么，如何才能判断创业机会是否符合自己呢，至少需要从个人经验、社会网络和经济状况三个方面来评价。

(一) 个人经验

创业者要考虑以前的工作和生活经验能不能支撑后续开发创业机会所必需的知识和技能。这时，经验的广度和深度扮演着重要的角色，个人的工作经验越广，既从事过营销工作，也从事过财务工作，既在快消品行业工作过，也有外贸行业的工作经验，既做过公司的部门经理，也当过另一家公司的业务员，那么这些宽广的经验就可能对把握创业机会非常有帮助。

(二) 社会网络

有研究已经证实，社会关系网络在创业活动中起到至关重要的作用。社会关系网络越广，个体越容易发现创业机会，也更容易把握创业机会实施创业活动。这是因为在创业过程中，社会网络不仅为创业者提供了信息、知识和资源，而且为创业者提供了必需的情感和心理支持，创业绝非易事，这些情感和心理支持是支撑创业者走向成功的关键因素。此时，创业者需要对社会网络做出自我评价，有没有朋友愿意资助或借贷资金，可能性有多大；有没有朋友能带来生意，可能性有多大；有没有朋友能提供情感和心理支持，等等。

(三) 经济状况

在创业之初，大部分成功创业者并没有充足的自有资金用于创业，但有着报酬丰厚的工作机会。调查发现，创业前的收入水平越高，个体越不倾向于放弃当前工作机会去创业；相应地，一旦个体做出了创业选择，创业活动的价值和利润创造潜力也较那些创业前机会成本较低的创业者更高。

当然，创业本身是一个具有高度风险的活动，没有一个创业机会是完美的，也没有任何创业者是在完全适合自己的条件下开展创业活动，因此在评价创业机会之后是否决定创业，仍然是一件比较主观的决策。

创业活动是创业者与创业机会的结合，其核心观点是，一方面创业者识别并开发创业机会，另一方面创业机会也在选择创业者，只有创业者和创业机会之间存在恰当的匹配关系时，创业活动才最可能发生，也更可能获得成功。

第三节　创业风险

导入案例3-3

德国明星电动汽车公司倒下

德国明星电动汽车公司——e.GO 宣布，2024 年正式停止业务运营。此前，该公司已申请启动破产重组程序。至此，又一个造车新势力倒下。

故事得从创始人 Günther Schuh 博士说起。他是亚琛工业大学的机械工程学教授，专注研究汽车工程 30 多年，被视作德国电动汽车先驱之一。早在 2010 年，他联合德国顶尖大学研发团队，创立自己的第一家造车公司——StreetScooter，设计并生产用于城市物流配送的新能源汽车，这被认为是"德国制造"电动汽车的成功典范。彼时，德国邮政是它的大客户，最终在 2014 年收购了这家造车公司。

首战告捷，Schuh 很快再次启动造车。他认为，当时德国汽车工业面临着错过新能源高速发展的危险，而性价比高的小型电动车是占领市场的关键一步。2015 年，e.GO Mobile 成立，主打实惠、小型、零排放的电动汽车。2017 年，首款车型 e.GO Life 正式推出，顺利通过欧盟认证。车身小巧只有 3.4 米长，即使包括电池，也仅仅重一吨。甚至不需要特殊充电桩，标准插座即可充电。彼时，60 kW 版本车型实现 145 公里的续航里程，售价 19900 欧元(约合人民币 15 万元)。

"造车不难，难的是造一辆价格合理的电动汽车，就目前每公里成本而言，这是最便宜的电动车。" Schuh 昔日充满斗志。那时，正值特斯拉狂飙突进，而中国造车新势力迅也才刚刚崛起，被认为是德国电动汽车模范生的 e.GO，也曾风光无限。

梳理当时的报道可以一窥 e.GO 有多火爆：被视为德国工业 4.0 的标准示范工厂，e.GO 诞生之际就获得州政府的大力扶持，被前总理默克尔点赞。公司很快有了首批数千辆预订单，并陆续交付，后又推出 e.wave.x 等车型，巴西足球巨星内马尔曾为其站台。

2023 年 10 月，e.GO 通过与特殊目的收购公司(SPAC)Athena Consumer Acquisition 合并在纳斯达克上市。IPO 前公司称估值达到约 9 亿美元，然而上市当天最高市值仅为 1.3 亿美元。此后 e.GO 急剧走下坡路，股价很快跌至 1 美元以下，走向破产终局。从上市到坠落，e.GO 只用了短短 8 个月。

从财报可见，e.GO 一直存在严重的现金流问题。从 2023 年中报来看，截至 2023 年 6 月 30 日，公司营业收入仅仅 25.6 万欧元，但净利润为-2422 万欧元。从 2015 年到破产，e.GO 仅仅交付了约 1300 辆车。尽管公司声称新车型 e.wave X 获得了 11000 辆的预订单，但该车型并未如期获得欧盟批准，可见自身造血能力微乎其微。相比之下，2023 年，比亚迪海外销售超过 24 万辆新能源汽车。

大学孵化的初创企业无法与大型汽车制造商竞争。建立复杂的供应链需要大量的资源和时间，而初创企业缺乏启动资金，以及开发、销售、采购的能力和渠道。事实上，虽然诞生于汽车工业强国，但 e.GO 并没有自己的核心电动车技术。e.GO 整车的电机、电池及其他关键零部件均来自博世、BMZ、海拉、欧宝等公司，在自有工厂生产线进行组装。如此一来，脆弱的供应链很容易崩塌。早在 2018 年，e.GO 曾因供应商被收购，不得不重新设计成品车并寻找新的供应商，导致交付推迟。

当然，更直接的一幕也摆在面前——e.GO 车型依旧是十年前的小电池环保型，性价比乏陈可言。相似的车型，中国的电动汽车价格几乎是 e.GO 的一半甚至不到。坦白说，这样的产品很难在当下新能源汽车市场抵挡其他对手的竞争。

更致命的是汽车安全质量问题，e.GO 并没有传统德系车的优良制造口碑，首批交付车辆就被爆出存在刹车等安全隐患。反观竞争对手们却在不断向前发展。2015 年直到现在，中国新能源汽车的产销量一直居全球第一，占据全球新能源汽车市场的半壁江山。用户对新能源汽车的需求已经从"城市老头乐"转为更舒适的驾驶体验和更高的续航里程。

如今回头看，e.GO 和之前消失的造车新势力有着相似的路径：以传奇故事开头，烧光数亿资金，自身造血能力差、亏损无以为继，最终惨淡收场。

(资料来源：根据网络资料整理)

一、创业风险的构成与分类

(一) 创业风险的含义

创业风险是指创业投资行为给创业者带来某种经济损失的可能性，风险是一种概率，在未演化成威胁之前，并不对创业活动造成直接的负面影响，所以说，风险是一种未来的影响趋势。风险与收益一般是正比例关系，即风险越大，获利可能性越高。任何一家运营中的企业每天都会面临一定的风险，新创企业自然也不例外。

3.3.2 创业风险识别

(二) 创业风险的构成和分类

创业活动一般可分为四个阶段：①识别与评估机会；②准备与撰写创业计划；③确定并获取创业资源；④新创企业管理。在这个过程中，风险无处不在，我们可以通过创业活动的 4 个阶段了解创业风险的构成。

从创业初期来看，在机会的识别与评估过程中，由于各种主、客观因素，如信息获取量不足，把握不准确或推理偏误等使创业一开始就面临方向错误的风险。另外，机会风险的存在，即由于创业而放弃了原有的职业所面临的机会成本风险，也是该阶段存在的风险之一。在这个阶段，由于创业者的身体与心理素质等主观方面的因素导致创业失败的可能性比较大。

在准备与撰写创业计划阶段，创业计划往往是创业投资者决定是否投资的依据，因此创业计划是否合适将对具体的创业产生影响。创业计划的制订过程中各种不确定性因素与制订者自身能力的限制，也会给创业活动带来风险。例如，创业计划中对市场的分析、政策的利用、竞争对手的辨别、创业资金的寻求等要素的理解和利用都会成为该阶段的影响因素。

确定并获取创业资源的过程中，由于存在资源缺口，无法获得所需的关键资源，或即使可获得，但获得的成本较高，从而会给创业活动带来一定的风险。该阶段由市场方带来的风险影响因素会变得非常明显。例如，由于市场情况的不确定性导致创业者或创业企业损失的可能性；由于宏观经济环境发生大幅度波动或调整而使创业者或创业投资者蒙受损失的风险；甚至由于战争、国际关系变化或有关国家政权更迭、政策改变而导致创业者或企业蒙受损失的可能性，都会影响到创业者在此阶段能否顺利获得所需资源。

而在新创企业管理阶段，创业者主观风险又开始起到关键作用。例如，新企业的管理方式，企业文化的选择与创建，发展战略的制定、组织、技术、营销等各方面的管理中都存在的风险。除此之外，由于技术方面的因素及其变化的不确定性而导致创业失败的可能性，还有因创业企业管理不善产生的风险，创业企业提供的产品或服务从小批试制到大批生产的风险。

> 动作可以慢，但战略一定要准确，看准了再跟上去，这样风险比较小，这样别人犯过的错误就不会再犯。
>
> ——网易公司创始人 丁磊

二、系统风险防范的可能途径

创业的系统风险是指由创业外部环境的不确定性引发的风险，此类风险是创业者和企业无法控制或无力排除的风险，因而又可称为客观风险，如产品市场风险、资本市场风险、政治风险、法律风险、社会风险、宏观经济带来的风险等。对于这类风险，创业者只能在创业过程中设法规避。

(一) 产品市场风险防范

产品市场风险的防范一般应从以下3个方面进行。

1. 推出的产品能否被消费者接受

在现实市场中，人们对传统技术产品司空见惯，故对传统技术产品的市场需求是较为稳定的，而高新技术产品对消费者来说是新鲜的，它的市场多是潜在的、有待开发的、待成长的，在这种情况下，创业者就很难预先判定市场是否会接受自己推出的某一高新技术产品，包括接收能力和接收速度。

2. 创业产品与服务的前瞻性

创业企业生产的产品一般是创新产品，由于产品技术本身的前瞻性，创业者需要得到相对准确的市场预期，包括对市场的接受度、产品导入市场的时间，以及市场的需求量。谷歌眼镜是谷歌公司推出的增强现实智能眼镜，这款产品于2012年首次发布，旨在将信息与现实生活相结合，通过眼镜上的透明显示屏为用户提供导航、信息提醒、拍照、视频等功能。尽管技术先进，谷歌眼镜也没有在消费者市场获得预期的接受度。由于隐私顾虑、社会接受度、尚未成熟的用户体验和价格高昂等问题，消费者对此产品表现出较大的保留态度。谷歌在2015年终止了谷歌眼镜的消费者版本销售。

3. 创业产品未来的市场竞争力

由于新产品的竞争力是创业的竞争力与优势、营销策略等有机结合的结果，创业营销中往往要求售前、售中、售后技术服务，而创业者这方面的能力和网络一般较为缺乏，另外创业产品上市之初，产品成本多数会被前期的研发成本抬高，在较高售价下才不致亏损，因此降低产品成本也是防范市场风险的有力措施。小米公司于 2010 年成立,专注于智能手机及相关产品的开发和销售。小米的成功轮廓鲜明,因为其在市场竞争中采取了有效的营销策略和成本控制措施。小米通过直接面向消费者的线上销售模式,降低了传统零售渠道的成本,并将部分成本节约反映在售价上。小米为用户提供高性价比的产品,并在智能手机市场中迅速获得了竞争优势。此外,小米大力推动"米粉"的社群营销,增强了品牌粘性和用户忠诚度。小米在产品的设计和生产上采取了精益生产模式,以降低研发和生产成本。通过与制造商的密切合作,小米能够在控制成本的同时,确保产品质量。这一策略使得小米能够在保持较低售价的同时,仍然获得可观的利润空间。

(二) 资本市场风险防范

资本市场风险是创业企业面临的重要系统风险之一,它与资本市场的波动和不确定性密切相关。创业企业在资本市场中运营时,不能通过多样化投资来完全规避这种风险,因为它通常来自广泛的市场因素,而不是特定于某个公司或行业。

> 风险和利益的大小是成正比的。
>
> ——土光敏夫

1. 市场波动风险

资本市场的价格波动会直接影响企业的融资成本和投资收益。例如,2015 年中国股市发生剧烈波动,不少企业因市值大幅缩水而难以通过股市融资。这些波动导致一些处于创业阶段的公司面临融资渠道受限的困境,迫使它们转向其他融资途径。

首先,企业要开拓多样化融资渠道。除了依赖股市融资,企业应探索其他融资渠道,如风险投资、私募股权、债务融资等。多种融资渠道可以降低对单一市场的依赖,减轻市场波动带来的影响。其次,企业应建立足够的现金储备,以应对市场波动带来的融资紧缺情况。流动性充足可以帮助企业在不利市场环境中持续运营,避免短期资金危机。再次,企业应通过定期评估市场状况和经济环境,及时调整业务策略,灵活应对市场变化。例如,可以考虑推出高需求的产品,优化定价策略等,以提升市场适应性。最后,企业可通过金融衍生工具(如期货、期权)进行风险对冲,以抵御因市场波动引发的价格风险。例如,对冲未来可能的不利价格波动,降低对上述波动的敏感度。

2. 融资风险

正在成长的企业可能面临无法获得足够资本的风险,特别是在市场低迷时期。例如,在 2008 年全球金融危机期间,风险投资和银行贷款纷纷收紧。许多创业公司被迫削减支出或寻找紧急替代融资来源,一些未能成功适应的公司最终倒闭。

首先,企业要优化资本结构。企业在融资时应合理配置债务与股权,避免过度依赖高成本的债务融资。合理的资本结构有助于降低融资风险,并提高财务稳定性。其次,提升财务透明度。过加强财务规范和透明度,企业可以改善与投资者和金融机构的关系,提高融资的可信度。在资本市场中保持良好的信誉,可以有效吸引更多的投资。再次,定期对财务数据进行分析,可以帮助企业预测未来现金流,识别潜在的资金短缺风险,并提前采取措施,如调整支出计划或提前寻求融资。最后,建立良好的银行和投资者关系。积极与银行、投资者建立并保持良好的沟通关系,以增加获得融资的机会。通过展示公司稳健的商业模式和成长潜力,增加获得融资的可能性。

(三) 政治、法律、社会风险防范

1. 政治风险

政治风险指因政府政策、政治动荡、国际关系变化等对企业经营环境产生负面影响的风险。这类风险可能导致经营中断、增加成本,或限制市场准入。2018 年,中美贸易摩擦加剧,许多中国企业面对美国加征关税的政治风险。这使得一些依赖出口美国的企业面临成本上升和市场萎缩的挑战。企业不得不寻找新的市场,或调整供应链以应对政治环境的变化。

2. 法律风险

法律风险是指因法律法规的变化或执行不一致导致的风险。企业可能面临合规成本增加、诉讼费用,或因政策变化影响企业的战略和运营。2016 年,欧盟通过的《通用数据保护条例》(GDPR)对全球所有处理欧盟公民数据的企业提出了严格的隐私保护要求。许多国际企业需要调整其数据处理系统,增加合规性投资,以避免严厉的罚款。这对于涉及跨境数据处理的科技公司尤为重要。

3. 社会风险

社会风险涉及因社会文化、公众舆论、消费者偏好变化等因素导致的经营风险。这可能影响产品接受度、品牌声誉和消费者关系。ofo 小黄车成立于 2014 年,是共享经济在中国迅速崛起的标志性公司之一。其初始目标是通过无桩共享单车改善城市短途出行的便利性。随着共享单车数量的暴增,一些城市的公共空间和市容市貌受到影响,引发了公众和政府的批评。此外,由于频繁出现的单车乱停放问题,用户体验大打折扣,引发社会舆论反感。多地政府开始实施更严格的共享单车管理政策,对投放数量和运维管理提出更高要求,这对 ofo 的运营和扩张策略构成了挑战。由于未能有效应对这些社会风险及资金链问题,ofo 在资金消耗殆尽后,陷入了运营困境,并最终被其他竞争对手和市场环境淘汰。

(四) 宏观经济风险防范

这是国家宏观经济状况、产业政策、利率变动及汇率的稳定性等因素所带来的风险。任何企业的发展都必须依托所在国家和地区的经济环境。利率、价格水平、通货膨胀等因素的变化,以及金融、资本市场的层次、规模、健全程度等都会给企业带来很大的不确定性,使创业企业暴露在风险之中。当这类风险将要或者已经出现时,企业应该能够快速响应,采取措施使企业适应这一变化。

中国有两个"企业年",一个是 1984 年,联想、海尔、万科、四通、健力宝、南德、科龙都创立于这一年,这是因为邓小平南下视察深圳和珠海等经济特区,把积蓄了很多年的"创业力量"一次性释放出来。另一个就是 20 世纪 90 年代末,BAT(百度、阿里巴巴和腾讯)全部创立在这一时期。这是因为纳斯达克 2000 年 3 月份之后一路狂跌了 77%,导致互联网风投几乎消失。所以,创立在 1999 年以后两三年寒冬期的互联网企业,几乎拿不到投资;而创立过早的互联网企业,资金又刚好用完了。只有 1999 年创立并及时拿到风投又没有来得及花的企业,才有可能节衣缩食生存下来。

三、非系统风险防范的可能途径

创业的非系统风险是指非外部因素引发的风险,即指与创业者、创业投资和创业企业有关的不确定性因素引发的风险。非系统风险可以通过创业各方的主观努力得到控制或消除,因而又叫主观风险,如技术风险、管理风险、财务风险等。对于这类风险,创业者需要千方百计地设法加强控制。多数情况下,在创业活动启动之前,上述风险还是潜在的,只有在创业活动启动甚至进入正常程序后,某些风险因素才会爆发。因此,在创业筹划阶段,创业者就需要对未来可能遇到的风险因素有一个理性的认识。

(一) 技术风险防范

1. 技术成熟度

技术成熟度是首先应该考虑的问题,只有新颖、独创、先进的技术能为企业带来独特的优势,技术成熟度的判断标准一般根据国内外同类技术达到的水平参数指标来确定。例如,国产电动汽车的技术成熟程度一直影响本土电动汽车在国内的推广。

2. 技术适用性

技术的适用性描述了技术适用的范围、推广和实施的难易程度。技术的适用性是与市场的大小有密切关系的,一项技术所面对的市场越大,那么这项技术的适用性就越强,反之则越弱。对技术的适用性的判断可以通过市场调查来实现。

3. 技术配套性

一项科研成果转化所需的配套技术不成熟会带来技术风险,有些技术虽然非常先进,但由于工艺的特殊性限制,无法进行大批量生产,这样会给投资回报带来较大的风险。因此,高新技术企业创业初期必须确认与该技术配套的工程技术和产品生产技术是否已经完善,是否达到标准。

4. 技术生命周期

高新技术产品往往生命周期较短,不仅自身更新速度快,而且有被其他类似技术替代的可能,如果不能有效地提高技术的更新速度并维持更新成本或防止技术老化的能力,并在技术生命周期内迅速实现产业化,收回初始投资并取得利润,企业就将蒙受损失。对技术生命周期的估计可以根据技术自身的特性、市场状况,以及和同类技术相比较来进行。近年来,随着技术进步,特别是电池技术(如锂离子电池的成本降低和能量密度提升)及充电基础设施的改善,电动车进入快速增长的成长期。特斯拉、蔚来汽车、比亚迪等公司相继推出具有较长续航里程和高性能的电动车,市场需求急剧上升。

(二) 生产风险防范

生产风险是特指在生产企业创业过程中,由于生产环节的有关因素及其变化的不确定性以致创业失败或利润受损的可能性。对于生产企业创业来说,由于企业刚刚起步,生产人员的配备、生产要素的供给、各类资源的配置等容易出现问题,新产品又多是首次进入生产环节,工艺、设备等都难以得到保证,而且新产品必然要求与其质量控制相适应的新标准、新检测手段。

这在创业阶段都需要尝试摸索，故可以从以上方面采取措施防范。

锤子科技(Smartisan)是一家由罗永浩于2012年创立的手机制造商，旨在推出具有独特设计和用户体验的智能手机。锤子手机以其独特的UI设计和工业设计风格吸引消费者。然而，其在生产过程中的风险和挑战导致了公司经历了几次波折。锤子手机在初期阶段推出的产品(如锤子T1)由于生产流程不成熟，导致在供应链管理和生产计划方面遇到许多问题。原材料的供应不稳定直接影响了手机的生产周期，造成产品上市时间延迟。在推出锤子T1时，锤子手机的生产没有成熟的质量控制标准和检测手段。部分消费者反映产品存在屏幕偏色、信号不佳等问题，影响了产品的市场声誉和消费者体验。由于缺乏充分的质量检测，品牌形象受到损害，锤子手机最终在激烈的市场竞争中失去了立足之地。

(三) 财务风险防范

财务风险的防范主要从以下两个方面进行。

1. 资产负债状况

从资产负债分析，主要分为3种类型：①流动资产的购置大部分由流动负债筹集，小部分由长期负债筹集，固定资产由长期自由资金和大部分长期负债筹集，自有资本全部用来筹措固定资产，这是正常的资本结构，财务风险较小；②资产负债表中累积结余是负数，表明有一部分自有资本被亏损侵蚀，从而总资本中自有资本比重下降，说明出现财务危机，必须引起警惕；③亏损侵蚀了全部自有资本，而且占据了一部分负债，这种情况属于高度风险，企业必须采取强制措施来缓解这种状况。

2. 企业收益状况

从企业收益分析，分为3个层次：①经营收入扣除经营成本、管理费用、销售费用、销售税金及附加费用等经营费用后的经营收益；②在第一层次上扣除财务费用后为经常收益；③在经常收益基础上与营业收支净额的合计，就是期间收益。

对这3个层次的收益进行分析可以分成3种情况：①如果经营收益为盈利而经常收益为亏损，则说明企业的资本结构不合理，举债规模大，利息负担重，存在一定风险；②如果经营收益、经常收益均为盈利，而期间收益为亏损，则情况严重时可能引发财务危机，因此必须加强监控；③如果从经营收益开始就已经亏损，则说明企业财务危机已经显现，反之，如果3个层次收益均为盈利，则是正常经营状况，财务风险不存在或很小。

四、创业者风险承担能力的评估

创业者风险承担能力的评估，主要通过以下几个方面进行综合评估。

(一) 与个人目标的契合程度

创业过程中遭遇的困难与风险极大，因此有必要了解创业者的创业动机，以利于判断他愿意为创业活动付出的代价程度。一般认为，新创业机会与个人目标的契合程度越高，则创业者投入意愿与风险承受意愿自然也会越大，新创业目标最后获得实现的概率也相对较高。

(二) 机会成本

一个人一生的黄金岁月大约只有 30 年光景，期间可分为学习、发展与收获等不同阶段，而为了这项创业机会，你将需要放弃什么？可以由其中获得什么？得失的评价如何？参与创业，需要仔细思考创业所要付出的机会成本，经由机会成本的客观判断，可以得知新创业机会是否真的对于个人生涯发展具有吸引力。

(三) 对于失败的底线

古人说，留得青山在，不怕没柴烧。创业必然需要面对可能失败的风险，但创业者也不宜将个人声誉与全部资源都压在一次的创业活动上。理性的创业者必须要自己设定承认失败的底线，以便保留下次可以东山再起的机会。失败的底线，可以有效判断创业者的风险承受能力。

(四) 个人风险偏好

创业者个人的风险偏好不同。一般来说，喜欢冒险、具有风险意识的创业者要比安全保守的创业者风险承受能力强。

(五) 风险承受度

每个人的风险承受度都不一样。一般而言，风险承受度太高或太低均不利于新创业的发展。风险承受度太低的创业者，由于决策过于保守，因此相对拥有的创新机会也会比较少。但风险承受度太高的创业者，也会因为孤注一掷的举动，而常将企业陷入险境。一个能以理性分析面对风险的人，才是比较理想的创业者。

(六) 负荷承受度

创业者的耐压性与负荷承受度，也是评量创业者风险承担能力的一项重要指标。负荷承受度与创业者愿意为新创业投入工作量的多寡，以及愿意忍受的辛苦程度密切相关。

(七) 创业风险防范的4R和ABC法则

对于创业者而言，能够将潜在风险及时化解是最大限度降低成本的策略。因此，创业者应该像重视管理已经发生的风险那样重视对风险的防微杜渐。理论界和实践者日益形成共识：促进管理、增强组织沟通、提升品质皆可在不知不觉中降低风险发生的可能。除了不断提高创业者个体素质和意志力，还要做好充分的防范准备以消除风险祸源，这是创业风险防范的首要思路。

4R 模型是指通过缩减(reduction)、预备(readiness)、反应(response)、恢复(recovery)这 4 个系统的活动来进行风险管理的应用程序：①风险发生的环境；②制造产品和进行服务的结构与设备；③产生和维护结构、设备、产品、服务的系统；④与该系统和结构有关联，可能被卷进风险和受影响的人(管理者、生产者、旁观者、顾客、供应商)。创业者需要及时有效地防范这 4 个导致风险发生的主要因素，尝试思考并解决这样的问题：风险发生会给风险情境带来什么及表现？然后发生什么？风险结束后分析创业者应该如何更好地控制风险？创业者甄别出风险的祸源和使风险爆发的偶然联系？哪些能够被消灭或减缓以降低风险事件的发生概率和减轻危害？通过解决以上问题可以降低风险、避免浪费时间的资源管理，从而大大检索风险的发生及冲击力。

ABC法则是指"远离(away)—更好(better)—相容(compatible)"，这原本是应用于商业经营的一个关键策略，但也可以将其应用于创业风险管理，并清醒地认识到：好的创业风险防范与管理就是建立一种结构，这种结构包括三部分：①远离风险或威胁根源；②比要求的做得更好，抵制风险或威胁根源；③与那些最能抵制或减轻风险或威胁根源的设计模式相容。在创业企业生存环境中，运用这3个步骤是必要的。通过考察创业企业可能所处的环境，创业者能确认出风险相对较少的环境。

第四节　商业模式开发

导入案例3-4

盖茨的商业模式

盖茨是个天才，他在21岁时创办了微软公司。1986年3月微软公司上市，他30岁时就成了亿万美元富翁。

他为什么一个人能赚这么多钱？其实，盖茨的亿万财富并不是说他已经实现了这么多的盈利收入，而是在他公司上市后，股票市场对微软未来的收入非常看好，然后愿意给微软的股票很高的价格，也就是说，盖茨今天的财富更多的是反映微软未来的收入，反映微软未来能赚多少钱，是股市帮助盖茨把未来的收入提前变现，他今天的财富不是靠过去已赚的收入累计起来的，而是未来收入的提前累计。所以，是股市帮了他的忙，是股市非常看好微软的未来。

那么，为什么微软会这么赚钱？它跟别的公司有什么差别？原因当然很多。第一个原因可能是软件商业模式的特点，因为一旦微软花成本开发出一种软件，如大家喜欢用的Windows，那么每多卖一份Windows系统软件，其价格是260美元，其成本对微软公司来说接近于零，也就是说，这260美元是纯利润，净赚。全球有10多亿的计算机用户，哪怕中间只有一亿人付这个钱，这也是260亿美元的收入。这么大数量的销售市场，同时每卖一份软件的边际成本又几乎为零，这种商业模式怎么能不赚钱？

边际成本是什么意思？边际成本就是一旦把开发成本、广告成本投入，为了再多卖一份产品，还要付出的成本。例如，大家可能觉得丰田公司造一种车会卖很多钱，但是，每辆车的制造成本会很高，而且每辆的成本基本一样。也就是说，为了多卖一辆车，丰田必须买这些汽车部件，如发动机、车身、轮胎、方向盘等，这些部件一样也不能少，况且他们要付很多的工人工资、退休金及其他福利，所以每辆的边际成本很高，丰田汽车公司的利润空间永远无法跟微软相比。这就是为什么大家喜欢微软的股票，喜欢盖茨创办的公司，而不会太热爱汽车公司股票。

这也是为什么人们开餐馆开了几千年，但没有人开出一个亿万富翁来。实际上，农业的利润空间更小。因为每亩地需要的资源投入和劳动投入都是一样的，边际成本是常数，没有规模效应，不要说跟微软的商业模式比这要差很多很多，而且跟汽车公司比也差很多，原因是通过机械化生产，丰田公司能利用规模生产减少每辆车的制造成本。所以，农业远不如工业，而工业又不如微软这样的行业。这就是为什么西方国家通过工业革命在过去200多年领先中国，而今天美国又通过像微软这样的行业领先世界所有其他国家，超过包括工业革命的发源地英国。

当然，类似微软这样的商业模式越来越多，如网络游戏。中国的陈天桥先生创办的盛大网游，其特点也是"零边际成本"，一旦互联网游戏软件已开发好，多一个客户对盛大的成本是零，所以来自百万个新客户的付费都是净利润，这能不赚钱吗？基金管理业也是基本如此，像对冲基金公司有10个工作人员，只要所管理的资金在1亿美元至几十亿美元，公司不用增加太多费用开支，收入的边际成本也几乎为零。

(资料来源：根据网络资料整理)

一、商业模式的定义和本质

(一) 商业模式的定义

商业模式是一个比较新的名词。尽管它第一次出现在20世纪50年代，但直到20世纪90年代才开始被广泛使用和传播。今天，虽然这一名词出现的频度极高，但关于它的定义仍然没有一个权威的版本。

目前相对比较贴切的说法是：商业模式是一种包含了一系列要素及其关系的概念性工具，用以阐明某个特定实体的商业逻辑。它描述了公司所能为客户提供的价值，以及公司的内部结构、合作伙伴网络和关系资本(relationship capital)等，借以实现(创造、推销和交付)这一价值，并产生可持续盈利收入的要素。

3.4.3 商业模式开发

商业模式的设计是商业策略的一个组成部分。而将商业模式实施到公司的组织结构(包括机构设置、工作流和人力资源等)及系统(包括IT架构和生产线等)中，则是商业运作的一部分。这里必须要清楚区分两个容易混淆的名词：业务建模，通常指的是在操作层面上的业务流程设计；而商业模式和商业模式设计，指的则是在公司战略层面上对商业逻辑的定义。

(二) 商业模式的本质

商业模式的本质是企业创造价值的核心逻辑。商业模式本质上是若干因素构成的一组盈利逻辑关系的链条，商业模式的本质主要表现在层层递进的三个方面。

1. 价值发现

价值发现即明确价值创造的来源，这是对机会识别的延伸。通过可行性分析创业者所认定的创新性产品和技术只是创建新企业的手段，企业最终盈利与否取决于它是否拥有顾客。创业者在对创新产品和技术识别的基础上，进一步明确和细化顾客价值所在，确定价值命题，是商业模式开发的关键环节。绕过价值发现的思维过程，创业者容易陷入"如果我们生产出产品，顾客就会来买"的错误逻辑，这是许多创业实践失败的重要原因之一。

2. 价值匹配

价值匹配即明确合作伙伴，实现价值创造。新企业不可能拥有满足顾客需要的所有资源和能力，即便新企业愿意亲自打造和构建所需要的所有能力，也常常需要很大的成本，面临很大的风险。因此，为了在机会窗口内取得先发优势，并最大限度地控制机会开发的风险，几乎所有的新企业都要与其他企业形成合作关系，以使其商业模式有效运作。

3. 价值获取

价值获取即制定竞争策略，占有创新价值。这是价值创造的目标，是新企业能够生存下来并获取竞争优势的关键，因此是有效商业模式的核心逻辑之一。许多创业企业是新技术或新产品的开拓者，但不是创新利益的占有者。这种现象发生的根本原因在于这些企业忽视了对创新价值的获取。价值获取的途径有两方面：一是为新企业选择价值链中的核心角色；二是对自己的商业模式细节最大可能地保密。对第一方面来说，价值链中每项活动的增值空间是不同的，哪一个企业占有了增值空间较大的环节，就占有了整个价值链价值创造的较大比例，这直接影响创新价值的获取。对第二方面来说，有效商业模式的模仿在一定程度上会侵蚀企业已有利润，因此创业企业越能保护自己的创意不被泄露，就越能较长时间地占有创新效益。

二、商业模式因果关系链条的分解

商业模式设计过程是企业的一系列价值活动过程，是从价值主张到价值实现的过程。价值主张是互联网商业模式设计的起点，价值实现是互联网商业模式设计的终点。

1. 价值主张

价值主张是通过产品和服务向消费者提供的价值。一个能为参与者理解且接受的价值主张应该能使每个参与者都能增加其经济效用，因此价值主张的阐释必须清楚、准确。如果价值主张表述得太复杂，会使顾客在购买时产生犹豫感。价值主张必须对客户及其偏好深刻理解，必须是真实的、可信的、独特的、具有销售力的。价值主张的渗透力越强，就越能打动消费者的心，通过产品或服务创造价值就越持久。

2. 价值网络

价值网络是商业模式的价值链接机制要素，它能对商业模式价值主体实行有效链接。价值网络是由利益相关者之间相互影响而形成的价值生成、分配、转移和使用的关系及其结构。价值网络改进了价值识别体系并扩大了资源的价值影响，它潜在地为企业提供获取信息、资源、市场、技术，以及通过学习得到规模和范围经济的可能性，并帮助企业实现战略目标。价值网络通过在各个企业之间合作协调，汇集各种能力和资源，最终创造价值。企业商业模式是通过对企业全部价值活动进行优化选择，并对某些核心价值活动进行创新，然后重新排列、优化整合而成的。

价值网络构建主要是通过价值分析，对所有利益相关者的价值进行深入分析，构建合作共赢的价值网络，如针对市场的客户价值、针对伙伴的合作价值、针对上下游企业的供应链价值、针对广告商的广告价值、针对经销商的产品价值、针对电信商的增值服务价值。价值网络能提供价值实现的渠道、信息、资源等，使企业有效整合资源优势，降低运营成本，增强系统整体运营能力和风险控制能力。价值网络使网络中的供应商、渠道伙伴、客户、合作伙伴及竞争者形成关系网络，通过核心能力互补，共同创造差异化、整合化的客户价值。

3. 价值实现

价值实现是指企业创造的价值被市场认可并接受，完成要素投入到要素产出的转化。价值实现主要依靠一系列商业策略来完成。随着竞争的激烈，免费的商业模式成为应用较多的互联网商业模式。比如中国互联网用户数量庞大，这种低成本或免费服务会带来用户量的爆炸性增长，产生用户锁定，为今后的增值服务提供巨大的空间和潜力。

三、设计商业模式的思路和方法

商业模式设计关注的是企业的价值实现，是企业的商业逻辑表达方式和产品服务赢利方式。商业模式是企业在给定的行业中，为了创造卓越的客户价值而将自己推到获取价值的位置上，运用其资源执行什么样的活动、如何执行这些活动，以及什么时候执行这些活动的集合。

在创业培育期，一旦完成机会识别，企业就要开始商业模式的设计开发，即新业务如何开展、怎样盈利。企业需要考虑如何制定核心战略、构建合作网络、建立顾客关系、培育和配置独特资源，以及形成价值创造的方法，并将它们反映在商业计划书中。同样，在企业成长过程中，适时进行商业模式的检讨和创新，是企业培育核心竞争力、取得竞争优势的基本途径。

(一) 商业模式设计是创业机会开发环节的一个不断试错、修正和反复的过程

企业绩效是商业模式选择与企业如何有效运用该模式的函数。企业拥有一个表达清晰的商业模式很重要：①商业模式可作为可行性分析研究的延伸(商业模式会不断提出"该业务是否有意义"的问题)；②商业模式使人们的注意力集中于企业要素如何匹配及如何构成企业整体上；③商业模式解释了使商业创意具有可行性的参与者群体愿意合作的原因；④商业模式向所有的利益相关者(包括员工)阐明了企业的核心逻辑。

1. 通过分析和优化价值链来识别机会，构建相应的商业模式

价值链是指产品从原材料阶段开始，经制造和分销，最后到达最终用户手中的一系列转移活动链条。价值链由基础活动和辅助活动构成。基础活动涉及产品制造、销售及产品服务，而辅助活动提供对基础活动的支持。产品通过企业价值链的每个阶段时，企业内不同部门在每个阶段会增加产品价值(或不增加价值)，最终产品或服务是各部门创造的价值总和。通过研究一个产品或服务的价值链，组织能够识别创造附加价值的机会，并评估企业是否有办法实现增值目标。价值链分析同样有助于新创企业识别机会，有助于理解商业模式如何形成。如果一个产品的价值链可以在某一领域内得到强化，它就可能代表创建一家新企业的机会。创业者可以通过优化产品的价值链来创建新企业，但是，只有创造出一个可行的商业模式才能给新企业提供支持。

2. 商业模式反思

一旦商业模式得以清晰确定，创业者应该将它付诸文字，认真反思检查，提出并思考以下问题：我的商业模式是否有意义？我需要的商业伙伴是否愿意参与进来？如果合作伙伴愿意参与，应如何激励他们？我们的利益相互一致还是相互背离？顾客的情况如何？他们是否愿意花时间和本企业做生意？如果顾客愿意购买产品，应如何激励他们？我是否能激发足够数量的伙伴和顾客，以便补偿一般管理费用并能获利？业务独特性如何？如果本企业获得成功，大量竞争者是否很容易跟进和模仿？

如果上述每个问题的回答都不能令人满意，则该商业模式就应当修改或放弃。只有在购买者、销售者及合作伙伴都将它视为一种经营产品或服务的合理方法时，一个商业模式才具有生

命力。

(二) 商业模式设计是分解企业价值链条和价值要素的过程，涉及要素的新组合关系或新要素的增加

著名商学教授与作家加里·哈默尔（Gary Hamel）认为，有效的商业模式必须包括4个关键要素和3个界面：核心战略、战略资源、价值网络、顾客界面、顾客利益、构造、企业边界。只有充分掌握这些要素的重点以及彼此间的整合和搭配关系，才能设计出独特的商业模式。

1. 核心战略

商业模式设计需要考虑的第一个要素是核心战略，它描述了企业如何与竞争对手进行竞争，主要包括企业使命、产品和市场定位、差异化基础等基本要素。

企业使命描述了企业为什么存在及其商业模式预期实现的目标，或者说，使命表达了企业优先考虑的事项及衡量企业绩效的标准。

产品和市场定位应该明确企业所集中专注的产品和市场，因为产品和市场的选择直接影响到企业获取利润的方式。

差异化基础分为成本领先战略和差异化战略。采用成本领先战略的企业努力在产业内获取最低的成本，并以此吸引顾客。相反，采用差异化战略的企业以提供独特而差别化的产品，以质量、服务、时间或其他方面为竞争基础。在大多数情况下，新创企业采用成本领先战略往往很困难，因为成本领先要求规模经济，这是需要花费时间的；而差异化战略对新企业却十分重要，因为这是取得顾客认可的很好的方式。

2. 战略资源

企业目标的实现需要战略资源做后盾，战略资源对创业机会、创业能力及服务顾客的独特方式都存在很大约束，因此，商业模式必须展示企业的核心能力和关键资产的特征。

核心能力是企业战胜竞争对手的优势来源。它是创造产品或市场的独特技术或能力，对顾客的可感知利益有巨大贡献，并且难以模仿。企业的核心能力决定了企业从什么地方获得最大价值。

关键资产是企业拥有的稀缺的、有价值的事物，包括工厂和设备、位置、品牌、专利、顾客数据信息、高素质员工和独特的合作关系。作为新企业，应该注重如何创新性地构建这些资产，为顾客创造更高的价值。一项特别有价值的关键资产是企业的品牌。

3. 价值网络

企业一般不具备执行所有任务所需的资源，因此要与其他合作伙伴一起才能完成整个供应链中的各项活动，新企业尤其如此。

企业的合作伙伴网络包括供应商和其他伙伴。供应商是向其他企业提供零部件或服务的企业。传统意义上，企业把供应商看成竞争对手，需要某种零部件的生产商往往与多个供应商联系，以寻求最优价格。然而，过去20年里，经理们开始越来越多地关注供应链管理，因为它贯穿产品供应链的所有信息流、资金流和物资流。企业管理供应链的效率越高，其商业模式的运作效率也越高。

大企业与新企业在供应链管理方面面临不同的资源和能力条件。大企业先期良好的经营往

往给新事业开发积累了财务资源及信誉资本,这为与优秀企业展开合作提供了有力保障。而新企业由于受到较大的资源约束,也往往具有较小的抗风险能力,因而在寻求优秀企业加入和合作过程中面临较大的障碍。

4. 顾客界面

新企业针对特定的目标市场,构建友好的顾客界面是影响商业模式效果的重要因素。顾客界面是指企业如何适当地与顾客相互作用,以提供良好的顾客服务和支持,主要涉及顾客实现和支持与定价结构等方面。

顾客实现和支持描述的是企业产品或服务进入市场的方式,或如何送达顾客的方法,也指企业利用的渠道和提供的顾客支持水平。所有这些都将影响企业商业模式的形式与特征。

价格往往是顾客接受产品的首要因素之一,创业者必须使用合理的定价方法制定有效的价格。多数专家指出,新企业的价格结构必须符合顾客对产品或服务的价值认知,即顾客能够接受的价格是顾客愿意支付的价格,而不是在产品成本基础上一定比例的加成。

5. 顾客利益

顾客利益是连接核心战略与顾客界面的桥梁,代表着企业的战略实际能够为顾客创造的利益。企业的核心战略要充分显示为顾客服务的意图。

在构建顾客服务与支持系统以及进行产品定价时,也一定要考察这些是否与企业核心战略一致。一味追求产品低价的恶性竞争策略,显然没有真正从顾客受益的角度来考虑问题,同时不具有长期的战略意义。相反,如果企业提供了切实满足顾客需要的新奇产品或服务,索要远远高于产品生产成本的价格也是正确的竞争策略。因此,顾客利益是企业制定核心战略及构建顾客服务体系时必须遵守的原则,它涉及企业生存的根本。

6. 构造

构造是连接核心战略与战略资源的界面要素,主要指二者间的有效搭配关系。首先,战略资源是核心战略的基础,企业缺乏资源,难以制定和实施战略目标。企业产品和市场的选择必须紧紧围绕核心能力和关键资产,越来越多的证据表明,这样可以使企业受益。这主要是因为如果企业根据自身的核心能力和资源集中于价值链中较小的环节,较容易成为特定市场的专家,提供更高品质的产品和服务,为企业创造更高的利润。很多成功的创业企业在这方面做出了榜样。

核心战略要充分挖掘企业战略资源的优势,一方面这是创造更多企业价值的需要,另一方面这是有效构建竞争障碍的途径。企业通过关键资源的杠杆作用对已有模式的不断创新,将会使跟进者的模仿变得更加困难。

7. 企业边界

企业边界是连接企业战略资源与伙伴网络的界面,其内涵在于企业要根据所掌控的核心能力和关键资源来确定自身在整个价值链中的角色。传统的企业边界观点是建立在成本收益原则基础上的一种产品,是企业自己生产还是从市场购买取决于产品的边际成本,当产品的边际成本等于交易成本时即为企业的边界。而随着市场竞争的日益激烈,现代企业边界观点产生了,它把企业为什么存在及企业应该有多大的基础问题归为企业竞争能力的问题,其中企业的核心能力与关键资源决定了企业应该做什么。企业只有围绕其核心能力与关键资源开展业务才可能建立起竞争优势。尤其是新企业，创建之初往往面临较大的资源与能力的约束，集中于自己所长，是竞争成功的关键。

四、商业模式创新的逻辑与方法

(一) 商业模式创新的逻辑

成功的商业模式应当有其自身的逻辑系统，否则，不会出现在同一商业模式下运作的戴尔、阿里巴巴等商界巨头。成功商业模式的创新是商业模式与企业核心竞争优势相互耦合的过程，以客户价值主张为商业模式研究的基础；以"产业链系统(下游供应链、企业内部运营价值链、上游分销链、客户链)其他相关利益者链(包含企业治理结构关系、社会公共关系、企业宏观环境等)以及竞争链系统"组成的生态链系统作为商业模式创新的决策支撑；以强势企业文化构建作为商业模式创新执行的支持；产品与市场的创造作为成功商业模式的成果输出。

(1) 客户价值的研究是商业模式研究的基础，商业模式设计的根本目的是为客户体验创造新的价值，促使客户愿意为之买单。

任何商业模式都是为了持续优化客户在消费过程中的体验或是为客户创造新价值的体验(简单理解就是企业经常所说，持续为客户提供高效、优质的服务)，倘若能寻找到实现这种提升客户体验价值的途径，也就形成了商业模式创新的原型。需要指出的是，处于产业链不同位置的企业对于"客户"这一概念的理解不能太过狭隘，制造企业或品牌企业对其上游的分销商、最终产品或服务的消费者都应当视为客户，而不仅是终端消费者。例如，西南航空的低成本运作的商业模式，为客户提供高效的服务；Google 的关键字竞价服务；房地产行业的"地产＋游乐""地产＋运营"等商业模式，都是对客户价值的优化和创造。

(2) 组成商业模式创新的生态链系统是企业生存所必须面对的生态环境链，生态链系统的研究其实是一个完整的战略分析、决策的过程。

通过对客户价值的研究，可以得到商业模式的原型，为了使商业模式更加具有竞争力，就必须围绕企业经营的内、外部环境(由供应者、企业内部运营价值链、分销渠道、客户、其他相关利益者及竞争者组成的一组生态链系统)进行资源、能力的分析，从而确认生态链系统能否对客户价值主张进行很好的支持，最终确定生态链系统进行整合的方向。

分析生态链系统的关注点：①深入了解生态链系统中各相关者可获取的剩余价值；②与本企业优势资源能力相似的标杆企业(可跨行业选择)分析；③与客户价值主张的配比。通过上述分析，确认生态链系统整合的方式。

生态链系统内部整合主要有 4 种方式：①产业链的内部整合，是一种纵向整合的方式，即增加本企业产业链条的长度，其中与竞争链的整合，是一种横向整合的方式，即增加本企业的运作规模；②企业运营价值链内的整合，提升企业内部的运作效益；③企业运营价值链内相关环节直接跨产业整合资源，突破资源发展的瓶颈；④分步进行，有次序地整合，最终实现客户价值主张。

(3) 企业文化是一种软实力，是企业进行各类活动执行的支持系统。

一个缺少强势文化的企业，在创新商业模式的执行过程中，势必处处受阻。通常，成功的企业一定存在特定的文化，有时会隐含在企业日常的运作过程之中，此时，企业应当努力提炼自身的文化，以不断强化企业的正向文化，配合企业未来战略发展的需要，鼓励更多员工融合到组织中，以提高组织的整体执行效力。在进行商业模式的创新研究过程中，企业必须要持续性强化企业在过去取得成功的文化基因，并引入新的文化元素，以保证商业模式创新过程的顺利进行。

(二) 商业模式创新的方法

商业模式创新就是对企业基本经营方法进行变革。一般而言，商业模式创新有4种方法：改变收入模式、改变企业模式、改变产业模式和改变技术模式。

1. 改变收入模式

改变收入模式是改变一个企业的用户价值定义和相应的利润方程或收入模型。这就需要企业从确定用户的新需求入手。这并非市场营销范畴中的寻找用户新需求，而是从更宏观的层面重新定义用户需求，即深刻理解用户购买本企业的产品需要完成的任务或要实现的目标是什么。其实，用户要完成一项任务需要的不仅是产品，而且是一个解决方案。一旦确认了此解决方案，也就确定了新的用户价值定义，并可依此进行商业模式创新。

2. 改变企业模式

改变企业模式就是改变一个企业在产业链中的位置和充当的角色，也就是说，改变其价值定义中"造"和"买"的搭配，一部分由自身创造，其他由合作者提供。一般而言，企业的这种变化是通过垂直整合策略或出售及外包来实现的。

3. 改变产业模式

改变产业模式是最激进的一种商业模式创新，它要求企业重新定义本产业，进入或创造一个新产业。如国际商业机器公司通过推动智能星球计划和云计算，重新整合资源，进入新领域并创造新产业；如商业运营外包服务和综合商业变革服务等，力求成为企业总体商务运作的大管家。

4. 改变技术模式

正如产品创新往往是商业模式创新的最主要驱动力，技术变革也是如此。企业可以通过引进激进型技术来主导自身的商业模式创新，如当年众多企业利用互联网进行商业模式创新。当今，最具潜力的技术是云计算，它能提供诸多崭新的用户价值，从而提供企业进行商业模式创新的契机。

当然，无论采取何种方式，商业模式创新需要企业对自身的经营方式、用户需求、产业特征及宏观技术环境具有深刻的理解和洞察力。这才是成功进行商业模式创新的前提条件，也是最困难之处。

扩展阅读

"烧光"40亿后，全部都在"裸泳"

2017年7月，淘宝首家无人便利店开业，从此掀起了无人零售的狂潮。包括京东、苏宁在内，数不清的实体零售商和互联网创业团队纷纷卷入这个风口。

玩家和资本如过江之鲫，纷纷涌入这个赛道。叫得上名的有缤果盒子、F5未来店、Take GO等138家无人零售公司。

根据艾瑞咨询数据显示，截至2017年底，全国无人零售货架累计落地2.5万个，无人便利店累计落地200家，无人零售这个新风口全年共吸引总额超40亿元人民币投资，风头赛过共享单车。

然而风口来得快，去得更快。没有人预料到，当年秋风过后，只见一地鸡毛。

上海首批落地的缤果盒子无人便利店早在2017年9月便因耐不住高温而关闭。进入2018年后，它又相继曝出裁员、高管离职及业绩不达标等负面消息。

而另一家早在创立初期就被视为无人便利行业黑马的邻家便利，在2018年7月31日关闭了北京的160余家门店。公司宣布，由于月亏500万元，持续亏损，缺乏"造血"能力，已基本破产。

曾经被资本看好的无人货架，众多品牌更是像多米诺骨牌般倒下。2018年初，"GOGO小超"宣布停止运营，这是全国无人货架第一家倒闭的企业。

此后，猩便利裁去60%的BD人员；同年5月，七只考拉停止货架业务；同月，传果小美融资遭搁浅，工资发不出；6月，传哈米倒闭；10月，小闪科技申请破产清算……

至此，轰轰烈烈的无人零售模式基本宣布破产。

那么，杀死无人店的凶手究竟是谁？

无人零售风口打开后，数不清的企业一哄而上，无人便利店、无人货架等多种终端形态展开了激烈而无序的竞争。

为了抢占市场，无人店大举跑马圈地，而圈地又需要资本支撑，烧钱与变现之间的界限变得无限模糊。

从5000人的社区，到2000人，最后到500人的小地方，无人店进驻的社区人数标准一降再降。无人货架更是发展到只要公司有人，不管三七二十一就进去铺货柜。

入局者们从一线城市打到二线城市，再打到三四线城市，就差农村没有去了。在盲目扩张中，他们犯了和共享单车一样的错误。

历史总是惊人的相似，当资本寒冬到来时，无人零售随之迅速进入冰封中。

到目前为止，市面上所有无人店的本质仅仅是用人工智能取代收银员，补货、清洁、整理工作仍然需要人工，无法真正做到"无人"的程度。

这意味着无人店节省的充其量也就是收银员的成本，而这一块成本恰恰是零售业中最低的部分。

在一二线城市，收银员的工资也就是3000～4000元。而无人店却要安装和保养智能设备。例如，多个摄录镜头、自动识别装置等，并且利用人工智能和大数据建立一套完整的营运系统，这更加费钱。

而且，失去人工温度的冷冰冰店铺，消费者在尝鲜之后复购率非常低，这就造成了低坪效的怪圈。

以某无人店为例，月均营业额取中位数2万元，毛利25%为5000元，扣掉营运费用后基本没有任何盈利空间。

无人便利店之所以在短暂新鲜感过后一切归于平淡，很大程度上来说，是因为无人店只是一种概念店，并没有带来更好的购物体验，更无法改变顾客的消费习惯。

中国人从 2003 年淘宝创立开始，消费习惯渐渐转向网购，2018 年，全年网购规模接近 10 万亿元。

在网购摧枯拉朽之下，能够提供购物体验的实体店都变得少有人问津，更何况是短时间内兴起的无人便利店。到最后，无人店沦为一块科技试验田也就不足为奇了。

上述提到，一年之内有 138 家无人零售公司卷入风口。大多数中小型的初创企业一窝蜂涌入市场，扑通扑通跳下来，最后发现阿里和腾讯只是试一水就收手，而自己已泥足深陷，无力跳出。

以阿里首家无人超市为例，它仅仅是一家在淘宝造物节上存在了四天的快闪店，时间一到，便在线下彻底消失。再以腾讯无人店为例，它要么是开在园区的公司内部店，要么也是快闪店。这两家公司在无人店的探索上一直非常保守。

无人店注定是一场巨头间关于技术以及资金的长期博弈，那些中小型创业者避无可避成为商业模式探索过程中的牺牲品。

(资料来源：根据网络资料整理)

第五节　创业环境

导入案例 3-5

大学生创业项目从"制造"向"智造"转变

2016 年 10 月 12 日至 18 日，2016 年全国大众创业万众创新活动周甘肃分会场活动在兰州会展中心举行。采访中，记者发现这些创业典型在双创实践中有想法、敢创新，思维已从简单的"制造"向"智造"转变，已从简单的复制中走向了创新创造，一股朝气蓬勃的创新力量正推动着双创向更深的方向发展。

任梦尧，梦想着通过陶器发扬丝路文化

"丹霞陶，以张掖七彩丹霞色如渥丹、灿若明霞为设计灵感，因取材远离城市污染，制作工艺返璞归真……"刚上班 4 个月的应届大学生任梦尧热情地为顾客做着解说。

曾就读于西安工程大学视觉传达专业的任梦尧，从小就喜欢传统手工业，大学期间选择了自己喜欢的专业，也找了满意的工作。任梦尧告诉记者，机缘巧合，2015 年过年时的一个饭局，把对陶器、木器、漆器拥有浓厚兴趣的 7 个人聚到了一起，牧野西风文创工作室创立了。任梦尧是工作室的工艺总监，主管陶器的艺术设计工作。

"木头太硬自己的设备锯不动、木料纤维大、张掖气候干旱常会碰到木料开裂情况、禁止柴窑烧制"，一个个的困难被任梦尧和他的团队攻克了。任梦尧说，张掖是丝绸之路的重要站点，丝路文化中的酒文化和肃南地区的饮食文化给他在器型设计上提供了不少灵感，做泥、拉坯、晾坯、烧制、晾窑的每一个环节都遵从着古法，没有添加任何化学药剂，他希望通过自己的陶艺作品使丝路文化被更多的人所熟知。

任梦尧告诉记者，他的团队正处于前期投资阶段，只要团队有好的创作氛围，盈利就不是问题。任梦尧说，本次参展的工艺品得到了顾客和投资商的认可，纷纷表示要和他们合作。

李茂宏，"薯泥"将有望代替方便面

马铃薯作为甘肃人餐桌前的美味，薯条、薯片也是再平常不过的东西，可是用"薯泥"来代替方便面，你会相信吗？这就是甘肃农业大学水土保持与荒漠化防治班大二学生李茂宏和他的团队的创业梦想。

李茂宏告诉记者："马铃薯含有大量碳水化合物，同时含有蛋白质、磷、钙等矿物质，薯泥具有绿色、健康、全营养、低脂肪、方便食用等特性，若全面推广开来，有望代替方便面在人们心目中的位置。从2013年起，老师就带领学生做薯泥的加工选育工作了。"薯泥的制作要经过去皮、蒸煮、烘干、冷冻、打磨等多个环节，刚开始他的薯泥包装设计出来时被同学们戏称为"茶叶"。他和小伙伴们经过多次尝试后才保障了产品的适口性和包装的美观度，为了能参加省"双创"周的成果展，团队的核心成员和指导老师全部放弃了国庆休假的机会，埋头在实验室里做薯泥的定型研究工作。

本次成果展，李茂宏的"薯泥"产品得到了消费者的广泛关注，李茂宏笑称自己的人生终于找到了方向。接下来他将在老师的协助下和团队成员一起把薯泥品牌打出去，做线上线下的多渠道销售，争取使"薯泥"代替方便面。

张栋，足不出户纸上种菜

在传统印象里，生活在都市的人们想要过把种菜瘾非得去郊区不可。张栋和他的团队成员们改变了传统种菜模式，让人们足不出户，就能在纸上种菜。这既能体验种菜的乐趣，又兼顾亲子教育、景观欣赏和空气净化作用。

张栋介绍说，现代农业、食品安全正成为人们日益关注的焦点，怎样才能让顾客既体验到种菜的乐趣，又能兼顾其他功能，这是他打造中仁亲子菜园项目的初衷。他从2015年10月份开始做市场调研，自己设计种植盘、选种子、做包装，从泡种、播种、催芽、管理到采收大概需要8到10天的时间，实验成功后便在微信朋友圈推广，铺纸和盖纸是最为讲究的，对湿度、温度和光照条件的要求比较严苛。目前，团队可以保证成功率在98%以上，共开发出了亲子体验套装、家庭套装、豪华套装三款类型，价格为49~198元，通过微信、电话做免费指导，出了问题会免费送种子。

经过不懈努力，他的亲子菜园赢得了不错的市场口碑，"最近生意很火，仅靠微信朋友圈做销售已经不能满足市场需求。"张栋激动地告诉记者，他的公司也于2016年6月6日正式注册，实体店也即将开业。

张栋说，正是他自己跑销售的经历，使他从麦草籽、苜蓿籽、荞麦籽等这些被称为绿色血液、食物之父、糖尿病杀手的小种子中看到了创业的商机。下一步团队将通过免费教小学生、家长种菜等亲子活动来让人们体会大自然，享受幸福生活，并且尝试建立可持续发展的商业模式，把公司做大做强。

创业导师、中国演讲与口才协会副会长丁建明在兰州市第二届大学生创业论坛发表演讲时指出："在大众创业、万众创新的时代，每个人都是潜力股，我们的装备制造业正在从'中国制造'向'中国智造'转型，很多行业都在向中国创造转型，作为大学生创业者，其核心竞争力显然是创新。如果选择了创业路，那就要在创新路上一路走下去，这样才能赢在未来！"

(资料来源：根据网络资料整理)

一、了解创业环境

创业环境是一系列概念的集合体,是各种因素综合的结果,正确认识和了解创业环境是进行创业的前提。通常采用 PEST、SWOT 及五力模型来对创业项目所在区域的环境因素进行分析。下面主要针对总体创业环境进行探讨。

不同学者对于如何评价创业环境有着不同见解。Gnyawali&Foge(1994)提出,创业环境要素包括政府政策和工作程序、社会经济条件、创业和管理技能、创业的资金支持以及对创业的非资金支持。Bloodgood(1995)把创业环境要素分为家庭和社会支持系统、财政来源、人才、顾客、当地社区政府机构等。Gartner(1995)认为创业环境由资源的可获得性、周边的大学及科研机构、政府的干预及人们的创业态度等因素组成。GEM(全球创业观察)(2003)中提到,创业环境要素由金融支持、政府政策、政府项目和支持、教育与培训、研究开发与转移、商业环境和专业基础设施、进入壁垒、有形基础设施、文化与社会规范等组成。张玉利(2004)提到,创业环境要素由政府政策和工作程序、社会经济条件、创业和管理技能以及金融与非金融支持等组成。段利民(2010)则认为,创业环境要素应由经济、技术、产业、金融、服务、法制和地理组成。

就目前研究来看,对于创业环境的研究中,大家接受度较高的是 GEM(全球创业观察)模型中对环境要素的划分。GEM 认为它主要包括以下 9 个方面,如图3-1 所示。

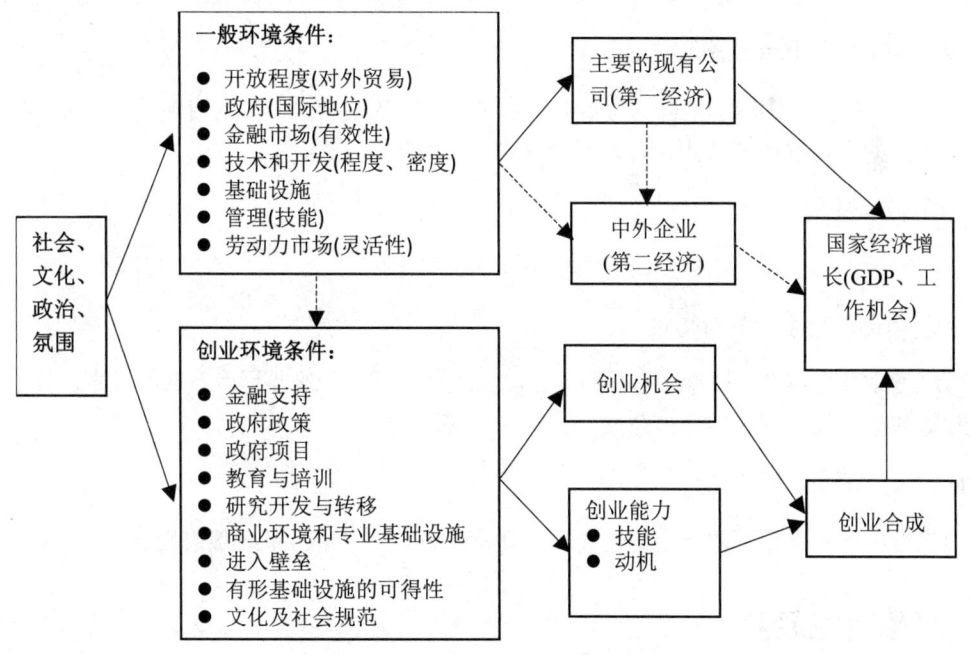

图3-1　GEM(全球创业观察)模型

(一) 金融支持

该维度反映创业者可从各个融资渠道获得金融支持的程度。完善和有利的金融环境能为创业者的"启动资金难题"提供解决方案,多层次的融资渠道和低位的融资成本,会让创业者赢在起跑线上。

(二) 政府政策

该维度反映地方政府为了扶持新兴企业的发展而颁布的各种创业政策及优惠条件。一方面，优秀的创业政策能为创业者提供创业技术指导、创业咨询服务以及初创期的扶持；另一方面，不完善的政策也可能会压缩创业者生存空间，制约市场活力。

(三) 政府项目

该维度反映当地政府项目获得的难易程度以及政府对新兴企业申请创业项目服务的能力、及时性与有效性等。政府项目是政府政策的具体化，不仅包括政府提供的资金和政策支持的项目，还包括政府为创业提供服务、支持和帮助的组织项目。

(四) 教育与培训

该维度主要反映国家和地区创业教育和创业培训的可获得性及完善程度，这是创业者能否有效识别和把握创业机会，将创业活动顺利开展的基础。

(五) 研究开发与转移

该维度主要反映国家和地区对于科研的支持力度，科技成果转化配套机制是否完善，以及新创企业的核心技术能力的可得性等。研发成果的市场转化过程是否顺利，关系到创业研发和研发后续生产力的效率和水平，也能反映出市场中创业机会的体量。

(六) 商业环境和专业基础设施

该维度主要反映国家和地区的市场监管水平、交易的便利性及市场自由度等商业环境，以及针对企业的各种服务如法律、咨询和会计等是否完善及可得。

(七) 进入壁垒

该维度用于衡量市场结构及政府对于市场的监管程度等。

(八) 有形基础设施的可得性

该维度主要考察有形资源和自然资源，以及原材料获得的难易程度及获取成本，其中有形基础设施包括土地、网络通信、公共交通、物流等。

(九) 文化及社会规范

该维度用于考察现存的社会文化和社会规范及公众对待创业的一般态度。

二、熟悉行业趋势

在创业时选择行业，就如同航行时选择方向，如果选对了行业，就可能顺风顺水，搭上行业的便车快速发展，反之，就如逆水行舟，难以发展壮大。选对行业领域对就业者来说无疑是很重要的，它关系到一个人的职业生涯，对创业者而言更是如此。

(一) 行业生命周期

作为创业者，我们可以从行业生命周期的角度，关注当下经济热点，从而对其发展趋势获得一般性的了解。行业的生命周期主要包括4个发展阶段：幼稚期、成长期、成熟期和衰退期，如表3-4所示。我们可以从市场增长率、需求增长率、产品品种、竞争者数量、进入壁垒及退出壁垒、技术变革、用户购买行为等方面对其所处的生命周期做出判断，然后根据我们自身的创业实际做出选择。

表3-4 行业生命周期

幼稚期	成长期	成熟期	衰退期
典型例子： 人工智能、5G	典型例子：新能源汽车、可穿戴设备、物联网	典型例子： 智能机、大数据	典型例子： 非智能手机
市场需求不大，大众对产品缺乏认识	市场需求逐步扩大，产品逐渐被大众认识和接受	产品逐渐成熟，市场也趋于饱和，买方市场出现，行业增长速度降低	大量替代产品出现，市场需求逐渐减少
企业的销售收入较低，亏损的可能性较大，市场存在较大风险	企业销售收入迅速增长，初期可能处于亏损或微利状态，然后利润快速增长	市场竞争趋于垄断或相对垄断，少数大企业分享高额利润	企业的销售收入不断下降，利润水平停滞不前或下降
风险投资往往青睐于这一时期的初创企业	出于占领市场的目的，这一时期对投资的需求非常强烈	对投资的需求不大	市场风险大，不适合投资进入

(二) 抓住消费者痛点

作为创业者，我们需要发掘消费者的真实需求和痛点，并以满足消费者需求，去除消费者痛点为出发点，找到创业机会及对应的行业。如何抓住消费者痛点考验的是创业者敏锐的观察能力和判断能力，我们需要带着同理心在平时和创业实践中不断加强自己的观察能力，以更好地把握和满足顾客的需求。

任何一项好的产品或服务一定能从达成任务、去除痛点、去除疑虑和获得附加价值这4个方面帮助用户，并带给用户好的体验，如图3-2所示。

达成任务(task)——帮助用户达成某种任务。任何一个机会都应对应一项任务的达成，这代表着我们即将做的事是有用的。这个任务可能是功能层面的，也可能是社交层面的。

去除痛点(pain)——帮用户去除了某种痛点。帮用户去掉他在使用过程中不想要的；或者在使用和操作过程中由于知识和技术的限制有障碍的。

去除疑虑(concern)——疑虑。帮用户去除在使用或体验某项产品或服务过程中产生的担心和担忧。

获得附加值(value-added)——附加价值。为用户提供产品或服务主要功能以外的附加价值，让用户在使用或体验的过程中有更多额外收获。

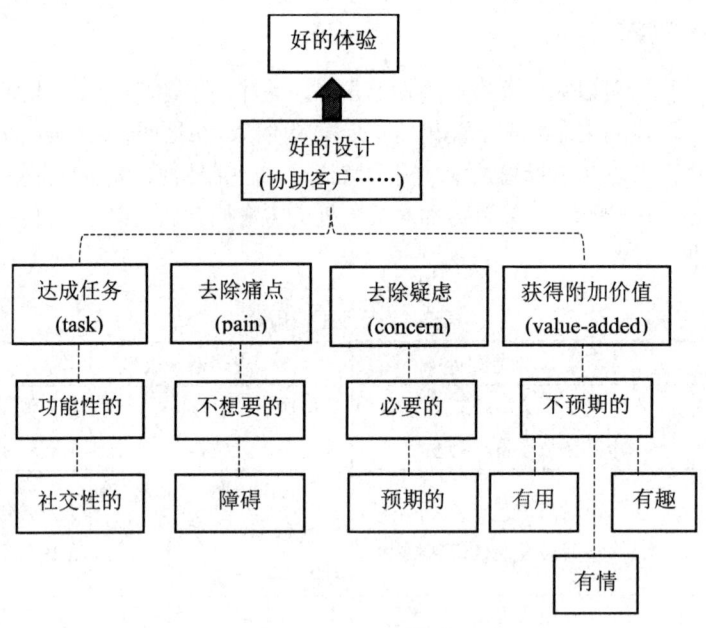

图3-2　T-P-C-V模型

案例 3-6

苏州"90后"职校生创业 目前公司估值上亿

在校创业时获利百万，公司估值上亿，其团队运作的微信界面访客量已突破5亿……这些标签都属于满欣网络科技有限公司CEO刘欣。更令人称奇的是，刘欣生于1991年，取得这些成绩时他从苏州工业园区服务外包职业学院毕业还不满两年，互联网创业界称他为"低调的'90后'大神"。刘欣返回母校与学弟学妹们分享创业经，妙语连珠，令人不得不感叹这位年轻小伙子的创新思维能力。

出售自营网站掘得第一桶金，大学时靠创业所得买车买房

2010年，刘欣在老家南通读高三时就开始互联网创业。那时他正准备艺考，但在网络上没有找到一个界面好看的美术高考网站，于是他决定自己来做。完全依靠自学和创意，刘欣的网站成功运转，最后以5000元出售，他也掘得了第一桶金。

入读苏州工业园区服务外包职业学院后，他更是自己运营着大大小小数十个网站。老师们得知他的创业计划后，也都表示了支持。学校的创业园成了他的第一间办公室，刘欣开始发展同学加入他的团队。网页热潮渐衰时，他抓住了移动互联网的契机，与团队成员一起"玩转"微博、微信。大学期间，刘欣团队的主要盈利模式是售卖他们打造的网站、经营电商。大二时，他便买了汽车，临近毕业时，他和伙伴们靠创业所得都买上了房子。

团队被誉为"微信公众号之王"，粉丝总数达数百万

2014年，毕业后的刘欣没有停止创业的脚步，他和同学一起去了北京，他们的团队通过百度贴吧、QQ群等方式，用落地的技巧低成本引流，吸引粉丝，同时开发搜索工具，每天从大量公众号提取最受欢迎的文章，或模仿或转载，保证粉丝的留存率。

2015年，刘欣在中关村成立满欣网络科技有限公司，同年又在上海设立了分公司。提到满欣公司，人们可能并不熟悉，但提到"摇一摇新年签""关注看答案"等微信朋友圈应用，想必大家都不陌生。刘欣的团队被誉为"微信公众号之王"，创造了数个社交网络服务经典案例、微信最新界面的传播神话。

很快，刘欣意识到微信公众号的流量红利期已经结束，内容变得越来越重要。于是，他把精力主要放在原创新媒体报道上，面向细分、专业的客户群，提供优质信息服务。刘欣团队运营着40多个微信公众号，粉丝总数达数百万，一直处于盈利状态，其中发展得最好的一个公众号每天推送的头条阅读量在10万以上。

互联网是成就梦想的地方，大学生要自信更要有跨界精神

刘欣回到苏州工业园区服务外包职业学院，向母校汇报他的创业进展，并向学弟学妹传授创业经验。刘欣感慨，互联网是一个能够成就梦想的地方，移动互联网创业大有可为，随着支付手段的成熟，互联网消费市场越来越稳定，而且现在有大量的资本愿意帮助年轻人创业。他说："互联网行业是属于年轻一代的，资本方需要年轻人的创意。"他鼓励创业的大学生们保持自信，更要有跨界精神，融合多领域技能优势，从力所能及的事情做起。

刘欣透露，他的团队已经开始转战微信群创业，即打造用户精细化区分的微信群，推送产品和服务。"靠广告盈利是传统媒体的思路，我们新媒体要通过产品和服务变现。"他直言不讳道。

(资料来源：根据网络资料整理)

(三) 互联网思维时代

"互联网+"时代的到来催生了"互联网思维"的形成，它是指在(移动)互联网、大数据、云计算等科技不断发展的背景下，市场、用户、产品、企业价值链乃至整个商业生态进行重新审视的思考方式。这种思维会融入产品、生产、服务、销售、战略及商业模式设计等各个环节。

用户思维——互联网思维的核心是用户，因此如何站在用户的角度考虑产品和服务的创新、定价及商业模式的构建等问题，以充分发掘消费者的洞见，从而在创业初期和创业过程中都获得消费者的投票是创业者需要考虑的问题。

跨界思维——这种思维方式有利于创业者通过互联网技术与平台，延伸或重构了旧有的商业模式的产业边界，拓展产品与服务的商业价值，获取核心竞争力。

迭代思维——我们应该意识到，在互联网的辅助下研发和创新过程的信息不对称性在逐步降低。同时，物联网条件下企业高度竞争以对客户需求的持续挖掘也加深了用户的需求多样化和个性化。因此，我们应该更加关注新产品和服务对旧产品和服务的持续迭代，从而在快速迭代的过程中持续地、动态地发现机会。

社会化思维——互联网强调人与人之间的互动，无论是信息的传递、关系的建立还是口碑的建立，多依赖于人与人之间通过有趣又有情的互动获得的体验。通过每个用户在互动过程中形成的正向价值反馈，从而在整个社会层面产生外溢效应。因此，我们应当关注人与人的互动和联结方式，有效利用互联网的社会化效应开展创业活动。

基于互联网思维，"互联网+"的内涵越来越丰富。作为新时代的创业者，我们应认识到"互联网+"并不是简单的叠加互联网产业和其他产业，而是要通过信息通信技术及互联网平台，让互联网与传统行业进行深度融合，创造出新的发展生态，如表3-5所示。

表3-5 "互联网+"与传统领域的结合

互联网+传统领域	典型案例	基本描述
互联网+通信	微信	智能终端即时通信与免费应用服务，实现即时通信，人际互联
互联网+零售	淘宝	网络零售、商圈、购物平台，以电子商务推动B2B、B2C、C2C、O2O等模式
互联网+家电	海尔U+智能家居开放平台	物联网时代生活家居解决方案的一站式平台，实现客户需求导向，产品与服务模块化，平台提供一体化解决方案，产品、服务、供应商、客户体验等资源汇聚
互联网+教育	MOOC(慕课)	全球在线课程学习平台，实现在线教育与学分认可、全球知识与教学资源整合
互联网+交通	滴滴	即时用车软件，提供安全、舒适、便捷的城市交通服务，实现高用户体验，共享经济，优化资源配置

三、积累创业资源

创业者与资源的关系就好比厨师与他的食材和工具的关系，所谓"巧妇难为无米之炊"，如果不能有效获取到创业所需的资源，创业机会就只是天马行空的想象，对于创业者而言没有任何意义。柯兹纳和卡森认为，创业机会从本质上说就是部分创业者能够发现并识别出特定资源的价值，而其他人不能。所以我们常常看到同样的产品(服务)或经营模式，有的人能采取行动去获取利益，而有的人则视而不见，或者见而不行。对于后者而言，往往是由于缺乏必要的创业资源，或者没有有效地对创业资源进行整合。

创业资源与创业环境中的政策、资金、信息、管理、人才与技术等各个要素的联系是异常紧密的(本书后序章节将做详细介绍)，这些创业资源通常具有显性特征。但是相比国外，在中国这样一个讲究人情往来的国家，隐性创业资源在创业者的创业活动中也会起到至关重要的作用。

这些创业资源在中国会以一种群体结合的方式呈现，包括五缘——血缘、姻缘、地缘、业缘和情缘。正如罗家德在《中国人的信任游戏》中所说："中国人以自我为中心建立的信任网络中，所谓的人脉有三个基础：一是建立在血缘、结亲与结拜行为之上的家人连带；二是建立在人情交换与人情账之上的熟人连带；三是有社会交换内涵的弱连带或建立在相互为利信任理论上的工具性交换关系。这些关系又构成了一个差序格局的关系网络，虽深浅不同，但可能在动态中加以改变。"

中国的创业者在创业的初期以及创业过程中都无法忽视"五缘"资源的作用，因为这些隐性资源能最终整合成为身份资源、平台资源、政府资源和渠道资源。

对于大学生而言，创业所需要的资源很多。但是资源的多少并不是创业成败的决定性因素，获取资源的能力才是对大学生创业的考验。看上去大学生创业几乎是"一穷二白"，但事实上并非如此。学生时期就是锻炼自己、拓展资源能力的最佳时期。如果立下了创业的决心，就必须时刻关注创业的资源，并积极锻炼自己获取资源的能力，逐渐积累"五缘"。

四、知识经济发展与创业

(一) 知识经济

1. 知识经济的定义和内涵

知识经济是指建立在知识和信息生产、分配、使用基础上的经济。它是和农业经济、工业经济相对应的一个概念。知识经济的本质是创造性的脑力劳动，其核心是知识生产，创新是知识经济发展的动力，教育、文化和研究开发是知识经济的先导产业，教育和研究开发是知识经济时代最主要的部门，知识和高素质的人力资源是知识经济中最为重要的资源，同时，知识经济是新的信息革命导致知识共享以高效率产生新知识时代的产物。

知识经济概念中的以知识为基础，是相对于"以物质为基础的"工业经济和农业经济而言的。这些经济体制当然也离不开知识的指引，但更依赖能源、劳动力和原材料。知识经济是人类经验和科技知识发展到一定阶段的产物，必然会更大程度地拉动经济的增长，推动社会的可持续发展。

2. 知识经济的特点

知识经济的特点表现在以下 4 个方面。

(1) 知识经济以无形资产投入为主，知识、智力等无形资产的投入起决定作用。

(2) 知识经济是世界经济一体化背景下的经济，经济全球化和世界大市场是知识经济持续增长的重要因素。

(3) 知识经济是促进人与自然协调、持续发展的经济，它的指导思想是科学、合理、综合、高效地利用现有资源，开发尚未利用的资源来替代稀缺的自然资源。

(4) 知识经济是以知识决策为导向的经济，科学决策的宏观调控作用日益增强。

3. 知识经济的时代意义

知识经济主要是以知识为基础的经济，同以能源、资本、劳动力为物质基础的经济不同。知识经济是经济全球化和世界经济一体化的产物，随着世界经济一体化进程的加快，现行经济的增长越来越依赖于知识含量的增长，以知识为基础的各种生产要素已经成为所有创造价值中最重要的生产要素。

知识经济不但通过知识在生产中的核心作用来表明自身的存在，而且以信息产业为代表的主导经济增长的知识性产业已经形成。众所周知，知识对现代经济增长起基础性作用，是继自然经济、工业经济在人类财富创造形式上的崭新时代。我们称之为知识经济的，就必须使这种称谓有相应的经济学理论基础。这需要一个切入点，而这个切入点则需要得以论证。

(二) 知识经济下大学生的创业模式

在知识经济的大背景下，大学生的创业模式可分为以下 4 种。

1. 技术依赖模式

技术依赖模式是指大学生通过以技术、专利或其他智力成果做资产估价，吸引有眼光的公司提供风险投资基金来创建企业以从事创业活动的创业组织模式。

通过这种模式创业需要目标公司愿意提供风险投资基金，只有这样才能将大学生的技术、专利或其他智力成果应用于实践。技术依赖模式需要具有领导管理能力与统筹计划能力，同时个人要有优秀的产品和创业理念，能够获得投资者的信赖，知识资本和技术能够经得起市场竞争的检验。因此，这种创业模式主要集中于生物技术、电子信息、高科技农业等技术含量高、知识密集型的行业。这种模式是技术与风险资金的结合，不确定性程度高，风险大。

2. 公司依附模式

公司依附模式是指大学生依托公司，借助公司庞大的公司客户关系网，将公司客源当作自己创业企业的客户壮大自己业务量，利用企业内部创业的机会来实现自己创业理想的一种模式。

在公司依附模式下，公司和个人通过建立协作关系，拓展自身市场。大学生首先要充分利用好公司或企业的平台资源，注重人脉资源和其他资源的积累，尝试利用现有的平台资源为自己将来的创业活动服务，要按步骤地完成自己的初步设想，等创业活动的各方面条件成熟以后，再开创自己的事业。

3. 公司组建模式

公司组建模式是指大学生根据自己新颖的构想和创意，以股份形式合资从事创业活动的创业组织模式。

这种模式主要集中在网络、装饰、艺术、教育培训、行政服务等行业，这些行业利用创业者好的创意和设想能够在同一领域的企业中标新立异，迅速抢占市场先机。创业的资金需求量较多，创业者可以在政策范围内小额贷款，或者通过有创造性的知识资本或技术来吸引大公司的股权形式的资金注入，也可以吸引有眼光的公司提供风险投资基金，组织管理上个人独资、合伙、股份公司均可。

学生必须具备扎实的知识功底，有一定的专业基础，最好是复合型人才或者拥有一支优秀的创业团队，对公司的生产和管理方面都很了解。这种创业模式对于扩大就业，建设创新型国家等都具有很大作用。

4. 市场挖掘模式

市场挖掘模式指大学生个人或多人通过挖掘市场，分析市场潜力，创办小型企业来从事创业活动的创业组织模式。

这种模式需要创业大学生具备一定的市场敏感性，深入了解市场，同时要有较强的沟通能力，了解大学生市场的需求，选择的行业主要是科技含量比较低的服务行业。

案例 3-7

职业技能大赛提升就业能力

丁斌龙是浙江机电职业技术学院 2009 届机械制造与自动化专业的毕业生，在获得浙江省第五届大学生机械设计大赛一等奖之后，宁波交通集团公司看中他在机械结构设计上的创新性、对制图软件的熟练掌握以及良好的团队合作精神，安排他在公司顶岗实习。在他准备参加全国机械设计大赛时，公司全力支持他，并承诺从 2008 年 7 月开始支付给他 1200 元/月的基本工资，直到他正式上班。在其他同学都忙于奔赴招聘会寻找工作单位的时候，他已经是公司总工助理，工资也达到了 3000 元/月。

浙江机电职业技术学院 2008 届 CAD/CAM 专业毕业生刘旭峰，在大家在纷纷寻找就业单位时，他已经是单位的骨干了。因为早在 2007 年 5 月，他拿着第三届机械创新设计大赛一等奖的证书去找工学结合实习单位的时候，用人单位二话不说就留下了他，并与他签订了合同。

2005 年全国模具竞赛金奖获得者吕建根毕业一年后就被台州一家模塑公司聘为负责技术的副总经理。

分析：像他们这样在各类技能竞赛中获奖的学生有很多，在技能竞赛的磨砺下，他们有了比别人更受用人单位青睐的砝码和扎实的专业技能。据浙江机电职业技术学院跟踪调查，仅是在机械设计大赛中获奖的 97 人中，就有近 80%的毕业生毕业后从事设计和技术处理工作。

(资料来源：黄道平，华坚. 创新、创业与就业[M]. 2 版. 北京：机械工业出版社，2017.)

第四章

创业资源与创业融资

创新榜样

任正非

任正非，1944年10月25日出生于贵州省镇宁县，华为技术有限公司创始人、总裁。

创立初期——两万元的神话

1987年，43岁的退役解放军团级干部任正非，与几个志同道合的中年人，以凑来的两万元人民币创立了华为公司。

创立初期，华为靠代理中国香港地区某公司的程控交换机获得了第一桶金。此时，国内在程控交换机技术上基本是空白的，任正非意识到了这项技术的重要性，他将华为的所有资金投入研制自有技术中。1992年任正非孤注一掷投入C&C08交换机的研发。1993年末，C&C08交换机终于研发成功。由于其价格比国外同类产品低三分之二，因此C&C08交换机奠定了华为适度领先的技术基础，成为华为日后傲视同业的一大资本。

"农村包围城市"的销售战略

1995年华为公司销售额达15亿元人民币，主要来自中国农村市场。当时，国际电信巨头大部分已经进入中国，盘踞在各个省市多年，华为要与这些拥有雄厚财力、先进技术的百年企业直接交火，未免是以卵击石。

熟读毛泽东著作的任正非，选择了一条后来被称为"农村包围城市"的销售策略——华为先占领国际电信巨头没有能力深入的广大农村市场，步步为营，最后占领城市。电信设备制造是对售后服务要求很高的行业，售后服务要花费大量人力、物力。当时，国际电信巨头的分支机构最多只设立到省会城市及沿海的重点城市，无暇顾及广大农村市场，而这正是华为这种本土企业的优势所在。另外，由于农村市场购买力有限，即使国外产品大幅降价，也与农村市场的要求有段距离，因此，国际电信巨头基本放弃了农村市场。

事实证明，这个战略不仅使华为避免了被国际电信巨头扼杀，更让华为获得了长足发展，培养了一支精良的营销队伍,成长起来一个研发团队,积蓄了"打城市战"的资本。

"削足适履"的大变革

在卖设备的过程中,任正非看到了中国电信对程控交换机的渴望,同时也看到整个市场被跨国公司所把持的问题。

军人出身的任正非似乎天生具有比一般人更加强烈的爱国热情和保卫领土的敏感和决心,而他在那个时候能够认识到"技术是企业的根本",便从此和"代理商"这个身份告别,踏上了企业家的道路。

1997年,任正非走访了美国IBM等一批著名高科技公司,所见所闻让他大为震撼——他第一次那么近距离、那么清晰地看到了华为与这些国际巨头的差距。任正非回到华为后不久,一场持续五年的变革大幕开启,华为进入了全面学习西方经验、反思自身、提升内部管理的阶段。这个"削足适履"的痛苦过程为华为国际化做了充分准备。于是在这一年,华为推出了无线GSM解决方案,并于1998年将市场拓展到中国的主要城市。

进军国际市场

在国内市场依靠"从农村包围城市"的传统军事战略站稳脚跟之后,任正非很快认识到,将来不会有仅仅依靠区域市场生存的电信设备商,所有的电信设备商都必须是国际标准化的。从1996年,华为就开始了国际化布局。他也知道在那个时候,华为在国际市场上就是一个彻头彻尾的nobody(无名小卒),一切都要从零开始,而从艰难生活走过来的任正非,在这件事情上愿意大手笔地投入。从1996年到2000年,华为以疯狂参加国际电信展的方式给自己制造品牌和知名度。它还推出"东方丝绸之路""东方快车"等品牌计划让国际客户来熟悉的华为。

1997年任正非参观美国IBM之后,意识到华为与国际一流企业在管理上的差距,决定要向IBM学习。1998年,华为与IBM合作项目"IT策略与规划"正式启动,内容是规划和设计华为未来3到5年需要开展的业务流程和所需的IT支持系统,包括集成产品开发、集成供应链、IT系统重整和财务四统一等8个项目。为此,仅顾问费一项,华为的投入每年就在5000万美元,再加上其他费用,华为为了业务流程变革所付出的代价,高达10亿元人民币。

但是,这成为华为后来在国际化道路上能够走得顺利的基础。做了品牌国际化和管理国际化两手准备之后,华为的国际化扩张道路才算真正进入跑道,而这一起跑,就是加速度的。到2008年,华为取得了233亿美元的合计销售额,其中海外销售占比达75%,与此同时,华为2008年全年纳税总额高达120亿元人民币。2004—2008年,华为合计销售额从56亿美元快速上升至233亿美元,海外销售占比从43%上升至75%,年均增速高于40%。1994年,任正非说了一句志怀高远的话,他说:"将来电信设备市场会三分天下,西门子、阿尔卡特和华为。"他没有说将来有多远,不过到2009年,华为在爱立信、诺基亚-西门子和阿尔卡特朗讯之后,名列世界第四大电信设备制造商。而曾经创造辉煌业绩的北电已经申请破产保护,摩托罗拉也岌岌可危,市场份额下滑到只有4%。直至2015年,华为4G网络的市场份额已经世界第一,华为手机的市场份额已经世界第三,仅次于苹果和三星。

所获荣誉

2003年,任正非荣膺网民评选的"2003年中国IT十大上升人物"。

2011年,任正非以11亿美元首次进入福布斯富豪榜,排名全球第1056名,中国第92名。

2012年，《财富》中国最具影响力的50位商界领袖排行榜，任正非位居第一。

2013年，《财富》中国最具影响力的商界领袖榜单，任正非位列第一。

2005年和2013年，任正非两次登上美国《时代》杂志全球一百位最具影响力人物。

2015年2月11日，任正非荣获人民网主办的"2014中国互联网年度人物"称号。

(资料来源：李伟，张世辉，李长智. 创新创业教程[M]. 北京：清华大学出版社，2015.)

互动游戏

请数一数，该图中有多少个正方形？

提示： 尽量突破条条框框的限制。

问： 下面由十条相等线段组成的图形，总共有多少个正方形？要求：迅速作答，越快越好，可以补答。

讲师： 将学员所答答案全部依次记下，反复询问是否还有新的答案。

学员一般反应： 从20个到30个均有答案，正确答案：设定最小正方形边为1，则：边长为1的有16；边长为2的有9；边长为3的有4；边长为4的有1；总数则为30个。

结论一： 每个人看同样一件事物的深度是不同的，人需要认识到自己的局限性。

结论二： 人需要尽力挖掘自己所拥有的资源，不要只停留在表面。

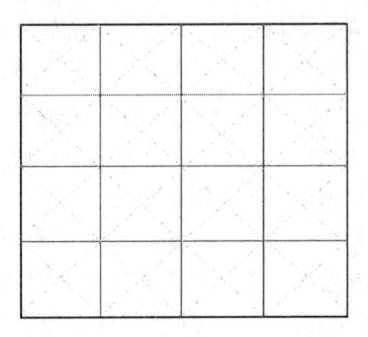

第一节 创业资源概述

导入案例 4-1

资源整合：联合创新、跨界互补、注入动力

工业和信息化部、国家发展改革委、财政部和国资委于2018年印发《促进大中小企业融通发展三年行动计划》，鼓励大中小企业创新组织模式、重构创新模式、变革生产模式、优化商业模式，进一步推动大中小企业融通发展。

当前，我国企业的创新模式正从单打独斗走向众创、共创、广域协同，资源整合从产业链整合走向跨行业、跨界融合互补，大中小企业不再是独立割裂的个体，而是以创新创业为纽带紧密地联结在一起。大企业向中小企业开放资源、共享能力，以数据和资源赋能中小企业；中小企业在新的产业形态下实现快速迭代，创新成果通过创新链、供应链、数据链回流大企业，为大企业注入活力。

《行动计划》提出，用3年时间，总结推广一批融通发展模式，引领制造业融通发展迈上新台阶；支持不少于50个实体园区打造大中小企业融通发展特色载体；培育600家专精特新"小巨人"和一批制造业单项冠军企业。业内专家认为，结合当前在高端装备制造业、互联网企业，以及一些产业园区中萌生的大型企业和中小企业之间创新协同、产能共享、供应链互通、品牌互动的融通发展趋势，《行动计划》重点挖掘和推广围绕供应链协同的纵向融通发展，将为企业和地方开展工作提供指导和借鉴。

跨界成为近年来的热门词汇，跨界联名充分整合线上线下资源，构建全方位、多维度的营销体系，极大地提升了品牌曝光度和市场渗透率。

1. 瑞幸+茅台，现象级联名掀起"酱香"风潮

瑞幸和茅台的联名，火爆到在全行业掀起一股"酱香热"，酱香拿铁之后，各类"酱香××"刷屏社交网络。这是怎样的魔力？

一是强强联合，制造1+1>2的效果。一个是咖啡界的"老大"，一个是白酒界的"一哥"，两者的联名自带天然流量。

二是通过极致反差感，吸引猎奇目光。一个是让人"醒"的咖啡，一个是催人"醉"的白酒；一个新消费代表品牌，一个知名老字号，这种极致的反差感，是联名营销吸引关注的杀手锏。

三是联动话题营销，卷起翻倍流量。跟随"酱香拿铁"一起引发热议的还有"喝酱香拿铁能不能开车"；"消费者瑞幸门口怒砸酱香拿铁"等话题，在引发广泛讨论的同时进一步提升了联名的舆论热度。

2. 好利来+芭比，色彩营销切中主流消费群体的"少女心"

从多巴胺到美拉德，色彩从来都是屡用不爽的流量密码。今年的餐饮界，在喜茶的"喜悦黄"之外，还有好利来的"芭比粉"值得一提。

此次的设计，好利来非常的大胆，不仅在色彩上使用大片的"芭比粉"，而且在甜品造型上复刻芭比的多个元素，从单品来看就足以惊艳。当它们被摆在一起时，更是超级吸睛的存在。

(资料来源：根据网络资料整理)

知识要点：
创业资源种类、创业资源的整合和创业资源的获取。

学习目标：
1. 了解创业资源类型；
2. 了解可以通过哪些途径获取相应的创业资源；
3. 了解有哪些因素会影响创业资源的获取。

4.1 创业资源概述

一、创业与创业资源

(一) 创业资源的定义

从广义上看,创业资源可界定为能够支持创业者进行创业活动的一切东西。它既包括可见的物质资源,如厂房、机器设备、资金等,也包括不可见的无形资源,如创业战略、创业方案、知识、技术、创业团队等;既包括创业者实际拥有的资源,也包括创业者可间接获取的资源,如广泛的社会关系等;既包括体现创业者个性特征的个体资源,也包括组织性、社会性的资源;既包括国内各种资源,也包括国外提供的资源。

总而言之,广义上的创业资源是涵盖使创业者创业活动顺利进行的一切支持性资源,包括有形与无形的资产。它是新创企业创立和运营的必要条件,主要表现形式为创业人才、创业资本、创业机会、创业技术和创业管理等。创业的过程实际上是创业者建立、整合和拓展资源的过程。

从狭义上看,创业资源是促使创业者启动创业活动的关键优势资源。关键优势资源是指建立企业赢利模式的业务系统所必需的和重要的资源与能力,如麦当劳的标准化资源与能力、海尔的创新资源与能力、沃尔玛的低成本战略资源与能力。并不是企业现有的所有资源和能力都同等珍贵,也不是企业内的每一种资源和能力都是企业所必需的,只有和企业定位、赢利模式、整个业务系统流程、现金流结构相契合并且能互相强化的资源和能力才是企业真正需要的。

从资源的角度看,创业者是否具备业务系统所需的关键资源能力是其能否成功创业的核心问题。创业者对关键优势资源和能力识别得越清晰,利用得越充分,在激烈的市场竞争中保持创业后的竞争优势也就越持久。创业者对创业资源管理的原则是:必要资源要齐备、适量,关键优势资源要富集并不断追求。

创业者要么根据自己的关键优势资源选择创业项目,要么根据创业项目整合关键优势资源,否则创业必败无疑。

(二) 创业与创业资源的关系

创业资源是指新创企业在创造价值的过程中所需要的特定资源的总称。

创业的过程实际上是创业者建立、整合和拓展资源的过程。创业资源是新创企业在创造价值的过程中需要的特定资产,包括有形资产与无形资产,主要表现为创业人才、创业资本、创业机会、创业技术和创业管理等方面。对创业企业来说,创业者是其独特的资源,也是无法用钱买到的资源。

> 老板的价值不在于口袋里有多少钱,而在于能支配多少社会资源。
> ——出自《风险投资》

(三) 创业资源在创业过程中的作用

下面将创业过程分为企业创立之前的机会识别和创立之后的企业成长过程两个阶段,分别考察创业资源在每个阶段中如何发挥作用。

1. 机会识别过程

机会识别与创业资源密不可分。从直观的含义上看，机会识别是指分析、考察、评价可能的潜在创业机会。Kirzner(1973)认为，机会代表着一种通过资源整合、满足市场需求以实现市场价值的可能性。因此，创业机会的存在本质上是部分创业者能够发现其他人未能发现的特定资源的价值的现象。例如，在同样的产品或者盈利模式下，一些人会付诸行动去创业，其他人却往往放任机会流失；有的人会经营得很成功，而另一些人却会遭受损失。对后者来说，往往是缺乏必要创业资源的缘故。

2. 企业成长过程

企业创立之后，一方面，创业者仍需要积极地从外界获取创业资源；另一方面，已经获取的创业资源在企业发展过程中逐渐被整合、利用。资源整合对于创业过程的促进作用是通过创业战略的制定和实施来实现的。丰富的创业资源是企业战略制定和实施的基础和保障，同时，充分的创业资源还可以适当校正企业的战略方向，帮助新创企业选择正确的创业战略。

需要提及的是，新创企业所拥有的创业资源必须加以有效整合，才能形成企业的核心竞争优势。资源整合，就是把企业所拥有的自然资源、信息资源和知识资源在时间和空间上加以合理配置、重新组合，以实现资源效用的最大化。必须注意的是，这种资源效用的最大化，并非简单的各项资源各安其位，各司其职，而是能够通过重新整合规划，创造企业独特的核心竞争力，实现企业在市场上的竞争优势。

二、创业资源的类型

不同的创业活动具有不同的创业资源需求。我们把创业资源分为有形资源和无形资源两大类，而其中无形资源往往是撬动有形资源的重要杠杆。

(一) 有形资源

有形资源包含金融资源、实物资源和组织资源三大类。

(1) 金融资源。金融资源是指企业物质要素和非物质要素的货币体现，具体表现为已经发生的能用会计方式记录在账的，能以货币计量的各种经济资源，包括资金、债权和其他。

(2) 实物资源。实物资源是指企业从事生产经营活动所需要的一切生产资料，其构成状况可按实物资源在生产经营过程的作用划分为劳动对象和劳动手段。

(3) 组织资源。组织资源是指为了实现既定的目标，按一定规则和程序而设置的多层次岗位及其相应人员隶属关系的权责角色结构。组织资源包括企业的战略规划、员工开发、评价和报酬系统等。

(二) 无形资源

无形资源包含人力资源、科技资源、品牌资源、市场资源、政策资源、信息资源六大类。

(1) 人力资源。人力资源是指存在于企业组织系统内部的有经验的、掌握特殊技能的、被激励起来的员工和可供企业利用的外部人员的总和。人力资源是企业资源结构中最重要的关键性资源，是企业技术资源和信息资源的载体，是其他资源的操作者，决定着所有资源效力的发挥水平。

(2) 科技资源。科技资源包括两个方面：①与解决实际问题有关的软件方面的知识；②为解决这些实际问题而使用的设备、工具等硬件方面的知识。科技资源的专有性主要表现为与企业相关的专业知识、商业秘密、专利和著作权等，又是有形资源。

(3) 品牌资源。品牌是一个名称、名词、符号或设计，或是它们的组合，其目的是识别某个销售者或某群销售者的产品或服务，并使之同竞争对手的产品和服务区别开来。品牌资源又可细分为产品品牌、服务品牌和企业品牌三大类。

(4) 市场资源。市场资源包括营销网络与客户资源、行业经验资源、人脉关系。凭什么进入这个行业？这个行业的特点是什么？盈利模式是什么？是否有起码的商业人脉？市场和客户在哪里？销售的途径有哪些？

(5) 政策资源。近年来，政府会采取一系列系统的创业扶植政策，从支持创业教育与培训，提升创业技能，通过资金扶持、减免税费、财政补贴、社会保障等鼓励创业，为创业者提供信息与管理咨询及专业化服务，提供金融支持、项目支持等。

(6) 信息资源。依靠什么来进行决策？从哪里获得决策所需的信息？从哪里获得有关创业资源的信息？

(三) 无形资源是撬动有形资源的重要杠杆

由于企业新创，企业的战略规划、员工开发、评价和报酬系统等制度安排还不完善，因此有形资源中的组织资源无疑是较为薄弱的部分。无形资源中的人力资源在很大程度上承担着组织资源的功能，成为创业时期最为关键的因素，创业者及其团队的洞察力、知识、能力、经验及社会关系将影响整个创业过程的开始与成功。

同时，在企业新创时期，专门的知识技能往往掌握在创业者等少数人手中，故此时的技术资源在事实上和人力资源紧密结合，并且上述两种资源可能成为企业竞争优势的重要来源。在有形资源中，创业时期的资源最初主要为财务资源和少量的厂房、设备等实物资源。

然而，这些资源的取得(如风险投资)，很大程度上取决于创业者及其团队的能力、经验、社会关系及其掌握的关键技术资源，以及信息资源、政策资源等无形资源；同时，在企业新创过程中对所需的厂房、设施、原材料等有形资源的组织与运作也有赖于创业者及其团队的能力与经验。

三、创业者的内部资源

创业者刚开始拥有的内部资源主要是创业者自身的知识技术资源，以及其所占有的生产资料等，也就是个人所拥有的有形资产及无形资产。拥有一份良好的内部资源，对创业者来说无疑是重要的。

创业者的内部资源如下。

(1) 现金资产。创业者本人(还可能包括其家庭)可以随时支配的现金和银行存款。这些现金资产是"可以支配"的，创业要取得全家的支持，也要为家庭的生活留有余地。易于变现的国债、股票等也可以视同现金资产。

(2) 房产和交通工具。这种资源一方面可以作为创业的硬件资源，另一方面可以作为现金资产的补充，在需要的情况下，可以作为抵押品向银行或其他投资人申请融资。如果这些房产和交通工具是通过按揭方式购置的，则要大打折扣。

(3) 技术专长。技术专长包括有形技术专长和无形技术专长两种。有形技术专长：已申请成功的发明专利、实用新型专利和外观专利，或者是某一领域公认的专家，如注册会计师、律师、高级美工师、设计师、工程师、医生、心理咨询师等。无形技术专长：专有技术、科研成果或者对某个特定行业和领域的深入研究。

(4) 信用资源。首先确定是否有信用污点，如果没有，则估算自己能通过长期积累的信用资源做些什么事，或是有人根据你的信用愿意给你投资，或是有人愿意借钱给你，或是有人愿意为你铺货，至少有人愿意在你还没有付工资的情况下为你工作。

(5) 商业经验。商业经验是指对市场经济和游戏规则的了解程度，尤其是对将要进入的行业的深入理解程度。行业之间的差异很大，各行业的关键成功因素都不一样，需要有深入的研究和实践才能积累足够的商业经验。

总之，大学生处于资源积累的初始阶段，自身拥有的资源数量少、质量不高，但是要想创业就必须具备一定的内部资源。内部资源中通过自己实践积累的资源最为关键，既能证明创业者的潜在能力从而增强创业信心，也能用于说服家人全力支持和取得投资者的信任。无形资产的获得更是能成为创业者的核心竞争力，大学生创业者若能拥有产品方面的专利技术则能成为吸引投资和获得学校、政府大力支持的关键资源；具备良好的个人信用和商业经验则可以凝聚团队、发现创业机会。

内部资源的积累则需要创业者进行一定的规划，充分准备，逐步获得创业所需的能力和资源。大学生可以先从自己的兴趣开始打造个人专长，个人感兴趣的事情往往能够成为未来的创业基础，甚至是创业的核心优势。

案例 4-1

整合资源的妙处

相信不少人都有过搭飞机的经验，通常大家下了飞机以后还要再搭乘另一种接驳交通工具才能到达目的地。在某机场有个很特别的景象，当下了飞机以后，你会看到机场外停了上百部的休旅车。如果你想前往市区，平均要花150元人民币的车费搭出租车，但是如果你选择搭乘休旅车，只要一辆车坐满了，司机就会发车带乘客去市区的任何一个点，而且完全免费。居然有这样的好事？航空公司一次性从汽车公司订购150辆商务车。航空公司此次采购商务车主要是为了延伸服务空间，挑选高品质的商务车作为旅客航空服务班车来提高在陆地上航空服务的水平。原价14.8万元一辆的休旅车，航空公司以9万元的价格购买了150辆，条件是航空公司要求司机在载客的途中向乘客提供关于这辆商务车的详细介绍，简单来说，就是司机在车上帮车商销售车子。那司机从哪里找？许多准备找工作的人，其中有部分人很想当出租车司机。因此航空公司征召了这些人，将这些车以17.8万元一辆的价格出售给这些准司机，告诉他们只要每载一名乘客，航空公司就会付给司机25元。很快，航空公司进账了1320万元。司机为什么要用更贵的价钱买车？因为对司机而言，比起一般出租车要在路上到处找客人，航空公司提供了一条客源稳定的路线。这样的诱因当然能吸引到司机来应征。接下来，航空公司推出了只要购买五折票价以上的机票,就送免费市区接驳的活动。基本上整个资源整合的商业模式已经形成。

请结合案例分析,该航空公司资源整合的成功之处在哪里?

(资料来源:根据网络资料整理)

四、创业资源获取的途径

(一) 合作获取资源

要获取创业资源,首先要寻找到可以提供资源的对象。对此,其中一种办法是找到少数拥有丰富资源的资源提供者,如政府、银行、大公司等,这方面创业者往往没有优势;另一种办法是尽量多找潜在的资源提供者。

商业活动强调利益的重要性,要获取资源,需要认真分析潜在资源提供者所关心的利益所在。只要不同诉求的组织或个人之间存在共同利益,或能够建立起紧密的利益联系,就可以成为利益相关者。利益相关者应当相互合作,合作才能共赢。合作总要有一个开始,但是在没有合作基础的前提下,一开始就共赢不容易。

洛克菲勒有这样一句名言:"建立在商业基础上的友谊永远比建立在友谊基础上的商业更重要。"经济全球化的重要特征是资源的全球性流动,"不求所有,但求所用",合作可以突破空间、组织和制度等方面的限制,从而在更加广阔的范围内开展,这也是创业活动活跃的重要原因。要想成功地获取创业资源,创业者必须要有创新的思维,要兼顾各方面利益相关者的利益,通过多种方式合作达到共赢的境界。

(二) 信息带来资源

创业者的信息技能包括信息需求识别及表述、信息检索及获取、信息评价及处理、信息整合及学习;信息利用与开发等。掌握并善用这些信息技能,对于创业者把握商机、获取创业资源、做出创业决策、推进创业企业成长都十分重要。

在全球金融危机中,一些企业就是因为对金融信息的反应迟钝,遭受了灭顶之灾。同时,不少创业者则是因为及时获取并利用了有价值的信息而创业成功。

在知识经济时代,掌握并善用信息和网络技术不仅能使创业者摆脱烦琐的文件和纸上作业,轻而易举地对企业产品的库存、销售、业绩、市场占有量、竞争对手的情况、顾客对企业产品的反馈信息等进行即时控制,而且可以充分利用员工创造性劳动和技术专长,对信息和数据做出更加正确的判断,使其成为企业决策资源。

(三) 杠杆撬动资源

杠杆效应就是以尽可能少的付出而获取尽可能多的回报。无形资源往往是撬动有形资源的重要杠杆。杠杆可以是资金、时间、品牌、公共管理、能力等。方式可以包括借用、租赁、共享、契约和资源外取等。

成功的创业者一般具有丰富的社会资源和快速、准确的信息资源并善于利用关键资源,特别是无形资源的杠杆效应的"撬动"资源。杠杆撬动资源具体体现在以下几个方面。

(1) 能比别人更加延长地使用资源。
(2) 更充分地利用别人没有意识到的资源。
(3) 利用他人或其他企业的资源来完成自己的创业目的。
(4) 将一种资源补足另一种资源,产生更高的复合价值。
(5) 利用一种资源撬动和获得其他资源。

(四) 沟通凝聚资源

沟通很重要,具有较强沟通能力是创业者成功获取资源的关键因素。

有两个数字可以很直观地反映沟通的重要性,就是两个 70%。

(1) 第一个 70%。创业者 70%的时间用在沟通上。开会、谈判、协商、拜见投资者或走访客户等是最常见的沟通形式,撰写计划书和各类文字材料是一种书面沟通的方式,对外各种拜访、联络也都是沟通的表现形式,管理者大约有 70%的时间花费在此类沟通上。

(2) 第二个 70%。企业中 70%的问题是由沟通障碍引起的。例如,创业企业常见的效率低下的问题,往往是由于缺乏沟通或不懂得沟通所引起的。此外,企业里执行力差、领导力不强的问题,归根到底都与沟通能力的欠缺有关。

人与人之间最宝贵的是真诚、信任和尊重,而其桥梁就是沟通。创业企业的资源获取,在很大程度上是通过企业与内外部的沟通来实现的。与外部的沟通,主要包括与投资者、银行、政府部门、媒体、业界、客户、供应商等,通过沟通建立联系,获得信任,与对方达成共识,强化创业者的社会网络,争取多方的支持或帮助,取得一个共赢的结果;在企业内部,通过有效的沟通,凝聚了员工人心,聚合了自有资源,降低了内部冲突,提升了整个企业的效率和业绩。

五、影响创业资源获取的因素

(一) 创业网络

创业网络是创业者(创业企业)所拥有的各种社会关系,包括创业者的个体网络以及创业企业的组织关系网络。网络系统对于小企业来讲可能是一个弥补稀缺资源的主要途径。例如,外部网络帮助企业找到新的资源源头。或许更重要的是,外部网络也是一个获取信息的渠道。这些关系网络能够增强企业获取资源的能力,因为网络是创业者获取外部资源的一个方法。创业网络有三种类型:社会网络、支持性网络和公司间网络。

(1) 社会网络包括亲人、朋友等。
(2) 支持性网络由一些支持机构,如银行、政府及非政府组织组成。
(3) 公司间网络包括其他所有企业。

学生创业的网络形式是比较单一的。大学生由于大部分的时间是在学校内读书、学习,因此很少有机会接触社会,这就造成了大学生的创业网络中几乎没有政府网络和商业网络的存在。而大学生在校期间积累了一定的人力资本,因此大学生在创业之初主要依靠的网络类型是个人网络。政府对于大学生创业的政策支持,使得他们具有一定的支持性网络,如银行等金融机构会为他们提供相应的小额贷款等。因此,大学生的创业网络类型主要有两种,即个人网络和支持性网络。

案例 4-2

携程之旅

1999 年,携程的 3 位创业元老舍弃建材和网上书店而做旅游,是因为 1998 年中国的国内旅游收入已达 2391 亿元,中国已经是世界旅游组织认定的 21 世纪全球最大的旅游市场,而在经营上国内旅行社的接待人数和盈利水平却在不断下降,营业毛利率不足 10%,全国旅行社的总市场占有率不到 5%,其余 95% 都是散客。

当年,梁建章他们在一起打算做携程时,是从酒店订房这方面开始的。这种"帮人订房"的简单工作在携程之前,即使在中国也早就存在,只是没有使用网络技术。江南春此前在接受采访时说,他选行业有两条标准,一是不熟不做,二是不亲力亲为不做。他做的一定是熟悉的行业,因为他相信成功的创业必然要建立在对市场、行业、相关产品及信息的大量了解和深度理解上。而分众传媒的成功,他认为和自己之前 10 多年的广告传媒从业经验分不开。从自己的行业里开始创业的,可能还有何吉伦,这位分时传媒的 CEO 原来就是做户外广告的。但是同样做广告出身的张庆永并不这么认为:"一个在行业里浸淫了很多年的人,对他而言转身就意味着损失。船大往往很难掉头。"携程的三位创始人没有一人是做旅游的,梁建章是做技术的,沈南鹏是做投行的,他们唯一和旅游搭边的可能就是都爱出去走走。

请结合案例和查阅资料,分析在携程创建过程中,哪些因素让创始人可以更有效地获取所需资源。

(资料来源:根据网络资料整理)

(二) 创业者信息获取能力

信息获取能力是指创业者在社会生活或创业过程中捕捉、吸收和利用信息的一种潜在能力,包括信息接收、捕捉、判断、选择、加工、传递、吸收、利用、搜集与检索能力。

创业需要资源,从广义来看,即从创业企业的内外部条件来看,创业资源包括创业者、人才、技术、资本、信息、市场、关系、营销网络等;从狭义来看,即从创业企业的内部条件来看,创业资源包括人力资源、财力资源、技术资源、信息资源等。因此,信息获取能力本身有助于对丰富的、高质量的信息资源的获取。

新创企业在资源获取过程中的信息不对称,使得信息资源作为一种特殊的战略性资源在新创企业资源获取过程中发挥重要的杠杆作用。因此,信息获取能力在相当程度上影响着创业者对其他创业关键资源的获取,直接影响并决定新创企业的创业绩效。

技术信息获取能够为新创企业提供外部参考,帮助企业识别创业失败,进而促进失败学习行为。同时,失败学习行为可以激发更多创新活动,提高组织创新绩效。很多高科技新创企业为降低技术环境不确定性的影响,通过建立各类流程以获取丰富的外部技术信息。

(三) 创业团队

新创企业把创意变成产品或服务,把产品或服务市场化、产业化是一个艰苦的过程,必须组建好一个富有凝聚力和创新精神的创业团队,这是获取各项创业资源的重要前提,也是创业成功的一个基本保障。

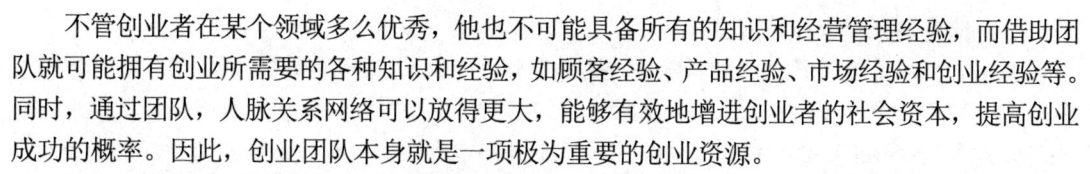

不管创业者在某个领域多么优秀，他也不可能具备所有的知识和经营管理经验，而借助团队就可能拥有创业所需要的各种知识和经验，如顾客经验、产品经验、市场经验和创业经验等。同时，通过团队，人脉关系网络可以放得更大，能够有效地增进创业者的社会资本，提高创业成功的概率。因此，创业团队本身就是一项极为重要的创业资源。

库普和布龙研究发现，他们所调查的高成长企业中80%以上是由团队创建的。大量实证研究表明，团队创办的企业在存活率和成长性两方面都显著高于个人创办的企业。团队创业的成功率要远远高于个人独自创业。西格尔等对宾夕法尼亚州大约1600家新企业的研究发现，创业团队是否拥有在新企业所处行业的先前工作经验，是区分高成长性和低成长性的唯一因素。调查中发现，85%以上的网络创业团队成员有创业经验，属于二次创业，并且他们的业绩普遍好于先前没有创业和工作经验的创业团队。

团队创业较个人创业能产生更好的绩效，其内在逻辑在于创业团队是一个特殊的群体，而群体能够建立在各个成员不同的资源与能力基础之上，贡献并且整合差异化的知识、技能、能力、资金和关系等各类资源，这些资源以及群体协作、集体创新、知识共享与共担风险产生的乘数效应，能够帮助新创企业更好地克服创新的风险和突破资源的约束。

此外，创业团队的价值观、对商机的识别能力、对资源的获取与整合、领导能力等，都是极其重要的战略资源，会为企业带来持久的竞争优势。

(四) 政府政策

创业政策可以通过多种途径和方式对创业活动产生正面影响。通过支持创业教育与培训、创业计划等方式，增强创业意识，培养创业精神，提升创业技能；资金扶持、减免税费、财政补贴、社会保障；为创业者提供信息与管理咨询及专业化服务，提供金融支持、项目支持、政府购买和基础设施等；通过新闻媒介、教育机构等正面宣传，引导人们关注创业，改变对创业的态度，培育先进的创业文化，法律保障、公平的市场竞争环境、知识产权保护政策、小企业扶持政策，促进初创企业成长。这些都是政府干预创业资源的市场配置，有利于创业资源的获取。

扩展阅读

促进创业投资高质量发展的若干政策措施

国务院办公厅2024年6月15日印发了《促进创业投资高质量发展的若干政策措施》，其中提到：发展创业投资是促进科技、产业、金融良性循环的重要举措。

一、总体要求

促进创业投资高质量发展，要以习近平新时代中国特色社会主义思想为指导，全面贯彻落实党的二十大精神，完整、准确、全面贯彻新发展理念，着力推动高质量发展，围绕创业投资"募投管退"全链条，进一步完善政策环境和管理制度，积极支持创业投资做大做强，充分发挥创业投资支持科技创新的重要作用，按照市场化法治化原则引导创业投资稳定和加大对重点领域投入，强化企业创新主体地位，促进科技型企业成长，为培育发展新质生产力、实现高水平科技自立自强、塑造发展新动能新优势提供有力支撑。

二、培育多元化创业投资主体

(一) 加快培育高质量创业投资机构。鼓励行业骨干企业、科研机构、创新创业平台机构等参与创业投资，重点培育一批优秀创业投资机构，支持中小型创业投资机构提升发展水平。引导创业投资机构规范运作，提升股权投资、产业引导、战略咨询等综合服务能力。创业投资机构按规定开展私募投资基金业务的，应当依法依规履行登记备案手续。未经登记备案的主体，应当用自有资金投资。

(二) 支持专业性创业投资机构发展。加大高新技术细分领域专业性创业投资机构培育力度，引导带动发展一批专精特新"小巨人"企业，促进提升中小企业竞争力。聚焦新领域新赛道，对投资原创性引领性科技创新的创业投资机构，加大政策支持力度，引导创业投资充分发挥投早、投小、投硬科技的作用。

(三) 发挥政府出资的创业投资基金作用。充分发挥国家新兴产业创业投资引导基金、国家中小企业发展基金、国家科技成果转化引导基金等作用，进一步做优做强，提高市场化运作效率，通过"母基金+参股+直投"方式支持战略性新兴产业和未来产业。优化政府出资的创业投资基金管理，改革完善基金考核、容错免责机制，健全绩效评价制度。系统研究解决政府出资的创业投资基金集中到期退出问题。

(四) 落实和完善国资创业投资管理制度。支持有条件的国有企业发挥自身优势，利用创业投资基金加大对行业科技领军企业、科技成果转化和产业链上下游中小企业的投资力度。健全符合创业投资行业特点和发展规律的国资创业投资管理体制和尽职合规责任豁免机制，探索对国资创业投资机构按照整个基金生命周期进行考核。

三、多渠道拓宽创业投资资金来源

(五) 鼓励长期资金投向创业投资。支持保险机构按照市场化原则做好对创业投资基金的投资，保险资金投资创业投资基金穿透后底层资产为战略性新兴产业未上市公司股权的，底层资产风险因子适用保险公司偿付能力监管规则相关要求。鼓励符合条件的创业投资机构发行公司债券和债务融资工具，增强创业投资机构筹集长期稳定资金的能力。

(六) 支持资产管理机构加大对创业投资的投入。支持资产管理机构开发与创业投资相适应的长期投资产品。在依法合规、严格控制风险的前提下，支持私募资产管理产品投资创业投资基金。鼓励资产管理机构针对科技型企业在不同成长阶段的经营特征和金融需求，提供并完善股权投资、债券投资、股票投资和资产服务信托等综合化金融服务。

(七) 扩大金融资产投资公司直接股权投资试点范围。支持金融资产投资公司在总结上海试点开展直接股权投资经验基础上，稳步扩大试点地区范围，充分发挥金融资产投资公司在创业投资、股权投资、企业重组等方面的专业优势，加大对科技创新的支持力度。

(八) 丰富创业投资基金产品类型。鼓励推出更多股债混合型创业投资基金产品，更好匹配长期资金配置特点和风险偏好，通过优先股、可转债、认股权等多种方式投资科技创新领域。积极发展创业投资母基金和契约型创业投资基金。

四、加强创业投资政府引导和差异化监管

(九) 建立创业投资与创新创业项目对接机制。实施"科技产业金融一体化专项"，开展科技计划成果路演、专精特新中小企业"一月一链"等活动，组织遴选符合条件的科技型企业、专精特新中小企业，以及带动就业较多的企业和项目，加强与创业投资机构对接。

(十) 实施专利产业化促进中小企业成长计划。优选一批高成长性企业，鼓励创业投资机构围绕企业专利产业化开展领投和针对性服务，加强规范化培育和投后管理。

(十一) 持续落实落细创业投资企业税收优惠政策。落实鼓励创业投资企业和天使投资个人投资种子期、初创期科技型等企业的税收支持政策，加大政策宣传辅导力度，持续优化纳税服务。

(十二) 实施符合创业投资基金特点的差异化监管。细化《私募投资基金监督管理条例》监管要求，对创业投资基金在登记备案、资金募集、投资运作、风险监测、现场检查等方面实施与其他私募基金差异化的监管政策，支持创业投资基金规范发展。

(十三) 有序扩大创业投资对外开放。修订完善《外商投资创业投资企业管理规定》，便利外国投资者在境内从事创业投资。支持国际专业投资机构和团队在境内设立人民币基金，发挥其投资经验和综合服务优势。引导和规范我国创业投资机构有序开展境外投资。深入推进跨境融资便利化试点，进一步优化外商直接投资(FDI)项下外汇管理，便利创业投资机构等经营主体办理外汇业务。研究规范合格境外有限合伙人(QFLP)试点机制和制度框架，进一步扩大试点范围，引导境外创业投资机构规范开展跨境投资。

五、健全创业投资退出机制

(十四) 拓宽创业投资退出渠道。充分发挥沪深交易所主板、科创板、创业板和全国中小企业股份转让系统(北交所)、区域性股权市场及其"专精特新"专板功能，拓宽并购重组退出渠道。对突破关键核心技术的科技型企业，建立上市融资、债券发行、并购重组绿色通道，提高全国中小企业股份转让系统(北交所)发行审核质效。落实好境外上市备案管理制度，畅通外币创业投资基金退出渠道。

(十五) 优化创业投资基金退出政策。加快解决银行保险资产管理产品投资企业的股权退出问题。支持发展并购基金和创业投资二级市场基金，优化私募基金份额转让业务流程和定价机制，推动区域性股权市场与创业投资基金协同发展。推进实物分配股票试点。

六、优化创业投资市场环境

(十六) 优化创业投资行业发展环境。建立创业投资新出台重大政策会商机制，各部门在出台涉创业投资行业、创业投资机构等重大政策前，应按规定开展宏观政策取向一致性评估，防止出台影响创业投资特别是民间投资积极性的政策措施。持续提升创业投资企业和创业投资管理企业登记管理规范化水平。建立健全创业投资行业统计分析体系，加强部门间信息共享。

(十七) 营造支持科技创新的良好金融生态。在依法合规、风险可控前提下，支持银行与创业投资机构加强合作，开展"贷款+外部直投"等业务。研究完善并购贷款适用范围、期限、出资比例等政策规定，扩大科技创新领域并购贷款投放。支持符合条件的上市公司通过发行股票或可转债募集资金并购科技型企业。

(资料来源：国务院公报，2024年第19号，引用时有删减)

(五) 社会网络

社会网络是机构之间及人与人之间比较持久的、稳定的多种关系结合而成的网络关系。由于创业资源广泛存在于各种资源所有者手中，这些所有者又处于一定的社会网络之中，而且人们对于商业活动的认识和参与，客观上会受到自己所处网络及在网络中地位的影响，因此，社会网络对于创业资源的获取具有重要的意义。不同的社会网络和网络地位，为人们之间的沟通协作提供了不同渠道。在社会网络中处于优势地位的创业者，具有较好的社会关系依托，可以有选择地了解不同对象的效用需求，有针对性地对不同对象传递商业创意的不同方面，有目的地获取不同资源所有者的不同理解和信任，最终成功地从不同网络成员那里获取所需的不同资源，为自己进行资源配置方式创新提供基础。

(六) 资源的配置方式

由于资源的异质性、效用的多维性和知识的分散性，人们对于同样资源往往具有不同的效用期望，有些期望难以依靠市场交换得到满足，因此，如果通过资源配置方式创新，能够开发出新的效用，使之更好地满足资源所有者的期望，创业者就有可能从资源所有者手中获得资源使用权，以开展生产经营活动。

扩展阅读

在孵企业资源获取、创业能力与创业绩效影响的理论构建

摘 要

本文从在孵企业资源获取的途径和方式出发，探究其对创业绩效的影响，同时引入创业能力作为中介变量。创业能力是衡量创业企业成功的关键因素之一，是一种能将想法与创意转化为实际的能力。本文旨在探究在孵企业资源获取以及创业能力对创业绩效影响的理论研究，并提出相应的理论构建。结合相关文献和现有研究，初步认为在孵企业资源获取会对其创业绩效有正向影响；在孵企业创业能力会对其创业绩效存在显著影响；此外，还引入创业能力作为中介变量，证明了在孵企业创业能力在资源获取与创业绩效的关系中起到部分促进作用。

"大众创业、万众创新"是中国近年来经济发展的新热点、新常态，第十三届全国人大一次会议上李克强总理在政府工作报告中提出，要加快建设创新型国家，期望尽快转型为创新型经济。随着创新创业的发展与推进，能够在企业创办初期提供资金、管理等多种支持和便利的孵化器、创业园等雨后春笋般繁荣起来。然而面对众多未知因素，初创企业成活率低也成为创新创业的一大缺陷。如何提高创业绩效表现、掌握足够的创业资源和创造能力，促使创业企业可以合理、健康地发展，成为当今社会关注的焦点。对于创业企业来说，能否在创业初期就获取关键资源十分重要，同时创业能力也是一个不可忽视的重要因素。

本论题认为，在资源种类、资源获取途径和方式多样的今天，在孵企业需要把握住资源获取的机会，拓宽资源获取的途径和运用资源进行创业的能力，才能实现可持续发展的竞争优势和优良的绩效表现，才能使企业不断发展壮大、稳步成长。

一、在孵企业资源获取、创业能力对其创业绩效的影响研究

(一) 在孵企业资源获取对其创业绩效的影响

在孵企业的资源获取大体上会对其创业绩效产生正向影响，其中想法吸引和资源积累都会对创业绩效产生促进作用，而关系构建和资源购买则不会对创业绩效产生明显的促进作用。从资源获取的途径来看，想法吸引是通过向资源持有者"销售"其独特的、创意的想法，或是通过广告等宣传方式来吸引资源持有者的注意，这一途径不但可以取得资源持有者的关注，也可以通过宣传增加大众消费者的关注度，并且通过销售想法来获取的资源多是高质量的资源，这

对于企业的声誉、推广和绩效都有显著影响。

而资源获取的另一途径关系构建，是通过创业者的人际关系网络来获取资源的，这一途径获取的资源会使获取速度增加但是资源的品质无法得到保障。人际关系网络是新创企业在创业初期的一个加分优势，但长期依靠关系网络获得资源会产生许多弊端，关系的构建会促使某一阶段的创业绩效增加，但不会一直都具备正向的影响作用。对于一个创业企业来说，在依靠人际关系网络构建的同时，也要加强自身的竞争优势和可持续发展性。

从资源获取的方式出发，资源积累是指通过企业内部的积累获取相应资源，这一资源获取方式在获取速度上虽不迅速，但对于资源的质量与稳定性有所保障，内部资源的积累具有目的性，会避免多余资源的浪费，同时也是对内部产生的一种消化，资源获取的内循环是一种简洁、高效、低成本的资源获取方式，从长期来看，会对创业企业的绩效产生正向影响。而资源购买这一资源获取方式是迅速的、快捷的，可以解决短期资源紧缺问题，但是从长期来看，这是一项高成本、高消耗的资源获取方式，一旦资源购买的成本过大，不但不会对创业绩效产生促进，还会降低绩效水平。

(二) 在孵企业创业能力对其创业绩效的影响

在孵企业的创业能力大体上会对其创业绩效产生正向影响，其中风险承受能力和创新潜力对创业绩效具有显著促进作用，而市场开发能力和组织管理能力对创业绩效的影响并不那么显著。企业的风险承受能力凸显了其具有高收益、高回报的特点，企业自身的风险承受水平高，且对于高风险的投资项目有一定追求，其收益性也会高于同类创业企业，故会增加其创业绩效。同时，创新潜力对于一个创业企业来说，其重要性不言而喻，创新是企业持续发展的动力与源泉，创业企业只有具备独特性、异质性和创新性，才能获得可持续的竞争优势，其创业绩效才会有所促进。

而创业能力中的市场开发能力和组织管理能力，一个具有两面性，一个具有片面性，市场的开发强度如果过大可能会导致创业企业的基底崩塌，产生资金链断裂等一系列情况，所以市场开发能力对于新创企业来说具有两面性。

组织管理则着重于企业内部的控制，这一能力不会直接对企业的绩效产生显著影响，并且只具备内部的控制能力是片面的，只有内外部都得到良好的管理控制水平，才能从整体上促进其创业绩效的增加。

(三) 在孵企业资源获取对其创业能力的影响

在孵企业资源获取大体上会对其创业能力产生正向影响，其中想法吸引和关系构建对创业能力具有显著促进作用，而资源购买和资源积累的创业能力的影响并不显著，并且创业能力在资源获取和创业绩效的关系中会起到促进作用。想法吸引和关系构建这两种资源获取的途径一方面可以促进企业的宣传与推广，这对企业的声誉有着潜移默化的影响，另一方面可以促进企业的关系网络发展，这对于企业的拓展与开发有着重要影响，

这两方面都可以促进企业创业的能力增加。而资源购买和资源积累这两种资源获取的方式，分别从企业外部和内部出发，其对企业的影响具有局限性，对于创业的能力没有较为直接的影响。此外，创业能力和资源获取的整合作用要大于资源获取对创业绩效的单项作用。

(资料来源：姚欣雨. 在孵企业资源获取、创业能力与创业绩效影响的理论构建[J]. 现代交际, 2018, 7.)

第二节 创业融资

导入案例4-2

网易融资之路

1997年5月,丁磊创办了网易公司。启动资金是丁磊自己从1993年起编写软件所赚的50万元。网易成立2个月后,率先推出大容量免费个人主页,但因为知道此事的人较少,第一个月注册的不过百人。

于是,网易在瀛海威、中网、北京在线等5家网站做了3个月的广告,一下子就引起了轰动,两个月以后,网易用户达到了10 000人。

此后,丁磊等三个人,经过7个多月的奋斗,开发出了自己的电子邮件系统。丁磊能够自行编写软件并以此卖钱,不仅使他有了创业所需的启动经费,而且使他能够在较长的时间坚持自己的目标和思路。丁磊面对资本的傲骨使他成为创业者中的特立独行之辈,他一直靠卖软件维持公司的运转。直到两年之后,他才从朋友处借到了200万元资金。

2000年3月,网易第一次引入了国外投资。国际传媒大鳄默多克旗下的新闻集团以256万可转换优先股的方式获得了网易8.5%的股权,网易上市后,这批优先股将转为普通股。由于较少进行股权融资,丁磊成为网易最大的股东,在上市前,他拥有的股权接近70%,在上市发行450万股存托股票(ADR)后,其股权虽被摊薄,但仍占58.5%,按网易的市值,约值2.7亿美元。

2000年6月30日,网易终于在纳斯达克挂牌上市。同新浪一样,网易也得剥离其国内的ICP业务,曲线上市的结果使网易和旗下的5家网站竟成了一家在美国特拉华州注册的公司。网易的主承销商是美国著名的美林证券公司,联合承销商为德意志银行,共发行450万份ADR(美国存托凭证),每份ADR相当于100股;每股发行价15.5美元,总计融资额约1.2亿美元。

(资料来源:根据网络资料整理)

知识要点:
融资、融资方式、融资渠道、融资选择策略。

学习目标:
1. 了解融资的概念及融资原则;
2. 了解融资方式及各类融资渠道;
3. 掌握不同类型初创企业融资选择策略。

4.2 创业融资

一、创业融资概述

(一) 创业融资的概念

创业融资是指创业者为了将某种创意转化为商业现实,通过不同的渠道,采用不同的方式筹集资金,以建立企业的过程。创业者应该根据初创企业在不同发展阶段的资本需求特征,结合创业计划和企业发展战略,合理确定资本结构及资本需求数量。

(二) 创业融资的原则

筹集创业资金时,创业者应在自己能承受的风险的基础上,遵循既定的原则,尽可能以较低的成本及时获得足额创业资金。一般来说,创业融资应遵循以下原则。

1. 合法性原则

创业融资作为一种经济活动,影响着社会资本及资源的流向和流量,涉及相关经济主体的经济权益,创业者必须遵守国家的有关法律法规,依法依约履行责任,维护相关融资主体的权益,避免非法融资行为的发生。

2. 合理性原则

在创业的不同时期,创业资金的需求量不同,能够采用的融资方式可能也不同,创业者应根据创业计划,结合创业企业不同发展阶段的经营策略,运用相应的财务手段,合理预测资金需求量,详细分析资金的筹集渠道,确定合理的资本结构,包括股权资金和债权资金的结构,以及债权资金内部长短期资金的结构等,为企业持续发展植入"健康的基因"。

3. 及时性原则

在市场经济条件下,机会稍纵即逝的特性要求创业者必须能够及时筹集所需资金,将可行的项目付诸实施,并根据初创企业不同阶段的资金需求,使融资和投资在时间上协调一致,避免因资金不足影响生产经营的正常进行,同时也要防止资金过多造成的闲置和浪费,将资金成本控制在合理的范围之内。

4. 效益性原则

创办和经营企业的根本目的是获得一定的经济利益,所以,创业者应在进行成本效益分析的基础上决定资金筹集的方式和来源。鉴于投资是决定融资的主要因素,投资收益和融资成本的对比便是创业者在融资之前要做的首要工作。只有投资的报酬率高于融资成本,才能够使创业者实现创业目标;而且投资所需的资金数量决定了融资的数量,对创业项目投资的估计也会影响融资方式和融资成本。因此,创业者应在充分考虑投资效益的基础上,确定最优的融资组合。

5. 杠杆性原则

创业者在筹集创业资金时,应选择有资源背景的资金,以便充分利用资金的杠杆效应,在关键的时候为企业发展助力。大多数优秀的风险投资往往在企业特殊时期会与企业家一起,将有效的资源进行整合,如选择投行、证券公司,进行 IPO 路演等,甚至还参与企业决策。这种资源是无价的。

(三) 创业融资的特殊性

创业融资属于融资的一种,所以拥有融资的共性;但由于其处于企业创办这一特殊阶段,因此又有其特殊性。其特殊性主要表现在以下 3 个方面。

1. 创业融资的复杂需求

(1) 企业在创业初期，自我积累的资金有限，很难满足企业创办和发展的高投入需求，从外部市场取得外源融资是必不可少的手段，因此，创业融资具有市场化的特点。

(2) 为了满足创业企业多方面的融资需求，创业企业需要从多种渠道、以不同方式筹集资金，融资具有多样化的特点。

(3) 创业企业的融资需要社会各个方面的力量，特别是政府的引导和扶持。创业企业的发展不仅具有极高的成长性和效益性，而且对国家经济发展具有极为重要的战略意义，创业企业融资离不开国家、不同机构及个人的参与，因此，创业融资具有社会化的特点。

2. 创业融资的特殊困难

北京大学国家发展研究院(中国经济研究中心)运用中国上市公司数据及世界银行调查结果，对企业规模与融资来源进行了一项实证研究。研究表明：企业规模越小，银行融资占其总资产的比重越小，银行融资相对于股权融资的比例也越小。这说明，规模小的企业不容易从银行取得贷款，而创业阶段的企业都是小规模企业。

因此，相较于成熟企业，处于初创期的企业有其特殊的困难。

(1) 创业企业没有足够的财务数据。金融机构在决定是否提供贷款给一家企业之前，一定会认真研究企业的财务报表，详细了解企业的财务情况，以此降低自身的风险，提高未来收益。一家拥有完整、可靠的财务报表的企业，即使临时资金短缺，也会比较容易从资本市场获得资金，如上市公司。而处于创业阶段的企业，除了能提供一份商业计划书和创业者个人资料，几乎不能提供任何可供参考的财务数据。这就加大了银行或其他投资人评估投资风险的难度，同时也降低了创业企业获得贷款的可能性。

(2) 创业企业可用于抵押的资产不足。一家缺少抵押物的企业向银行贷款，就如同一个身无分文的人向朋友借钱，难度可想而知。金融机构为减少不良资产，防范金融风险，1998年以来各商业银行普遍推行抵押担保制度，纯粹的信用贷款相对来说很少。例如，一份针对中国14家上市银行信用贷款比例的研究显示，2010年，这14家银行的平均信用贷款比例为24%，不到总贷款的四分之一。可见，创业企业缺少抵押物严重制约了其取得贷款。

(3) 创业企业的融资规模偏小。创业企业本身规模不大，决定了其融资规模也不大。而对于银行，资金规模的大小并不影响其业务成本，但为了掌握创业企业的真实信息，商业银行不得不付出更多的人力和物力，加大了信息成本。这就使得创业企业的单位融资成本远高于成熟企业。作为追求利润最大化的商业银行，自然更愿意将资金贷给成熟的大企业，而不是创业阶段的企业。表4-1 所示为银行对不同规模企业申请贷款的拒绝情况和我国银行贷款在企业中所占比例。

表4-1 银行对不同规模企业申请贷款的拒绝情况和我国银行贷款在企业中所占比例

企业规模/人	小于2	2~4	4~5	5~8	大于8	小于51	51~100	101~500	大于500
拒绝次数比/%	72.44	49.07	46.79	45.79	34.98	78.92	57.87	44.18	24.34
银行贷款比/%	1.2	5.2	25.3	25.3	36.1	5.4	20.6	22.6	47.1

3. 创业融资的独特优势

尽管创业企业融资困难是普遍现象，但是对于创业者而言，创业的融资也有其特有的优势。首先，新创立的企业往往伴随着新的想法、新的观念，意味着创新，尽管失败的可能性很大，但一旦成功将是丰厚的回报,部分投资者可能倾向于投资这类高风险、高回报的项目。其次,我国政府目前鼓励创业,给予了大量的政策支持,如税收减免等。在目前的环境下创办新的企业,迎合了政府和社会的需求,可能得到银行的支持,从而降低融资成本。这些年来,中小企业的迅速发展以及商业银行大力发展中小企业融资业务就是很好的证明。

(四) 企业融资过程

一般来说,创业融资过程主要包括做好融资前的准备、计算创业所需资金、编写创业计划书、确定融资来源及展开融资谈判5个方面的内容。

1. 做好融资前的准备

尽管新创企业融资较为困难,但创业融资却是新创企业顺利成长的关键。因此,创业者一定要在融资之前做好充分的准备工作:对融资过程有一定了解,建立和经营个人信用,积累自己的人脉资源,学习估算创业所需资金的方法,知晓、了解融资渠道的途径,熟悉商业计划书的结构和编写策略,提高自己的谈判技巧等,以提高融资成功的概率。积累人脉资源,创业所需资金的计算,融资渠道和商业计划书等内容,其他章节都有详细阐述,这里只强调个人信用的重要性。个人信用指的是基于信任、通过一定的协议或契约提供给自然人及其家庭的信用,使得接受信用的个人不用付现就可以获得商品或服务,它不仅包括用作个人或家庭消费用途的信用交易,还包括用作个人投资、创业及生产经营的信用。个人信用记录包括以下4个方面的内容:①个人身份基本信息,包括姓名、婚姻及家庭成员状况、收入状况、职业、学历等;②信用记录,包括信用卡及消费信贷的还款记录,商业银行的个人贷款及偿还记录;③社会公共信息记录,包括个人纳税、参加社会保险、通信缴费、公用事业缴费,以及个人财产状况及变动等记录;④特别记录,包括有可能影响个人信用状况的涉及民事、刑事、行政诉讼和行政处罚的特别记录。

市场经济是信用经济,信用对国家、社会、个人都是重要的资源,信用在创业融资过程中起着很重要的作用。无论从何种渠道筹集资金,投资者都会比较关注创业者个人的信用状况。因此,为保证融资的顺利进行,创业者应尽早建立起良好的个人信用记录,如做一个信用卡的诚信持卡人,同时注意在日常生活中按时缴纳各项税费,遵纪守法,保持良好的个人信用记录。

2. 计算创业所需资金

世上没有免费的午餐,也没有零成本的资金。创业者必须明白,企业所使用的资金都是具有一定成本的。这并不是说,筹集的资金越少越好,因为任何一家顺利经营的企业都需要基本的周转资金,如果筹集的资金不足以支持企业的日常运转,则企业会面临资金断流,进而导致破产清算;但这也不意味着筹集的资金越多越好,如上所述,资金都是具有成本的,如果在资金使用过程中不能够创造出高于其成本的收益,企业则会发生亏损。因此,创业者在筹集资金之前,要能够运用科学的方法,准确地计算资金需求量。

3. 编写创业计划书

新创企业对于资金的需求,需要通盘考虑企业创办和发展的方方面面,要对企业有一个全面的筹划。编写创业计划书是一种很好的对未来企业进行规划的方式,在创业计划书中,创业者需要估计未来可能的销售状况,以及为实现销售需要配备的资源,并进而计算出所需要的资金数额。

4. 确定融资来源

确定了新创企业需要的资金数额之后，创业者需要进一步了解可能的筹资渠道，不同筹资渠道的优缺点，根据筹资机会的大小，以及创业者对企业未来的所有权规划，充分权衡利弊，确定所要采用的融资来源。

5. 展开融资谈判

选定所拟采取的融资渠道之后，创业者即需要与潜在的投资者进行融资谈判。要提高谈判的概率，要求投资者首先对自己的创业项目非常熟悉，充满信心，并对潜在投资者可能提出的问题做出猜想，事先准备相应的答案，另外，在谈判时，要抓住时机陈述重点，做到条理清晰。一般情况下，创业者还应向有经验的人士进行咨询，以提高谈判成功的概率。

(五) 创业融资的阶段性特征

著名创业学家蒂蒙斯(Timmons)和史宾纳利(Spinelli)提出了创业过程模式，将企业家创业所需要素归纳为资源、机会和团队三方面，并认为新创企业融资是贯穿新创企业发展全过程的行为。Tyebjee 和 Bruno 将一个新创企业的成长发展周期分为 5 个阶段，分别是种子期(seed)、创立期(sartup)、成长期(growth)、扩展期(expansion)和成熟期(mature)。每个阶段，新创企业面临的风险因素与融资需求特征各不相同，如表 4-2 所示。

表4-2 创业融资的阶段性特征

阶段	主要活动	资金需求与风险特征
种子期	可行性研究、技术开发、市场研究	需求量较小，风险很大
创立期	样品研制和测试，产品小规模问世，有待进一步发展	需求量大，风险大
成长期	企业规模迅速扩大	需求量大，风险较大
扩展期	继续开发产品，加强市场营销能力，扩大市场份额	需求量大，早期风险大，后期风险较小
成熟期	生产销售达到规模经济	需求量大，风险大

二、创业所需资金的测算

创业者在开始融资前，必须对自己的创业项目进行一次投资规划，并根据这个初步的计划估算出整个项目启动时需要投入的资金数，然后根据这个数字，再加上一定比例的不确定因素，最后得出一个准确的数字，进入创业融资阶段。

(一) 融资前需要权衡几个因素

1. 创业者的自由和独立的价值最珍贵

创业意味着自己做自己的主人，不需要按照别人的命令行事，这就是创业带给创业者的独立和自由。作为自负盈亏的独立经营者，所做的每一个决定唯一要考虑的，仅仅是顾客和市场的需求，而不是别人的眼色。

2. 得到基金会削弱自主权

这个可贵的自由的感觉,创业者愿意为了获得银行或基金的资金而放弃吗?世界上没有免费的午餐。一旦某些基金贷款到款之后,企业的经营决策就要受制于人:天使基金会用占用企业股份的方式进行投资;银行会要求企业按期给他们财务报表,还会有业务人员经常来企业"视察"。

3. 金融资本会干扰独立决策

当企业得到贷款后,尽管银行贷款人员对经营知之甚少,但是同样出于为了规避风险的目的,而会善意地阻止创业者去冒险,但这样的规劝会使创业者的经营热情受到无情的打击。

(二) 必须做好投资规划

1. 千万不要低估项目的潜伏期

再好的经营项目也不会马上就有利润收入。任何创业项目从启动到盈利,都需要一个潜伏期,这个潜伏期的长短,与行业和企业规模有关。企业也和人一样,有它的生命周期,企业在不同的阶段,需要的资金也会有所不同。

2. 设计合理的资金组合有利于降低经营风险

在创业启动资金的组合上,创业指导专家建议最好有一个合理的资金组合比例。例如,创业者可用的最高资金金额中有三分之一是他的自有资金,外来资金最好不要超过三分之二的份额。研究创业成败案例的结论表明:如果创业者的自有资金不足三分之一,创业者和银行的资金风险都会加大。

3. 尽量多地留好储备金

创业者必须对从开业到盈利阶段的资金储备做足够的预算和储备。因此,创业者首先要把资金看作个人和外来资金各占二分之一来估算比较稳妥。因为这个时期的储备金到底需要多少,实在是一个难以确定的数字,但是无可置疑,资金断流会引发经营不下去而导致创业失败。一般需要把企业没有收入的时间按照接近 3 个月(或者更长)来计算,所以,储备金应不低于 3 个月的固定成本总和。

(三) 创业项目启动资金的预测

创业者最好列出一个详细的表格,把要投资购买和必须花销的费用列出一个明细表,以免超出预算。投资项目明细表如表 4-3 所示。

表4-3 投资项目明细表

投资项目	具体内容	估算金额
固定资产投资	地产	×
	+新建厂房	×
	+办公楼房	×
	+场地装修	×
	+购置机器	×
	+办公设备	×
	=投资所需资金	×

(续表)

投资项目	具体内容	估算金额
原材料首期进货	预计原材料库存量÷	×
	年均原材料周转次数	×次
	=原材料库存所需资金	×
经营费用	员工工资(按3个月合计)	×
	+房租(押一付三)	×
	+开办费	×
	=初创期所需流动资金	×
合计		×

三、创业融资方式

(一) 创业融资的基本类型

融资的途径和方式是多种多样的，根据不同的途径和特点可以有不同的分类方法。

1. 债权融资和股权融资

1) 债权融资及其优缺点

债权融资也称债务融资，是指通过增加企业的债务筹集资金，是一种包含了利息支付的融资方式，主要有银行贷款、民间借款、发行债券、融资租赁等。

债权融资的优点主要体现在：①债权融资需要支付本金利息，但创业者可以保持对企业的有效控制权，并且独享未来可能的高额回报率；②只要按期偿还贷款，债权方就无权过问公司的未来及其发展方向；③债权方只要求取得固定的本息，既不承担企业成长性风险，也不享受企业成长性收益。

债权融资的缺点体现在：这种融资方式要求企业按期偿还贷款，如果不能保证经营收益高于资金成本，企业就会面临收不抵支甚至亏损的状况，而且债权融资提高了企业负债率，如果负债率过高，企业的再筹资和经营能力都将面临风险。

2) 股权融资及其优缺点

股权融资是指通过扩大企业所有者权益，如吸引新的投资者、发行新股、追加投资等方式筹集资金，而不是出让现有的所有者权益或转让现有的股票。出让或出卖现有的股份是转让行为，没有增加权益。

股权融资的优势主要表现在以下几个方面。①资本优势。股权融资吸纳的是权益资本，增加公司的资本金和净资产，不用按期还本付息，公司财务费用支出压力小，增加了公司抗风险的能力。②战略投资者优势。若能吸引拥有特定资源的战略投资者，就可通过投资者的管理优势、市场渠道优势、政治联系优势和技术优势产生的协同效应，迅速壮大自身实力。③投资与经营方式的优势。鉴于经济法规和机构投资者的要求，股权融资需要建立较为完善的公司法人治理结构。公司的法人治理结构一般由股东大会、董事会、监事会、高级经理组成，相互之间形成多重风险约束和权力制衡机制，有利于促进公司规范运营。

股权融资也有一定的缺陷，主要表现在控制权层面和经营管理层面。①公司的股权投资者越多，创业者的控制权和管理权就越少。股权融资的风险就在于股权稀释可能导致创业者失去公司的控制权和一部分收益权。②当股权分散引发所有权与经营权分离时，经营管理者在公司战略和经营目标、经营手法上与股东发生重大分歧时，可能导致公司经营困难，以致合作双方分裂。③利用股权融资时，企业的经营管理者可能产生各种非生产性的投资和消费，采取有利于自己而不利于股东的投资行为，导致加大企业风险以及经营者和股东之间的利益冲突。

2. 内部融资和外部融资

内部融资可以来自公司内的若干渠道，如利润、出售资产收入、减少流动资本量、延期付款等。

外部融资包括吸引直接投资、家庭成员和亲朋好友的借款、银行贷款、发行债券、融资租赁、民间借款等。

(二) 创业融资方式选择的影响因素

不同融资渠道和方式获得的资金性质不同，对企业的影响也不同，它们之间的比例关系构成了企业的融资结构，进而决定了企业的资本结构，所以创业者应当合理地调控债权性融资与股权性融资之间的比例。明确建议创业者应当选择何种融资方式是不可行的，也是没有根据的。但是了解和掌握影响融资方式选择的主要因素，创业者就可以根据自身情况和企业状况进行权衡选择。一般来说，创业者在选择融资方式时应当考虑以下几个因素：行业差异、企业的发展阶段、资金的成本和风险、创业者个人偏好、融资环境。

1. 行业差异对融资方式的影响

新创企业所属行业不同，将面临不同的市场需求、不同的竞争压力、不同的风险和预期收益。不同类型的新创企业的融资特点不同，对融资渠道和条件的要求也不同，从而偏好不同的融资方式。从创业融资的角度看，新创企业大致有3类：传统制造业型、服务业型及高科技型。

2. 制造业新创企业的融资特点

对于从事传统制造业的新创企业，资金需求是比较多样和复杂的，这是由其经营的复杂性所决定的。无论是用于购买能源原材料、半成品和支付工资的流动资金，还是购买设备和零部件的中长期贷款，甚至产品营销的各种费用和卖方信贷都需要外界和金融机构的金融服务。一般而言，传统制造业企业的资金需求量较大，资金周转相对较慢，但由于属于成熟行业，预期收益容易预测，经营风险小，因此比较适合采用债权性融资的方式。

3. 服务业新创企业的融资特点

服务业企业投入资金的规模要求一般较低，经营活动和资金使用面相对较窄，其需求表现为频率高、贷款周期短、贷款随机性大。例如，存货的流动资金贷款、促销活动上的经营性开支、员工培训费用等。一般而言，服务业类企业风险相对其他企业较小，但是行业内竞争激烈，预期收益不明确，比较适合使用自有资金及向亲朋好友借款。

4. 高科技新创企业的融资特点

与传统企业相比，科技型企业具有技术更新快、信息传递快、运营周期短、高投入、高风险、高回报的特点。涉足高科技行业意味着前期研发投入较大，但企业的资产往往又以无形资产为主，很难从银行等金融机构获得贷款。因此，这类企业比较适合选择风险投资、天使投资等类型的股权性融资方式。现实情况也是如此。一份统计数据显示，我国中小板上市公司中，信息技术、医药生物、电子元器件等技术型行业相比其他行业更多地利用股权资金，其股权性融资比例基本在50%以上，而最低的是纺织行业，为32%。

表4-4对各类企业特点及合适的融资方式做了一个归纳，但在实际的创业融资过程中，这也不是绝对的，创业者应当根据自身实际情况选择合适的融资方式。

表4-4 新创企业的融资特点

所属行业	企业特点	适合的融资方式
制造业	低风险、预期收益明确	债权性融资
服务业	低风险、预期收益不明确	自有资金、向亲友借款
高科技产业	高风险、预期有高收益	股权性融资

5. 发展阶段对融资方式的影响

任何一家企业从提出构想到创办、发展和成熟，都存在一个类似人的成长一样的生命周期。很多学者对企业的阶段进行了不同的划分，下面选取具有代表性的划分方法，将企业的发展划分为种子期、创立期、成长期和成熟期4个阶段。在不同阶段，创业企业面临的风险因素与融资需求特征各不相同，如表4-5所示。

表4-5 各发展阶段的融资方式

阶段	主要活动	资金需求及风险	资金来源
种子期	可行性研究、市场研究	需求量小、风险很大	自有资金
创立期	产品研制、初步生产	需求量大、风险大	风险投资
成长期	企业规模迅速扩大	需求量大、风险较大	银行贷款
成熟期	生产销售达到规模经济	需求量大、风险小	上市融资

在种子期，企业还处于孕育阶段，对资金的需求主要是开办费用、可行性研究费用，需求量小，但在此期间，没有销售收入，现金只有流出没有流入，资金相对匮乏而且风险投资很少在此阶段介入，从商业银行贷款更是非常困难，因此必然主要依靠创业者自己或朋友亲戚的资金资助。不过，政府资助(科技创新基金)、"天使投资"也是可以考虑的融资渠道和方式。

进入创立期后，创业者开始购买设备、开发产品、小规模生产及销售。在这个时期里，对资金的需求主要体现在企业的销售费用、生产运营费用、管理费用的投入、固定资产的投资等。资金的需求量较大，而相应的销售收入的现金回流非常有限。此时，企业仍然有许多不确定因素，缺乏相应的资产抵押等作为融资担保，且业务记录有限，传统的投资机构和金融机构很难对其进行评估，从而不太可能提供资金支持，所以可以考虑风险投资。

企业进入成长期，产品和服务日渐得到市场的认可，销售收入增长迅速，创业企业必将开始加大营销力度，扩大市场的份额和规模。在这个时期里，企业对资金的需求主要体现在企业的规模运营资金、扩大固定资产的投资、扩大流动资金的保证、增大营销的投入等。企业资金需求量很大，但由于已经享有一定商誉，拥有一定的资产可用作抵押，可以选择向银行等金融机构贷款进行债权性融资。

企业进入成熟期后，随着资产规模的迅速扩大和技术开发的相对成熟，其面临的市场风险和技术风险大大降低，同时，企业的盈利能力和抵押能力的迅速提高增强了创业企业的抗风险能力。这时企业的融资选择是多种多样的，既可以选择继续向银行贷款，也能选择发行债券、上市等方式从资本市场获得资金。

6. 成本和风险对融资方式的影响

创业者选择不同的融资渠道与方式，就会有不同的融资成本及风险。在债权性融资中，纯粹的债务在一定时期内的成本是固定的，即所需支付的利息。其一般以银行同期利率水平做参考，如2013年，5年以上银行贷款基准利率为6.55%。而股权性融资的成本则相对不固定，例如，通过上市发行股票融资，除股息外，公司还需支付一笔发行费用，包括承销费、保荐人顾问费、资产评估师费用、律师费、注册会计师费等，其中承销费用占发行费用的绝大多数份额。如表4-6所示，在大多数情况下，股权融资的成本要高于债务融资的成本，所以从成本的角度考虑，企业往往比较愿意采用债权性融资。

表4-6 成本和风险

年份	2009	2010	2011	2012
上市融资成本/%	7.3	7.2	9.7	10.6
五年期以上银行贷款利率/%	5.94	6.14	6.6	6.8

此处的融资风险主要是指财务风险及失去企业控制权的风险。一般来说，债权性融资给企业带来的财务风险较大，因为利息的支付周期较短、支付金额不灵活，而股权性融资则不需要定期无条件支付。但是，选择股权性融资就将面临可能失去企业控制权的危险。首先创业者的股权会被稀释，其次投资方会从各方面介入企业的经营管理，使创业者的决策及控制权受到影响。融资的成本是创业者需要慎重考虑的因素，如果融资成本过高将会是企业一个沉重的负担，不仅会减少创业者个人的收益，而且会严重影响企业日后的成长。在面对众多选择时，创业者应当将各种渠道和方式搭配使用，选择一个综合成本和风险最小的融资组合。

7. 创业者个人因素对融资方式的影响

以上几个方面主要是从企业的角度出发进行权衡考虑，其实创业者个人的因素也会明显影响企业的融资选择。这里所说的个人因素，主要是指创业者对企业控制权的偏好及创业者自身的社会关系。

一些创业者拥有较强的控制欲，希望在企业里自己说了算，不愿将企业的控制权与别人分享，或者是创业者不愿意将自己辛辛苦苦创办起来的企业的所有权让渡给投资者，就会更多地选择债权性融资。与之相反，有一部分创业者则更加看重企业的快速发展，以获得更丰厚的回报。他们会吸收更多合伙人，引入更多的股权性投资，甚至在必要的时候会让出首席执行官等管理职务。正所谓"鱼与熊掌不可兼得"，创业者必须在控制权与企业更快壮大之间做出选择，这既与创业者的个性有关，也与创业者的创业初衷有关。如果创业者最初创业的目的是实现自我，那么他很可能会更倾向于债权性融资以保持对企业的绝对控制；如果创业的初衷就是为了积累更多的财富,那么创业者可能很乐意引入更多股权性资金使企业迅速壮大,而不在意自己是否对企业有绝对的控制力。

创业者个人的社会关系也同样会影响融资的选择。例如,若周边有经济富裕的亲友,那么创业者可能更倾向于向亲友借钱,或拉亲友入伙开办企业;如果创业者与银行来往密切,更容易从银行取得贷款,那么新创企业就会更多地使用银行贷款这一债权性融资方式。其他社会关系同样也会影响创业融资的选择,创业者也应该充分利用这一类社会关系。

8. 融资环境对融资方式的影响

多数情况下,新创企业对融资的选择不光是对自身分析后得出的结果,还要充分考虑所处的融资环境,甚至是整个大的经济环境。融资环境是由影响融资的一系列因素构成的,包括市场利率及期限结构、股市的水平和走势、政府的财政和货币政策、各类金融机构的状况等。

例如,当经济危机来临时,银行大幅度减少贷款量,这时企业即使强烈希望获得贷款也无能为力,只能被迫选择高利率的民间借贷或是选择股权性融资。而当央行降低存款准备金率,或是直接降低基准利率时,企业能更容易也更优惠地从银行取得贷款,这时创业者当然会更乐意从银行借钱。对于涉外企业,汇率也是影响企业融资选择的因素。如外币升值,就会引起企业以外币计量的贷款价值增加,外币有价证券的发行成本、使用成本增加,加重企业财务负担。如果国内只存在比较严重的通货膨胀,这对于债权人是有益的,创业者就可以更多地选择债权性融资,变相地降低自身的融资成本。

除了以上因素,还有很多经济环境中的其他因素会影响新创企业融资的选择,创业者对融资环境的状况和变化应保持足够的敏感,要善于抓住其中的机遇,规避其中的威胁,合理分析和预测企业融资的各种有利和不利条件,以把握住最佳的融资机会,从而选择最有利的融资方式。

四、创业融资渠道

资金缺乏是大部分大学生创业者创业过程中面临的主要问题。而由于受融资信息、信用能力等多种因素的影响,相当多的大学生创业者的创业资金主要来源于"父母支持""朋友合股"等融资渠道。因此,认识与拓展大学生创业融资渠道是大学生创业活动中现实而且紧迫的要求。

(一) 个人资金

个人资金是创业者通过积累、继承而形成的资本,对大学生创业者而言,个人资金往往来源于父母的资金支持。与外部资金相比,创业者的自我积累资金具有两个突出优势:①从企业外部寻找投资者会占用创业者大量的精力、时间,并要花费相应的费用;②一味地遵循投资者的标准会降低创业者构建新企业时的灵活性,而利用自我积累资金能够使创业者最初的创意得以实施。

尽管有些大学生创业没有动用个人资金就创办起了新的风险企业,但这种情况较少。这不仅因为从资金成本或企业经营控制的角度来说,个人资金成本最为低廉,而且因为在试图引入外部资金,尤其是获得银行、私人投资者及创业资本家的资金时,绝对必须拥有个人资金。外部资金的供给者通常认为,如果创业者没有投入个人资金,创业者可能对企业经营不会那么尽心尽力。大学生自有资金往往有限,因此对于大学生创业者而言,个人资金的投入水平,关键

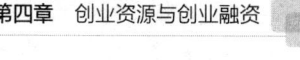

在于创业者的投入占其全部可用资产的比例,而不在于投入资金的绝对数量。

(二) 亲友资金

对于大学生创业活动而言,新创企业早期需要的资金具有高度的不确定性,但由于需求的资金量相对较少,因此,对银行和其他金融机构来说缺乏规模经济性。除了一些特殊情况,机构的权益投资者和贷款人几乎不涉及这一阶段的新创企业。

在这一阶段,对新创企业而言,亲友资金就是常见的资金来源,出于他们与创业者之间的亲情关系,也由于他们易于接触,他们是最可能进行投资的人。尽管从家人或朋友那里获得资金较为容易,但同所有其他资金来源一样,这种融资渠道既有好处,也有如股权稀释、容易给企业贴上家族企业的标签、形成特权股东等潜在的缺陷。虽然获得的资金金额较少,但如果是以权益资金的方式注入,家庭成员或朋友就获得了企业的股东地位,享有相应的权益和特权。这可能会使他们觉得自己对企业的经营有直接的投入,从而对雇员、设施或销售收入及利润产生负面的影响。

大学生创业者在引入亲友资金时应深入思考,对任何可能发生的问题都应防患于未然,通过书面文件、严格企业管理,规避亲友融资可能出现的风险,而每一笔亲友投资也不应该是强迫或误导的结果,而是因为他们认为这是一个好的投资机会。

(三) 创业商业贷款

创业商业贷款是指具有一定生产经营能力或已经从事生产经营活动的个人,因创业或再创业提出资金需求申请,经银行认可、有效担保后而发放的一种专项贷款。符合条件的借款人,根据个人状况和偿还能力,最高可获得单笔 50 万元的贷款支持;对创业达到一定规模,还可提出更高额度的贷款申请。为了支持大学生创业,很多地方政府也指定专门银行,从事与再就业配套的小额贷款,条件比正常贷款业务更优惠;部分金融企业推出的对高校毕业生创业贷款业务,可以高校毕业生为借款主体,以其家庭或直系亲属成员的稳定收入或有效资产提供相应的联合担保,对创业贷款给予一定的优惠利率扶持,视贷款风险度的不同,在法定贷款利率的基础上可适当下浮或小幅度上浮。

商业贷款的优点是利息支出可以在税前抵扣,融资成本低,运营良好的企业在债务到期时可以续贷;缺点是一般要提供抵押(担保)品,还要有不低于 30%的自筹资金,由于要按期还本付息,如果企业经营状况不好,则有可能导致财务危机。

大学生申请创业贷款的途径主要有三种:直接向银行申请贷款、申请科技型中小企业贴息贷款和利用新的技术成果或知识产权、专利权进行担保贷款。但是因为银行在对个人申请贷款方面的审核非常严格,特别是注重申请贷款人的偿还能力,在大学生刚刚开始创业时,银行的贷款审核部门认为其几乎不具备偿还能力,所以他们直接向银行申请贷款较为困难。

(四) 政府资助

为支持大学生创业,我国各级政府出台了许多优惠政策,涉及融资、开业、税收、创业培训、创业指导等诸多方面。随着我国经济的发展,政府对创业的支持力度,无论从产业的覆盖面还是从政府对创业者的支持额度都有了很大的提升,由政府提供的扶持基金也在逐步增加。

如科技型中小企业技术创新基金:经国务院批准设立,用于支持科技型中小企业技术创新的政府专项基金，扶持和引导科技型中小企业的技术创新活动。根据中小企业和项目的不同特点，创新基金的支持方式主要有：贷款贴息、无偿资助、资本金投入等。另外，科技部的863计划、火炬计划等，每年也会有一定数额的资金用于科技型中小企业的研发、技术创新和成果转化。

中小企业国际市场开拓基金：由中央财政和地方财政共同安排的专门用于支持中小企业开拓国际市场的专项资金。

各省市为支持当地创业经济的发展，也纷纷出台许多政策，支持创业，主要有人力资源社会保障部设立的开业贷款担保政策、小企业担保基金专项贷款、中小企业贷款信用担保、大学生科技创业基金等。

(五) 私募与上市

大学生创业者可能的创业资金来源还有私人投资者的私募资金，这些私人投资者可以是富有的个人、亲朋等。这些私人投资者在做出投资决策时，常常征询投资顾问、会计师、技术分析专家或律师等，然后才会做出投资决策。在我国，私募方面的立法还没有完善，加上较严格的国家金融监管，私募基金在短时间内很难成为一种有效的大学生创业资金募集方式。

创业企业能够公开上市是许多大学生创业者的梦想与愿景。但实际上，公开上市通常是很艰难的事情。创业者必须仔细评价企业是否已经做好公开发行股票的准备，以及企业股票上市的有利之处是否超过其不利之处。在评价上市准备情况时，创业者必须考虑公司的规模、盈余、业绩、市场条件、资金需求的紧迫性及现有股东的意愿。在利弊分析过程中，创业者应综合考虑公开发行股票的主要优势——新资本、流动性和价值评估、增强了获得资金的能力及威信，以及主要的缺点——融资费用、信息的披露、股权的失控和维持增长的压力等。

根据《创业企业股票发行上市审核规则》(征求意见稿)，我国创业型企业上市的基本条件包括如下方面。

(1) 申请人为合法存续的股份有限公司。

(2) 在同一管理层下，持续经营两年以上。

(3) 最近两年内无重大违法违规行为，财务会计文件无虚假记载。

(4) 申请人符合《创业企业股票发行上市条例》规定的融资金额与股权比例条件。

(5) 申请人符合《创业企业股票发行上市条例》《中华人民共和国公司法》(以下简称《公司法》)等其他资产金额与比率、上市流程、治理结构、行业与盈利预期等其他相关条件。

同时，中小企业在深圳证券交易所上市交易大致要经过改制和设立、上市辅导、申请文件的申报与审核，以及最后的发行与上市的基本程序。首先，中小企业根据《公司法》的规定，依据自身的状况通过改制或者设立来完成主体资格的转变。拟定改制重组方案后，聘请中介机构对拟定改制的资产进行审计、评估；或签署发起人协议和起草公司章程等文件，设置公司内部组织机构，以取得上市资格。在实际操作中，企业虽有多种改制方式，但不管如何改制，都应达到以下要求：具有独立的运营能力，主营业务突出，规范和完善公司法人治理结构，企业改制后的财务制度应符合相关法规、规章的要求。企业在改制的过程中，应重点关注业绩连续计算问题。然后为上市辅导及申报与审批阶段，企业聘请辅导机构对其进行尽职调查、问题诊断、专业培训和业务指导，学习上市公司必备知识，完善组织结构和内部管理，规范企业行为，明确业务发展目标和募集资金投向，对照发行上市条件对存在的问题进行整改，准备首次公开发行申请文件。企业和聘请的中介机构，按照证监会的要求制作申请文件，保荐机构向证监会推荐并申报，证监会对申请文件进行初审，提交股票发行审核委员会审核，报证监会核准。最后，企业才进入股票发行与上市阶段。中小企业的发行申请经证监会进行核准后，企业应该在指定媒体上刊登招股说明书摘要及发行公告，公开发行股票，提交上市申请，办理股份的托管与登记，挂牌上市。

在创业企业公开上市后，创业企业要保持与金融机构的良好关系，接受证监会、证监会派出机构和交易所对上市公司关于信息披露和实时监控的监管，以保障其上市之后的规范运作。公开发行股票的预测需要很多的计划和考虑，需要大量的财力、物力来完成准备工作。实际上，公开发行股票不是对每一个新创企业都适用的。猫扑网的创始人、千橡集团 CEO 陈一舟表示，大学生创业很多围绕大学校园展开，如配送行业、电子商务等，眼界较窄、盈利能力较弱。而上市其实是一种融资手段，上市过急过早，可能更容易引来一些对企业发展不利的东西。只有当一家企业不需要大把花钱，手里的项目已经开始赢得丰厚的回报时，上市才是最好的。

(六) 风险投资

风险投资也被称为创业投资，是一种向极具发展潜力的新建企业或中小企业提供股权资本，并通过提供创业管理服务参与投资对象的创业过程，以期所投资对象发育成熟或相对成熟后以股权转让方式实现高资本增值收益的资本运作方式。从字面上讲，风险投资的称谓源于对英文字面的直译，很容易导致误解，认为风险投资是偏好风险、追求高收益的投资。事实上，风险投资追求的风险并不是传统意义上的风险，对于以盈利为目的的投资机构，追求投资的安全性及合理风险下的投资回报是其关注的问题。从本质上讲，风险投资是一种支持创业活动的投资制度创新。风险投资有如下特点。

(1) 投资方式以股权投资为主，为新创企业提供"收益共享，风险共担"的长期股权资本。

(2) 投资周期较长，风险投资的目的不在于获取近期财务利润，而在于当投资对象的市场评价较高时，通过股权转让活动，一次性地为投资者带来尽可能多的市场回报，即取得中长期资本利润。

(3) 它不只是一种投资行为，而是集资本融通、创业管理服务等诸多因素于一体的综合性经济活动，投资后风险投资机构一般要通过参加董事会，派驻财务人员和高层管理人员等方式对投资项目进行项目监管，为新创企业提供增值服务。

与许多为创业者提供资金的其他渠道相比，风险投资商有自己不同的目标。例如，借贷者关心资金的安全性和偿还性；作为所投资企业的部分所有者，风险投资家最担心的是投资安全性与资本回报。因此，他们常常花很多时间来权衡投资的风险和收益，特别是对产品或服务的潜力以及管理方的能力要素的衡量。

风险企业要成功获取风险资本，首先要了解风险投资公司的基本运作程序。风险投资商往往会收到很多的项目建议书，而投资商经过严格审查、精细筛选，最终挑出个别的优秀项目进行投资，可谓百里挑一。

(七) 租赁

租赁分为融资租赁和经营租赁。融资租赁是资产的所有者(出租人)与资产的使用者(承租人)就资产的使用权所签订的不可撤销的合同约定，它定义了所有相关的条款，包括租金额、租期和付款周期等。一般租赁交易由三方(出租人、承租人和供货商)参与，由两个合同(租赁合同和购买合同)构成。融资租赁交易是一种价值和使用价值分别实现，所有权和使用权分离的交易方式。

融资租赁的期限一般在五年以上，又称为财务租赁或资本租赁。与经营租赁相比，融资租赁有以下特点：①承租人提出申请，出租人引进承租人所需设备后将其出租给承租人；②租赁合同比较稳定，不得随便变更；③租约期满后，可将设备低价转让给承租人，可由出租人收回，也可延长租赁期限；④租赁期内，出租人一般不提供设备维修和保养方面的服务。

经营租赁是由出租人向承租企业提供租赁设备，并提供设备维修保养和人员培训等服务性业务，经营租赁的期限较短。承租企业采用这种租赁方式的目的，主要不在于融通资本，而是为了获得设备的短期使用以及出租人提供的专门性技术服务。从承租企业无须先融资再购买设备即可享有设备使用权的角度来看，经营租赁也有短期融资的功效。

经营租赁的期限一般在五年之内，其主要特点如下：①承租人可以随时向出租人提出租赁资产的要求；②在设备租赁期间，如有新设备出现或不需要租入设备时，承租企业可以按规定提前解除租赁合同，这对承租企业比较有利；③租赁期满后，租赁资产一般返还给出租人；④出租人向承租人提供专门服务。

五、创业融资的选择策略

创业融资需求具有阶段性的特征，生命周期的不同阶段具有不同的风险特征和资金需求，同时，不同的融资渠道能够提供的资金数量和风险程度也不同。因此，创业者在融资时，需要将不同阶段的融资需求和融资渠道进行匹配，提高融资工作的效率，以获得创业所需资金，化解企业融资难题。

在种子期，企业具有高度的不确定性，很难从外部筹集资金，创业者自有资金、亲友款项、天使投资、创业投资以及合作伙伴的投资可能是较多采用的融资渠道；进入创立期之后，创业者还可以使用抵押贷款的方式筹集资金。

企业进入成长期以后，因为已经有了前期的经验基础，发展潜力逐渐显现，所以资金需求量较以前有所增加，融资渠道也有了更多选择。在早期成长阶段，企业获得常规的现金流用来满足生产经营之前，创业者多采用股权融资的方式筹集资金，合作伙伴投资、创业投资是常用的融资方式，此时也可以采用抵押贷款、租赁以及商业信用的方式筹集部分生产经营所需资金；在成长期后期，企业的成长性得到充分展现，资产规模不断扩大，产生现金流的能力进一步提高，有能力偿还负债的本息，此时，创业者多采用各种负债的方式筹集资金，获得经营杠杆收益。

扩展阅读

中国人民银行、国家发展改革委等部门联合发布通知
——降低企业综合融资成本

中国人民银行、国家发展改革委等部门联合发布《关于做好2024年降成本重点工作的通知》提出，推动贷款利率稳中有降。持续发挥贷款市场报价利率(LPR)改革效能和存款利率市场化调整机制的重要作用，在保持商业银行净息差基本稳定的基础上，促进社会综合融资成本稳中有降。

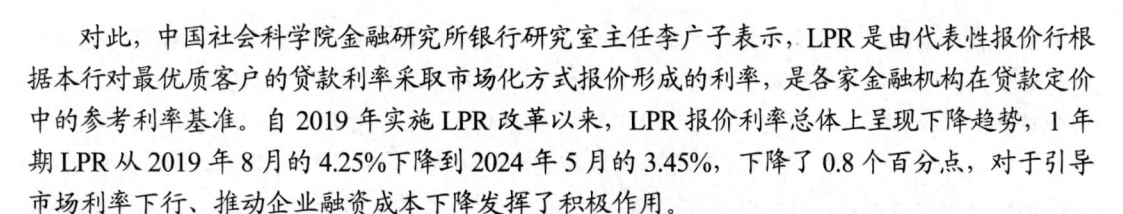

对此，中国社会科学院金融研究所银行研究室主任李广子表示，LPR 是由代表性报价行根据本行对最优质客户的贷款利率采取市场化方式报价形成的利率，是各家金融机构在贷款定价中的参考利率基准。自 2019 年实施 LPR 改革以来，LPR 报价利率总体上呈现下降趋势，1 年期 LPR 从 2019 年 8 月的 4.25%下降到 2024 年 5 月的 3.45%，下降了 0.8 个百分点，对于引导市场利率下行、推动企业融资成本下降发挥了积极作用。

2024 年以来，中国人民银行综合运用多种政策工具，支持经济回升向好。在贷款方面，人民银行充分发挥再贷款、再贴现、普惠小微贷款支持工具等作用，引导金融机构增加对民营和中小微企业贷款投放，降低融资成本。数据显示，一季度新发放企业贷款利率为 3.75%，同比降 0.22 个百分点，融资成本稳中有降。李广子表示，这一降幅与 LPR 的下降幅度基本一致，反映出贷款市场基准利率向市场微观企业主体的传导。融资成本是中小微企业经营成本的重要组成部分，融资成本的下降对于中小微企业降低经营成本、提高市场竞争力具有重要意义。

近年来，我国稳健的货币政策灵活适度、精准有效，信贷合理增长、均衡投放，企业直接融资保持合理规模。中国人民银行有关负责人表示，总的来看，民营和小微企业贷款增速均明显高于各项贷款平均增速。在发债方面，畅通企业债券融资渠道，企业债券发行规模增加。在票据方面，优化了票据业务功能，助力企业加快资金周转、缓解占款压力。今年一季度，签发票据的中小微企业超过 14.4 万家，占全部签票企业的 93.2%；办理贴现的中小微企业为 16.9 万家，占全部贴现企业的 96.5%。

值得注意的是，为降低企业综合融资成本，金融管理部门不断引导金融资源精准滴灌。《通知》提出，保持再贷款、再贴现政策稳定性，实施好普惠小微贷款支持工具，继续对涉农、小微企业、民营企业提供普惠性、持续性的资金支持。

从数据看，截至 2024 年一季度末，金融机构高技术制造业贷款、普惠小微贷款、涉农贷款和民营经济贷款同比增速分别为 27.3%、20.3%、13.5%和 10.7%，均明显高于全部贷款增速。中国银行研究院研究员梁斯认为，2024 年上市银行一季报显示，商业银行在保持净息差稳定的同时继续加大减费让利力度，从贷款端降低中小微企业融资成本。在政策引导下，商业银行将加大对实体经济支持力度，不断强化对经济重点领域和薄弱环节的资金投放，并积极推动降低企业综合融资成本、降低企业经营负担。

中国邮政储蓄银行研究员娄飞鹏表示，今年以来，人民银行通过全面降低存款准备金释放低成本资金，实施结构性货币政策工具等，推动降低银行资金成本，银行业也通过降低存款利率压降负债成本等，降低中小微企业融资成本。目前来看，一些中小微企业经营面临困难，仍然需要降低中小微企业融资成本。除了用好政策支持工具，还可以结合中小微企业特点创新更多的信用类贷款产品，更多按照市场化方式开展无还本续贷等，也可以通过降低负债成本传导至资产端来降低中小微企业融资成本。

(资料来源：根据网络资料整理)

案例 4-3

融资策略的选择

江苏阳光是一家上市公司，该公司是一家正处于成熟期的企业，销售量和利润持续增长，企业融资渠道通畅。企业有比较丰厚的盈余积累，在这个阶段企业最佳的融资策略可以选择相对激进型的。因此，江苏阳光选择了发行可转换债券进行融资。2002年，江苏阳光为了技术改造项目和并购项目而募集资金，发行8.3亿元可转换债券。公司根据此项目回报率高、投入期限短、见效快这几个特点，选择了适合的转股期和发行时机，并且有效地降低了投资者的风险，从而保证了投资者利益，最后选择中国银行无锡分行进行长达五年的全额担保，规避相应的风险。阳光可转换债券发行一年后就进入转股期，投资者可以凭自身需要进行转股，而这时公司募集资金投资项目已基本开始产生效益，完工后，每年为公司贡献1.3亿元净利润，从而保证每股收益和净资产收益稳定增长。

在本案例中，江苏阳光2001年末其资产负债率仅为6.24%，公司本次发行8.3亿元可转换债券后，资产负债率预计约为42%。请结合案例分析，该公司采取这样的融资策略有什么好处。

(资料来源：根据网络资料整理)

六、创业融资困境的深层次原因

虽然我国各级政府出台了许多针对创业企业发展的优惠政策，但"融资难"仍是制约广大创业企业生存和发展的瓶颈问题。有调查表明，90%以上的创业者认为创业面临的首要难题是"融资难"，有的创业者甚至感叹："融资难，难于上青天。"那么，创业融资困境究竟是如何产生的？

(一) 创业具有高风险性

创业企业的风险水平较高，即使在创业活动相对活跃、融资渠道较为畅通的美国，新创企业的失败率也很高。美国的一项长期研究表明：新创企业在2年、4年、6年内的消失率分别是24%、52%、63%。我国创业者的创业能力低于GEM(global entrepreneurship monitor，全球创业观察，GEM项目是当今最有影响力的全球创业研究项目)的均值水平，据统计，我国新创企业的失败率在70%左右。创业投资是资本逐利的过程，创业企业的高失败率给投资者带来了很大的风险，导致创业融资难度增加。

(二) 创业企业本身存在劣势

创业企业资产十分有限，有些企业甚至没有资产。无论直接融资还是间接融资，都是一种信用关系，而一切经济信用关系都是以经济实力为基础的。创业企业规模小，偿债能力和资信程度也就相对较低。从提供资金的各个主体(包括政府、投资人、银行、企业、自然人等)来说，面对创业企业的资金需求，首先面临的就是风险问题。这是投资者在选择投资对象时"嫌贫爱富"的根本原因。创业企业没有经营历史，未来发展很不确定。创业企业经常凭借一份创业计划书"摸着石头过河"，未来发展的不确定因素太多。另外，创业企业没有经营历史和经营经验，投资者很难预测将来的发展状况。投资者对于这种企业的投资通常显得十分谨慎。如果是一家像海尔这样有过辉煌历史的品牌企业，即便发展中遇到困难，其融资也不会太难。

(三) 创业者和投资者信息不对称

在创业融资中存在信息不对称的问题，一般而言，投资者对融资企业的产品、创新能力、团队实力、市场前景等信息没有融资者清楚，通常处于相对信息劣势的地位，而融资者处于信息优势的地位。创业融资者通常会掩饰企业存在的问题，展现的是企业优秀的一面，这也使投资者在一定程度上得不到充分的信息。创业融资中信息不对称导致的信任危机，也就是投资者对融资者的不信任，投资者很难将资金投给一个他们不了解的企业。同时，投资者也担心投资后能否维护自己的利益，因为创业融资者通常是企业的大股东或是经营者，可能会侵害投资者的利益。一位创业投资公司经理表示，很多 VC(venture capital，创业投资)经常抱怨"投资前是爷爷，投资后成了孙子"。有的 VC 投了钱之后，啥都不管，只是隔段时间看看报表，结果企业不把其当回事。因此业界经常听到这样的抱怨：投资前后企业变化太大，很难了解其真实的想法，总是隔着一层。创业融资中的信息不对称导致投资者对创业融资企业存在不信任，这就增加了创业融资的难度。

(四) 我国资本市场发展缓慢且不健全

除了创业型企业自身存在的局限性，我国私人权益市场的不成熟也限制了创业的融资渠道。目前，我国创业企业融资大部分是依靠内源性融资，而在外源性融资上主要是金融机构。大学生创业由于企业自身的劣势，很难从大型金融机构获得融资机会，只有求助于中小融资机构，随着中小企业的飞速发展，迫切需要与中小企业相配套的中小金融机构，但如今中小商业银行的数量和资金实力远远不够，不能提供足够的融资服务。相对于发达国家而言，我国资本市场的发展仍旧迟缓，民间资本进入投资领域的渠道尚不畅通，资本的供给和需求之间存在矛盾，这也在一定程度上影响创业企业的融资。创业融资虽然困难，但近年来，国家为了鼓励人们自谋职业和自主创业，特别是大学生创业，出台了一系列创业优惠政策，提高了创业的成功率。此外，具有战略眼光的风险投资家仍然热衷于投资创业企业，一位著名的风险投资家说过，未来是属于创业企业的，因为他们将带来变革意义的商业模式。因此，创业者如果能够通过自己的努力，创造优秀的商业模式，创办具有发展前景的企业，坚定融资信心，定能受到投资者的青睐。

扩展阅读

万科融资渠道分析及启示

一、股权融资的使用减少

深圳万科企业股份有限公司于 1988 年上市，股本为 4133 万股，截至 2016 年 9 月 30 日，公司共有总股数 110.39 亿，其中 A 股 97.24 亿，H 股 13.15 亿。上市 28 年，万科的股本翻了 267 倍。从当初一家小企业做到了如今的国内房地产市场上的领先地位，股权融资的作用不可忽略。万科通过在股票市场上筹集资金，使自己的股本翻了 200 多倍，获得了其他方式难以取得的巨额资金。这些资金为万科后期的不断扩张提供了保障。另外，万科良好的资金链保障了企业的良好发展，连续二十几年的良好表现让万科的股票更得投资者的青睐。

在股票市场上融资有很多好的方面。例如，投资者的资金不需要偿还，只需要在特定时候向股东派发红利，而公司有权决定发不发红利、以什么形式发和发多少，这就避免了因资产负债率过高而带来破产的风险。

从 2000—2005 年，万科的资产负债率基本在 60%以下，在这段时间里，万科通过股权融资的渠道获得大量资金，资产负债率较低，企业的经营风险较小；2007 年以后，资产负债率大幅度增长，尤其在 2008 年金融危机以后，股权融资的渠道被切断，万科再难从股市里获得融资。2015 年，万科的资产负债率达到 77.7%，是 2000 年的 1.63 倍。可见，失去股权融资这条渠道后，万科的经营风险有上升的趋势。

股权融资也存在明显的缺点。首先，过度的股权分散化可能会使原有股东丧失控制权。万科的股权分布非常分散，排名第一的华润股份有限公司也只占 15.24%。这对于公司的稳定发展有一定的阻碍；管理层和董事会的不稳定会导致公司的重大决策难以实施，还存在多头管理的隐患；公司的大股东不稳定，经常更换，这使得企业面临被恶意收购的风险。其次，虽然发行股票不需要向股东支付利息，但要向证券经纪人支付一系列的发行费用，如手续费、代理费等。另外，公司也要向股东支付一定的红利或者将公司盈利用于扩大再生产，投资者由此获得资本利得，在这个过程中，公司将会付出较大的机会成本。机会成本应该在进行决策时被考虑进去。

二、对银行贷款依赖度下降

传统的房地产外部融资渠道主要依靠银行贷款，同样对房地产企业的贷款也占了银行贷款业务的一大块，这种联系将房地产企业与商业银行紧紧地联系在一起。万科地产在商业银行的信用等级一直很高，这也为万科的多元化融资提供了强有力的后盾。2008 年以前，万科的融资渠道主要依靠股权融资和银行贷款，这两种渠道解决了万科 80%以上的资金缺口。2009—2012 年，万科的主要融资来源则变成了公司内部互相担保的银行贷款、合作伙伴的投资等。2015 年银行贷款余额 594.77 亿元，2014 年银行贷款余额 573.69 亿元，由此可见，万科每年银行贷款增长的比例不高。

从总额来看，万科的银行贷款在逐年增加，这和企业的规模不断扩张有关；另外，总负债中银行贷款的占比在不断下降，2001 年的银行贷款占了 48.08%，到 2015 年银行存款只占负债的 7.12%，期间这个比例有所波动，但大体下降的趋势明显。可以说，万科正在逐渐脱离商业银行的限制，开始探求商业银行贷款以外的多元化融资渠道。

(资料来源：陶琴琴. 万科融资渠道分析及启示[J]. 财讯，2017，31.)

第三节　创业资源管理

导入案例 4-3

―――― 共享单车的崛起 ――――

共享单车从 2016 年至今，已经发展了 8 个年头。经历过野蛮发展的 "1.0 时代"、精细化运营的 "2.0 时代"，以及有机地融入城市系统的 "3.0 时代"，现在共享单车在城市中扮演着越来越重要的角色。共享单车作为城市出行的新宠，其成功的背后正是资源整合的典范。通过整合闲置自行车资源、智能技术、移动支付等手段，共享单车企业不仅解决了市民出行的 "最后一公里" 问题，还实现了资源的最大化利用。在这个过程中，创业者不仅获得了丰厚的回报，还为城市绿色出行做出了贡献。交通和城市规划专家王园园刚完成一项研究，结合其中展现的图景，共享两轮实质上可视为公共交通的有效衔接和补充。

这一研究调研了哈啰骑行2023年7月在上海的骑行数据。王园园表示，时至今日，共享两轮市场格局已定，共享两轮在城市出行联系中的作用也渐渐清晰。在出行需求多元化的背景下，共享两轮的优势，并不在于运输速度的提高，而是通过其灵活性，在城市综合交通运输系统中起到衔接和补充作用。这正是其生命力所在。

王园园表示："除了平台本身的智能化发展，如何自上而下去思考，通过规范化和有意识地整合，使城市空间、综合交通系统与共享两轮达成更好的配合，是共享两轮在城市运转过程中价值进一步提升的重要基础。"

王园园认为，无论宏观上在城市综合客运交通体系中的定位，还是微观上道路基础设施规划设计与共享两轮的匹配，都是城市交通发展需要面对的功课。共享两轮需要由自下而上的发展过渡到自上而下的规范，才能撬动城市的MaaS系统(出行即服务)发展，提升城市的活力和价值。

就微观层面而言，王园园认为，路缘管理特别重要，是共享两轮和交通管理、城市管理的结合点。他认为，当下城市路缘上，共享两轮和私人助动车，以及不同平台的共享两轮，时常混杂停放，似乎可视为"非正式产权"。以往城市化是增量时代，而存量时代意味着管理的精细化，其使用权需要进一步正式化和精细化，这才能提升价值和效率。

上海交通大学安泰经济与管理学院教授黄少卿认为，共享两轮能够通过对交通系统的有效补充，来帮助城市的居民更好地或更有欲望去使用公共交通系统，则是符合公交优先的政策需要的，而这此前是一种"被忽略的外部性"。通过政府补贴，鼓励大家更多选择共享两轮出行，会产生优化资源配置的效果。

广州市交通运输局公共交通处处长苏奎认为，中国是对共享两轮最友好的国家，只有在中国的城市，才有如此大规模的共享两轮系统。苏奎指出，当下的交通系统太"重"，占地空间大、能耗多、排放多。共享两轮在美国称作"微交通"，也是突出其中"轻"的一面。而在中国，可以突出"公共"二字，叫作"互联网公共租赁自行车"。这样就可以把其中蕴含的理念突出呈现出来，是一种公共交通的补充。首先从能源、占地等方面，共享两轮有效率，甚至比私人交通甚至传统公共交通效率还高；其次，面对不特定的公众；再次，具有典型的基础设施特征；最后，达成了需求侧的"出行即服务"。

交通与发展政策研究所(ITDP)东亚区首席代表刘岱宗认为，疫情对全球共享经济的打击是非常巨大的。某种程度上，共享单车与传统意义上的公共交通成了一个零和游戏。另外，此前靠地铁进行销售、盘活土地价值，而现在进入新型城镇化阶段，需要轻建设重运营，要靠运营创造更多价值。在欧洲，城市没有钱修地铁时，是以自行车系统为导向，进行整体城市的更新，推动自行车带动城市的更新和复苏，在欧洲跟美国是非常清晰的战略。在这些理念的基础上，回到中国城市，帮助政府解决问题，达成一套"出行即服务"的系统，可以打破"零和游戏"的格局，就格外有意义。而路缘管理也是行业里比较新的风投动向。

伯克利加州大学工程博士、成都大运会MaaS交通服务技术总监郑城举到很多例子。他认为，盘活城市交通系统，可以从技术、企业管理、行业监管等方面着手。例如，在技术方面，达成一个"出行即服务"(MaaS)的系统，就能更好地精细化发放补贴。在成都，有的地铁站口停放空间非常有限，但早高峰会产生大量单车需要调度，对平台企业而言也是不经济的。这就需要运用 MaaS 系统精准测算，达成更好的方案。实际上，一套 MaaS 系统也更有利于以出行的便捷性形成吸引力，引导绿色出行。

(资料来源：根据网络资料整理)

知识要点：
资源开发、资源开发推进方法。

学习目标：
了解不同类型的资源如何开发及其推进方法。

4.3 创业资源管理

一、不同类型资源的开发

创业者所能掌握和整合到的资源以及其对资源的利用能力很大程度上决定了他们是否可以成功地创造出机会，进而推动创业活动向前发展。因此，创业者整合创业资源的能力显得至关重要。然而，由于大部分创业者是在资源缺乏的情况下创业的，最初的创业资源主要来自自己和家庭成员，因此，创业初始资源显著匮乏。此外，由于创业者没有历史业绩可供参考、缺乏有效的资产用于抵押、缺乏控制创业风险的经验，以致其创业的未来收益具有较大的不确定性，这种不确定性使其在吸引创业所需人力、财力、技术等外部资源时难度加大，获取外部资源的可能性降低。这种原始资源的天然劣势和较高的外部资源的不可得性使得大多数创业者难以整合到充足的创业所需的资源。

尽管创业者面临着资源匮乏的难题，但实际上创业者所拥有的创业精神、独特创意及社会关系等资源，却同样具有战略性。因此，对创业者而言，难以整合到充足的创业所需的资源并不意味着失去创业的机会。如果创业者可以借助自身的创造性，用有限的资源创造尽可能大的价值，并能积极开发和整合各类外部资源，就能在资源有限的情况下，充分发挥资源整合效应，创造出"1+1+1＞3"的功效，从而实现创业的成功，许多优秀创业者的成功也以事实证明了这一点。

二、创业资源的整合

资源是在一定的技术经济条件下，现实或可预见的将来能作为人类生产和生活需要的一切物质和非物质的要素。创业资源是指新创业项目和创业企业在创造价值的过程中需要的特定资产，是创业活动展开的必备要素，包括人力资源、客户资源、资金资源、技术资源、经营管理资源、行业资源、业务资源、人脉资源、知识资源等。创业资源的整合，就是寻找尽量多的有利资源，并以高效率的方式来配置、开发和使用这些资源的过程。

(一) 人力资源

人力资源又称劳动力资源或劳动力，是指一定时期内组织中的人所拥有的能够被企业所用，且对价值创造起贡献作用的教育、能力、技能、经验、体力等的总称。是否有高素质人才，能否合理利用和管理创业团队中的人，对创业的成败起着至关重要的作用。要根据创业所需，寻找具有较强专业性的人员来组建团队并能很快投入其中，通过自身综合能力的发挥为创业铺平道路。人力资源管理是创业团队为有效利用其人力资源而进行的活动。这些活动包括：制订团队的人力资源管理战略和人力资源计划，并在其指导下，进行人员安排、业绩评定、员工激励、管理培训及决定报酬和劳资关系等；同时对人的思想、心理和行为进行恰当的诱导、控制和协调，充分发挥人的主观能动性，使人尽其才、事得其人、人事相宜，以实现创业目标。

处在创业初期的组织，通常管理者会将关注的重点放在产品研发、生产、市场开发等领域，而对于人力资源管理重要性的认识不足，关注度不够，在管理理念上更多的是局限于节约人力成本。部分管理者虽有现代人力资源管理的观念和意识，但是由于资金、人员、技术等方面的缺乏，创业初期并没有制定明确的发展战略和与之配套的人力资源规划方案，对人力资源需求和供给、管理开发等普遍缺乏预见性和计划性，导致在创业发展过程中人力资源储备和开发不足而使发展后劲不足。

针对创业初期的实际情况，在人力资源规划方面应重点抓住以下几个方面：①明确组织的战略目标；②明确组织的业务范围、业务规模的定位；③在部门和岗位的设计上要以精干高效为标准，部门和岗位尽量减少，这是组织高效运行的基础；④要充分尊重部门的独立性，组织中的各部门要分工明晰，权责清楚。

(二) 客户资源

客户资源对于创业项目的长远发展具有重大意义，客户资源的用途如下。①信息咨询：掌握更多资料，吸引更多客户；②寻求合作：寻求投资伙伴，以迅速推广科研成果或专利产品；③经贸业务：避开前台，直接与企业高层领导联络商谈业务；④采购产品：直接同供货厂商联系，避开中间环节，降低进货成本；⑤销售产品：寻求经销商，发展销售代理，促进产品销售；⑥降低成本：信息量大且准，不用再翻阅黄页书籍；⑦市场营销：选择目标客户，轻松电话营销或发送大量商业信函。

在日常营销工作中，收集客户资料、建立完善的客户资源管理档案，直接关系到其营销计划能否实现及完成效果。因此，在工作职责方面，所有与客户进行直接或间接接触的人员都有收集、汇报客户信息的职责，不得独自占有客户资源，市场管理岗位人员负责客户资源信息的汇总管理。对于客户的界定，则是指与企业有业务往来的供应商、经销商和直接用户，与公司营销有关的广告、银行、政府、保险、科研院所等协助机构可列为特殊类客户。客户资源充分利用的途径有许多方面。

1. 尝试做自己的客户

很多企业抱怨做客户满意度调查得来的结果存在很大的偏差，有些甚至不管用。实际上，调研并不能完全准确地反映问题，它只能做参考而不能当治病药方。企业要调查客户满意度最直接、最有效的方法就是尝试认真做自己的客户，这样你就会亲自体验自己的产品好不好用、服务态度好不好，甚至体验到客户在你公司的各种经历，这远比让客户告诉来得真实。

2. 尝试做竞争对手的客户

在企业竞争中要做到百战不殆，仅仅知己显然是不够的，还要知彼，即看看竞争对手怎么去面对市场？哪些做得比自己的企业好？哪些让客户不满意？思考其中的原因，总结出竞争对手的优势和不足。其实这就是企业的情报战，是现代企业竞争的重要手段，但它的前提是建立在某种市场准则、法律法规及企业道德的基础上而进行的。

3. 学会与过去的老客户交流

客户往往是理性的，他们不会随便选择所需的产品和服务。一般情况下，他们选择产品和服务是综合考虑经济承受力、价格、产品功能、质量、服务水平、个人喜好等因素，只有他们觉得"物有所值"才会选择购买。那么，当一个客户突然舍弃你的产品和服务而"移情别恋"你的竞争对手时，必然有其内在的原因。对企业来说，准确了解老客户为什么离去？他们对企业的产品和服务有什么意见和建议？在老客户眼中什么样的产品可以满足基本需要？这些都是很重要的信息资源，一方面有助于开发新的客户，避免同样的错误再发生；另一方面老客户离开并不意味永远离开，因为市场是自由的市场，客户是有自主的选择权的，只要你能够让老客户觉得更有诱惑力，老客户就会重新回来，这就是"回头客"。因此，企业特别是企业的营销部门应该重视与过去的老客户交流，从中获取有价值的市场信息。

4. 让客户帮你寻找问题的症结

客户是你的产品和服务的使用者和体验者，是最有发言权的，当企业碰到问题时，借助客户的力量往往可以达到事半功倍的效果。企业很多的老大难问题，长期以来都困扰着诸多企业，有部分企业为了解决问题不断请专业人员做调研规划分析，且不断做市场客户满意度调查，但是效果不理想，而且成本高、时间长。因此，让客户帮助你寻找问题不失为一个好办法。

5. 从客户中聘用重要人员

在人才竞争激烈的时代，企业对人才特别是行业内的高端人才的猎取已经达到无孔不入的程度，其中互挖竞争对手的墙脚更是呈现得淋漓尽致。遗憾的是，很多人只知从竞争对手那里挖走人才，却不知从客户中聘用。事实上，企业内某些重要职位更需要真正了解产品和服务的人才，而这方面的人才往往可以从下游的客户中获取，这是一个企业获取关键人才的重要途径。

（三）资金资源

资金资源是创业的物质保障。在创业资金来源的渠道中，银行贷款被称为创业融资的"蓄水池"，由于银行财力雄厚，而且大多具有政府背景，因此在创业者中很有"群众基础"。从目前的情况看，银行贷款有以下4种：①抵押贷款，指借款人向银行提供一定的财产作为信贷抵押的贷款方式；②信用贷款，指银行仅凭对借款人资信的信任而发放的贷款，借款人无须向银行提供抵押物；③担保贷款，指以担保人的信用为担保而发放的贷款；④贴现贷款，指借款人在急需资金时，以未到期的票据向银行申请贴现而融通资金的贷款方式。随着我国政府对民间投资的鼓励与引导，以及国民经济市场化程度的提高，民间资本正获得越来越大的发展空间。目前，我国民间投资不再局限于传统的制造业和服务业领域，而是向基础设施、科教文卫、金融保险等领域"全面开放"，对正在为"找钱"发愁的创业者来说，这无疑是"利好消息"。而且民间资本的投资操作程序较为简单，融资速度快，门槛也较低。

1. 创业融资宝

将创业者自有合法财产或在有关法规许可下将他人合法财产进行质(抵)押的形式，从而为其提供创业急需的开业资金、运转资金和经营资金。该融资项目主要针对"4050人员"，以及希望自主创业的社会青年群体。

2. 融资租赁

融资租赁是一种以融资为直接目的的信用方式，表面上看是借物，而实质上是借资，以租金的方式分期偿还。该融资方式具有以下优势：不占用创业者的银行信用额度；创业者支付第一笔租金后即可使用设备，而不必在购买设备上大量投资，这样资金就可调往最急需用钱的地方。

3. 政府提供的创业基金

政府提供的创业基金通常被所有创业者高度关注，其优势在于利用政府资金不用担心投资方的信用问题；而且，政府的投资一般都是免费的，进而降低或免除了筹资成本。但申请创业基金有严格的申报要求；同时，政府每年的投入有限，筹资者需面对其他筹资者的竞争。

4. 个人筹集创业启动资金

个人筹集创业启动资金最常见、最简单而且最有效的途径就是向亲友借钱。它属于负债筹资的一种方式，其优势在于一般不需要承担利息，没有财务成本，只在借钱和还钱时增加现金的流入和流出。因此，这种方式筹措资金速度快、风险小、成本低。缺陷是会给亲友带来资金风险，甚至是资金损失，如果创业失败就会影响双方感情。

5. 共同出资

寻找合伙人投资是指按照"共同投资，共同经营，共担风险，共享利润"的原则，直接吸收单位或个人投资、合伙创业的一种筹资途径和方法。合伙创业不但可以有效筹集到资金，还可以充分发挥人才的作用，并且有利于对各种资源的利用和整合，尽快形成生产能力，降低创业风险。但俗话说"生意好做，伙计难做"，合伙投资时人人是老板，容易产生意见和分歧，降低办事效率，也有可能因为权利与义务的不对等而产生合伙人之间的矛盾，不利于合伙基础的稳定。

(四) 技术资源

技术资源的主要来源是人才资源，重视技术资源整合的同时也就是注重人才资源的整合。技术资源的整合，不仅要整合、积聚组织内部的技术资源，还要整合外部的可利用的技术资源。整合技术资源只是起点，技术资源整合是为了技术的不断创新，自主研发并拥有自主知识产权，保持技术的领先，占领市场，壮大企业。一般而言，在创业初期，创业技术是最关键的资源。原因有以下几个。①创业技术是决定创业产品的市场竞争力和获利能力的根本因素。②创业技术核心与否决定了所需创业资本的大小。对于在技术上非根本创新的创业企业来说，创业资本只要保持较小的规模便可维持企业的正常运营。③从创业阶段来说，规模较小的企业，管理层对人才的需求度不像成长期那样高，创业者的企业家意识和素质是创业阶段最关键的创业资源。做成功企业的核心是要有好的产品，而企业的产品必须做到专业化，这非常重要。要做到产品专一，在同一领域内做到最专，技术上要一直领先。美国的微软公司和苹果公司，最初创业资本都不过几千美元，创业人员也只有几人。它们之所以走向成功，就是因为它们拥有独特的创业技术。因此，创业企业成功的关键首先是寻找成功的创业技术。

(五) 经营管理资源

作为创业者，无论人员数量多少、无论组织规模大小，都必须加强技术、财务、营销、员工等方面的管理。站在巨人的肩膀上，可以看得更远。创业者如果有机会到其他公司(不管是大型公司总管理处或是小型公司)服务，应悉心观摩管理者的经营长处，这对自己的创业将大有好处。在创业之初，如果能拥有一个志同道合的团队，或者拥有精明能干的员工，对于自己的事业来说，那将会是善莫大焉的事情，不但有助于业务的拓展，而且自己也可向他们学习，所以许多创业者把成功归因于"雇用比他们精明的员工"。和成功的人待在一起，他不但能为你出谋划策，帮你解决困惑，帮你渡过难关，还有可能在资金、人脉、业务上拉你一把，从而让你的事业更加顺利。通常，当你询问创业家如何学习经营管理时，他们也许会回答"从尝试错误中学习经验"。摸索经验或许并非最有效的方式，但自己所领悟的经营要诀，通常是最珍贵、最实在的。利用视听器材增加管理知识，如电视上有关企业管理的节目，应按时收看；多阅读书籍、杂志、报纸、商业通信及交易刊物等，均是极珍贵的信息来源；另外，目前有些用录音带录制的经营管理课程，可利用空闲或开车时收听，必定有收益。现今，不管是省市地方电视台，还是中央电视台，都举办了很多类似的创业类的栏目，如央视的《赢在中国》《经济半小时》《对话》等，创业者可以通过这些节目获得很多创业灵感。

　　供应商作为产业链上的重要一环，不仅熟悉本行业业务，而且有些时候会透露一些其他同行不会透露的珍贵信息，所以创业者应增加和供应商的交流，运用供应商的智慧。另外，创业者也应注意倾听顾客的抱怨及赞誉，加强与员工的交流。

(六) 行业资源

　　对某个行业有充分的了解，同时掌握这个行业的各种关系网，如业内竞争对手、供货商、经销商、客户、行业管理部门及技研机构、行业协会、行业杂志、行业展会等，这些对于创业的成功与否很重要。因此，创业的一个成功类型，就是做自己熟悉的行业，熟悉本行业企业运营、熟悉竞争对手等。整合行业内的竞争对手资源。"他山之石，可以攻玉"，把竞争对手转变为合作伙伴。市场竞争没有永远的对手，也没有永远的伙伴，更没有永远的敌人。创业企业不可避免地存在诸多方面的不足。因此，同行之间或者产业上下游之间的创业企业通过策略联盟或股权置换等种种方式整合资源，使人力资源、研发能力、市场渠道、客户资源等方面实现优势互补，对内相互支持，对外协同竞争。由几家创业企业作为核心，同时带动一批创业企业，形成利益共同体。

　　行业资源与技术优势的组合。对企业而言，自身的建设是年年月月日日的必修课。自身的问题解决了，还要具备对优质资源的发现和把握，这需要强烈的市场意识和眼光。否则，结合有了，却可能离失败近了。创业团队在对行业内优质社会资源的整合中，一定要懂得基于企业利益基础之上的放弃，以企业利益为第一利益，合作是双赢的，但任何优质的资源进来，是需要自身付出代价的。很多小企业发展不大，追根究底，是一次又一次地放弃了合作的机会，个人或少数人的单打独斗，是无法在现代市场中取胜的。

(七) 人脉资源

　　创业不是引"无源之水"，栽"无本之木"。《科学投资》认为，人脉交往能力应列在创业者素质的第一位。对中国的创业成功者来说，最重要的一点是人脉资源的创业，即创业者构建其人脉网络或社会网络的能力。一个创业者如果不能在最短时间之内建立自己最广泛的人脉网络，那他的创业定会非常艰难，即使初期能够依靠领先技术或者自身素质(如吃苦耐劳或精打细算)获得某种程度上的成功,我们也可以断言他的事业一定做不大。经历多,打交道的朋友也多,整合到大量的人脉资源就可以整合吸引到人才、资本、技术等,创业就会变得很容易、很快乐;而且很多朋友在各行各业中经验丰富,颇有建树。因此,创业一定不要浪费宝贵的人脉资源,多听听朋友的意见,争取他们的支持和帮助。

人脉资源的特性主要有以下几点。①长期投资性。平时要注意人脉资源的积累,不要事到临头才去找人帮忙,创业也一样,现在不是你的客户,明天就可能成为你的客户,因而你必须从现在开始建立联系,人脉资源的形成需要很多时间和精力,这也是一种投资。②可维护性和可拓展性。人脉资源可以通过合作、交流、关心、帮助、友情、亲情等进行维护,并会不断巩固,当然如果不去维护就会变得疏远,所以人脉资源需要经常性地维护,同时在维护中可以不断地发展新的人脉关系。③有限性和随机性。每个人一生中能认识多少人?包括老师、同学、亲戚、同事、朋友、客户等,一般不超过 500 人,而能够真正帮助自己的一般不会超过 50 人,所以每个人的人脉资源都是有限的,你的发展同样也会受到你人脉资源的限制。同时,你所认识的人可能没有能力帮助你,有能力帮助你的人你又可能不认识,所以在客观上就需要你不断认识更多的人,但是每个人的能力又是有限的,又不可能认识所有那些潜在的帮助者。④辐射性。你的朋友帮不了你,但是你朋友的朋友可以帮你。人脉资源的整合在某种程度上来说就是做人,做一个让他人快乐同时也让自己获益的人。需要注意的是,人脉资源的整合一定要整合健康的人脉资源,以自身的人格魅力来积聚,投机、侥幸得来的人脉资源不会长久,因此创业者自身的素质、人格、品质需要不断提升。

(八) 知识资源

广义的创业知识资源是指对创业实践过程具有意义的个体的知识系统及其结构,主要包括专业知识、经营管理知识、综合性知识等。专业知识是从事某一专业或职业所必须具备的知识,一般是与专业、职业能力结合在一起发挥作用的;经营管理知识是从事经营管理工作必须具备的知识;综合性知识是发挥社会关系运筹作用的多种专门知识,其中包括政策、法规、工商、税务、金融、保险、人际交往、公共关系等。只有系统地掌握了有关学科的基本理论和技能,才能为今后创业打下坚实的基础。狭义的创业知识资源是指有关创业过程、步骤、方式等本身所运用到的具体知识。如大学生创业时机的选择、创业机遇的寻找、怎样编写创业计划书、如何开办小型企业、如何进行商标注册、如何向银行贷款等,创业知识能够体现创业者的文化素质,文化素质越高,创业成功的概率越高。

知识资源整合通过创业学习,将知识资源转换为企业的动态能力,最终成为推动创业企业发展的核心竞争力。创业经验学习是大部分创业团队创业学习的主要内容。创业团队缺乏运营经验,通过对市场、技术和内外部经营环境的不断认知,通过自身试错过程,或者对标杆企业的借鉴、模仿将已有的企业运营经验转化为创业企业的隐性知识资源。创业学习是创业团队通过自身的创业实践和对标杆企业知识资源整合、动态能力的思考和总结,提炼出有益于本企业运营的知识。而创业实践学习是将创业经验和认知应用于本企业的创业实践中。此外,知识资源整合中的失败也能敦促创业团队不断反思现有的知识与能力,通过积极探索与实践不断创造出新知识来应对变化的创业环境。

三、有限创业资源的创造性利用

有限资源的创造性利用是指用手头现有资源直接行事，其包含 3 个层面的含义：①强调手边资源的重要性，而不仅仅是努力去寻求新的资源；②这是一种立即行动的行为，也就是积极快速应对当前的问题或机会，而不是拖延或过于深思熟虑；③强调对各种资源的重新整合，目的在于将现有资源用于新的用途，从而解决新问题或利用新机会。

在有限资源的创造性利用和整合过程中，创业者需要注意做好以下几项工作，以实现资源整合的最佳效果。

(一) 尽可能多地发现和确定可供整合的资源提供者

资源整合的前提是有可供整合的资源，这就要求创业者寻找到可以提供资源的对象。要找到这些对象，途径之一是找到少数拥有丰富资源的潜在资源提供者，如政府、大公司等，这一途径对创业者而言往往没有优势；途径之二是尽量多地找潜在资源提供者，可以是政府、原来项目合作的公司、有相关闲置产能的企业等。

(二) 认真分析识别潜在资源提供者的利益，明确共同利益所在

资源提供者愿意为创业者提供资源的根本原因在于其可以由此获得利益，因此，要想从资源提供者手中得到资源，就必须知道资源提供者的利益诉求是什么。要想进行资源整合，就必须认真分析潜在的资源提供者各自的利益诉求，这些利益诉求各自的关键点是什么，相互之间是否存在联系，存在怎样的关系。在明确以上问题的基础上，准确找出共同的利益所在，一旦不同诉求的组织或个人之间存在共同利益，或建立起紧密的利益联系，就成为利益相关者。这将促使他们形成一种合作机制，合作机制的存在将促进资源整合的实现。

(三) 努力形成让对方先赢、自己再赢的整合机制，形成共赢机制

资源能够整合到一起，需要合作。合作需要双赢甚至是共赢。然而合作总要有一个开始，在没有合作基础的前提下，一开始就双赢并不容易。对于创业者而言，在积极寻求资源的过程中，要想得到最终的共赢，首先要争取形成让对方先赢的良好局势，以确保与对方合作的稳定性，并吸引对方提供更多资源，以便于创业者进行更大规模的资源整合。同时，创业者也要为自己建立良好的合作声誉，获取对方的信任，从而形成稳定的资源整合机制，最终实现共赢目标。这正如洛克菲勒所说："建立在商业基础上的友谊永远比建立在友谊基础上的商业重要。"

(四) 沟通

在整合资源的过程中，与各方沟通是必不可少的。因此，创业者必须与各方建立顺畅的沟通机制，派出具有一定沟通能力的团队成员负责与各方沟通，这将成为整合资源成功与否的关键因素。有研究结论可以很直观地证明沟通的重要性，就是两个 70%。

第一个 70%，是指调查研究得出创业者们有大约 70% 的时间用在与人沟通上。管理者每日的开会、谈判、协商、拜见供应商或约见合作伙伴等都是最常见的沟通形式。此外，撰写计划书和各类文字材料，其实也是一种书面沟通方式。

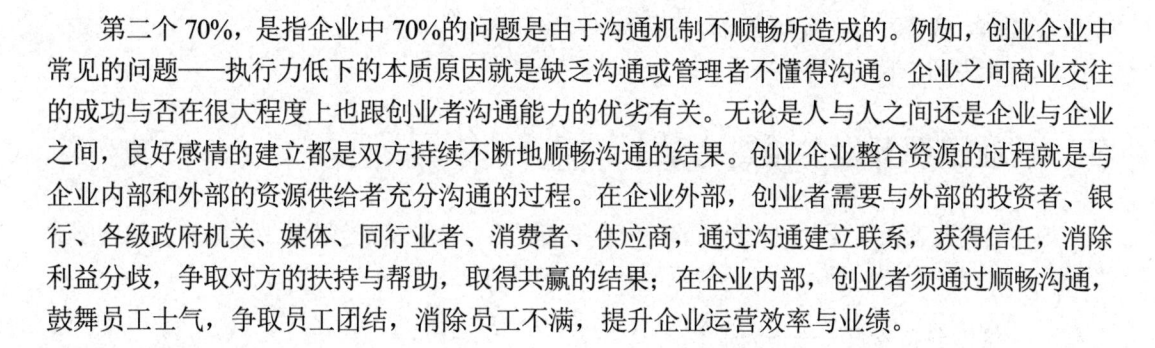

第二个70%，是指企业中70%的问题是由于沟通机制不顺畅所造成的。例如，创业企业中常见的问题——执行力低下的本质原因就是缺乏沟通或管理者不懂得沟通。企业之间商业交往的成功与否在很大程度上也跟创业者沟通能力的优劣有关。无论是人与人之间还是企业与企业之间，良好感情的建立都是双方持续不断地顺畅沟通的结果。创业企业整合资源的过程就是与企业内部和外部的资源供给者充分沟通的过程。在企业外部，创业者需要与外部的投资者、银行、各级政府机关、媒体、同行业者、消费者、供应商，通过沟通建立联系，获得信任，消除利益分歧，争取对方的扶持与帮助，取得共赢的结果；在企业内部，创业者须通过顺畅沟通，鼓舞员工士气，争取员工团结，消除员工不满，提升企业运营效率与业绩。

案例4-4

红色文化旅游资源开发模式

对当地的自然、人文资源进行整合，以红色资源为核心，进行集中包装和开发，最大限度地发挥红色旅游资源的优势，拉动当地旅游业发展，带动产业进步。

井冈山是国家5A级旅游景区、国家级重点风景名胜区、国家级自然保护区、中国文明风景旅游区、中国重点文物保护单位、全国红色旅游景区、中国百家爱国主义教育示范基地、中国十佳优秀社会教育基地、中国优秀旅游城市、世界生物圈保护区、世界遗产预备名录。

井冈山在发展旅游业的过程中，以井冈山高知名度的红色景观为号召，整合了当地的自然山水等绿色景观资源，吸引旅游者，有11大景区、76处景点、460多个景物景观，其中革命人文景观30多处，革命旧址遗迹100多处。

核心吸引力：被誉为"中国革命的摇篮"和"中华人民共和国的奠基石"的红色文化。国内独有的红色文化资源使景区在开发伊始就具备了其他景区不可比拟的优势，更成为其旅游开发中最主要的吸引点。

产业发展：井冈山红色旅游的发展有效地带动了当地教育产业的发展，并促进了交通、餐饮、住宿等第三产业的发展，在带动地区经济发展的同时还有效促进了当地产业转型，优化产业结构。

盈利模式：井冈山景区盈利主要来源于门票收入，此外还有住宿、餐饮、实景演出门票等方面，较为多元化。

社会效益：井冈山作为"中国革命的摇篮"、爱国主义教育基地，具有很强的教育意义；此外，井冈山旅游业的发展还带动了当地经济发展，为当地居民提供工作岗位，增加居民收益，助推老区脱贫，使江西井冈山市实现脱贫。

综合评价：红色资源是景区的核心主题，同时依托周边较为优越的自然环境，为红色旅游的发展提供了便捷之道，也是井冈山红色旅游取得优越品牌地位的主要推动力之一，在红色旅游发展的同时带动了井冈山其他景区旅游业的发展，在联合发展方面做得较好。因此，红色旅游项目的开发，红色资源是其发展的核心依托，其次要对项目进行文化深化，赋予其灵魂；并随着景区的发展，不断完善基础设施、对产品进行创新开发、提升，如开展实景演出等项目，这是项目逐渐提升、延续持久吸引力的秘诀。

请结合案例分析讨论，井冈山景区如何依托当地独特的红色旅游资源，开发红色文化，结合民俗文化，吸引游客，带动当地旅游业发展。

(资料来源：根据网络资料整理)

四、创业资源开发的推进方法

成功的创业者在其开发创业资源的过程中都表现出一些独特的创业行为，为有效推进创业资源开发，以下介绍几种常用的创业资源开发的推进方法。

(一) 依靠自有资源"步步为营"

依靠自有资源"步步为营"主要是指在缺乏资源的情况下，创业者分多个阶段投入资源并在每个阶段或决策点投入最少的资源，如果成功则扩大投入，如果不成功则马上停止，稳扎稳打，确保最后的成功。"步步为营"的策略首先表现为节俭，设法降低资源的使用量，降低管理成本。但必须注意的是，降低成本不是以牺牲产品和服务质量为代价的。如果降低成本影响了产品和服务质量，则势必将对创业企业的未来发展造成影响。例如，为了求生存和发展，有的创业者不注重环境保护，或者盗用别人的知识产权，甚至以次充好，这样的创业活动尽管短期可能赚取利润，但长期而言，发展潜力有限。因此，创业者需要有原则地保持节俭。此外，在创业的过程中，当创业者难以获得外部资金而又不愿丧失企业控制权时，不妨采用"步步为营"的方法，以此减少创业企业自身所承担的风险，创造一个更高效的企业，同时能增加创业者的收入和财富。

(二) 资源约束下的"创造性拼凑"策略

拼凑策略即面对资源的约束，创业者忽视正常情况下被普遍接受的有关物质投入、惯例、定义和标准的限制，利用手边存在的、在他人看来无用的、废弃的资源，通过巧妙的整合，实现自己的目标。创造性拼凑策略的内容包括3个要点：善于利用手边已有资源、整合资源用于新目的、将就使用。

(三) 发挥资源的杠杆效应

以上策略都是针对现有资源的开发和整合而言的。然而，创业企业的发展需要社会资本、资金、技术和专业人才等各种资源，仅靠开发现有资源很难满足创业企业的资源需求。因此，创业者还需要探索新的、潜在的资源，杠杆效应在探索新的、潜在的资源方面具有特殊的功效。杠杆效应是指以尽可能少的付出获取尽可能多的收获，具体体现在：更充分地利用别人没有意识到的资源，能比别人更加长久地使用资源，将一种资源加入另一种资源获得更高的复合价值，利用一种资源获得其他资源。

(四) 识别利益相关者及其利益

资源是创造价值的重要基础，资源的交换和整合应建立在利益的基础之上，因此，要整合外部资源，特别是对缺乏资源的创业者来说，更需要整合资源背后的利益机制。这可以从美孚石油公司(标准石油)的创办人、超级资本家洛克菲勒的名言得到证实："建立在商业基础上的友谊永远比建立在友谊基础上的商业更重要。"因此，整合外部资源一定要关注有利益关系的组织和个人。

组织外部环境中受组织决策和行动影响的任何相关者都是企业的利益相关者。一般来说，利益相关者可以分为以下3个层面：①资本市场的利益相关者，如股东和债权人；②产品市场的利益相关者，主要包括顾客、供应商、所在社区和工会组织；③企业内部的利益相关者，如经营者和其他员工。外部资源整合时强调的利益相关者主要是前两种。创业者要更多地整合外部资源，首先要找到尽可能多的利益相关者。利益相关者和自己，以及想要做的事情的利益关系越强、越直接，整合资源的可能性就越大，这是资源整合的基本前提。

创业者整合资源的第一步是把这些利益相关者一一识别出来，把他们之间的利益关系辨析出来，甚至有的时候还需要创造出来。

一般来说，寻找利益相关者就是要寻找那些具有共同点的人，同时也需要寻找可以互补的人。这些有能力进行投资并愿意承担风险的人包括：①投资或经营多样化的利益相关者比那些单一化的人更容易向新创企业进行投资，因为他们更有能力提供创业所需要的初始资本；②有丰富经验的利益相关者更容易向新企业投资，因为他们积累了丰富的经验和知识；③有些利益相关者有很多过剩的资源，他们不需要任何新投资，也不会带来大量的机会成本，他们对自身资源如何运用的压力大大高于新创建企业资源的需求。如果要让利益相关者对企业有信心，创业者首先要有信心。同时，创业者也要有诚实可信的声誉，最后还要与利益相关者在利益上公平分享回报。

虽然利益相关者是有利益关系的组织和个体，但有利益关系并不意味着能够实现资源整合，创业者还需要寻找利益相关者之间的利益共同点。为此，识别出利益相关者之后，创业者需逐一分析每一个利益相关者所关注的利益，以便寻找出他们之间的共同利益，形成一套资源整合机制。

(五) 管理好保持企业持续成长的人力资本

企业持续成长需要大量的人力资源作为支撑。保持企业持续成长对人力资源管理提出更高的要求。高素质的人力资源是企业持续成长的根本，管理好人力资源是企业持续成长的重要保证。一是完善激励薪酬制度，让员工分享企业的成功。新企业制定体现企业目标、提升企业价值的薪酬制度，激励员工努力工作。采用利润分享计划或员工持股计划让员工拥有股权，使共同创造企业价值与财富的员工一起分享企业的财富与成功，并根据员工的实际需要随时兑换成现金，调动员工为企业创造价值与利润的积极性。只要企业能够维持并保持利润增长而实现创业成功，企业未来发展就会有无限的商机。二是完善内部学习机制，让员工获得发展机会。新企业注重组织学习与员工培训，为员工技术和能力培养提供学习机会，使其获得担任企业生产经营某一特定角色的知识技能、价值观念与行为规范；为员工实现自我发展和个人目标创造条件，使其获得晋升或被授权，为员工提供业务经营的准确且高质量信息，进而促进员工个人对新企业发展目标的认同，实现员工个人与新企业间的相互信任和沟通。

(六) 构建双赢的机制

"双赢"来自英文的"win-win"，强调双方的利益兼顾。"双赢"模式是中国传统文化中"和合"思想与西方市场竞争理念相结合的产物。市场经济是竞争经济，也是协作经济，是社会化专业协作的生产，市场经济下的创业活动中，竞争与协作不可分割地联系在一起。近年来，许多学者提出"合作竞争",提出了有"竞合"概念的"双赢"模式。

双赢的机制是指创业者在进行资源整合时,一定要兼顾资源提供者的利益,使资源提供和使用的双方均能获益。

有了共同的利益和利益共同点,以及一定的资源整合机制,并不意味着就可以开展合作,而只是具备了合作的前提条件。要与外部的资源所有者进行合作,创业者还需要构建一套能够使各方利益真正实现共赢的机制,在给新创企业带来收益的同时,给资源拥有者一定的回报,并能够使对方合理规避可能的风险。

(七) 维持信任长期合作

资源整合以利益为基础,需要以沟通和信任来维持。沟通是产生信任的前提,信任是社会资本的重要因素。信任可以按照不同的标准进行不同的分类,如按照信任的基础可以分为人际信任和制度信任。人际信任建立在熟悉程度以及人与人之间情感联系的基础上,是存在于原关系中的保障性的信任;制度信任是用外在的,诸如法律一类的惩戒式或预防式机制来降低社会交往的复杂性,是由对外的社会机制的信任而产生的一种对人的基本信任,这两种信任共同构成了社会的信任结构。

区分不同的信任关系,认识信任在资源整合中的重要性,对于创业者来说是至关重要的。同时,创业者还应该尽快地从人际信任,过渡到制度信任,从而建立更宽泛的信任关系,以获取更大规模的社会资本。

扩展阅读

提高商业企业核心竞争力的关键,加强人力资源开发和管理

对大多数商业企业来说,人才缺乏制约着企业的发展,但与其说缺乏人才,不如说更缺乏的是人力资源管理。企业应建立人才机制,重视吸引人才、开发人才、激励人才。商业企业的人力资源的管理和开发应始终围绕强化核心竞争力的关键要素来开展。

(1) 树立人力资源管理新观念,建立和完善人力资源管理制度。建立和完善人力资源开发管理体系,就必须建立完善的人力资源管理制度,根据企业的总体目标,制定一套科学合理的人力资源开发规划,对员工的招聘、培训、考核、使用、调动、升降、薪酬、福利、退休等,实行全过程的科学管理。提高员工素质,优化人力资源结构,调动员工的积极性,规范人员流动,防止无序跳槽。

(2) 实行公平竞争的聘任用人制度。聘任用人要通过公平竞争,使各类人才应竞争上岗,优胜劣汰,引进企业急需的掌握现代商业管理理论知识和具有实际经验的高层次人才。尤其注重不要机械地制定用人标准,不能单纯地用年龄、学历、经历作为招聘人才、使用人才的唯一依据,应大胆使用各种确有真才实学的人才。

(3) 人力资源的培训与开发是构筑企业核心竞争力的源泉。培训是企业人力资源管理的重要内容,培训的目标是让每位员工对企业的总体服务战略有一个清晰的认识,增强为顾客服务的自觉性,提高服务技巧。商业企业在制定培训方案时,应把企业经营服务理念贯穿培训的始终。这种经营服务理念需要在日常具体服务中加以体现,以形成独具特色的服务品牌。商业企

业要根据不同类型的人员在服务过程中职责作用的不同,来进行不同的培训;应特别重视一线服务人员的培训,因为他们不仅直接和顾客交流,而且直接参与服务活动,他们的素质和心理状态也直接影响业务的进行,企业的形象和服务水平主要通过他们体现出来;对一线员工要加强素质教育,使命感和责任感的教育,业务技能训练教育,培养他们的敬业精神,干一行爱一行,提高服务水平,为满足顾客需求的愿望为己任去经营,并在长期的工作中,锻炼成为专家型服务人员。同时,由于企业内部建立了管理信息系统,因此商业企业应注意信息技术人才的引进和培养,建立一支专业化的管理、操作队伍。

(4) 建立有效的激励约束体制。一是建立完善的激励机制。商业企业要发挥职工的积极性、主动性和创造性,激励全体员工贡献聪明才智,就要建立完善的激励机制。唯有如此,商业企业才能具备旺盛的生命力和竞争力。商业企业要设计公平合理的绩效评价体系,将员工的收入与他们的工作业绩相挂钩,激励的方式可采用物质激励和非物质激励。加大对一线员工的激励力度,使他们意识到为顾客提供优质服务会得到相应的回报。相反,他们如果不能得到有效的激励,他们对顾客的服务态度就会变得消极,并将这种态度传递给顾客,对企业形象造成损害。二是建立有力的约束监督机制。激励和约束就像同一事物的两个方面,缺乏约束的激励是无法达到激励目的的。企业将各层次、各部门、各岗位人员都严密有序地协调起来,形成一整套既分工合作又相互制衡的监督机制;同时,要教育广大员工关心和监督企业的重大决策及企业的发展状况,敢于对企业的不良现象和重大决策失误进行揭发斗争。

(5) 创建学习型企业。营造和形成核心竞争力,就必须将企业培养成为一个善于学习的"学习型组织"。通过这个"学习型组织",员工之间进行广泛、深入、有效的沟通,相互学习和交流,以确保企业核心竞争力战略能被清晰地理解、认同和接受,并转化为企业员工自觉的行动,在不断交流与总结中形成企业的独有资产、不可模仿的隐性知识,进而将这些知识、技能运用到增强企业核心竞争力的各个关键要素和关键环节中去。相反,如果没有一个"学习型组织",就不能够进行持续学习,不会有知识积累,那么不论核心竞争力的关键要素是通过内部开发还是外部获取,都是难以实现的。创新是企业发展的先导,是企业发展的灵魂,也是一个企业不断适应环境、实现自我超越的必然过程。核心竞争力处于不断演变的状态,在一定情况下它的领先地位会丧失。因此,企业必须不断超越自我,不断创新,保持持久的核心竞争力。而实现创新必须依靠一个"学习型组织"来支持和保障。建立一个"学习型组织",需要一个支持其不断学习和创新的组织机制:①有一个扁平化组织结构,以使决策权的下移和平等的信息交流;②组织具有开放性,信息与资源在企业组织内部共享;③组织具有亲密合作的关系,团队具有较强的适应能力和应变能力。

(资料来源:熊荣生. 提高商业企业核心竞争力的关键,加强人力资源开发和管理[J]. 商场现代化,2008,5.)

第五章

创业计划

创新榜样

扎根乡村做知农懂农的"新农资人"

峨山县塔甸镇亚尼村是典型的山区村，和普学进同村同龄的年轻人，绝大部分都选择离开家乡外出务工。普学进大学毕业后在峨山县城有了一份专业对口的工作，然而几年后，由于行情不好，普学进的工作并不顺利，收入也很低，于是他萌生了回老家创业的想法。

毅然辞职返乡创业

"父母觉得读了那么多年书，好不容易走出大山，就不要再回来吃苦了。"普学进介绍，虽然家人反对，但他自己很坚定，打工没有出路也不自由，而且他当时看到了农资发展的前景，觉得可以有一番作为，于是毅然辞职返乡创业。

2018年，在亲戚的带领下，普学进返乡踏上了农资人的创业路。"刚开始我并不懂农资，只开了一间小店，卖农药和种子，农户需要什么，我就卖什么给他们，销售模式很单一。"普学进介绍，自己创业后，虽然比较辛苦，但是感觉很充实，那时候亚尼村主要种植烤烟、油菜，传统农资能满足农户需求，但随着种植结构的调整和新型种植模式的发展，传统农资逐渐满足不了农户的需求。

做好服务赢得市场

"近年来，随着大棚番茄等新的农作物开始逐步扩大种植面积，农资销售过程中遇到的问题也越来越多，这要求我必须全面掌握农技知识，才能帮助农户解决问题。"普学进说，作为土生土长的农村人，他深知农民种地不容易，同时农资市场竞争日益激烈，要给农户提供更好的服务才能赢得市场，于是他开始通过网络、书本等渠道大量学习农技知识，还到全国各地参加培训、讲座等，了解最新的农资产品、技术等。

每当了解到更加高效、环保、适合家乡的农资新品时，普学进便想着引进来推广给农户使用，但是新产品前期推广十分困难，看不到效果，农户不敢轻易使用。"为了打消老百姓的顾虑，推广新品前，我们都要在地里反复做试验，确保安全有效后才推广，用看得见的效果赢得农户的信任。"普学进介绍，除了推广新产品，他平时也会到田间地头教农户先进的栽培、管理技术等，普及新知识，做好技术服务，帮助农户增产增收。

此外，由于村里老年人多，出行不方便，普学进还提供免费送货上门服务。"距离不太远的，只要打个电话给我，需要什么都免费送上门，产品不会用的，耐心教使用方法。"普学进谈道，平时他很注重与农户的沟通和交流，了解农户种植过程中的需求和困难，为他们提供个性化解决方案。

凭借过硬的产品质量和周到的服务，普学进的回头客慢慢多了起来，如今每年的销售额可以达到400多万元，他的生活条件也因此得到了很好的改善。

成为顺应时代发展的"新农资人"

在农资经营逐渐走上正轨之后，普学进没有满足于现状。他深知，随着科技的进步和市场的变化，农资行业也在不断地发展和变革。"智能化、精准化的现代农业生产方式是大趋势，新型农业技术的推广和应用有无限商机。"普学进说，持续学习新知识，掌握新技术，努力提升自己的专业素养，才能不被市场淘汰。

同时，普学进也十分重视互联网的营销作用。"拍摄发布一些农资科普视频和促销活动信息，简单明了地向农户展示产品使用效果等，能吸引很多顾客。"普学进表示，下一步他要继续做好互联网营销，拓展客源。

"扎根乡村，带领乡亲们提升种植技术，增加种植效益，做知农懂农的'新农资人'，这样的生活很充实，很有意义。"普学进说，未来他将继续在农村的广阔土地上发光发热，为乡村振兴贡献一份自己的力量。

(资料来源：根据网络资料整理)

互动游戏

国王与天使

目的：增进学员之间的了解和亲密感；营造彼此关心的氛围，提升培训的整体品质。

操作步骤：

1. 培训师发给每人一张事先准备好的"国王和天使"卡。
2. 请每个人在"国王"的旁边填上自己的名字，然后交给培训师。
3. 培训师收齐所有的卡片后将其背面朝上，请每个人抽取一张。
4. 告诉学员，你所抽取的卡片上那个人就是你整个培训期间的"国王"，你作为"天使"要暗暗地关心、帮助他。
5. 请大家在"天使"的旁边位置写上自己的名字，并要牢记国王的名字。
6. 将所有的卡片交回培训师。
7. 告诉学员，培训快结束的时候会将所有的卡片公布。
8. 培训即将结束时，全体学员围坐在一起，培训师首先致谢引导，播放感人的背景音乐，随后一张一张揭秘。培训在浓浓的温情与亲密中结束。

小提示：

揭秘的方式有许多种，比如揭秘前可以让学员自己去认，相认的来个大大的拥抱或一起表演一个节目；也可以不揭秘，让这种温情长久。

第一节　创业计划概述

导入案例 5-1

环境污染治理的创业计划

郭涛毕业于某名牌大学、经过多年的业余研究，他在室内环境污染治理方面获得了一项重要突破，这项技术如果在实际中得到应用，前景将非常广阔。

于是，郭涛辞去原来的工作，准备自己创业。但由于他多年的积蓄都用在了室内环境污染治理的研究上，在七拼八凑注册了一家公司后，已经无力招聘员工、购买实验试验材料了。无奈之下，郭涛想到了风险投资基金，希望通过引入合作伙伴的方式解决困境。为此，他多次与一些风险投资机构或个人投资者商谈，虽然郭涛反复强调他的技术多么先进，应用前景多好，并保证如果投资他的公司，回报绝对低不了，却总是难以令对方相信。而且郭涛对于投资人问及的许多数据也没有办法提供，如市场需求量具体有多少？一年可以有多大的销售量？投资后年回报率有多高？等等。就连招聘一些技术骨干也比较困难，这些人对公司的前景缺乏信心。

这时，曾经在郭涛注册公司时帮助过他的一位做管理咨询的朋友一句话点醒了他：“你的那些技术有几个投资者搞得懂？你连一份像样的创业计划书都没有，怎么让别人相信你？投资者凭什么相信你？”

于是，在向相关专家咨询后，郭涛又查阅了大量的资料，然后静下心来，从公司的经营宗旨、战略目标出发，对公司的技术、产品、市场销售、资金需求、财务指标、投资收益、投资者的退出等方面进行了分析和论证，当然这个过程中，他还进行一些市场方面的调查。

一个月后，郭涛就拿出了一份创业计划书初稿，经过几位相关专家的指点，再次进行了修改和完善。凭着这份创业计划书，郭涛不久就与一家风险投资公司达成了投资协议，有了风险投资的支持，员工招聘问题也迎刃而解。现在，郭涛的公司经营得红红火火，年销售利润已达到 500 万元。

回想往事，郭涛说：“创业计划书的编制与我搞的环境污染治理材料要求差不多，绝不是随便写一篇文章的事。编制计划书的过程就是我不断理清自己思路的过程。只有企业家自己思路清楚了，才有可能让投资人、员工相信你。”

（资料来源：唐继红. 大学生创新创业实务[M]. 北京：高等教育出版社，2017.6）

知识要点：

创业计划的作用、市场调查的内容和方法。

学习目标：
1. 认识创业计划的作用；
2. 了解创业计划的基本结构。

一、创业计划的定义与作用

（一）创业计划的定义

创业计划是由创业者准备的一份书面计划，用以描述创办一个创业企业时所有相关的外部及内部要素，包括商业前景的展望、人员、资金、物质等各种资源的整合，以及经营思想、战略确定等，是为创业项目制定一份完整、具体、深入的行动指南，又叫创业的商业计划。

（二）创业计划的作用

1. 创业计划是创业者把握企业发展的总纲领

创业者应该首先确立明确的目标，包括经营策略与步骤、市场调查与分析、企业管理与前景展望等。为了使创业行动有章可依，创业计划应运而生，创业计划的写作过程，也是一个不断调整思路与策略的过程。在这一过程中，创业者改变销售策略，或者更新经营思路，或者认识到某一方面的错误与不足，甚至改变总目标下的某一分支，这都有利于企业良性发展。总之，对创业者来说，创业计划无异于总纲领和总路线。

2. 创业计划是帮助创业者凝聚人心的重要依据

一份完美的创业计划可以增强创业者的自信，使创业者明显感到对企业更容易控制、对经营更有把握。因为创业计划提供了企业全部的现状和未来发展的方向，也为企业提供了良好的效益评价体系和管理监控指标。创业计划使得创业者在创业实践中有章可循。

创业计划通过描绘新创企业的发展前景和成长潜力，使管理层和员工对企业及个人的未来充满信心，并明确要从事什么项目和活动，从而使大家了解将要充当什么角色，完成什么工作，以及自己是否胜任这些工作。因此，创业计划对于创业者吸引所需要的人力资源，凝聚人心，具有重要作用。

3. 创业计划是投资者决定是否投资的重要参考

创业计划是创业融资的必备工具。从融资角度来看，创业计划通常被喻为"敲门砖"。对于初创的风险企业来说，创业计划的作用尤为重要。企业的成长基本上离不开外来资金。如果没有创业计划，创业者就无从知道创办这家企业所需资金的确切数目，也就不知道到底还缺多少资金。风险投资家都要求创业者提供创业计划，他们依据创业计划进行评价和筛选，选择他们认为最有发展潜力的企业进行投资。但是，必须明确的一点是，即使创业者不需要借钱，不需要寻找合作伙伴，也必须撰写详细的创业计划。

4. 创业计划为创业企业宣传、扩大影响提供依据

创业者如果想要扩大企业知名度，对外宣传自己的创业项目，就必须要有一份详细且有说服力的创业计划书作为蓝本，使之成为创业者与外界沟通的桥梁。

二、创业计划的种类

根据行业特点可将创业计划分为高新科技创业计划、传统产业创业计划等。

根据创业计划编制目的可将创业计划分为要吸引风险投资的创业计划、创业规划性创业计划等。

根据创业计划的详略可将创业计划分为略式创业计划(概括式)、详式创业计划等。

根据投资者的不同可将创业计划分为争取创业投资股权投入的创业计划、争取产业资本股权投入的创业计划、争取他人合伙的创业计划、争取政府支持的创业计划。

三、创业计划的内容

(一)战略计划

企业战略是企业营销活动的灵魂。企业战略是公司生产、销售策略的总体概括。创业者应该对如何成功地经营创业企业并使之与众不同有一个指导性的原则。

一个好的战略规划会使企业变得更有连贯性,而好的连贯性无疑将增加企业价值。企业战略规划首先必须是科学的、理性的、合理的,这需要企业结合自身现状和行业发展趋势,依据数据分析和资源整合的能力,进行预判与规划。

其中包括企业发展方向和企业资源配置策略两项基本内容,它可以帮助企业指引长远发展方向,明确发展目标,指明发展点,并确定企业需要的发展能力。其真正目的就是解决企业的发展问题,实现企业快速、健康、持续发展。

战略计划应包括以下一些内容。①企业概述,即企业成立的时间、形式与创业者,创业团队简介,企业发展概述。②企业目标,即企业奋斗的方向和所要实现的理想。③进度安排,公司的进度包括以下领域的重要事件:收入、市场份额、产品开发介绍、主要合作伙伴、融资计划等。

(二)产品与服务

商业计划书中的产品和服务描述是展现创业者商业理念和计划的重要部分。在进行投资项目评估时,投资人最关心的问题之一就是风险企业的产品、技术或服务能否以及在多大程度上解决现实生活中的问题,或者风险企业的产品(服务)能否帮助顾客节约开支、增加收入。因此,产品介绍是创业计划中必不可少的一项内容。

创业者在撰写产品和服务描述时,应该准确、详细地描述产品和服务的概念、特点、竞争优势等,并提供相应的市场调研和策略规划。创业者还应该对产品和服务进行定价、销售渠道和客户关系保持等方面进行合理规划,以提高商业计划书的可行性和实施性。

通常,产品介绍应包括以下内容:①产品的概念、性能及特性;②主要产品的介绍;③产品的市场竞争力;④产品的研究和开发过程;⑤发展新产品的计划和成本分析;⑥产品的市场前景预测;⑦产品的品牌和专利。

(三) 市场分析

当企业要开发一种新产品或向新的市场扩展时，首先要进行行业与市场分析。市场分析在创业计划中的作用主要表现在以下两个方面。

1. 有助于商业计划书投资企业正确制定营销战略的基础

企业的营销战略决策只有建立在扎实的市场分析的基础上，只有在对影响需求的外部因素和影响企业购、产、销的内部因素充分了解和掌握以后，才能减少失误，提高决策的科学性和正确性，从而将经营风险降到最低限度。

2. 是实施商业计划书投资企业营销战略计划的保证

企业在实施营销战略计划的过程中，可以根据市场分析取得的最新信息资料，检验和判断企业的营销战略计划是否需要修改，如何修改以适应新出现的或企业事先未掌握的情况，从而保证营销战略计划的顺利实施。

如果分析与预测的结果并不乐观，或者分析与预测的可信度让人怀疑，那么投资者就要承担更大的风险，这对多数风险投资家来说是不可接受的。

在创业计划中，市场分析应包括以下内容：市场现状综述、竞争厂商概览、目标顾客和目标市场、本企业产品的市场地位、市场特征等。创业企业对市场的分析应建立在严密、科学的市场调查基础上。创业企业所面对的市场，本来就有更加变幻不定的、难以捉摸的特点。因此，风险企业应尽量扩大收集信息的范围，重视对环境的预测和采用科学的预测手段和方法。大学生创业者应牢记的是，市场分析不是凭空想象出来的，对市场错误的认识是企业经营失败的最主要原因之一。

(四) 公司组织

有了产品、市场分析之后，创业者第二步要做的就是结成一支有战斗力的管理队伍。企业管理的好坏，直接决定了企业经营风险的大小。而高素质的管理人员和良好的组织结构则是管理好企业的主要保证。在团队管理的过程中，不仅需要一个领导人领导整个公司一起前进，更需要整个团队的人各司其职，能有条不紊地完成整个公司或者是项目的各个板块。

企业必须要具备负责产品设计与开发、市场营销、生产作业管理、企业理财等方面的专门人才。在创业计划中，企业必须要对主要管理人员加以阐述，介绍他们所具有的能力，他们在本企业中的职务和责任，他们过去的详细经历及背景。此外，在这部分创业计划中，还应对公司结构做一简要介绍，包括：公司的组织机构；各部门的功能与责任；各部门的负责人及主要成员；公司的报酬体系；公司的股东名单，包括认股权、比例和特权；公司的董事会成员；各位董事的背景资料。

(五) 市场营销

在制订创业计划书中的市场营销策略时，首先需要对目标市场进行深入的调研和分析。这包括了解目标客户的需求、喜好、购买行为，以及竞争对手的情况和市场趋势。一个好的市场营销策略能够帮助创业团队更好地了解目标市场、吸引客户、提高销售额和市场占有率。

影响营销策略的主要因素有：消费者的特点、产品的特性、企业自身的状况、市场环境方面的因素。最终影响营销策略的则是营销成本和营销效益因素。

在创业计划中,营销策略应包括以下内容:市场机构和营销渠道的选择、营销队伍和管理、促销计划和广告策略、价格决策。

对创业企业来说,由于其产品和企业自身的知名度低,因此很难进入其他企业已经稳定的销售渠道。因此,企业不得不暂时采取高成本低效益的营销战略,如上门推销、商品广告、向批发商和零售商让利,或交给任何愿意经销的企业销售。对发展企业来说,它一方面可以利用原来的销售渠道,另一方面可以开发新的销售渠道以适应企业的发展。

(六) 生产计划

生产计划是创业计划书中至关重要的部分,它直接关系到产品的生产效率和质量,决定着企业的竞争力和发展前景。因此,在编写生产计划时,要全面考虑各项因素,确保生产计划的科学性和可行性,从而为企业的长期发展奠定坚实的基础。

创业计划中的生产计划应包括以下内容:产品制造和技术设备现状、新产品投产计划、技术提升和设备更新的要求、质量控制和质量改进计划。

在寻求资金的过程中,为了增大企业在投资前的评估价值,自主创业者应尽量使生产计划更加详细、可靠。一般来说,生产计划应回答以下问题:企业生产制造所需的厂房、设备情况如何;怎样保证新产品在进入规模生产时的稳定性和可靠性;设备的引进和安装情况,谁是供应商;生产线的设计与产品组装是怎样的;供货者的前置期和资源的需求量;生产周期标准的制定及生产作业计划的编制;物料需求计划及其保证措施;质量控制的方法是怎样的,以及相关的其他问题。

(七) 财务计划

一个完整的创业计划,一定还需要有一个从财务和数字的角度来对这个业务进行的分析。因为任何商业和业务,最终一定会反映在财务数字上。根据我们创业计划书的这样一个想法,企业未来可能展现出怎样价值的前景,这是需要从财务计划中表现出来的。

财务计划需要花费较多的精力来做具体分析,其中就包括现金流量表、资产负债表及损益表的制备。流动资金是企业的生命线,因此企业在初创或扩张时,对流动资金需要有预先周详的计划和进行过程中的严格控制;损益表反映的是企业的赢利状况,它是企业在一段时间运作后的经营结果;资产负债表则反映在某一时刻的企业状况,投资者可以用资产负债表中的数据得到的比率指标来衡量企业的经营状况及可能的投资回报率。

财务计划一般要包括以下内容:创业计划的条件假设,预计的资产负债表,预计的损益表,现金收支分析,资金的来源和使用。可以这样说,一份创业计划书概括地提出了在筹资过程中自主创业者需要做的事情,而财务规划则是对创业计划的支持和说明。因此,一份好的财务规划对评估风险企业所需的资金数量,提高创业企业取得资金的可能性是十分关键的。如果财务规划准备得不好,会给投资者以企业管理人员缺乏经验的印象,降低风险企业的评估价值,同时也会增加企业的经营风险。

四、创业计划的基本结构

创业计划没有固定的格式,其结构通常包括企业简介、产品技术/服务说明、市场前景与竞争状况、组织机构与管理、财务计划、风险管理和总结等部分。

创业计划书是创业者展示自己商业构想和计划的重要文书,是项目创始人商业理念和商业思维的书面表达。从这个角度看,创业计划书更像是一种思考,是踏入商海之前的沙盘推演,是对未来商业之路的全面评估和认真规划。因此,最好不要把商业计划书简单地看作一个文案,它更像一个决策书或者路径图。

一般来讲,创业计划的基本框架如下。

(1) 产品概括:概述整个计划、明确思路、目标及竞争优势。
(2) 创业机会选择及创业项目决策:描述创业机会及项目决策。
(3) 产品/服务介绍:详细介绍产品/服务技术及前景。
(4) 市场分析:详细阐明产品/服务市场容量与趋势,分析市场竞争状况、进行产品市场定位。
(5) 营销策略:分析产品服务成本,制定定价策略、营销渠道策略及促销策略。
(6) 经营管理:制订创业总体进度计划,描述资源要求及配置、产品/服务开发目标等。
(7) 团队及组织结构:描述团队结构及工作背景,设计创业企业组织结构,设定公司产权、股权结构。
(8) 财务状况:介绍公司的财务计划,进行创业项目财务分析预测。
(9) 融资方案和回报:描述资金结构及数量、投资回报率、利益分配方式等。

表 5-1 所示为一份标准的创业计划的大纲,在实际撰写过程中,创业者可以根据具体情况与撰写风格进行适当、灵活的调整。

表5-1 创业计划的大纲

1. 计划摘要	5. 产品实现
2. 企业的描述	A. 产品生产制造方式
A. 企业的一般描述	B. 生产设备情况
B. 企业理念	C. 质量控制
C. 企业的发展阶段(针对已创办的企业)	6. 管理团队
3. 产品与服务	A. 管理机构
A. 产品/服务的一般描述	B. 关键管理人员
B. 产品/服务的竞争优势	C. 激励和约束条件
C. 产品/服务的品牌和专利	7. 财务计划
D. 产品/服务的研究和开发情况	A. 企业过去三年的财务情况(针对已创办的企业)
E. 开发新产品/服务的计划和成本分析	B. 未来三年的财务预测
4. 市场分析与营销策略	C. 融资计划
A. 市场调研和分析	8. 关键风险、问题和假设
B. 营销计划策略	9. 附录

(一) 计划摘要

商业计划书摘要是风险投资者首先要看到的内容,是创业计划的一到两页概括,简洁提出创业计划的设计和总体计划,浓缩商业计划书之精华,反映商业之全貌,是全部计划书的核心之所在。计划摘要涵盖了计划的要点,以求一目了然,以便读者能在最短的时间内评审计划并做出判断。计划摘要一般要包括以下内容:公司介绍、主要产品和业务范围、市场概貌、营销策略、销售计划、生产计划、管理者及其组织、财务计划、资金需求状况等。

摘要要尽量简明、生动,要求有一定的吸引力和简洁的语言,特别要详细说明自身企业的不同之处以及企业获得成功的市场因素。如果企业家了解他所做的事情,摘要仅需 2 页纸就足够了;如果企业家不了解自己正在做什么,摘要则可能要写 20 页纸以上。

(二) 主体

主体是对摘要的具体展开。为了让读者一目了然,摘要一般采取章节式、标题式的方式逐一描述。这里集中了企业战略计划、运营计划、组织与管理计划和财务计划的方方面面,具体包括公司简介、股权结构、组织架构和核心团队、产品(服务)、环境和行业分析、市场分析、资源和竞争分析、发展规划及财务预测、风险分析、融资方案。只要执笔者能够条分缕析,各章节的具体顺序可以自行调整。

(三) 关键风险、问题和假设

在创业计划书中,对风险及对策的描述是非常关键的,展现了创业者对业务环境的深刻理解以及在面对挑战时的应变能力。因此,创业计划必须描述一些有关所在行业、公司、人员、销售预测、客户订单和创立企业的时机和融资的风险及其负面结果的影响。

识别并讨论创业项目中的风险,可以证明创业者作为一名经理人的技能,并能增加创业者和创业项目在风险投资者或私人投资者心目中的可信度。主动分析与讨论风险也有助于创业者对创业项目完成风险评估与对策研究,"未雨绸缪"方能降低创业风险。

创业者应首先客观地讨论创业计划中的假设和隐含风险,如市场假设、竞争假设、销售假设、研发风险及生产能力风险等;在风险与假设评估的基础上,创业者还应指出哪些假设或风险对企业成功与否最关键,并描述将采取哪些针对措施将不利于企业成长的各种影响降到最小的应对计划。

(四) 附录

附录是对主体部分的补充,受篇幅限制,不宜在主体部分过多描述的,或不能在一个层面详细展示的,或需要提供参考资料、数据的内容。起到补充和支持正文内容的作用,一般包括与正文有关的详细信息、数据、图表、引用文献等内容。在撰写创业计划书附录时,需要确保内容准确、清晰,以便读者更好地理解和评估创业项目的可行性和潜力。附录包括:企业相关证照和许可文件,创始团队成员简历,市场调研报告,技术支持与合作伙伴信息,财务数据表和预测,产品原理和技术说明,引用文献和参考资料等。

> **扩展阅读**

第十四届"挑战杯"中国大学生创业计划竞赛评审规则

书面评审环节通过项目介绍 PPT 及佐证材料，从社会价值、实践过程、创新意义、发展前景、团队协作五个方面进行评判。满分 100 分。

决赛评审环节包括项目陈述和项目问辩两个部分。项目陈述着重从项目社会价值、实践过程、创新意义、发展前景、团队协作五个方面评判。项目问辩主要考察汇报人员问题回答的真实性和准确性。满分 100 分。

一、社会价值(25分)
1. 项目结合社会实践、社会观察，履行社会责任的做法与成效。
2. 在科技创新、乡村振兴、社会民生、生态环保、交流合作等方面的社会贡献度。
3. 未来在持续吸纳、带动就业的能力等。

二、实践过程(25分)
1. 项目通过深入社会、行业、实验场所、实训基地，开展调查研究、试点运营、试验论证，获得实践成果。
2. 项目成果对于了解社会现状、掌握第一手资料、解决社会问题等具有参考价值。

三、创新意义(25分)
1. 项目在科学技术、社会服务形式、商业模式、管理运营、应用场景等方面的创新程度。
2. 创新成果对于赋能传统产业、解决社会问题，助力形成新产业、新业态、新模式有积极意义。

四、发展前景(15分)
1. 项目在商业模式、营销策略、财务管理、发展战略等方面设计完整、合理、可行。
2. 目标定位、市场分析清晰、有前瞻性。
3. 盈利能力推导过程合理，能够实现可持续发展、前景乐观。

五、团队协作(10分)
1. 团队成员了解社会现状、关注社会民生，具备一定解决社会问题的能力和水平。
2. 团队成员的专业背景、创业意识、创业素质、价值观念与项目需求相匹配。
3. 团队组织架构与分工合理，凝聚力、执行力、整体竞争力强。

(资料来源：根据网络资料整理)

五、市场调查的内容和方法

市场调查也称市场调研，是指运用科学的方法，有目的地、系统地搜集、记录、整理有关市场营销信息和资料，分析市场情况，了解市场的现状及其发展趋势，为市场预测和营销决策提供客观的、正确的资料的过程。

市场调查的内容很多，有市场环境调查，包括政策环境、经济环境、社会文化环境的调查；有市场基本状况的调查，主要包括市场规范，总体需求量，市场的动向，同行业的市场分布占有率等；有销售可能性调查，包括现有和潜在用户的人数及需求量，市场需求变化趋势，本企业竞争对手的产品在市场上的占有率，扩大销售的可能性和具体途径等；还可对消费者及消费需求、企业产品、产品价格、影响销售的社会和自然因素、销售渠道等开展调查。详尽的市场调查有助于创业者做出更好的营销决策，减少失误，增强成效。

(一) 市场调查的类型

从各种角度分类，将市场调查区分为不同的类型，有利于对市场调查全面系统的理解，也有利于市场的实践中明确调查目的和确定内容。

1. 根据购买商品目的不同，分为消费者市场调查和生产者市场调查

消费者市场的购买目的是满足个人或家庭生活需要，它是最终产品的消费市场，是社会再生产消费环节的实现。消费者市场调查的目的主要是了解消费者需求数量和结构及其变化。通过消费者调研，企业可以了解消费者的需求、偏好、行为和满意度，从而制定有效的市场策略，提高产品或服务的竞争力和市场占有率。

生产者市场也称为产业市场，其购买目的是生产出新的产品或进行商品转卖。产业市场是初级产品和中间产品的消费市场，涉及生产领域和流通领域。产业市场调查主要是对市场商品供应量，产品的经济寿命周期，商品流通的渠道等方面内容进行调查。

消费者市场调查与生产者市场调查的区别如下。

(1) 商品购买对象不同(前者为个人或家庭，后者为生产性企业)。
(2) 商品用途不同(前者为生活资料，后者为生产资料)。
(3) 购销活动自身的特点不同。

2. 根据商品流通环节不同，分为批发市场调查和零售市场调查

批发市场调查主要是从批发商品交易的参加者，批发商品流转环节的不同层次，批发商品购销形式，批发市场的数量和规模等方面进行；着重掌握我国批发市场的商品交易状况，分析商品批发市场的流通数量、流通渠道与社会生产的关系和零售市场的关系等。批发市场调查主要是针对大宗商品交易的市场进行的研究。它通常包括对商品供应、市场需求、价格趋势、竞争对手情况等方面的调查。

零售市场调查主要是调查不同经济形式零售商业的数量及其在社会零售商品流转中的比重，并分析研究其发展变化规律：调查零售市场的商品产销服务形式；调查零售商业网点分布状况及其发展变化；调查消费者在零售市场上的购买心理和购买行为；调查零售商业的数量和结构等。主要是针对最终消费者进行的调查，它包括对消费者购买行为、消费习惯、需求等方面的研究。

批发市场调查可以帮助企业了解整个市场的供应和需求情况，预测价格趋势；而零售市场调查则可以帮助企业深入了解消费者的购买行为和需求，优化营销策略，提高销售业绩。

除此以外，市场调查还可根据产品层次、空间层次、时间层次的不同，区分为各种不同类型的市场调查。

(二) 市场调查的基本方式

各种市场调查方式都具有一定的特点、规定，也各有适用的条件，常用的市场调查方式有以下几种。

1. 市场普查

市场普查也称市场全面调查或市场整体调查，它是对市场调查对象总体的全部单位无一例外地逐个进行调查，目的是了解市场的一些至关重要的基本情况，对市场状况做出全面、准确的描述，从而为制订市场有关政策、计划提供可靠的依据。这种调查方法的基本特点，是具备有全面性、精确性、相对稳定。

由于市场普查法的侧重点是宏观的，它本身包含着很多具体内容，因此它也是实际调查中运用较多的一种。

2. 市场典型调查

典型调查是根据调查目的和要求，在对调查对象进行初步分析的基础上，有意识地选取少数具有代表性的典型单位进行深入细致的调查研究，借以认识同类事物的发展变化规律及本质的一种非全面调查。它只对总体中的部分单位进行调查，目的是通过对典型单位的调查来认识市场现象总体的规律性及其本质。

该种调查法较为细致，适用于对新情况、新问题的调研。适用典型调查法时须注意所选的对象要具有代表性，能够集中地有力地体现问题和情况的主要方面。典型调查法具有省时、省力的优点，但也有不够准确的缺点。典型调查一般用于调查样本太大，而调查者又对总体情况比较了解，同时能比较准确地选择有代表性对象的情况。

3. 市场重点调查

重点调查是在调查对象中选择一部分重点单位进行调查的方法。它是一种非全面调查，既可用于经常性调查，也可用于一次性调查。其特点是所选择的调查对象的标志值在所要研究的标志总量中或占很大比重或有较大代表性，能反映总体的基本状况。这里的重点单位是指其数量在总体中占的比重不大，但其某一数量标志值在总体标志总量中占的比重却比较大，通过对这些重点单位进行调查，可以了解总体某一数量的基本情况。例如，要想了解工业贷款的增长原因，只要选择变化较大的有代表性的重点企业进行调查就可以分析清楚。

4. 市场个案调查

个案调查也称个别调查，它是从总体中选取一个或几个单位对其进行深入研究。其主要作用在于深入细致地反映某一个或几个单位的具体情况，把握其发展变化的内在规律，有针对性地提出解决问题的方案。个案调查是市场调查初期经常采用的方式，它实际上是对市场现象某一"点"的研究。但个案调查代表性差，个案的特征可能是同类事物共有的，也可能是个案特有的，因此从个案研究中得出的结论不能直接代表全体。

5. 市场抽样调查

抽样调查是一种科学有效的市场调研方式，按照随机原则，从全部调查对象中随机抽取一部分单位构成样本进行调查，并依据所获得的数据，对样本进行调查研究，做出具有一定可靠性的估计判断，从而达到对全部研究对象的认识的一种方法。

(三) 市场调查的步骤

科学的市场调查必须按照一定的步骤进行，以保证市场调查的顺利进行和达到预期的目的。市场调查的步骤大致分为以下 4 个阶段。

1. 市场调查的准备阶段

市场调查的准备阶段是市场调查的决策、设计、筹划阶段，也是整个调查的起点。这个阶段的具体工作有三项，即确定市场调查任务、设计市场调查方案和组建市场调查队伍。合理确定市场调查任务是搞好市场调查的首要前提；科学设计市场调查方案是保证市场调查取得成功的关键；认真组建市场调查队伍是顺利完成调查任务的基本保证。

在实际工作中，制订调查计划要遵循以下几个原则。

(1) 系统性原则：在制订调查计划时，应注意将各个环节进行衔接，避免出现断层和脱节现象。系统的调查计划能够使整个市场调查工作有条不紊地进行。

(2) 可行性原则：在制订计划时，要考虑所选择的调查方法是否可行、所选择的调查对象是否合理、所选择的统计方法是否科学等，从而使整个调查工作取得最佳效果。

(3) 可操作性原则：在制订计划时，要对市场调查中可能出现的各种情况进行详细的考虑，使整个调查过程都具有可操作性。对于一些比较复杂的情况，也可以先进行初步调查，然后进行深入分析。

① 确定市场调查任务。市场调查任务包括选择调查课题，进行初步探索等具体工作。调查课题是市场调查所要说明的市场问题，选择调查课题是确定调查任务的首要工作，在实际工作中，选择课题既要从管理的需要性出发，也要考虑实际取得资料的可能性；同时还应具有科学性和创造性，在科学理论指导下，按照新颖、独特和先进的要求来选择调查课题。

② 设计市场调查方案。市场调查方案是整个市场调查工作的行动纲领，起到保证市场调查工作顺利进行的重要作用。设计市场调查方案就是对市场调查的计划。市场调查的总体方案一般必须包括以下主要内容。

A. 明确市场调查目的。明确市场调查目的即说明为什么要做此项调查，通过市场调查要解决哪些问题、要达到什么目标。市场调查目的要明确提出，决不能含糊、笼统。

B. 设计市场调查的项目和工具。这是市场调查方案的核心部分，也是设计调查方案时必须要考虑的。市场调查项目是调查过程中用来反映市场现象的类别、状态、规模、水平、速度等特征的名称；市场调查工具是指调查指标的物质载体；设计出的调查项目最后都必须通过调查工具表现出来。

C. 规定市场调查的空间和时间。调查空间是指市场调查在何地进行，有多大范围。调查空间的选择有利于达到调查目的，有利于搜集资料工作的进行，有利于节省人、财、物。

D. 规定市场调查对象和调查单位。市场调查对象是指市场调查的总体，市场调查对象的确定决定着市场调查的范围大小，它由调查目的、调查空间、调查方式、调查单位等共同决定。

E. 确定市场调查的方法。该方法包括选择适当的组织调查方式和搜集资料的方法。调查方法的选择要根据市场调查的目的、内容，也要根据一定时间、地点、条件下市场的客观实际状况来进行。调查者必须选择最适合、最有效的方法，做到既节省调查费用又能满足调查目的。

F. 落实调查人员、经费和工作安排。这是市场调查顺利进行的基础和条件，也是设计调查方案时不可忽视的内容。

③ 组建市场调查队伍。组建一支良好的调查队伍，不仅要正确选择调查人员，而且要对调查人员进行必要的培训。对调查人员的培训内容，有思想教育、知识准备、方法演练等。

2. 市场调查搜集资料阶段

搜集资料阶段是市场调查者与被调查者进行接触的阶段，为了能够较好地控制和掌握工作进程，顺利完成调查任务，调查者必须做好有关各方面的协调工作：要依靠被调查单位或地区的有关部门和各级组织，争取支持和帮助；要密切结合被调查者的特点，争取他们的理解和合作。

在市场调查搜集资料阶段，每位调查人员要按照统一要求，顺利完成搜集资料的任务。在整个市场调查工作中，调查搜集资料阶段是唯一的现场实施阶段，是取得市场第一手资料的关键阶段，因此要求组织者集中精力做好内外部协调工作，力求以最少的人力、最短的时间、最好的质量完成搜集资料的任务。

3. 市场调查研究阶段

这一阶段的主要任务是对市场调查搜集资料阶段取得的资料进行鉴别与整理，并对整理后的市场资料做统计分析和开展理论研究。

收集好调查资料后，由调查人员对市场资料进行全面的审核，目的是消除资料中虚假的、错误的、短缺的等现象，保证原始资料的真实、准确和全面性。再将合格调查表统一编号，以便于调查数据的统计。

然后对数据进行分析，即运用统计分析技术对数据进行分析，并由此描述和推断总体特征，揭示事物内部关系。常用的分析技术包括：描述统计，即对数据资料进行概括，解释现象的集中趋势和离散趋势；参数估计，即利用样本信息推断总体参数的置信区间；相关和回归分析，即研究两个或两个以上变量之间的相关关系；多元统计分析，即针对多个变量进行分析。利用上述统计结果，即可按照调查目的的要求，针对调查内容进行全面的分析工作。

4. 市场调查总结阶段

总结阶段是市场调查的最后阶段，主要任务是撰写市场调查报告，总结调查工作，评估调查结果。撰写调查报告是市场调查的最后一项工作内容，市场调查工作的成果将体现在最后的调查报告中，调查报告将提交企业决策者，做为企业制定市场营销策略的依据。市场调查报告要按规范的格式撰写，一个完整的市场调查报告格式由题目、目录、概要、正文、结论和建议、附件等组成。调查报告是市场调查研究成果的集中体现，是对市场调查工作最集中的总结；而撰写调查报告是市场调查的重要环节，必须使调查报告在理论研究或实际工作中发挥重要作用，此外还应对调查工作的经验教训加以总结。

调研报告是调查结束后的书面成果汇报，提出结论性意见及建议。调研报告通常包括三种形式：数据型报告(提供调查所得的数据)、分析型报告(提供数据并进行分析)、咨询型报告(不仅提供数据、分析结果，并在此基础上提供咨询方案)。调研报告通常包括三方面内容：前言、主体、附件。

评估调查结果主要是学术成果和应用成果两方面，目的是总结市场调查所取得的成果价值。认真做好总结工作，对于提高市场调查研究的能力和水平，有很重要的作用。

在市场调查的实际工作中，市场调查的各阶段是相互联系、有机结合的完整过程。

第二节 撰写与展示商业计划书

> **导入案例 5-2**

"天之素"食疗保健主题餐厅" 商业计划书摘要

1. 主营业务

将中国传统医学原理与现代化餐饮管理有机结合，向城市居民提供具有传统文化特色的素食保健食品，在中式餐饮与医疗保健的中间领域开辟一块崭新的天地。

2. 组织与管理

本公司聚集了一批优秀的管理人才，采取优良科学管理的前提是确定和贯彻正确先进的管理思想。我们将采取以人为本，重视团队合作精神的管理思想。重视个人的发展，尊重个人价值，各职能部门相互协调合作，求得餐厅的整体发展，实现 1+1>2 的效果。

主要领导如下。

(1) 总裁：×××，教育及工作背景。
(2) 常务副总：×××，教育及工作背景。
(3) 副总兼总工：×××，教育及工作背景。

2. 产品和服务介绍

(1) 向顾客提供保健素食餐品。
(2) 为顾客提供保健饮食咨询。
(3) 向每位顾客赠送素食文化手册。
(4) 定期面向会员进行免费健康培训。
(5) 为会员制定保健饮食方案。
(6) 向会员赠送书籍与光盘。

3. 融资的必要性

鉴于当前健康饮食观念盛行、食疗保健市场需求持续攀升且竞争加剧的市场现状，结合食疗保健主题餐厅拓展规模、提升服务品质及应对风险的发展实际，融资成为其实现可持续发展的必要举措。

(资料来源：根据网络资料整理)

知识要点：
商业计划书的展示技巧。

学习目标：
1. 掌握商业计划书的撰写方法；
2. 练习展示商业计划书。

5.2.1 撰写与展示创业计划

一、商业计划书的定义与作用

(一) 商业计划书的定义

商业计划书(business plan)是公司、企业或项目单位为了达到招商融资和其他发展目标,在经过前期对项目科学地调研、分析、搜集与整理有关资料的基础上,根据一定的格式和内容的具体要求而编辑整理的一个向投资者全面展示公司和项目目前状况、未来发展潜力的书面材料。商业计划书是以书面的形式全面描述企业所从事的业务。它详尽地介绍了一个公司的产品服务、生产工艺、市场和客户、营销策略、人力资源、组织架构、对基础设施和供给的需求、融资需求,以及资源和资金的利用。

商业计划书的价值在于对投资人决策的影响,其主要用途是递交给投资人,以便于他们能对企业或项目做出评判,明了企业未来的成长率及未来的行动规划,从而使企业获得融资。就这点来说,商业计划书的价值是难以估量的。本书所讨论的商业计划书,实质上就是创业融资计划书。

商业计划是企业融资成功的重要因素之一。商业计划书是对企业或者拟建立企业进行宣传和包装的文件,它向风险投资商、银行、客户和供应商宣传企业及其经营方式;同时,它又为企业未来的经营管理提供必要的分析基础和衡量标准。也就是说,商业计划书不仅仅是融资工具,更是创业行动计划,可以使创业者有计划地开展商业活动,增加成功的概率,对于创业者来说是不可缺少的。

(二) 商业计划书的作用

制订商业计划书有很多作用,其中最重要的有以下几条。

1. 达到企业融资的目的

一个好的商业计划书是获得贷款和投资的关键因素之一。应如何吸引投资者,特别是风险投资家参与创业投资项目?若这是一份高质量且内容丰富的商业计划书,将会使投资者更快、更有效地了解投资项目,将会使投资者对项目充满信心,并投资参与该项目,最终达到为项目筹集资金的作用。

商业计划书是争取项目融资投资的敲门砖。投资者每天会接收到很多商业计划书,商业计划书的质量和专业性就成为企业需求投资的关键点。企业家在争取获得风险投资之初,首先应该将商业计划书的制作列为头等大事。

2. 全面了解你的企业

通过制订相应的商业计划,你会对自己企业的各个方面有一个全面的了解。它可以更好地帮助你分析目标客户、规划市场范畴形成定价策略,并对竞争性的环境做出界定,在其中开展业务以求成功。商业计划书的制订保证了这些方方面面的考虑能够协调一致。同样的,在制订过程中往往能够发展颇具竞争力的优势,或是计划书本身所蕴藏的新机遇或是不足。只要将计划书付诸纸上,这样才能确保提高你管理企业的能力。你也可以集中精力,抢在情况恶化之前对付计划书中出现的任何偏差。同样,你将有足够的时间为未来做打算,做到防患未然。

3. 向合作伙伴提供信息

使用商业计划书，为业务合作伙伴和其他相关机构提供信息。

在编撰计划书过程中，最重要的目的是找到一个与自己能够成为战略合作伙伴，以期待企业更加充满活力，达到多方的共同发展。

二、商业计划书的分类及组成要素

(一) 商业计划书的分类

商业计划书可分为 4 类，即微型计划书(非常短的计划书)、工作计划书、提交计划书和电子计划书。各类计划书的拟定需要付出不同努力，但并非总是产生不同的结果。也就是说，详尽的计划书并不一定优于简短的计划书，其优越性取决于计划书的使用目的。

> 创业就像爬山，无限风光在顶峰，创业要选择自己热爱的行业。有了热爱，就有了执着。
> ——皇明集团创始人 黄鸣

1. 微型计划书

可以有把握地说，几乎每个商业理念都起始于某种微型计划。某种基本的商业方案或商业报表，甚至连头脑中的构想也可被看作一种商业计划。

微型计划书篇幅不限，应当包括下列关键性内容，如商业理念、需求、市场营销计划及财务报表，特别是现金流动、收入预测及资产负债表。微型计划是迅速检验商业理念或权衡潜在的合作伙伴或小型投资者价值的最佳途径。它也可以为以后拟定长篇计划提供有价值的参考。

微型计划书可以看作商业计划书的浓缩和提炼，对于吸引投资人眼球、提高融资效率有很大影响，要充分予以重视。但是一定注意不要乱用微型计划，它不是长篇计划的替代品，不适合需要长篇完整计划的投资者。

2. 工作计划书

工作计划书是运作企业的工具。其叙述应该简洁，利用较长篇幅处理细节，可以在仅供内部使用的计划书中略去一些内容。例如，工作计划书中不必包括一份附录来介绍主要管理人员的履历。

工作计划书不一定用优质的纸印刷，也不必装订精美，但那并不意味着可以不注意图、表之类的辅助内容，这些要比华美的外表重要得多。因为它们作为有用的工具，不仅可以强化自己对它们的记忆，而且可以同其他管理者交流企业观念和发展趋势。

事实和数据的内在统一对于工作计划及外向型计划书同样重要，而对于行文的排版错误，企业风险的严格一致，以及日期安排的一致性这类事实不必同样认真处理。工作计划书是企业日常工作中要用的，并非展示品要别人来欣赏。如果把一份不强调外观印象的工作计划书进行调整，更注重其外观就会得到一份提交计划书，这份计划书适于展示给银行家、投资者及公司以外的其他人看。

3. 提交计划书

提交计划书即本书所详述的商业计划书。尽管提交计划书与工作计划书会有几乎相同的信息量，但在风格上有些不同。例如，提交计划书中要用标准的商业术语，而工作计划书中可以使用非正式用语、俚语及速记词汇。千万要记住的是，计划书的阅读者并不熟悉你的经营状况，与工作计划书不同，提交计划书并不是用作提醒物，而是为公司企业做介绍。

此外，提交的计划书中也要包括一些附加内容，投资人所需要的是关于所有竞争压力与风险的信息。即使有些信息只具有表面意义，也得凭这类信息陈述投资所关注的事宜。总而言之，提出并处理这类事务会使计划书更有说服力。

提交计划书与工作计划书的最大区别在于外观的细节处理及其完美性。工作计划书可以通过办公室的打印机打印出来，而提交计划书要用高质量的打印机打印，也可以彩色打印，而且装订成册，保存持久且便于阅读。其内容包括各种曲线图、表格和图例等。

除了运用拼写识别软件，反复校对计划书也是很重要的。打印错误、拼写错误及语法错误都会减损你想获得的总体完美印象，而且会向读者暗示你不够认真、彻底，提交计划书要准确而且所涉及信息及数据要及时完整，不出现明显错误。

4. 电子计划书

在计算机应用普及的今天，电子版商业计划书以其速度快、传送便捷、形式直观、成本低廉得到了广泛应用。但电子计划书更易复制和传播，也不利于习惯阅读纸质计划书的人，因此，尽管电子计划书有诸多显著优点，也不可能完全代替纸张式计划书。

(二) 商业计划书的组成要素

不同的融资项目，由于项目性质和所处阶段不同等因素，投资人的关注点会有所侧重，一般而言，项目的市场、产品、管理团队、风险、项目价值等方面是投资人评审项目的要点。成功的商业计划书通常包括以下要素。

1. 人员

人员指组织和经营创业企业的人，也称创业团队。在某种意义上讲，风险创业者的创业能否成功，最终要取决于该企业是否拥有一个强有力的管理团队。一份商业计划书应有每位创业企业管理层人员职责的描述，这些管理人员应有某方面(技术或管理上)的专长，创业团队成员最好由互补型人员组成，并要求团队成员具备良好的协作精神和对创业公司的高度忠诚。

在商业计划书附录中，应有创业团队主要成员的基本情况介绍，包括工作经历、接受教育程度、具备的专业特长、在职业和个人素质方面曾取得的成就等。

2. 机遇

每一个机遇都存在成功或失败的可能性，商业计划书中要实事求是地阐明各种机遇的可能情况，并提出相应的应对措施。

市场机会一般存在于三种情况：一是在现有的产品和服务市场上，去寻找尚未满足的顾客、启动开发一个新市场，或者发现现有产品的新功能和新用途，引导人们使用它；二是创造开发，设计生产具有全性能的产品，以满足人们变化的需求；三是由于社会分工的演进专业化所衍生的新市场。创业者应对市场机会进行寻找、发掘、识别，以确定其是否可以成为自己的机会。

在进行投资项目评估时，投资人关心的是创业企业的产品、技术和服务能够在多大程度上解决现实生活中的问题，市场份额为多少，能创造多少利润，成功的可能性有多大，企业的竞争对手是谁和采取怎样的应对手段，企业控制了什么资源，企业的优势和劣势是什么，等等。对这些问题，计划书中必须做出明确的阐述。

3. 环境

环境是指不可避免发生的各种情况变化，而创业者又无法左右的因素，如法律法规、利率变化、人口发展趋势、通货膨胀等其他因素。创业者在制定创业计划书时必须进行综合的宏观环境分析，全面了解环境的变化和趋势，为企业的发展制定合理的战略规划。每份商业计划书中都应包括创业企业所处环境情况的介绍，对不利环境所采取的措施和有利环境的积极作用都应给予详细的说明。

4. 风险和回报

在创业投资的世界里，风险与回报是永恒的主题。评估这两者之间的关系，对于投资者来说至关重要。风险和回报是指对任何可能发生变化的因素进行评估，说明项目可能遇到的风险，提出应对措施，并对收益进行定量和定性的分析。大学生创业项目中有许多是以科研成果转化为主题的，对可能发生的技术风险、知识产权风险、财务风险和管理风险等都要进行较详细的分析。那些高科技、高成长的创业项目，在很大程度上会获得风险投资家的投资。

创业项目的投资回报率、项目的回报期和风险投资的退出机制是商业计划书中必不可少的部分，这往往是投资者和潜在投资者在关注风险之前首先关注的问题。

三、研讨创业构想

创业之前，每个创业者都必须做好充分的准备。因此，创业开始之前的创业构想就十分重要。这时创业者需要制订一份完备的创业计划，在撰写这份计划书的思考过程中，就可以清楚地看到，什么才是未来事业成功中最重要的因素。计划是什么以及如何实现它，都可以在计划书中写得清清楚楚。

(一) 研讨产品或服务

1. 概念陈述

"概念陈述"是由布鲁斯 R. 巴林格(Barringer B. R)提出的。他认为，概念陈述是包括向行业专家、潜在顾客提交产品或服务的基本描述，并征求反馈意见的活动。概念陈述写好以后，需要交给 10 人以上(含 10 人)查看，他们要能提供公平公正的建议。这 10 人最好不要包括亲朋好友，因为他们已经在前期做出了积极的反馈。如果时间充裕，概念陈述要反复提炼，以夯实产品、服务创意。

2. 主要内容

(1) 需要明确描述你的产品或服务的定位，包括目标受众是谁，产品或服务的主要功能是什么，以及它如何满足客户需求。

(2) 企业的产品相对竞争对手的优势，消费者选择本企业产品的理由。要尽量详细地介绍其特点和优势，可以包括技术原理、设计特色、功能优势、性能指标等方面的内容。

(3) 企业具有的商标、专利、许可证，或与具有专利的厂家达成的协议。突出你的产品或服务在市场上的独特性和竞争优势。

(4) 可以结合用户体验和案例分析来说明产品或服务的实际效果和应用场景，这有助于投资者更直观地了解产品或服务的实际应用效果。

(5) 消费者对产品价格的接受度，企业产品定价的原则，以及合理利润的保障。

(6) 企业改进产品的质量、性能和新产品研发计划。

(7) 在产品介绍中，虽然夸奖自己的产品是推销所必需的，但应注意，商业计划书中的每一项承诺，都应该是可以通过努力实现的。

> 不能等别人为你铺好路，而是自己去走，去出错，而后创造一条自己的路。
> ——罗伯特

(二) 研讨行业或目标市场

创业企业如何让自己的产品和服务占领市场，如何在竞争激烈的市场中立足，就一定要做行业分析。你需要了解你的创业项目目前所处市场是空白市场还是成熟行业？如果是空白市场，你要详细说明为什么要实施这个创业项目，并提供给别人参考，查看它的可行度有多高。如果是成熟行业，你需要说明你的创新之处，或者竞争优势在哪里？这里需要你对即将开始的这个创业项目具有相当的了解，同时还要分析这个项目目前有没有市场竞争者？分析你的竞争者的优势和劣势，你怎样才能在竞争中获胜？谁跟你的目标客户一致？不仅要说服自己，还要说服大部分人。

(三) 目标市场预测

目标市场预测的内容如下。

(1) 市场需求预测。用技术手段和方法(通常用统计学的方法)，对市场需求、消费品购买力及其投向、商品价格的变动趋势、商品市场的寿命周期、市场的占有率、营销的发展趋势、产品所需的资源等进行预测。市场需求预测是为企业营销活动等提供可靠依据的一种活动，可以为经营决策提供可靠的依据。

(2) 市场预测的程序。市场预测的程序包括：①确定预测目标(预测的内容范围、要求、期限等)；②拟定预测方案(根据预测目标的内容和要求，编制预测计划和人员)；③收集整理资料(通过各种方式，收集整理、筛选、分析与主题有关的资料)；④建立预测模型(以上述数据为依据，选择适当的预测方法和评估方法，确定经济参数，分析各种变量之间的关系，建立反映实际的预测模型)；⑤进行分析评估(利用选定的预测模型和方法，对各种变量数据进行具体计算，并将结果进行分析、检验和评价)。⑥编写预测报告(概括预测研究的主要活动过程，包括预测目标、预测对象及有关因素的分析结论、主要资料和数据，预测方法的选择和模型的建立，以及对预测结论的评估、分析和修正等)。

(3) 预测方法。常用的预测方法有时间序列预测法、回归预测法、定性预测(运用个人的经验和主观判断能力对事物的未来发展做出性质和程度上的预测，德尔菲法)、定量预测(通过建立数学和统计学模型使预测更加精确，在中短期预测中具有非常明显的优势)。

(四) 目标市场分析

在产品营销中，企业不可能通过将所有产品卖给市场上所有的顾客取得商业上的成功。在某种程度上，每个顾客都是独一无二的，因此，大规模的营销(对所有的顾客都采用相同的营销方式)往往得不到理想的效果。因此，将具有相同特性的顾客划分为同一细分市场就变得很有必要。同时，企业获得成功的关键要素之一就是对目标市场进行成功的价值定位，例如，为什么客户要从你这里购买而不从其他竞争者那里购买？为什么客户认为你的产品或服务对他很有用？你的产品或服务是否给客户带来了独一无二的体验。

(五) 研讨创业团队及组织管理

创业团队的组建与管理是一项复杂而重要的任务。初创企业进行团队及组织管理的研讨、分析很有必要，因为人是企业的核心，实际上人的才能、智慧，以及人与人之间的协作能力决定了企业的发展。

进行管理才能评估时，要注意两个关键点：①个体创业者或管理团队对商业创意所抱有的激情；②个体创业者或管理团队对将要进入的市场的了解程度。这里创业者的作用非常关键，如果他具备洞察力，就能慧眼识珠，人尽其才。

通过明确目标、招募合适人选、建立良好的沟通和协作机制、制定合理的薪酬和激励机制、培养团队合作精神和凝聚力，以及注重团队文化和价值观的建设等措施，可以打造出一个高效、稳定、具有创新能力的创业团队，为创业成功奠定坚实的基础。

在实际操作中，创业者还需要根据具体情况灵活调整和优化团队的管理策略，以适应不断变化的市场环境和团队需求。同时，也要保持开放的心态和积极的态度，与团队成员共同成长、共同进步，共同实现创业梦想。

(六) 研讨创业资源

创业资源是指新创企业在创造价值的过程中需要的特定的资产，包括有形与无形的资产，它是新创企业创立和运营的必要条件。也就是说利用或管理好创业资源，是创业成功的重要因素。

初创企业是否有足够的资源维系企业的生产活动、销售活动的正常开展，所有资源能否真正发挥作用，是资源研讨的核心。创业者在进行测试前，必须先获得创业资源，无论是设备、资金等有形资源还是信息、知识、政策等无形资源，都应如此。在分析时，创业者要考虑客户资源、技术资源、财务资源、行业经验资源和人力资源等。

(七) 研讨财务

财务分析可以不用十分详细，但对于启动资金的预测、启动资金的来源、企业的生产经营成本等这些重要的点，都必须分析清楚。在财务计划中，应包括以下内容。

(1) 产品在每一个(会计)期间的销售量。
(2) 产品线的扩张时期。
(3) 单位产品的生产费用。
(4) 单位产品的定价。

(5) 预期的成本和利润。
(6) 工资预算。
(7) 商业计划书的条件假设。
(8) 预期的资产负债表。
(9) 预期的损益表。
(10) 现金收支分析。
(11) 资金的来源与使用分析。

(八) 风险

企业风险来自各个方面,有市场风险、技术风险、执行计划中的风险等,不仅要在计划书中一一列出这些风险,还要分析这些风险中哪些是可以控制的、哪些是不可控制的、哪些是需要极力避免的,哪些是致命的或不可管理的。若这些风险出现,应该采取什么手段和方法应对这些风险。这一过程中必然会遇到各种意想不到的情况和各种困难,从而有可能使结果偏离创业的预期目标。

(九) 筹资

筹资需要详细说明了为满足企业正常生产销售及产品改进和新产品研发需要多少资金,在什么时候需要这些资金,对投资人的要求,以及风险投资人的退出机制。

四、分析创业可能遇到的问题和困难

(一) 知识限制

创业需要企业注册、管理、市场营销与资金融通等多方面的丰富知识。如果对目标市场和竞争对手情况了解甚少,在缺少相应知识储备的情况下,创业在残酷的市场竞争中将处于劣势。创业需要创业者在实际操作中把自己的知识与所创事业有机结合起来,但是很多创业者眼高手低,当创业计划转变为实际操作时,才发现自己根本不具备解决问题的能力,这样的创业无异于纸上谈兵。

同时,在撰写商业计划书时,许多创业者无法把自己的创意准确而清晰地表达出来,缺少个性化的信息传递方法,或者分析采用的数据经不起推敲,没有说服力。

(二) 经验缺乏

经验是从多次实践中得到的知识或技能。创业需要有管理经验、对市场开拓的经验、营销方面的经验等。大学生有理想与抱负,但容易眼高手低,很多人没有任何实际经营经验,在这种情况下,本着"摸着石头过河"的战略方针开始创业之路,其过程中的一个个小问题如果没办法及时有效地解决,很容易变成一颗颗炸弹,一旦爆发,也就宣告该次创业失败。

(三) 心态问题

创业者空有创业激情,心理准备不足。从创业失败的情况看,许多创业者热情很高,但缺乏吃苦耐劳和坚持不懈的精神。尤其大学生创业群体受年龄及阅历等方面的限制，对创业风险没有清醒的认识，缺乏对潜在风险和失败的必要准备，并且在创业时如果缺乏前期市场调研和论证，只是凭自己的兴趣和想象来决定投资方向，结果注定失败。创业首先要有风险意识，要能承受住风险和失败；其次要有责任感，要对公司、员工、投资者负责；最后要有务实精神，必须踏实做事。

(四) 创新能力薄弱

创新能力也称为创新力，是运用知识和理论，在科学、艺术、技术和各种实践活动领域中不断提供具有经济价值、社会价值、生态价值的新思想、新理论、新方法和新发明的能力。创新能力是企业竞争的核心力，创新能力并不意味着要斥巨资，开发出划时代的新技术。大学生创业企业既没有这样的资源条件，更没有时间。大学生在创业过程中，一方面由于风险比较大，不具备进行产品(服务)技术创新的条件；另一方面，缺少专业性人才对产品(服务)进行升级换代改造的研究，同时缺少资金使得企业用于创新和研发的经费很少，导致企业创新能力薄弱。

(五) 资金问题

资金是企业经济活动的第一推动力，是经营企业的本钱。大学生要想凭借自己的技术或创意获得应有的回报，就必须解决好资金的筹措问题。万事开头难，如果资金不足，那么创业就更难。目前，大学生创业缺资金、少经验是普遍存在的问题，表现为急于得到资金，给小钱让大股份，贱卖技术或创意；也表现为对风险投资不负责任，"烧"别人的钱圆自己的梦。

(六) 管理团队方面的问题

现代企业越来越重视团队的力量。创业企业在诞生或成长过程中最主要的力量来源一般是创业团队，一个优秀的创业团队能使创业企业迅速地发展起来。但与此同时，风险也蕴含其中，团队的力量越大，产生的风险也就越大。一旦创业团队的核心成员在某些问题上产生分歧不能达到统一时，极有可能会对企业造成强烈的冲击。

事实上，做好团队的协作并非易事。特别是与股权、利益相关联时，很多初创时很好的伙伴都会闹得不欢而散。因此，商业计划书要能够翔实地向风险投资者展示管理团队的风貌。关注点有如下几个方面。

(1) 创业者是否是一个领袖式的人物，是否具备应有的素质？
(2) 这个管理团队的信念是否坚定，目标是否一致？
(3) 是否具有强大的凝聚力，从而始终努力地追求事业成功？
(4) 这个管理团队的市场战斗力如何？
(5) 是否非常熟悉和善于开发潜在的市场？

除此之外，社会的大环境也让大学生感到创业有些艰难。创业所需要的各种服务还不完善，如律师事务所制度、会计师事务所制度等。

(七) 意识上的风险

意识上的风险是创业团队最内在的风险。这种风险来自无形，却有强大的毁灭力。风险性较大的意识有：投机的心态、侥幸心理、试试看的心态、过分依赖他人、回本的心理等。

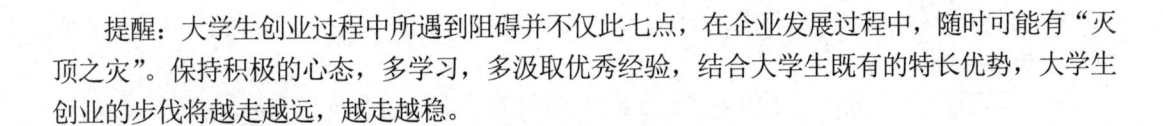

提醒：大学生创业过程中所遇到阻碍并不仅此七点，在企业发展过程中，随时可能有"灭顶之灾"。保持积极的心态，多学习，多汲取优秀经验，结合大学生既有的特长优势，大学生创业的步伐将越走越远，越走越稳。

五、凝练创业计划的计划书摘要

(一) 摘要的地位

顾名思义，摘要就是摘出来的要点，能够让阅读者对重点一目了然，对整个创业计划书有大致的了解。好的商业计划书可以使企业明确认识自己，明确奋斗目标，明确管理的各个环节。

商业计划书的摘要是风险投资商阅读商业计划书时首先看到的内容。如果说商业计划书是敲开风险投资公司大门的敲门砖，是通向融资之路的铺路石，那么计划书的摘要可以被看作点燃投资商投资意向的火种。

摘要是整个商业计划书的第一部分，相当于对整个商业计划书的浓缩，是整个商业计划书的精华所在。由于风险投资商的时间和精力都有限，因此他们不可能把所有到手的商业计划书都逐个地仔细研究。通常，他们会先阅览商业计划书的摘要部分，通过从摘要部分获取的信息来判断是否有继续读下去的必要。也就是说，如果摘要部分不能激发起风险投资商的兴趣，那么商业计划书的后面部分就很有可能无缘与风险投资商见面。从这一角度来说，虽然我们并不能担保一个写得很好的摘要能为一个项目带来投资，但可以肯定的是，一个写得不好的摘要定会使风险投资商决定放弃对该项目的投资。

(二) 计划书摘要的格式

根据不同企业的情况，计划书摘要的常用格式有两种：提纲性摘要和叙述性摘要。

1. 提纲性摘要

提纲性摘要结构简单，开门见山，内容单刀直入，一目了然，能让投资者立即了解你要投资的目的。提纲性摘要的每一段基本是商业计划书每一章的总结部分。它的特点是易撰写，缺点是语言比较干涩，文章没有色彩。提纲性摘要基本上包括了商业计划书的所有方面，面面俱到，各部分在提纲性摘要中所占比例基本相等。

提纲性摘要的基本格式是用简短明晰的句子摘选出商业计划书的重点。每一个方面的描述不要超过三句，只阐述与企业和项目关系最密切、给人印象最深刻的部分。提纲性摘要一般包括以下一些内容。第一和第二部分内容必须按照下边的顺序排列，其余部分的排列顺序并不太重要，关键是要给投资者留下一个最好的印象。为了突出重点，每段的开头可以写上标题。为了压缩内容，精简篇幅，有些内容可以在摘要部分进行合并。

(1) 有关企业的描述：主要包括企业名称、企业类型、地点、法律形式(股份公司、个人公司、合伙人公司等)。

(2) 申请投资目的。

(3) 企业状况：是老企业还是新企业，或是正在准备成立的企业，企业成立的时间，项目所包括的产品或服务已经进行了多长时间，是否已经销售。

(4) 产品和服务：列出已经销售或要销售的产品或服务。

(5) 目标市场：列出产品将进入的市场，以及选择该市场的原因；同时要提供市场调查研究和分析的结果。

(6) 销售策略：主要侧重于叙述产品如何进入目标市场，企业如何做广告，以及销售方式，特别要指出主要销售方式。产品促销的主要方式有参加展览、有奖销售、捆绑式销售，或其他可以促销的方法等。

(7) 市场竞争情况和市场区分情况：简单介绍与产品有关的市场竞争、主要竞争对手，以及各自的市场划分和市场占有率。

(8) 竞争优势和特点：阐述为什么你的产品能够在市场竞争中获得成功。列举任何可以表现你的产品或服务的优势，如专利、秘方、独特的生产工艺、大的合同、与用户签订的意向性信件等。

(9) 优良的经营管理：简述企业管理队伍的历史和能力，特别是企业的创始人和主要决策人的有关情况。

(10) 生产管理：简述关键性的生产特点，如地点、关键的销售商和供应商、节省成本的技术和措施等。

(11) 财务状况：未来至三年的预期销售额和措施等。

(12) 企业的长期发展目标：企业未来五年的发展计划，如员工总数、销售队伍的建设情况、分支机构数目、市场占有率、销售额、利润等。

(13) 寻求资金数额。项目需要资金总数、资金来源、筹集资金的方式，投资者如何得到报酬等。

2. 叙述性摘要

与提纲性摘要相比，叙述性摘要好像是给投资者讲一个优美动听的故事。它可以把商业计划书写得有声有色，娓娓动听。

叙述性摘要的重点集中在描述企业的基本情况、突出项目特点上，较少描述管理细节。叙述性摘要特别适用于需要语言描述的新产品、新市场、新技术等，以及有良好历史或背景的企业。撰写叙述性摘要难度很大，它要求作者既要有对企业经营的知识和经验，还要有深厚的文学功底和很好的写作技巧。

叙述性摘要主要以文字调动投资者对企业的情绪，使投资者对企业和项目感到兴奋，所以创业者在撰写时要重点选择一或两个最能够感动投资者的企业特点，重点叙述企业的创立者是如何建立企业并获得成功的，讲述企业是如何根据社会和技术的变革制造新产品或提供新服务的，使投资者了解为什么企业能够成功。摘要要写得恰到好处，既要传达所有必要的信息，刺激投资者的激情，又不能夸张。

叙述性摘要对各段落的关系没有明确的规定，各部分的比重也不要求平均，重点是要能够在投资者面前明确地展示你的企业，给投资者留下深刻印象。

叙述性摘要没有统一的格式，主要包括以下几方面内容。

(1) 企业简介：简单描述企业的组织机构、发展计划、法律形式、地点、企业目标等。

(2) 产品的基本情况：包括企业背景、产品开发情况、产品是如何开发出来的、产品和服务的特点、企业是如何认识到市场机会的等。

(3) 市场情况：简述目标市场、市场发展趋势、市场需要(特别是阐述清楚为什么市场需要你的产品和服务)、市场分析结果、市场竞争、市场开放情况。

(4) 竞争优势和特点：为什么你的企业能够在竞争中获得成功，列举任何可以表现你的产品或服务的优势，如专利、大的合同、用户意向性信件。如果你的企业是新企业，还要列举影响企业进入市场的障碍。

(5) 管理队伍(领导班子)的情况：描述企业的领导班子的主要经历和能力，特别是过去的成功经验。

(6) 未来的阶段性计划：列出每个阶段的发展目标和如何达到目标的方法和日期，包括销售额、利润、市场占有率、第一批产品的出厂日期、员工人数、分支机构数目等。

(7) 财务情况：包括资金来源、投资者如何回报等。

叙述性摘要不是必需的。多数商业计划书的摘要采用提纲性摘要，特别是当企业的基本情况比较容易理解时，市场和企业管理相当标准时更不必采用叙述性摘要。提纲性摘要与叙述性摘要相比，写作风格不是很重要。如果写作能力不是很强，建议最好采用提纲性摘要，因为投资者最关心的是如何通过投资你的项目比投资其他项目赚到更多的钱。

(三) 摘要应包括的内容

不同类型的商业计划书的摘要所强调的内容可能有所差别，但一般包括以下主要内容。

1. 公司名称和联系方式(封面中有的可以省略)

该内容包括公司名称、成立时间、主要股东、公司地点、电话、传真、联系人等。公司名称和联系方式非常重要，不要让别人找不到你。

2. 创业企业的业务范畴和类型

创业企业的业务范畴和类型不要太复杂，只要说明主要的经营范围就可以了。

3. 管理团队和管理组织

主要管理者情况包括姓名、性别、年龄、籍贯、学历/学位、毕业院校、政治面貌，行业从业年限，主要经历和经营业绩。管理团队和管理组织最好的方法是列出 2~3 个主要人员，做一个大概的介绍，真实地反映成就。风险投资中管理团队是最重要的因素，结构合理，成员学历、工作背景良好的团队是事业成功的前提。原 3721 创始人、原雅虎中国区总裁周鸿祎说："任何一个商业模式，你最初看到、想到的，在未来做的时候，它会有很多变化，有很多根据环境、形势变化做出的调整，关键还是在于操作的人能不能把它一直引领下去。所以，在投资前一定要看准人，在后来的操作中如果换人，也就意味着投资失败了。"

4. 产品或者服务及市场竞争情况

该竞争情况要说明的是投资项目在行业中的重要地位，产品的新颖性、先进性和独特性，产品的竞争优势等。最好是在行业中没有竞争对手。

5. 资金需求状况

资金需求状况需要具体、详细、合理、可信。资金需求状况既要说明需筹集多少资金和资金的用途，还需说明资金的形式是权益性投资还是贷款，权益性投资包括普通股、优先普通股、优先股等。资金需求的写作过程需要对企业运营情况、市场环境、竞争对手等多个因素进行考虑和分析，并根据具体情况进行合理的预算和估算。海外的风险投资公司一般会以可转换优先股或可转换债券的形式进行投资，这样在企业形势明朗时可以转成普通股，形势不好时可以获得优先偿付。

通过非常详细的资金需求说明，可以吸引投资人或银行提供资金支持。资金需求与使用计划对于企业的稳定发展至关重要。通过合理预估各阶段的资金需求，并提供详细的资金使用计划，有助于在创业过程中更好地管理和利用资金。同时，选择合适的解决方案来满足资金需求，可以为企业提供稳定的财务支持，推动项目的成功。

6. 财务状况和计划

在创业计划书中，财务分析是非常重要的一部分。需要描述公司的财务状况，包括收入、成本、利润等方面，以便投资者评估投资的可行性和商业成功的可能性。创业者应根据财务分析的结果，不断优化项目的财务状况，确保项目的可持续发展。

财务状况和计划要保证数据的真实可靠性，不要过多修饰。风险投资商一般不是技术专家，但大多是财务专家。对于早期的创业企业来说，风险投资者最关心的是什么时候公司的产品能够顺利通过各种测试推向市场？什么时候公司账上开始有收入进来？什么时候公司达到盈亏持平？

当然，盈亏持平并不是风险投资者的最终目的，公司收支平衡了，投资者就有信心给企业更多的钱去扩大规模、进一步发展。创业者应该明白，无论创立什么样的公司，账面盈亏持平越早越好，这说明公司的产品有市场价值、公司自身是有盈利潜力的。只有具有盈利能力的公司才是真正有价值的公司，才会有更多的投资者青睐并送来更多的钱。

创业企业将迈出的每一个重要的脚步都要仔细估算好，企业在走向成功和辉煌的道路上每一个重要的时间节点也要确定好。

7. 投资出路

投资资本家不会做公司的永久股东，所以创业者要说明若干年后投资的出路是实现股票上市，还是由企业管理者回购，一定要说明，否则可能得不到投资。

无论摘要怎样写，以下几点一般是不可省的：管理团队、产品的独特性、市场需求、资金需求、收益、投资出路。

（四）摘要的写作要求

（1）行文要求流畅、清晰、客观、逻辑性强。因为只有这样，风险投资商读着才舒服，又可以向风险投资商表明创业者真正了解这个计划，所以，创业者应该投入足够的时间把它做好。字数不要太多，风险投资商阅览摘要部分的时间一般控制在 10 分钟以内。

（2）摘要应有针对性。创业者书写摘要时应该明白读者是谁？不同经历和背景的风险投资商，感兴趣的重点是不一样的。所以，创业者在动笔之前应该对投资商进行调查研究，使写出的摘要更有针对性。

（3）商业计划摘要是创业者在完成撰写商业计划各部分内容的基础上，才能够总结、提炼写出的内容，这也是投资人首先要看到的内容，故置于商业计划书的第一部分。摘要一定要放在最后完成。创业者动笔写摘要之前，先完成整个商业计划书主体的写作，然后反复阅读几遍，提炼出整个计划书的精华所在，再开始写摘要部分，做到胸有成竹、一气呵成。

(4) 写完后一定要仔细检查。记住，如果文章中出现文字错误，又怎么能证明你是一位严谨的企业家呢？千万不能因为细小的差错，失去重要的机会。

总之，计划书的摘要一定要有感召力，能够打动投资商的心。因为你在向风险投资公司推销自己的时候，有成百上千人在做着同样的事，因此，必须保证自己的摘要能"鹤立鸡群"，才能有成功的机会。所以，对计划书摘要进行反复推敲，力求精益求精，趋于完美，争取尽最大可能给风险投资商留下美好的第一印象。

摘要只不过短短一两页纸，卖的是诱人的"香味"，而不是真正的"牛排"。所以，它应该吸引读者、激发兴趣和突出优势。

要点回顾：一份商业计划书的摘要主要包括以下几方面。
① 风险企业的简要介绍。
② 联系方法和主要的联系人。
③ 业务范畴和类型。
④ 管理团体和管理组织。
⑤ 产品或者服务及其竞争情况。
⑥ 资金需求状况。
⑦ 市场状况。
⑧ 资金运用计划。
⑨ 财务计划。
⑩ 生产经营计划。
⑪ 退身之路。

案例 5-1

产品类计划书摘要——×××产品的技术特点

×××产品是新一代的多媒体便携式播放、浏览设备，支持文字、图形、图像、动画、视频、语音、音乐等播放和浏览。×××在技术上融合了新的半导体存储器技术，数据压缩和数字信号处理技术。其体积小，功能新颖，能在十分恶劣的环境下正常播放，通过连接器还可以实现与网络互联和网络内容的播放和浏览。随着技术的发展，×××产品必然成为新一代便携式播放和浏览设备的标准。

×××的播放内容支持存储卡交换内容和网上下载两种方式，针对中国的实际情况采用存储卡出版内容将是一种十分有效的方式。

×××采用新一代的存储方式——半导体存储方式。随着半导体技术的发展，半导体存储器的价格越来越低廉。由于半导体存储器的优点，×××采用两种半导体存储器：①可随时擦写录制的 Flash ROM，主要用于录制；②固化的 ROM（主要为 MASK ROM），用于出版物的出版发行。

×××产品为了保证出版商的版权利益，采用加密方式来防止盗版行为：①使用公用密钥 DES 方式对数据进行加密，在硬件上使用专用芯片实现；②使用具有版权信息认证的方式进行合法性认证，同时在机器和播放卡上内置加密芯片，可有效地防止盗版。

×××产品是一种小型化的便携式设备，其体积小，重量轻，耗电少，功能强大，是目前MD、Diskman、Walkman、语言复读机的直接替代者，将×××产品与其他的产品进行组合，如数码相机、PDA等产品进行组合可开发出更高级的应用产品。

1. ×××产品主要针对的市场

(1) 音乐便携式播放器市场。

(2) 教育便携式播放器市场。

(3) 旅游便携式播放器市场。

(4) 电子图书便携式浏览器市场。

2. ×××产品市场消费对象和潜在市场

×××产品作为新一代的便携式播放器产品，其消费者主要为20岁以下的青少年。国内目前青少年人口数量为3亿~4亿，按三分之一的拥有比例计算，×××产品的青少年潜在消费者的数量应在1亿人以上，再加上×××产品在家庭台式机市场和汽车音响市场等其他消费市场的潜在消费者数量可达1亿~2亿人，将形成一个国内年销售额在200亿~400亿元的市场。从传统的家庭大众化音响播放设备(磁带机、CD机、MD机等)的价格情况来看，便携式播放器产品大多定价在百元到1000元这个水平，载体(磁带、光盘)的定位也在5~40元。×××产品是完全能够做到这个成本价格，其载体——半导体存储卡的价格也与传统载体相差不大，消费者完全能够接受这样的产品。

3. ×××产品价格定位

(1) 200~400元的低档机定位。它提供×××的音乐、语音播放和文字浏览的基本功能，主要针对低收入地区的青少年。

(2) 400~700元的中档机定位。它提供×××的全部功能并具有录制功能，具有音效均衡器等功能，为单色显示器，主要针对大部分有收入的青少年。

(3) 1000~2000元的高档机定位。它提供×××的全部功能并具有录制功能，具有高级效果器，采用彩色显示器，主要针对高收入家庭和白领一族的青少年顾客。

4. 本项目内容

(1) ×××产品的开发及标准制定。

(2) ×××产品的生产及市场推广。

(3) 建立×××产品标准联盟。

5. 本项目目标

生产目标如下。

(1) ×××高、中、低档产品。

(2) ×××套件。

(3) ×××节目卡，×××录制卡。

项目计划在5年内完成，形成年产×××产品140万台套，×××节目卡1000万块，×××录制卡400万块的能力。×××产品在开始1~3年可全部采用OEM方式进行生产，因此不需要专门的生产设备和专门的生产场地。OEM的生产商拟选择通过ISO9000质量标准认证，并为国际知名的品牌做过产品加工的企业，为此在公司内设立 OEM 生产管理部严格管理生产。

6. 投资需求

投资计划是根据项目实施的两个阶段来进行的。第一阶段投入 600 万元，第二阶段投入 1400 万元。

7. 投资说明

投资条件：本项目的投资必要条件有如下 3 条。

(1) 产品开发的关键技术能够实现。

(2) 所需资金的充足及到位。

(3) 主要技术开发人员的稳定。

投资建议：本项目必须有 600 万元的人民币投入才能进入实施阶段，投放 600 万元可获得公司 50%的股权。非现金投入者获得公司 50%的股权，在实施第一阶段的目标后，公司可进行第二阶段的增资扩股，此出售价格可按当时的股价进行。第二阶段的增资扩股是为市场全面进入而进行的扩资，扩资资金主要用于生产、流动资金和市场广告费用等。当公司出现无法经营的情况时，现金投入者可享有 1∶1 的股权代理权，有权对公司进行改组，直到中止公司运营，并拥有对公司有形资产的处置权。非现金投入者无此权利，但对公司产生的无形资产(如知识产权等)双方得按股份比例享有权利。

从长期发展角度考虑，公司拟在 3～5 年上市，成为股份公司，筹集更多的发展资金，并建立一个良好的资本进入和退出机制。

投资者权利：现金投资者可以委派公司董事加入公司董事会对公司进行监督，在本项目的实施过程中董事会可以委派独立的财务总监对公司进行财务监督，也可以委托会计师事务所实施监督工作。

(资料来源：国家科技风险开发事业中心. 商业计划书编写指南[M]. 2 版. 北京：电子工业出版社，2012.)

六、将"双创"具体化

成功的商业计划书的撰写不是一蹴而就的事情，创业者需做好大量的前期准备工作，并在写作过程中遵循一定的写作步骤与写作原则。

成功的商业计划书应有周详的前期准备与启动计划。商业计划书涉及的内容较多，编制之前必须进行充分的准备、周密的安排：①通过文案调查或实地调查的方式，准备关于创业企业所在行业的发展趋势、同类企业组织机构状况、行业内同类企业报表等方面的资料；②确定计划的目的和宗旨；③组成专门的工作小组，制订商业计划书的编写计划，确定商业计划书的种类与总体框架，制订商业计划书编写的日程安排与人员分工。

在前期准备完成后，接下来是商业计划书初步草拟阶段。此阶段分别介绍公司基本情况、经营管理团队、产品/服务、技术研究与开发、行业及市场预测、营销策略、产品制造、经营管理、融资计划、财务预测、风险控制等投资者关心的问题，要求既有丰富的数据资料，使人信服，又要突出重点，实事求是。

在完成商业计划书的草拟后，创业者应广泛征询各方面的意见，进一步补充、修改和完善草拟的商业计划书，即商业计划书的完善阶段。编制商业计划书的目的之一是向合作伙伴、创业投资者等各方人士展示有关创业项目的良好机遇和前景，为创业融资、宣传提供依据。所以，在这一阶段要检查商业计划书是否完整、务实、可操作，是否突出了创业项目的独特优势及竞争力，包括创业项目的市场容量和盈利能力，创业项目在技术、管理、生产、研究开发和营销等方面的独特性，创业者及其管理团队成功实施创业项目的能力和信心等，力求引起投资者的兴趣，并使之领会创业计划的内容，支持创业项目。

商业计划书撰写的最后阶段为定稿阶段，创业者在这一阶段定稿并印制成商业计划书的正式文本。

由于商业计划书的专业性因素影响，撰写优秀的商业计划书对于相当部分的大学生创业团队而言存在一定的难度，因此，大学生创业团队经常会考虑聘用一位外部专业人士来准备商业计划，以便可以专心从事融资和企业创建工作。但聘请外部专业人士并不是好主意，大学生创业者或创业团队应该亲自书写整个计划。一方面，在制订并撰写商业计划书的过程中，可以检验不同的战略和战术所产生的后果，以及创建企业对人员和财务的要求，不然事情一旦发生，则悔之晚矣。另一方面，商业计划书一个很重要的结果是使创业团队处于同一个发展阶段，统一创业思路与行动纲领。

商业计划书涉及的内容很多，大学生创业者应积极按照商业计划书撰写的基本步骤，做好计划工作，使写作过程有条不紊地进行，团队内部成员各负其责，最后由组长统一协调定稿，以免零散、不连贯、文风相异。

七、商业计划书的编制

(一) 商业计划书的撰写要求

在撰写商业计划书过程中，一方面要积极关注商业计划书的核心要素；另一方面，商业计划书针对的读者往往是具有专业背景的投资专家，因此，创业者也需同时关注商业计划书的书写格式与规范。

1. 简洁明了、突出重点

商业计划书应当简洁明了，不要使用过多的文字叙述，这样会显得长篇累牍，应尽可能多用让人一目了然的图表来表达。这样不仅看起来一目了然，而且是真实的数据，会让人很信赖。人们在阅读一份自己特别感兴趣的商业计划书时，应能立即找到问题及其解决办法，因此对于那些可能会引起读者兴趣的主题都应该全面而简洁地阐述。一般说来，商业计划书的最佳长度为 25~35 页。

2. 写作风格要掌握适中

虽然说撰写商业计划书要做到精致美观，但是也要十分注意不要用力过猛。颜色使用过多会让它看起来花里胡哨，从而降低了它的档次。

好的商业计划书既不要太平淡无奇，无法引起读者的兴趣，又不要太花里胡哨，过于煽动。计划书要有冲击力，能够抓住投资者的心，不等于煽情。一定要记住，商业计划书既不是动员报告，也不是文艺作品，它是一篇实实在在的说明书。

3. 尽量客观

商业计划书应当客观，应当用事实说话。凡是涉及数字的地方一定要定量表示，提供必要的定量分析。一切数字要尽量客观、实际，切勿凭主观意愿的估计。有些人在讲述他们的创意时会得意忘形。的确，有些事情需要以一种充满激情的方式讲述，但你应该尽量使自己的语气比较客观，使投资者有机会仔细地权衡你的论据是否有说服力。在商业计划书中，创业者应尽量陈列出客观、可供参考的数据与文献资料。像广告一样的商业计划书并不能起到很好的吸引投资者的作用，反而会引起别人的逆反心理，引起投资者的怀疑、猜测，致使他们无法接受。

4. 让外行人也看得懂

商业计划书应当做到让外行也能看懂。一些风险企业家认为，他们可以用大量的技术细节、精细的设计方案、完整的分析报告打动读者，但这样做的效果并不好。因为往往只有少数的技术专家参与商业计划书的评估，许多读者都是全然不懂技术的门外汉，他们更欣赏一种简单的解说，也许用一个草图或图片做进一步的说明效果会更好。如果非要加入一些技术细节，可以把它放入附录。

5. 保持写作风格一致

商业计划书的写作风格应一致。一份商业计划书，通常由几个人一起完成，但最后的版本应由一个人统一完成，以避免写作风格和分析深度不一致。商业计划书是企业的敲门砖，不仅要以一种风格完成，而且应该看起来很统一、很专业。例如，标题的大小和类型都应该和本页的内容和结构相协调，另外要注意可以恰当地使用图片，达到图文并茂的效果。

6. 把握好尺度

商业计划书的编制虽旨在吸引投资，但非单一聚焦于资金短缺的陈述。其核心目的虽为促成投资合作，但资本注入绝非成功之唯一保证。获取五百万乃至更高额投资，亦非项目安全的直接等价物，风险始终伴随。因此，在撰写过程中，提及资金需求应适度且策略性，避免过度渲染。同时，计划书应避免堆砌晦涩难懂的专业词汇，以免读者产生倦怠情绪，影响信息传递效果。对于数据的应用，务必给予高度重视，但需超越简单罗列的层面，融入深入的分析与独到的见解，以展现项目的前瞻性、可行性与潜力所在。

(二) 商业计划书的结构参考

商业计划书主要包括如下方面。

(1) 封面。

(2) 执行总结。

(3) 目录。

① 公司概述。

② 创业团队。

③ 产品或服务介绍。

④ 市场概况。

⑤ 竞争分析。

⑥ 商业模式。

⑦ 市场营销计划。
⑧ 生产运营计划。
⑨ 财务计划。
⑩ 公司管理。
⑪ 企业文化。
⑫ 风险预测及应对。
⑬ 资本退出。

扩展阅读

创新驱动下的比亚迪，如何赢得全球瞩目

最近，北欧"中国科技之旅"企业家代表团参访了比亚迪深圳总部，这次探访不仅打破了外界对中国车企依赖补贴的传统认知，更让我们看到了比亚迪如何凭借技术创新与全球视野，一步步塑造起"中国的冠军，也是世界的冠军"的行业地位。

一直以来，部分声音认为中国新能源汽车的崛起得益于政策补贴的扶持。然而，比亚迪用实际行动给出了截然不同的答案。

2024年4月12日，北欧企业家们亲历比亚迪深圳总部，见证了比亚迪的技术研发中心、智能制造车间及产品展示区的硬核实力。他们了解到，比亚迪在全球新能源车市场取得的"每五台就有一台比亚迪"的惊人占有率，并非依赖补贴红利，而是实实在在的技术创新和产品迭代的结果。

比亚迪始终坚持自主研发，从电池技术到电机控制，从新能源整车平台到智能驾驶辅助系统，无不浸润着其对技术创新的执着追求。

2023年，比亚迪接连发布易四方、云辇、DMO等颠覆性技术，并在2024年初推出全新的"整车智能"战略，展现出强大的技术研发实力和前瞻性布局。这种持续创新的能力，使得比亚迪能够在全球新能源汽车市场上"独领风骚"，而非依赖短期的政策扶持。

比亚迪的成功故事，不仅是对"中国速度"的生动诠释，更是一场中国汽车工业从"零基础"到"领航者"的华丽蜕变，无论是国内市场还是全球范围，比亚迪都稳坐新能源汽车销量冠军宝座，旗下海鸥、海豚、元PLUS等众多车型在各自细分市场中独占鳌头，形成了"遍地开花"的冠军格局。

比亚迪的插电混动和纯电车型双线并进，双双获得市场广泛认可。

作为全球插电式混动技术的领军者，比亚迪插混车型累计销量已超过320万台，成为无可争议的销量冠军。纯电车型则以迅猛增速，在2023年第四季度超越特斯拉，登顶全球纯电动车销量榜首。这充分说明，比亚迪的"两条腿走路"战略成效显著，无论消费者偏好何种新能源解决方案，都能在比亚迪的产品矩阵中找到心仪之选。

而且，比亚迪不仅在国内市场独步天下，其全球化的步伐同样引人注目。

2023年，比亚迪全年出口同比激增334%，成为全球品牌出口销量排行榜上增长最为迅猛的车企之一。比亚迪新能源汽车已驶入全球78个国家和地区，深受海外消费者的喜爱。

这一亮眼成绩促使比亚迪进一步加大海外投资力度，如在巴西、泰国等地设立工厂，深化

本土化进程，为全球用户提供更便捷、更高效的绿色出行服务。

今年初，比亚迪"出海舰队"满载新能源车扬帆远航，标志着比亚迪全球化战略迈入新阶段。同时，比亚迪宣布成为2024欧洲杯官方出行合作伙伴，这一举动无疑将大幅提升其国际品牌形象，加速比亚迪在全球范围内的品牌渗透与影响力拓展。

比亚迪正以前所未有的自信与决心，将中国的新能源技术成果与绿色出行理念推向全球，携手各国共同构建可持续发展的未来。

比亚迪的故事，是创新与实力交织的华章，是中国品牌在全球新能源汽车领域崛起的典范。它向世界展示了中国汽车工业并非依赖补贴成长，而是通过持续技术创新、完善供应链体系以及积极参与市场竞争，实现从追赶者到引领者的角色转变。

比亚迪的成功，不仅赢得了老外们的由衷赞叹与合作期待，更激发了全球对中国新能源汽车产业的信心与尊重。我们有理由相信，比亚迪将在未来继续引领全球新能源汽车行业的发展潮流，为全球用户带来更加智能、环保、高效的出行体验，为实现全球绿色梦想贡献力量！

(资料来源：根据网络资料整理)

第六章

新企业的开办

创新榜样

创业路上"小女子"自强不息

今年刚刚23岁的刘慧，2007年毕业于日照市职业技术学院会计系。同年5月，刘慧向亲朋好友筹到了8万元启动资金，找到了一处近300平方米的厂房，将厂房进行了简单的装修，购进了20台先进的缝纫设备，金慧源包装制品有限公司正式开张，刘慧开始了创业之路。

虽是初出茅庐，但是刘慧的真诚和身上的那股闯劲感动了一家企业，同意给刘慧的企业提供订单和技术，派专人上门进行培训，通过几个月的努力，她带领的团队得到了客户的充分认可。2009年经济危机，一向要强的刘慧选择了坚持，经过多方奔走，终于有一个大客户看好他们的产品，并签订了长期加工协议，同时她还对内实行节约政策，从一厘线、一度电中节省，全年从未出现拖欠工资现象。经过了两年多的努力，她已经为社会培养技术工人100多人，扶持创业人数5人，解决就业劳力50人，拥有设备50台，年营业额50万元。刘慧打算再在周边村镇开设几处加工点，让更多的农民在家门口就业。

以上是大学生自主创业的一个典型案例。党的二十大报告强调，必须加速推进创新驱动发展战略，努力实现高水平科技自立自强。报告提出，应以国家的战略需求为指导，集中力量开展原创性、引领性的科技研究，坚决攻克关键核心技术难关。同时，应迅速启动一系列具有战略意义、全局意义和前瞻意义的国家重大科技项目，以增强自主创新能力。青年一代，特别是大学生，作为中国最具活力的群体，如果缺乏创业的激情和追求，仅仅满足于现状和保守，中华民族的发展动力将面临枯竭的风险。因此，创业意识和创新精神不仅是有志于创业的学生应当关注的议题，即便是那些在其他职业岗位上工作的大学毕业生，也应保持创新之心。

我们都知道，创业是就业的另一种模式，所不同的是创业者不是被动地等待他人给自己"饭碗"（就业机会），而是主动地为自己或他人创造"饭碗"。目前，我们国家提倡和鼓励大学生自主创业，并为此出台了一系列包括工商、税务等方面的优惠政策。之所以提倡大学生创业，除创业不失为缓解目前就业压力的一条解决途径外，更重要的是引导大学生要具有一种敢于开拓的创业精神，同时也可以减轻一些人的就业问题，给国家及个人创造更多的财富。榜样的力量是无穷的，作为大学生如果想创新创业，就要具备以下的技能。

(1) 要提高自身的创业素质。一些大学生创业者对公司运作的认识过于简单，他们不清楚如何融资、如何做商业上的事务活动筹谋、如何塑造管理团队等，甚至连基本的财务、管理方面的常识都很短缺。因此，在大学生创业前，应该有一个相对系统的理论培训。

(2) 要进行充分的市场调研。既然大学生是在市场经济环境下进行创业，那创业就必须符合市场规律，不经过市场调研，盲目投资，成功的可能就很小。因此，大学生在创业之前，应该冷静地思考，选择什么行业来做才能更接近成功。大学生最好先到相关行业去打工，熟悉一些行业的运作规律和流程，也可到当地的人力资源和社会保障部门见习培训，有 50 多种岗位可供选择，在见习培训中选择创业方向。

(3) 要多方面了解政策。对大中专毕业生毕业后选择自主创业的，通常有不少相干关的优惠政策，大学生创业者应该充分了解这些政策，哪些税费是可以减免的，哪些优惠是可以申请的，都要做到胸中有数，这样才能在创业之初，节约资金而能更好地发展。

(4) 要有坚韧不拔的精神。心理脆弱是大多数大学生的通病，他们遇到一点挫折和困难就轻言放弃，是不会取得终极成功的。创业的道路不可能一帆风顺，大学生在心理上的准备也是必不可少的。大学生要用敏锐的眼睛查看市场变化的趋势，成功固然是大学生所顶礼膜拜的，但失败了也没什么可害怕的，多向周围的一些成功人士学习，多看一下创业成功的例子，以他们为榜样，结合个人的实际，不断地提升自己。

(资料来源：根据网络资料整理)

互动游戏

切分三角形

要求：请用三条直线将下图划分成最多的三角形。
目的：市场是可以深入细分的。

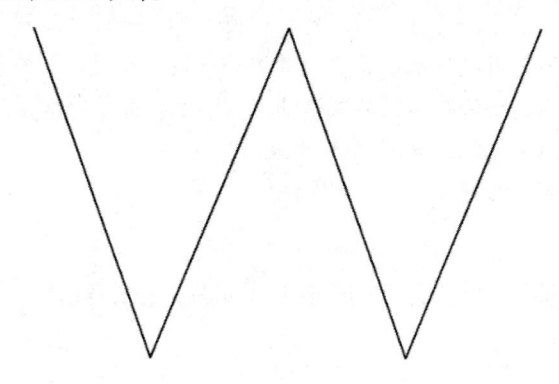

第一节　成立新企业

导入案例 6-1

“最不法律”的做法

小杨是沈阳某高校大四学生，读的是物流专业。2016 年，他了解到针对大学生群体的城际包车业务前景不错，便决定与几个想创业的同学启动"假期大学生客运包车"行动，并选择了沈阳到大连这条线。2017 年清明节刚过，小杨和同伴就在沈阳十几所高校做宣传，有 500 多名大学生乘客表示愿意乘坐他们组织的包车去大连。为此，他到大连委托一位姓张的朋友办理租车事务，还请当地高校的法律老师帮助审查包车协议。

2017 年 4 月 20 日，小杨与在大连从事客运的于某签协议租下 7 辆客车，按照约定，7 辆车要在 4 月 30 日 12 时从大连发车，而 400 名预付部分车费(35 元)的大学生乘客于当日 16 时 30 分在苏家屯高速入口和三台子高速入口处分别集合候车。4 月 30 日 16 时许，大学生乘客们陆续到齐了。然而，半小时后，到约定时间了，大家并没看到车的影子。这一等就是 4 个小时。据了解，大连发车晚了，有的车还被扣了。等待期间，一些着急的学生要求退还预付的车费；还有一些情绪激动的学生与小杨他们发生撕扯；还有学生觉得受骗了，拨打了 110 报警；另外有一些准备到大连玩的学生已订下特价酒店并在网上支付了房费，他们向小杨索赔 200 元至数百元不等。在"五一"过后，还有学生专门到小杨所在的学校讨说法，这让正处在写毕业论文关键时期的小杨难以招架。小杨说，他们确实给很多乘客制造了麻烦，但他和同学们也是受害者，为这事赔进去近两万元钱。

小杨认为，大连方面的于某应负主要责任，因其违背了协议中"按时接学生"的规定。小杨曾到大连协调解决此事，希望拿回部分款项，但于某不但不给，还说"压根没跟小杨签过协议"。原来那份协议书上面并没有小杨的名字，在甲方包车方一栏里写的是"张某"。也就是说，这份协议是小杨在大连那位张姓朋友跟于某签的。

虽然小杨事先找人请教了法律方面的问题，但他选择了一种"最不法律"的做法：大连包车公司的车辆有没有保险？有没有从事客运的资质……这些事情，小杨事前均未了解。小杨表示，已经没有钱和时间来通过法律途径解决这件事。而且，由于协议并不是自己签的，张某能否配合自己把大连车主于某告上法庭还是未知数。

(资料来源：根据网络资料整理)

知识要点：
注册成为企业的必要性、企业注册的限制、成立新企业要考虑的问题。

学习目的：
1. 了解创业者可以选择的几种企业法律形式及其特点；
2. 了解新创企业选址的各种影响因素；
3. 熟悉选址的评估过程及步骤；
4. 把握新企业创建的程序和步骤；

5. 了解新企业获得社会认同的必要性和方式。

一、企业的组织形式选择

企业是从事生产、流通、服务等经济活动，以生产或服务满足社会需要，实行自主经营、独立核算、依法设立的一种营利性的经济组织。

企业主要指独立的营利性组织。

依照中国法律规定，公司是指依法在中国境内设立的有限责任公司和股份有限责任公司，具有企业的所有属性。因此，公司均为企业，但企业未必都是公司。公司只是企业的一种组织形态。

创业经常提及的企业有以下三类。

(一) 个人独资企业

个人独资企业又称业主制企业，是指依法在中国境内设立，由一个自然人投资，财产为投资人个人所有，投资人以其个人财产对企业债务承担无限责任的经营实体。个人独资企业的创办须符合以下条件。

(1) 投资人为一个自然人。
(2) 有合法的企业名称。
(3) 有投资人申报的出资。
(4) 有固定的生产经营场所和必要的生产经营条件。
(5) 有必要的从业人员。

(二) 合伙企业

合伙企业是指依法在中国境内设立的由各合伙人订立合伙协议，共同出资、合伙经营、共享收益、共担风险，并对合伙企业债务承担无限连带责任的营利性组织。合伙企业又可分为普通合伙企业和有限合伙企业。

1. 普通合伙企业

普通合伙企业由普通合伙人组成，合伙人对合伙企业债务承担无限连带责任。普通合伙企业的设立须符合以下条件。

(1) 有两个以上合伙人，合伙人为自然人的，应当具有完全民事行为能力。
(2) 有书面合伙协议。
(3) 有合伙人认缴或者实际缴付的出资。
(4) 有合伙企业的名称和生产经营场所。
(5) 法律、行政法规规定的其他条件。

申请设立合伙企业，应当向企业登记机关提交的文件包括：《合伙企业登记(备案)申请书》；全体合伙人签署的合伙协议；全体合伙人的主体资格文件或自然人身份证明、合伙人住所证明；主要经营场所使用相关文件；法律、行政法规和国务院决定规定在登记前须报经批准的或申请登记的经营范围中有法律、行政法规和国务院决定规定须在登记前报经批准的项目，提交有关批准文件或者许可证件的复印件；法律、行政法规规定设立特殊的普通合伙企业需要提交合伙人的职业资格证明的，提交相应证明。

> 管理就是预测和计划、组织、指挥、协调及控制。
> ——亨利·法约尔

2. 有限合伙企业

有限合伙企业由普通合伙人和有限合伙人组成，普通合伙人对合伙企业债务承担无限连带责任，有限合伙人以其认缴的出资额对合伙企业债务承担有限责任。有限合伙企业实现了企业管理权和出资权的分离，可以结合企业管理方和资金方的优势，因而是国外私募基金的主要组织形式，例如，黑石集团、红杉资本都是合伙制企业。有限合伙企业的设立须符合以下条件。

(1) 有限合伙企业由 2 个以上 50 个以下合伙人设立，法律另有规定的除外。
(2) 有限合伙企业至少应当有一个普通合伙人。
(3) 有限合伙企业名称中应当标明"有限合伙"字样。
(4) 有限合伙人可以用货币、实物、知识产权、土地使用权或者其他财产权利作价出资。
(5) 有限合伙人不得以劳务出资。
(6) 有限合伙人应当按照合伙协议的约定按期足额缴纳出资，未按期足额缴纳的，应当承担补缴义务，并对其他合伙人承担违约责任。
(7) 有限合伙企业登记事项中应当载明有限合伙人的姓名或者名称及认缴的出资数额。
(8) 有限合伙企业由普通合伙人执行合伙事务，执行事务的合伙人可以要求在合伙协议中确定执行事务的报酬及报酬提取方式。
(9) 有限合伙人不执行合伙事务，不得对外代表有限合伙企业。

(三) 公司制企业

公司制企业是指按照法律规定，由法定人数以上的投资者(或股东)出资建立、自主经营、自负盈亏、具有法人资格的经济组织。我国目前的公司制企业有有限责任公司和股份有限公司两种形式。

1. 有限责任公司

有限责任公司简称有限公司，中国的有限责任公司是指根据《中华人民共和国公司登记管理条例》规定登记注册，由 50 个以下的股东出资设立，每个股东以其所认缴的出资额为限对公司承担有限责任，公司法人以其全部资产对公司债务承担全部责任的经济组织。有限责任公司包括国有独资公司和其他有限责任公司。有限责任公司的设立须符合以下条件。

(1) 股东符合法定人数(1～50 人)。
(2) 股东共同履行其在公司章程中所认缴的出资额责任。
(3) 股东共同制定公司章程。
(4) 公司需具有法律效力的正式名称，并有有限责任公司的运营规范构建完善的组织架构体系。
(5) 有公司住所。

2. 股份有限公司

股份有限公司是指公司资本为股份所组成的公司，股东以其认购的股份为限对公司承担责任的企业法人。其全部资本分为等额股份，股东以其认购的股份为限对公司承担责任，公司以其全部资产对公司的债务承担责任。股份有限公司的设立须符合以下条件。

(1) 有一人以上二百人以下为发起人，其中应当有半数以上的发起人在中华人民共和国境内有住所。

(2) 股份发行、筹办事项符合法律规定。

(3) 发起人制定公司章程，并经创立大会通过。

(4) 发起人认缴和向社会公开募集的股本达到法定的最低限额。

(5) 在公司成立前按照其认购的股份全额缴纳股款。

(6) 有公司名称，建立符合股份公司要求的组织机构。

(7) 有固定的生产经营场所和必要的生产经营条件。

作为创业者应该如何选择企业组织形式，创业者可根据自身的实际情况参照表6-1、表6-2，对比各企业组织形式的异同及优劣势进行选择。

表6-1 各种企业组织形式对于创业者的优劣势比较

企业组织形式	优势	劣势
个人独资企业	1. 企业设立、转让和解散等手续非常简单，仅向登记机关登记即可，且费用低 2. 有利于企业控制权、所有权、经营权、收益权 3. 可以迅速对市场变化做出反应 4. 无须缴纳个人所得税，无须双重课税 5. 在技术和经营方面容易保密	1. 投资风险大，创业者承担无限责任 2. 企业成功，过多依靠创业者的个人能力 3. 筹资困难 4. 企业随着创业者退出而消亡，寿命有限 5. 创业者的投资流动性低
合伙企业	1. 创办比较简单，费用低，经营上较灵活，业务结构容易改变 2. 企业拥有更多人的技能和能力 3. 资金来源较广，信用度较高 4. 合伙人可以共同偿还债务，减少了银行贷款的风险	1. 合伙创业者承担无限责任 2. 依赖合伙人的能力，企业规模受限 3. 易因关键合伙人退出而解散 4. 合伙人的投资流动性低，产权转让困难
有限责任公司	1. 创业股东只承担有限责任，风险小 2. 公司具有独立寿命，易于存续 3. 可以吸纳多个投资人，促进资本集中 4. 多元化产权结构有利于决策科学化	1. 创立的程序比较复杂，创立费用较高 2. 存在双重课税问题，税负较重 3. 不能公开发行股票，融资规模受限 4. 产权不能充分流通，资产运作受限
股份有限公司	1. 创业股东只承担有限责任，风险小 2. 筹资能力强 3. 公司具有独立寿命，易于存续 4. 职业经理人进行管理，管理水平较高 5. 产权可以股票形式充分流通	1. 创立的程序复杂，创立费用高 2. 存在双重课税问题，税负较重 3. 须定时报告公司的财务状况，公开公司的财务数据，不利于保密 4. 政府限制较多，法律法规要求严格

表6-2 各种企业组织形式之间的区别

项目	有限责任公司	合伙企业	个人独资企业
法律依据	公司法 (自1994年7月1日起施行)	合伙企业法 (自1997年8月1日起施行)	个人独资企业法 (自2000年1月1日起施行)
法律基础	公司章程	合伙协议	无章程或协议
法律地位	企业法人	非法人营利性组织	非法人经营主体
责任形式	有限责任	无限连带责任	无限责任
投资者	无特别要求，法人、自然人皆可	完全民事行为能力的自然人，法律、行政法规禁止从事营利性活动的人除外	完全民事行为能力的自然人，法律、行政法规禁止从事营利性活动的人除外
注册资本	最低10万、30万或50万	协议约定	投资者申报
出资	法定：货币、实物、工业产权、非专利技术、土地使用权	约定：货币、实物、土地使用权、知识产权或者其他财产权利、劳务	投资者申报
出资评估	必须委托评估机构	可协商确定或评估	投资者决定
成立日期	营业执照签发日期	营业执照签发日期	营业执照签发日期
章程或协议生效条件	公司成立	合伙人签章	(无)
财产权性质	法人财产权	合伙人共同共有	投资者个人所有
财产管理使用	公司机关	全体合伙人	投资者
出资转让	股东过半数同意	一致同意	可继承
经营主体	股东不一定参加经营	合伙人共同经营	投资者及其委托人
事务决定权	股东会	全体合伙人约定	投资者个人
事务执行	公司机关、一般股东无权代表	合伙人权利同等	投资者或其委托人
利亏分担	投资比例	约定，未约定则均分	投资者个人
解散程序	注销并公告	注销	注销
解散后义务	(无)	5年内承担责任	5年内承担责任

二、新企业的注册流程

企业注册是指创业者根据国家法律法规相关规定获得合法经营手续的行为。为规范企业行为，保护企业及股东合法权益，维护社会经济秩序，促使社会主义市场经济发展，新企业必须经国家登记机关依法登记，领取营业执照。未经国家登记机关登记的，不得以公司或企业的名义从事经营活动。新企业注册

6.1.1 新企业的注册流程(1)

6.1.1 新企业的注册流程

流程包括名称核准，工商注册，办理印章、代码登记、银行开户，税务登记，社会保险登记。

(一) 新企业名称核准

新企业名称通常是生产某类产品或提供某类服务企业的专有名称，是用文字形式表示的一家企业区别于其他企业或组织的特定标志。新企业名称应按照《企业名称登记管理规定》和《企业名称登记管理实施办法》的相关规定，企业只准使用一个名称，登记主管机关辖区内不得与已登记注册的同行业企业名称相同或近似。

申请企业名称预先核准时，应由创建企业的代表或其委托的代表人向登记主管部门提出名称预先核准的申请，并提交如下文件。

(1) 有限责任公司的全体股东或者股份有限公司的全体发起人签署的公司名称预先核准申请书。

(2) 全体股东或发起人指定代表或者共同委托代理人的证明。

(3) 国家市场监督管理总局规定要求提交的其他文件。

(二) 新企业工商注册

注册登记是新企业开办的法定程序，创业者应主动到当地工商行政管理部门咨询，了解申请工商注册登记的程序与要求，及时办理新企业的工商注册登记手续，使新企业的经营活动合法化，并受到法律保护。

1. 名称查重

按照国家有关法律规定，企业名称具有唯一性和排他性，且经核准登记，在规定范围内享有专用权，受法律保护，其他企业或个人不得与之混用或假冒。创业者在设计新企业名称后，在注册登记前要到当地工商行政管理部门进行电脑查询，以确定自己设计的新企业名称与已经工商注册登记的企业名称不相重。为了取得工商行政管理部门企业名称不相重的证明，创业者最好事先设计3~4个新企业名称以备用，做到有备无患。

2. 填写登记申请书并提交有关材料

申请人应当按照国家市场监督管理总局发布的经营范围规范目录，根据市场主体主要行业或者经营特征自主选择一般经营项目和许可经营项目，申请办理经营范围登记。涉及法律、行政法规和国务院发布的决定明确的企业登记前置许可项目的，申请人应当提交法定形式的许可证件或者批准文件。

📖 | 扩展阅读

=== 新企业登记需要提交的文件 ===

1. 公司设立登记需要提交的文件

《公司登记(备案)申请书》；公司章程(有限责任公司由全体股东签署，股份有限公司由全体发起人签署)；股东、发起人的主体资格文件或自然人身份证明、法定代表人、董事、监事和高级管理人员的任职文件；法定代表人、董事、监事和高级管理人员的身份证件复印件(提交纸质材料办理登记的，在申请书中粘贴身份证复印件)；住所使用相关文件、募集设立的股份有限公司提交依法设立的验资机构出具的验资证明；涉及发起人首次出资是非货币财产的，提交已办理财产权转移手续的证明文件、募集设立的股份有限公司公开发行股票的应提交国务院证券监督管理机构的核准文件；法律、行政法规和国务院决定规定设立公司必须报经批准的或公司申请登记的经营范围中有法律、行政法规和国务院决定规定必须在登记前报经批准的项目，提交有关批准文件或者许可证件的复印件。

2. 非公司设立登记需要提交的文件

《非公司企业法人登记(备案)申请书》；企业法人组织章程(主管部门(出资人)加盖公章)；出资人(主管部门)的主体资格文件；企业法定代表人的任职文件；住所使用相关文件；法律、行政法规规定设立企业必须报经批准的或企业申请登记的经营范围中有法律、行政法规和国务院决定规定必须在登记前报经批准的项目，提交有关的批准文件或者许可证件复印件。

3. 合伙企业设立登记需要提交的文件

《合伙企业登记(备案)申请书》；全体合伙人签署的合伙协议；全体合伙人的主体资格文件或自然人身份证明、合伙人住所证明；主要经营场所使用相关文件；法律、行政法规和国务院决定规定在登记前须报经批准的或申请登记的经营范围中有法律、行政法规和国务院决定规定须在登记前报经批准的项目，提交有关批准文件或者许可证件的复印件；法律、行政法规规定设立特殊的普通合伙企业需要提交合伙人的职业资格证明的，提交相应证明。

4. 个人独资企业设立登记需要提交的文件

《个人独资企业登记(备案)申请书》；投资人身份证件复印件(在申请书中粘贴身份证复印件即可)；住所相关文件；法律、行政法规和国务院决定规定在登记前须报经批准的或申请登记的经营范围中有法律、行政法规和国务院决定规定须在登记前报经批准的项目，提交有关批准文件或者许可证件的复印件。

(资料来源：《市场主体登记提交材料规范(2022年版)国家市场监督管理总局制》)

3. 缴纳出资

创业者登记有限责任公司，股东应当按期足额缴纳公司章程规定的各自所认缴的出资额。股东以货币出资的，应当将货币出资足额存入有限责任公司在银行开设的账户；以非货币财产出资的，应当依法办理其财产权的转移手续。股东未按期足额缴纳出资的，除应当向公司足额缴纳外，还应当对给公司造成的损失承担赔偿责任。

创业者登记股份有限公司，发起人应当书面认足公司章程规定其认购的股份，一次缴纳的，应即缴纳全部出资；分期缴纳的，应即缴纳首期出资；以非货币财产出资的，应当依法办理其财产权的转移手续。

4. 验资

在股东缴纳出资后，必须经依法设立的验资机构验资并出具证明。设立公司的验资证明应当载明以下内容。

(1) 公司名称。

(2) 公司类型。

(3) 股东或者发起人的名称或者姓名。

(4) 公司注册资本额、股东或者发起人的认缴或者认购额、出资时间、出资方式；以募集方式设立的股份有限公司应当载明发起人认购的股份和该股份占公司股份总额的比例。

(5) 公司实收资本额、实收资本占注册资本的比例、股东或者发起人实际缴纳的出资额、出资时间、出资方式；以货币出资的须说明股东或者发起人的出资时间、出资额、公司的开户银行、户名及账号；以非货币出资的须说明其评估情况和评估结果，以及非货币出资权属转移情况。

(6) 全部货币出资所占注册资本的比例。

(7) 其他事项。

5. 审查与核准

依法设立的验资机构验资后，由全体股东指定的代表或者共同委托的代理人向公司登记机关报送公司登记申请书、公司章程、验资证明等文件，申请设立登记。对于在审查过程中，工商管理部门可以提醒和帮助申请者补齐各种要求的文件。对于文件不具备的申请者，应说明理由，驳回申请。公司登记机关对决定予以受理的登记申请，应当根据情况在规定的期限内做出是否准予登记的决定。

6. 颁发营业执照

营业执照是国家市场监督管理总局，省、自治区、直辖市和市、县工商行政管理局发给工商企业、个体经营者的准许从事某项生产经营活动的凭证，具有法律效力。营业执照应当载明公司的名称、地址、负责人、资金数额、经济成分、经营范围、经营方式、从业人数、经营期限等。营业执照签发日期为公司成立日期。营业执照分为正本和副本两种。正本为悬挂式，用于企业亮证经营；副本为折叠式，用于携带外出进行经营活动。创业者可以根据需要，申请领取所需本数。

(三) 新企业办理印章、证件办理、银行开户

新企业领取营业执照后，还需办理其他相关手续，通常要办理印章、进行证件办理和银行开户。

1. 新企业办理印章

新企业领取营业执照后，创业者需到所在地公安局特行科办理新企业印章，并向特行科提供相关文件，包括营业执照、法定代表人身份证明等。公安局审批后到指定的印章刻制单位刻制新企业印章。需要说明的是，企业的印章、企业牌匾、企业银行账户、企业信笺所使用的名称应与新企业在工商行政管理机关登记注册的名称相一致。

2. 新企业证件办理

自2016年10月1日起，为进一步深化行政审批制度改革，提高市场准入便利化程度，我国进行了一场商事登记制度改革，统一采用"五证合一"办证模式。具体是将税务登记证、营业执照、组织机构代码证、社会保险登记证和统计登记证合为一证。

新的"五证合一"办证模式，采取"一表申请、一窗受理、并联审批、一份证照"的流程：首先，办证人持工商网报系统申请审核通过后打印的《新设企业五证合一登记申请表》，携带其他纸质资料，前往大厅多证合一窗口受理；然后，窗口核对信息、资料无误后，将信息导入工商准入系统，生成工商注册号，并在"五证合一"打证平台生成各部门号码，补录相关信息，

同时，窗口专人将企业材料扫描，与《工商企业注册登记联办流转申请表》传递至质监、国税、地税、社保、统计五部门，由五部门分别完成后台信息录入；最后打印出载有一个证号的营业执照。

办证模式的创新，大幅度缩短了办证时限，企业只需等待2个工作日即可办理以往至少15个工作日才能够办完的所有证件，办事效率得到提高。

3. 新企业银行开户

银行开户是新企业与银行建立往来关系的基础。依据我国相关法律规定，每个独立核算的经济单位都必须在银行开户，各单位之间办理款项结算，除现金管理办法规定外，均需通过银行结算。单位银行结算账户包括基本存款账户、一般存款账户、专用存款账户和临时存款账户，不同存款账户的功能及用途各不相同。

创办新企业需先开设一个临时存款账户，待新企业获得营业执照后，该账户转为基本存款账户，也可以申请注销，另开基本存款账户。新企业申请开设单位银行结算账户，应填写开户申请书，提供基本存款账户的企业同意其附属的非独立核算单位开户的证明等证件，送交盖有企业印章的卡片，经银行审核同意后开设账户。

> **扩展阅读**

单位银行结算账户的基本用途

单位银行结算账户按用途不同，分为基本存款账户、一般存款账户、专用存款账户和临时存款账户。

(1) 基本存款账户是存款人的主办账户。存款人日常经营活动的资金收付及其工资、奖金和现金的支取，应通过基本存款账户办理。基本存款账户只能选择一家银行的一个营业机构开立，不得在多家银行机构开立。

(2) 一般存款账户是存款人因借款或其他结算需要，在基本存款账户开户银行以外的银行营业机构开立的银行结算账户。一般存款账户用于办理存款人借款转存、借款归还和其他结算的资金收付。该账户可以办理现金缴存，但不得办理现金支取。该账户的开立数量没有限制。一般存款账户自正式开户之日起3个工作日后，方可办理付款业务，但因借款转存开立的一般存款账户除外。

(3) 专用存款账户是企业按照法律、行政法规和规章，对其特定用途资金进行专项管理和使用而开立的银行结算账户。专用存款账户用于办理各项专用资金的收付。

(4) 临时存款账户是企业因临时经营活动需要开立的账户，企业可以通过本账户输入或转出资金。该账户用于办理临时机构以及存款人临时经营活动发生的资金收付。

(资料来源：《中华人民共和国人民币银行结算账户管理办法》第三章第三十三条、第三十四条、第三十五条、第三十六条，2017.)

三、企业注册相关文件的编写

新企业工商注册需向所在地工商行政管理部门提交相关材料。创业者根据所选择的企业组织形式的具体要求，填写各种登记表，编写合伙协议、企业章程、发起人协议等相关文件。

合伙协议的编写

合伙协议是依法由全体合伙人协商一致、以书面形式订立的合伙企业的契约。根据《中华人民共和国合伙企业法》相关规定，设立合伙企业必须订立合伙协议。合伙协议依法由全体合伙人协商一致、以书面形式订立。合伙协议应当载明下列事项。

(1) 合伙企业的名称和主要经营场所的地点。
(2) 合伙目的和合伙经营范围。
(3) 合伙人的姓名和住所。
(4) 合伙人的出资方式、数额和缴付期限。
(5) 利润分配、亏损分担方式。
(6) 合伙事务的执行。
(7) 入伙与退伙。
(8) 争端解决办法。
(9) 合伙企业的解散与清算。
(10) 违约责任。

扩展阅读

合伙协议书文书范文

合伙协议书

合伙人：甲(姓名)，男(女)，××××年×月×日出生

现住址：×市(县)×街道(乡、村)×号

合伙人：乙(姓名)

内容同上(列出合伙人的基本情况)

合伙人本着公平、平等、互利的原则订立如下合伙协议。

第一条 甲乙双方自愿合伙经营×××(项目名称)，总投资为×万元，甲出资×万元，乙出资×万元，各占投资总额的×%、×%。

第二条 本合伙依法组成合伙企业，由甲负责办理工商登记。

第三条 本合伙企业经营期限为十年。如果需要延长期限的，在期满前六个月办理有关手续。

第四条 合伙双方共同经营、共同劳动、共担风险、共负盈亏。企业盈余按照各自的投资比例分配。

企业债务按照各自投资比例负担。任何一方对外偿还债务后，另一方应当按比例在十日内向对方清偿自己应当负担的部分。

第五条 他人可以入伙，但需经甲乙双方同意，并办理增加出资额的手续和订立补充协议。补充协议与本协议具有同等效力。

第六条 出现下列事项，合伙终止。

(1) 合伙期满。
(2) 合伙双方协商同意。
(3) 合伙经营的事业已经完成或者无法完成。
(4) 其他法律规定的情况。

第七条　本协议未尽事宜，双方可补充规定，补充协议与本协议有同等效力。

第八条　本协议一式×份，合伙人各一份。本协议自合伙人签字(或盖章)之日起生效。

合伙人：×××(签字或盖章)
合伙人：×××(签字或盖章)
××××年×月×日

(资料来源：杨安. 创业管理—成功创建新企业[M]. 北京：清华大学出版社，2010.)

四、订立公司章程

(一) 公司章程的概念、作用与制定

1. 公司章程的概念

公司章程是指公司依法制定的，规定公司名称、住所、经营范围、经营管理制度等重大事项的基本文件，也是公司必备的规定公司组织及活动基本规则的书面文件。

公司章程是股东共同一致的意思表示，载明了公司组织和活动的基本准则，是公司的宪章。公司章程具有法定性、真实性、自治性和公开性的基本特征。

2. 公司章程的作用

1) 公司章程是公司设立的最主要条件和最重要的文件

公司的设立程序以订立公司章程开始，以设立登记结束。《中华人民共和国公司法》(以下简称《公司法》)明确规定，订立公司章程是设立公司的条件之一。审批机关和登记机关要对公司章程进行审查，以决定是否给予批准或者给予登记。公司没有公司章程，不能获得批准；公司没有公司章程，也不能获得登记。

2) 公司章程是确定公司权利、义务关系的基本法律文件

公司章程一经有关部门批准，并经公司登记机关核准即对外产生法律效力。公司依公司章程，享有各项权利，并承担各项义务，符合公司章程行为受国家法律的保护；违反章程的行为，有关机关有权对其进行干预和处罚。

3) 公司章程是公司对外进行经济交往的基本法律依据

公司章程规定了公司的组织和活动原则及其细则，包括经营目的、财产状况、权利与义务关系等，这就为投资者、债权人和第三人与该公司进行经济交往提供了条件和资信依据。凡依公司章程而与公司经济进行交往的所有人，依法可以得到有效的保护。

4) 公司章程是公司的自治规范

其一，公司章程作为一种行为规范，不是由国家，而是由公司股东依据公司法自行制定的。《公司法》是公司章程制定的依据。《公司法》只能规定公司的普遍性问题，不可能顾及各个公司的特殊性。而每个公司依照《公司法》制定的公司章程，则能反映本公司的个性，为公司提供行为规范。其二，公司章程是一种法律外的行为规范，由公司自己执行，无须国家强制力

保障实施。当出现违反公司章程的行为时，只要该行为不违反法律法规，就由公司自行解决。其三，公司章程作为公司内部的行为规范，其效力仅及于公司和相关当事人，而不具有普遍的效力。

3. 公司章程的制定

1) 根据公司的特点和需要制定公司章程

世界上没有一个国家的宪法与另一国家的宪法是完全相同的，因为没有一个国家与其他国家是完全相同的。所以，世界上也没有一个公司可以完全照搬照用其他公司的章程。

例如，大部分公司章程套用了《公司法》第一百一十六条的规定："股东会作出修改公司章程、增加或者减少注册资本的决议，以及公司合并、分立、解散或者变更公司形式的决议，应当经出席会议的股东所持表决权的三分之二以上通过。"

但是，如果某公司股东仅两名，且持股分别为51%和49%，则该条款还有如此制定的必要吗？因为其实质上就变成了要求股东会一致同意决议通过。而假如两名股东持股分别为67%以上、33%以下，则该条款的实质就是33%以下的股东没有任何决策权利。

(1) 章程要根据股东的特点和持股比例而定。

制定章程的过程，也是确定股东今后在公司管理决策中权利、地位的过程。章程条款的合理设置，是股东利益博弈的结果。而这种利益的博弈，与股东的特点和持股比例密不可分。

例如，对于小股东而言，扩大股东会表决事项的比例要求，就等于为自己争取今后的发言权。如果公司章程中将重大事项均列入须全体股东一致同意才能通过的范围，则小股东将在公司运营中占有优势地位，这比通过《公司法》的强制性规定来保护小股东合法权益更具有效率。

又如，关于董事的产生，是根据股权比例由股东委派还是通过股东会选举产生，区别就在于股东们是更愿意由内部人员来管理公司还是引入外部人员来管理公司。

股东的特点包括股东之间的关系、股东关注利益或事项的区别等，而股东持股比例的不同，则直接影响章程今后的实施以及公司的运行效率。

在一个股东人数众多、股权比例分散的公司，如章程中将大部分公司职权设置为须经公司股东会表决通过，则该公司的运行必然是没有效率的。而在一个只有两三名股东、股权比例又相差悬殊(如各占90%、10%)的公司，如章程约定经营管理的具体事项要经股东会一致同意才能通过，则该公司今后极可能陷入僵局。

(2) 章程要根据公司的行业特点、运行机制来制定。

公司所处的行业不同，决策的产生与执行的要求不同，运行的机制不同，都需要不同的公司章程。在章程的规定适应公司的行业特点、执行机制时，公司股东之间、股东与公司之间的矛盾就会减少，反之，则纠纷不断。

在一个要求及时、快速决策的行业内，或在一个充满冒险与机遇的市场中，公司的管理职权应更多地下放给公司经理等经营层；而在一个需要谨慎从事的行业内，公司的管理职权则应更多地集中于股东会。

公司在运行中主要依赖于人力资源时，股东的表决权与分红权应当与出资比例相区别，以体现人的作用；而当公司在运行中更依据资金、设备时，股东的表决权与分红权则应当与其出资比例相一致，以体现资本的作用。凡此种种，均需要投资者事先做出考虑与平衡，并在公司章程中做出明确规定。

2) 公司章程应细化、明确，具有可操作性

《公司法》规定了公司章程的必备内容，也就相关内容做出了原则性的规定。很多中小企业投资者往往认为法律已经规定得很明确了，公司章程照抄就行了。殊不知如此章程就失去了制定的必要性。实际上，公司章程的作用，就是将这些法律规定的内容细化，使其具有可操作性，符合本公司的实际情况。

另外，规定违反章程的后果及救济方式也很重要。例如，《公司法》第一百一十九条规定："股东会应当对所议事项的决定作成会议记录，主持人、出席会议的董事应当在会议记录上签名。"但如果股东参加会议却拒不在会议记录上签名，那么意味着什么？是认定该股东弃权、反对还是同意？同样的这些问题，也适用于董事会会议的程序等。

3) 尽可能地将股东关注的内容与约定写入章程

无论是公司设立协议中的约定，还是在公司运行中，股东就公司管理、权力制约、利益分配等达成的一致，都可以是公司章程的内容；同时，尽可能地预测纠纷产生的可能并建立解决机制，将是章程在公司运行中发挥作用的重点。

股东只有将这些内容都规范地写入章程，成为公司运行的规则，才能使得公司股东之间、公司与股东之间建立起良好的关系，也才能使得公司的自治纳入法律体系，得到法律的保护。

(二) 办理注册手续

1. 租房

在商用的写字楼租一间办公室，租房后要签订租房合同，签订好租房合同后，还要到税务局按年租金的千分之一的税率购买印花税，并让房主提供房产证的复印件。自己有厂房或者办公室也可以。从 2007 年 10 月开始，很多城市不允许在居民楼里办公。

2. 核名

到工商部门领取一张"企业(字号)名称预先核准申请表"，填写你准备取的公司名称，由工商部门上网(工商部门内部网)检索是否有重名，如果没有重名，就可以使用这个名称。工商部门会核发一张企业名称预先核准通知书，由于各地公司注册量大导致很多名字重复，因此常见的名字最好别用，可预先准备好 1~10 个备用名字。

3. 刻私章

刻法人私章。

4. 编写"公司章程"

可以在工商部门网站下载"公司章程"的样本，根据实际情况修改即可。章程的最后由所有股东签名。

5. 到会计师事务所领取"银行询征函"

联系一家会计师事务所，领取一张"银行询征函"(必须是原件，会计师事务所盖鲜章)。

6. 去银行开立公司验资户

所有股东带上自己入股的那一部分钱到银行，带上公司章程、工商部门发的核名通知、法人代表的私章、身份证、用于验资的钱、空白询征函表格，到银行开立公司账户，并且告诉银

行是开验资户。开立好公司账户后,各个股东按自己出资额向公司账户中存入相应的钱。发给每个股东缴款单,并在询征函上盖银行的章。

7. 办理验资报告

拿着银行出具的股东缴款单、银行盖章后的询征函,以及公司章程、核名通知、房租合同、房产证复印件,到会计师事务所办理验资报告。

8. 注册公司

到工商部门领取公司设立登记的各种表格,包括设立登记申请表、股东(发起人)名单、董事经理监理情况、法人代表登记表、指定代表或委托代理人登记表。填好后,连同核名通知、公司章程、房租合同、房产证复印件、验资报告一起交给工商部门。大概3个工作日后可领取执照。

9. 办理企业组织机构代码证

凭营业执照到技术监督局办理组织机构代码证。办这个证需要半个月,技术监督局会首先发一个预先受理代码证明文件,凭这个文件可以办理后面的税务登记证、银行基本户开户手续。

10. 去银行开基本户

凭营业执照、组织机构代码证,去银行开立基本账号。最好是在原来办理验资时的同一个银行网点办理,否则,会多收100元的验资账户费用。开基本户需要填很多表,最好把能带齐的东西全部带上,不然要跑很多趟,具体包括营业执照正本原件、身份证、组织机构代码证、公财章、法人章。开基本户时,还需要购买一个密码器(从下半年起,大多银行都有这个规定),密码器需要280元。今后公司开支票、划款时,都需要使用密码器来生成密码。

11. 办理税务登记

领取执照后,在当地税务局申请领取税务登记证。一般而言,公司都需要办理2种税务登记证,即国税和地税。办理税务登记证时,必须有一个会计,因为税务局要求提交的资料其中有一项是会计资格证和身份证。你可先请一个兼职会计,小公司刚开始请的兼职会计工资一般在 200 元左右。申请领购发票:如果你的公司是销售商品的,应该到国税申请发票;如果是服务性质的公司,则到地税申领发票。

五、创立企业涉及的法律法规

(一) 专利与专利法

1. 专利

专利指一项发明创造的首创者所拥有的受保护的独享权益。专利可分为如下3类。

(1) 发明专利,根据我国《专利法》第二条的规定,发明是指对产品、方法或者其改进所提出的新的技术方案。产品是指工业上能够制造的各种新制品,包括有一定形状和结构的固体、液体、气体之类的物品。方法是指对原料进行加工,制成各种产品的方法。发明专利并不要求它是经过实践证明可以直接应用于工业生产的技术成果,但不能将其与单纯地提出课题、设想相混同,因为单纯的课题、设想不具备工业上应用的可能性。

(2) 实用新型专利。实用新型是指对产品的形状、构造或者其结合所提出的适于实用的新的技术方案。实用新型专利保护的范围较窄，它只保护有一定形状或结构的新产品，不保护方法及没有固定形状的物质。实用新型的技术方案更注重实用性，其技术水平较发明而言要低一些，多数国家实用新型专利保护的都是比较简单的、改进型的技术发明。

(3) 外观设计是指对产品的形状、图案或其结合，以及色彩与形状、图案的结合所做出的富有美感并适于工业应用的新设计。外观设计与发明、实用新型有明显区别，注重的是设计人对一项产品的外观所做出的富于艺术性、具有美感的创造。

2. 专利法

专利法是调整因发明而产生的一定社会关系，促进技术进步和经济发展的法律规范的总和。就其性质而言，专利法既是国内法，又是涉外法；既是确立专利权人的各项权利和义务的实体法，又是规定专利申请、审查、批准一系列程序制度的程序法；既是调整在专利申请、审查、批准和专利实施管理中纵向关系的法律，又是调整专利所有、专利转让和使用许可的横向关系的法律；既是调整专利人身关系的法律，又是调整专利财产关系的法律。专利法主要包括如下内容：发明专利申请人的资格，专利法保护的对象，专利申请和审查程序，获得专利的条件，专利代理，专利权归属，专利权的发生与消灭，专利权保护期，专利权人的权利和义务，专利实施，转让和使用许可，专利权的保护等。

（二）商标与商标法

1. 商标

商标是指在商品或者服务项目上所使用的，由文字、图形、字母、数字、三维标志和颜色以及上述要素的组合构成的显著标志。注册商标的有效期为 10 年，可以申请续展，每次续展注册的有效期也为 10 年。

2. 商标法

商标法是指为了加强商标管理，保护商标专用权，促使生产、经营者保证商品和服务质量，维护商标信誉，以保障消费者和生产、经营者的利益，促进社会主义市场经济的发展而制定的法律。

（三）著作权与著作权法

1. 著作权

著作权是指自然人、法人或者其他组织对文学、艺术和科学作品享有的财产权利和精神权利的总称。在我国，著作权即指版权。广义的著作权还包括邻接权，我国《中华人民共和国著作权法》称之为"与著作权有关的权利"。著作权的保护期限为作者有生之年加上去世后 50 年，我国实行作品自动保护原则和自愿登记原则。

2. 著作权法

著作权法是指为保护文学、艺术和科学作品作者的著作权，以及与著作权有关的权益，鼓励有益于社会主义精神文明、物质文明建设的作品的创作和传播，促进社会主义文化和科学事业的发展与繁荣而制定的法律。

(四) 不正当竞争法

不正当竞争法是指为了促进社会主义市场经济健康发展，鼓励和保护公平竞争，制止不正当竞争行为，保护经营者和消费者的合法权益而制定的法律。

案例 6-2

== 猫形钟的竞争 ==

从1993年到1996年，广州东方模具有限公司生产的"猫外形钟"使用了与美国鲍斯有限公司在先使用的 GARFIELD 牌猫形钟相近似的商品外包装。1996年底，美国鲍斯有限公司就此事向广州市工商行政管理局进行了投诉。对于此案，广州市工商行政管理局认为，广州东方模具有限公司的行为构成了《反不正当竞争法》第五条第二款所规定的不正当竞争行为，对其进行了侵权包装的收缴，并处以罚款。

(资料来源：根据网络资料整理)

(五) 产品质量法

产品质量法是加强对产品质量的监督管理，提高产品质量水平，明确产品质量责任，保护消费者的合法权益，维护社会经济秩序而制定的法律。

(六) 劳动法

保护劳动者的合法权益，调整劳动关系，建立和维护适应社会主义市场经济的劳动制度，促进经济发展和社会进步而制定的法律。

六、影响创业选址的因素

1. 政治因素

创业选址应考虑将企业建立在一个政局稳定，政策连贯性较好的地区。

2. 经济因素

创业选址应考虑将企业建在一个关联企业和关联机构相对集中的地区，即将企业建在一个好的产业"团簇"中。

6.1.2 新企业的选址

3. 技术因素

创业选址应考虑将企业建在技术研发中心附近，或建在新技术信息传递比较迅速、频繁的地区。

4. 社会因素

创业选址应考虑将企业建在其企业文化与所生产的产品得到较大认同的地区。

5. 自然因素

例如，英国曼彻斯特是世界著名的纺织城，为什么？美国的好莱坞为什么成为世界电影城？

案例 6-3

世界公司之都——特拉华州

特拉华州是美国第二小的州，人口不足 100 万人。但至今，全球有 80 多万家公司(包括 61% 的"财富 500 强"公司)，75%的在美国首次上市的公司，一半以上在纽约证券交易所和纳斯达克上市的公司在特拉华州注册。如肯德基、麦当劳、可口可乐、雅虎、谷歌、沃尔玛等都是在特拉华州注册。虽然这些公司在特拉华州注册，但是它们的工厂、运作和销售网络可以分布在美国各地甚至世界各处。每年有 4 万多家新公司在特拉华州成立或注册。近些年，特拉华州政府部门还在中国上海开设了办事处，负责招商引资，协助国际公司注册。

为什么众多的公司选择在这里注册？

原因之一：开明公平的法院

美国商业协会委任 824 名律师对美国各地的法庭声誉做了问卷调查，结果：特拉华州的法庭制度在所有 10 个调查目录中都排列第一，包括立法审判的及时性、法官的公正性、陪审团的公平性。近 80%的回答都表示法律环境影响了投资者在该州投资的决定。

原因之二：自上而下的重商传统

负责公司注册的特拉华州州务卿办公室更像是一个注重效率的企业组织。

(1) 州政府给注册单位配备了最先进的办公条件和一流的服务人员。
(2) 工作人员视注册公司如同衣食父母，办事殷勤，态度友好。
(3) 手续简单、快捷、经济。
(4) 大部分的公司可以在一小时内完成全部的注册手续。
(5) 不需要股东亲自前往注册。

原因三：注册优势

(1) 不要求有公民身份。
(2) 没有最低资本要求。
(3) 它不要求公司必须在该州有办公场所。
(4) 公司档案也可以不在特拉华州保管。
(5) 特拉华州不征收销售税。
(6) 在特拉华州注册，而公司位于其他地方、业务运作在其他地方进行的公司，不用缴纳公司所得税。
(7) 如不在本土经营业务，可免收任何税款。
(8) 投资环境自由，可用公司名义买卖物业。

(资料来源：根据网络资料整理)

七、创业选址的步骤

企业的选址过程，一般遵循市场信息的收集和研究、多个选点的评价、最终地址的确定和预期收益分析等步骤。

1. 市场信息的收集和研究

在新企业的初创时期，特别是选址阶段，信息对创业者来说是非常重要的。有研究表明市场信息的使用会影响企业的绩效，而市场信息与选址决策衔尾相随的关系更是显而易见。因此，根据已经列出的影响选址的五项因素，创业者自己或借助专业的中介机构有效地收集市场信息是出色地完成选址决策的第一步。

2. 多个选点的评价

通过对市场上各种信息的收集、汇总、整理及初步简单的定性分析后，创业者可以得出若干个新企业地址的候选地，这时可以借助科学的、定性定量的方法对各候选地进行整体评价，找出各候选地的优劣点。

3. 最终地址的确定

创业者依据已经汇总整理的市场信息及其所要进入的行业特点和自己企业的特征，通过科学的评估手段，完成选择决策，迈出自己创业至关重要的第一步。

4. 预期收益分析

依据预估销售额、成本、净利率，分析和评估此位置，最后确定是否可以投资。

八、开店选址的十个细节

1. 交通便利

开店选址应选择交通便利的地方，如车站的附近，或者在顾客步行不超过 20 分钟路程的街道设店。

2. 接近人们聚集的场所

开店选址应选择接近人们聚集的场所，如剧院、电影院、公园等娱乐场所附近，或者大工厂、机关附近。

3. 选择人口增加较快的地方

开店选址应选择人口增加较快的地方，企业、居民区和市政的发展，会给店铺带来更多的顾客，并使其更具发展潜力。

4. 选择较少横街或障碍物的一边

许多时候，行人为了要过马路，会集中精力去躲避车辆或其他来往行人，而忽略了一旁的店铺，因此开店选址应选择较少横街或障碍物的一边。

5. 集聚效应

因为人们一想到购买某商品就会自然而然地想起这个地方。

6. 根据经营内容来选择地址

有的店铺要求开在人流量大的地方，如服装店、小超市，但有的店铺(如保健用品商店和老人服务中心)则适宜开在偏僻、安静的地方。

7. 有"傍大腿"意识

"傍大腿"意识即把店铺开在著名连锁店或品牌店附近,甚至可以开在它的旁边。店铺与超市、商厦、饭店、24小时药店、咖啡店、茶艺馆、酒吧、学校、银行、邮局、洗衣店、冲印店、社区服务中心、社区文化体育活动中心等集客力较强的品牌门店和公共场所相邻。例如,你想经营吃的,那你就将店铺开在"麦当劳""肯德基"的周围。

8. 位于商业中心街道

东西走向街道最好坐北朝南;南北走向街道最好坐西朝东,尽可能位于十字路口的西北拐角。另外,三岔路口是好地方;在坡路上开店不可取;路面与店铺地面高低不能太悬殊。

9. 选择有广告空间的店面

店面要有独立的广告空间,能在店前有"发挥"营销智慧的空间。

10. 选择由冷变热的区位

与其选择现在被商家看好的店铺经营位置,不如选择不远的将来由冷变热的、目前未被看好的街道或市区。

案例6-4

麦当劳如何选址

麦当劳餐厅是大型的连锁快餐集团,在世界上大约拥有3万家分店,2010年全球营业收入227.45亿美元。在选址问题上,麦当劳有一本厚达千页的规范手册作为指导,一切都程序化。广泛而详尽的店址决策系统,包括人口统计数据库和以人口统计为基础的专业行销研究机构的决策支持。麦当劳借助此系统能将目标店址方圆几公里范围内的消费群和竞争态势做出透彻分析,保证了麦当劳商铺选址上的万无一失。

麦当劳在选址上一直遵循以下两个重要原则。①方便顾客就餐,尽可能方便顾客的光临。麦当劳的选址,精确到"米",方法有"数灯泡""步量"等,尽量让人们在需要时容易找到它们。②按照顾客活动和车辆行人往来的规律来进行。因为研究显示,四分之三的顾客是在办别的事时顺便来麦当劳就餐。因此,选址方式应特别注意顾客活动和车辆行人往来的规律。

(资料来源:根据网络资料整理)

九、新企业的社会认同

(一) 企业社会责任

企业社会责任(corporate social responsibility,CSR)是指企业在创造利润、对股东和员工承担法律责任的同时,还要承担对消费者、社区和环境的责任,企业的社会责任要求企业必须超越把利润作为唯一目标的传统理念,强调要在生产过程中对人的价值的关注,强调对环境、消费者及社会的贡献。

(二) 企业社会责任的内容

1. 经济责任

企业应该承担并履行好经济责任，为极大丰富人民的物质生活，为国民经济的快速稳定发展发挥自己应有的作用。最直接地说就是盈利，尽可能扩大销售，降低成本，正确决策，保证利益相关者的合法权益。

2. 法律责任

企业要在遵纪守法方面做出表率，遵守所有的法律法规，包括环境保护法、消费者权益法和劳动保护法。完成所有的合同义务，带头诚信经营，合法经营，承兑保修允诺。带动企业的雇员、企业所在的社区等共同遵纪守法，共建法治社会。

3. 伦理责任

伦理责任是社会对企业的期望，企业应努力使社会不遭受自己的运营活动、产品及服务的消极影响。加速产业技术升级和产业结构的优化，大力发展绿色企业，增大企业吸纳就业的能力，为环境保护和社会安定尽职尽责。

4. 慈善责任

现阶段构建和谐社会的一个重要任务是大力发展社会事业，教育、医疗卫生、社会保障等事业的发展直接关系人民的最直接利益，也直接决定着社会安定与否，和谐与否。很多地方在发展社会事业上投资不足或无力投资，这就需要调动一切可以调动的资本，企业应充分发挥资本优势，为发展社会事业，为成为一个好的企业公民而对外捐助。支援社区教育、支持健康、人文关怀、文化与艺术、城市建设等项目的发展，帮助社区改善公共环境，自愿为社区工作。

扩展阅读

褚时健，属牛

2019年3月5日，褚橙创始人褚时健，在玉溪市人民医院去世，享年91岁。这位被誉为中国烟草大王、中国橙王、"影响了中国企业家"的企业家，很少有人不佩服。

正和岛创始人刘东华曾问褚时健："褚老，如果您给自己留下一句墓志铭，会是什么？"问清什么是墓志铭后，褚时健身子俯到桌面，盯着刘东华的眼睛，一字一顿地吐出五个字："褚时健，属牛。"

人活着就要干事情，干事情就要干好

对褚时健而言，"做"就是老老实实地做，往精里做。《褚时健传》的作者周桦认为，认真只是工匠精神的一方面，所谓大匠，还必须知道什么叫作"好"。在他看来，"褚老是从小就见过什么是好东西的人"，这是褚时健工匠精神的重要来源。"所谓见识，无非就是见过好东西，然后能判断什么是好东西，进而能做出好东西。"《褚时健传》里有一个例子。

有一年在红塔集团，褚时健带下属远赴欧洲采购设备。临回国前，下属问："厂长，我们不出去玩玩吗？""你们想去玩吗？""当然啊。"他让下属在巴黎疯玩了三天，但他自己对风景没有兴趣，倒是对巴黎的名画和雕像兴趣浓烈，因为作者那一份精雕细琢的艺术。

周桦所谓的"好东西"还包括一流的人物。褚时健在昆明念高中的时候正值西南联大迁居昆明，彼时联大的一些教授为了改善生活，经常到昆明的高中兼课，褚时健还见过闻一多。褚时健本人也常说这样一句话："做一件事，力气花了，要是马马虎虎地做，那力气也就白花了。认认真真地去做，更划算。"正和岛创始人刘东华曾经带一群企业家去云南拜访褚时健，有人提问："这么大岁数种橙子，您有没有在某天夜里辗转反侧，想过撒手不干了，休息休息？"褚时健直摆手："从来没想过。我从小就闲不住，总得有点事情做。"老伴儿马静芬接茬："不敢想，休息，吃什么去？"又有人提问："87岁了，您觉得人为什么活着？"褚时健顿住了，说："还不是为了把事情做好。"

褚时健曾经接受媒体采访，这样评价自己："我不希望别人在说起我的人生时有多少褒扬，我只是希望人们说起我时，会说上一句'褚时健这个人，还是做了一些事'。"多年生活、工作在褚时健身边的外孙女婿李亚鑫说，外公给他印象最深的是两点：一是一生做事认真；二是对得起别人。

"属牛"的褚时健也有软肋

在85岁生日时，褚时健在生日聚会上高声说："我和老伴，我们两个都是属牛的，一辈子都要劳动，一辈子都离不开土地。"

实际上，褚时健属龙，老伴马静芬属鸡。说自己属牛的褚时健，的确像老黄牛一样干了一辈子，同时，他的人生经历，也的确够牛。

褚时健少年时期就经历了战争和时代带来的太多死亡，青年从政，中年从商，退休前夕从巅峰摔落，锒铛入狱，疾病缠身。74岁那年，他与妻子从零开始，包山种橙，花了十年时间让"褚橙"名满天下，创造了新的商业传奇。但"属牛"的褚时健，也有软肋。

在离90岁生日还有6天的时候，褚时健退休了。"现在(我)90了，很多时候心有余力不足，这也是自然现象。但我这一生，对得起国家，对得起社会，也对得起我家庭几代人，我也就心满意足了。"但关于退休，接班人问题一直困扰着褚时健。2015年，褚橙质量下滑，遭遇质量危机，褚时健在媒体上公开道歉，2016年，褚时健决定并砍掉了37 000棵树，震惊了所有人。这年10月，两场发布会的召开，让褚家陷入"内斗"传闻。一边是被褚时健叫回国的儿子褚一斌，宣布和天猫商城的独家合作。一边是一手创建褚橙整个营销体系的外孙女婿李亚鑫，在另一场发布会澄清，褚橙没有和天猫独家合作的计划。蹊跷的是，这两场发布会，褚时健都出席了。对此，有媒体解读为"面对儿子与外孙女婿，选择两难"。

褚时健曾说自己有个本事，就是他所到的地方，都是一两年就有起色，还创下了不少纪录：20世纪六七十年代他在糖厂，创下了连续15年利润爆发式增长的纪录；1979年，他担任玉溪卷烟厂厂长，用17年时间将濒临倒闭的烟厂带到了全国第一，世界第五的位置，每年上缴税金占云南财政收入的60%，并成立了云南红塔山集团有限公司……

但在接班人问题上，他第一次犯了难。《褚时健传》作者周桦曾评价说：回到家庭里，坚硬褪去，柔软露出。他用克制而笨拙的方式，想要照顾到每一个人。褚时健花了两年时间，终于在2017年6月做出了决定，和平解决了接班人问题：将褚氏的母公司新平金泰果品公司，交给儿子褚一斌。被问到如何看待褚时健的决定时，曾经的2号接班人李亚鑫表示，自己支持褚老的任何决定，一切听从他的安排。"我从一无所有，每月1200块钱工资，做到现在，有了自己的基地和选果厂。而且褚老教我做事，教我很多为人的道理，我觉得人不能太贪心，他能教会我这两点足够了。现在我已经看得很淡了，都无所谓。"

每天都琢磨菜怎样才好吃的人，永远不会想着自杀

《褚时健传》作者周桦也说，很多人好奇，家里出了那么大的事儿，自己和妻女都被关押，他似乎还能像没有事情发生一样，从监狱里出来以后还能创业，他为什么会这样？难道他女儿自杀对他刺激不够大吗？难道牢狱之灾对他刺激不够大吗？但其实，在接受别人采访时，褚时健回忆起那段痛苦的经历，比任何人都平静。通常是听的人被他说得掉眼泪了，而他自己却没有一丝一毫的激动。也许，青少年时期因为战争经历过父亲和兄弟死亡的褚时健，早就有了生命的钝感力。"他经历过多次人生的生离死别，所以在他心里，生和死，人生的大起大落，成了他人生的一个底色，所以他能很容易让自己很通达。"

褚时健有一个口头禅，说到一个不好的事情时，就对自己说"不想了，不管了"，在监狱的时候也这样。很多老朋友去监狱看他，所有人都去安慰他，但后来发现不用安慰。

周桦说："因为他很平静，他会告诉你监狱里有什么好玩的有趣的事。他在给我回忆监狱生活的时候，也很少讲监狱带给他的孤独感。他会跟我说他会做菜了，是监狱里学到的，他更多是在讲这些细节。一个每天都琢磨着这道菜怎样才好吃的人，永远不会想着自杀，褚时健就是这么一个人。"他的生命力还在于，即使做了很多了不起的事，他还能拥有普通人情怀。他还会每天在家做酸菜，包里放一些花生米，寻找自己小小的快乐。他首先是让自己的生活很舒适、很愉快，没把自己当回事。这才使得他在面对大起大落时，能够迅速地自我消解，而不是一下子失去触底反弹的能力。

回望人生，褚时健说："我的一生经历过几次大起大落，我不谈什么后悔、无悔，也没有必要向谁去证明自己的生命价值。人要对自己负责任，只要自己不想趴下，别人是无法让你趴下的。"

对自己负责，大概就是人生最好的结局。如今，91 岁的褚时健，一切已尘埃落定。这世上任何事，都将不再和他产生关系。但传奇落幕，褚橙长青！

(资料来源：根据网络资料整理)

第二节　新企业的生存管理

导入案例 6-5

万宝路靠重新定位取得二次创业成功

万宝路(Marlboro)由美国菲利普·莫里斯公司制造，是世界上最畅销的香烟品牌之一。万宝路 1854 年以一小店起家，1908 年正式以品牌 Marlboro 形式在美国注册登记，1919 年成立菲利普·莫里斯公司。

在创业早期，万宝路的定位是女士烟，消费者绝大多数是女性。其广告口号是：像五月的天气一样温和。可是，事与愿违，尽管当时美国吸烟人数年年都在上升，但万宝路香烟的销路始终平平。莫里斯公司在 20 世纪 40 年代初停止生产万宝路香烟。

第二次世界大战后，美国吸烟人数继续增多，万宝路把最新问世的过滤嘴香烟重新搬回女士香烟市场并推出三个系列：简装的一种，白色与红色过滤嘴的一种，广告语为"与你的嘴唇和指尖相配"的一种。当时美国香烟消费量达 3820 亿支一年，平均每个消费者要抽 2262 支之多，然而万宝路的销路仍然不佳，吸烟者中很少有人抽万宝路的，甚至知道这个牌子的人也极为有限。

1954 年莫里斯公司找到了当时非常著名的营销策划人李奥·贝纳，交给了他这个课题：怎么才能让更多的女士购买消费万宝路香烟？

李奥·贝纳完全突破了莫里斯公司限定的任务和资源，对万宝路进行了全新的"变性手术"，大胆向莫里斯公司提出：将万宝路香烟改变定位为男子汉香烟，变淡烟为重口味香烟，增加香味含量，并大胆改造万宝路形象——包装采用当时首创的平开盒盖技术并以象征力量的红色作为外盒的主要色彩。广告上的重大改变是：万宝路香烟广告不再以妇女为主要诉求对象，而一再强调万宝路香烟的男子汉气概，以浑身散发粗犷、豪迈、英雄气概的美国西部牛仔为品牌形象，吸引所有喜爱、欣赏和追求这种气概的消费者。

在万宝路的品牌、营销、广告策略按照李奥·贝纳的策划思路改变后的第二年(1955 年)，万宝路香烟在美国香烟品牌中销量一跃排名第 10 位，之后便扶摇直上。今天万宝路已经成为全球仅次于可口可乐第二大品牌，其品牌价值高达 500 亿美元。

(资料来源：根据网络资料整理)

知识要点：
初创企业和传统企业的差异、管理初创型企业的方法。

学习目的：
1. 了解初创企业的特点；
2. 了解初创企业管理应具备的能力；
3. 熟悉初创企业管理的典型方法。

一、新企业管理的特殊性

(一) 初创企业管理的特点

初创企业的管理主要指初期企业建设与成长期的管理，主要表现在：企业制度在建设和完善；内外部资源的获取和利用较弱；战略方向的确定未验证、不明确；基本组织管理构架的搭设不完整；权利义务关系的安排不清晰；业务流程的规划有待提升；企业文化在孕育中。

初创企业管理的特点："以生存为首要目标"的管理方式；"主要依靠自有资金创造自由现金流"的管理方式；"所有的人做所有的事"的团队管理方式；"创始人亲自深入运作细节"的管理方式。

(二) 初创企业的优势和劣势

1. 优势

(1) 竞争者较少，投资回报率相对于其他阶段要高出许多，企业销售收入快速增长。

(2) 承担风险的代价不大，创业者充满探索精神，更加敢于尝试新理念和商业模式，从而在市场竞争中脱颖而出。

(3) 创业者充满对未来的期望，往往能够容忍暂时的失误，这一时期的创业者对未来的期望值大于已有成就。

(4) 初创公司通常规模较小，组织结构扁平，决策灵活，能够快速适应市场变化。

2. 劣势

1) 资金不足

企业往往会把短期贷款用于较长时间才能产生效益的投资项目，造成可控自由现金流出现问题，很多初创企业的破产都和现金流息息相关；另外，初创企业往往通过股份转让进行融资，但这种方式很可能会把企业交给对"事业"毫无怜悯心的风险资本家。

2) 制度不完善

初创企业的制度建设是不完善的，在处理一些流程性问题时往往采取权宜之计，在强调灵活性的同时，又会使企业养成"坏习惯"。

3) 因人设岗

初创企业的组织架构往往是扁平的，岗位的设置往往是因人设岗，一旦关键岗位人员流失就会给企业正常运营带来困难。

4) 品牌认知度低

相比传统初创公司，初创公司的品牌认知度往往较低，需要付出更多的时间和资源来建立品牌形象和扩大市场份额。

（三）创业企业和传统企业的差异

(1) 传统企业强调"计划—执行"逻辑，而创业企业则注重探寻机会。
(2) 传统企业强调技术和资源，创业企业关注能够撬动资源并整合资源的杠杆。
(3) 传统企业强调稳定性和秩序，而创业企业则关注速度和行为。
(4) 传统企业强调流程和过程的改进，创业企业关注成果和细节。

二、新企业成长的驱动因素

（一）洞察和创造需求

成功的创业者应该基于真实的顾客需求来开发新产品和服务。但令人奇怪的是，很少的创业者开发出了能满足真实需求的产品，大部分以不能产生销售而失败，这是因为大部分创业者陶醉于创建新企业的想法之中，而对于能否提供优于市场上现有产品的新产品考虑不够。真实的需求指顾客存在未解决的问题，而现有的产品或服务又不能提供一种解决方案。例如，能够治愈肺癌的药物就具有真实的需求。至今没有一种治愈这种病的药，而得这种病的病人需要这种药。相对于现有产品或服务，如果新产品或服务能够更好地解决顾客的问题，就可以说存在真实的需求。

6.2.1 新企业生存管理

(二) 创业营销

1. 创业营销的概念和价值

新企业的营销也称创业营销。为了减少营销投入，创业者常常以创新型、非尖端的营销战术和个人网络进行各种营销活动。创业营销就是对未经计划的、非线性的、理想化的创业企业营销活动所进行的理论总结。它是营销者不受当前资源限制、基于机会视角主动寻求新手段为目标客户创造价值的营销活动。

结合美国营销协会(AMA)和相关学者的研究，创业营销可定义为：创业营销是创业者为突破资源束缚，通过创新、风险承担和超前行动，主动识别、评价和利用机会，以获取可保留的有价值客户的组织职能或过程。

2. 传统营销和创业营销的比较

创业营销意在为营销者提供更有针对性、更有效的新的营销手段，它并不排斥传统营销的基本原理及手段。所以，创业营销与传统营销所采用的许多营销手段是相同的，很难用简单的二分法加以区分。

创业营销的最重要目标是要解决创业企业的生存问题，帮助创业者敏锐地捕捉到市场机会，采取营销行动，主宰企业的生存命运。

3. 创业的STP策略

STP 即目标市场营销，是指企业根据一定的标准对整体市场进行细分后，从中选择一个或者多个细分市场作为自身的目标市场，并针对目标市场进行市场定位。

1) 创业者要进行有效的市场细分(market segmentation)

创业者一定要避免面面俱到，从创业开始就要瞄准细分市场，这样更容易发现市场中的营销机会，有利于创业者集中有限的资源进行有效竞争。市场细分的依据和方法很多，以个人消费品为例，主要有四大类别，即地理变量、人口统计变量、心理变量和行为变量。

2) 选择合理的目标市场(target market)

创业者首先根据细分市场的规模和增长潜力、细分市场结构的吸引力和企业目标、资源情况等评估细分市场，选择最具有吸引力的细分市场。目标市场的选择策略很多，创业者选择集中性目标营销策略通常更易于成功。

3) 进行准确的市场定位(market position)

创业者可选择不同的差异化来源进行创造性的市场定位，通常有以下三种市场定位战略可供选择。

(1) 避强定位。这是一种避开强有力的竞争对手的定位战略，其优点是风险小。

(2) 补缺定位。将企业产品定位在目标市场的空白处，不与目标市场上的竞争者直接对抗，创业者采取补缺定位更易于成功。

(3) 重新定位。通常是指对那些销路不好、市场反应差或形象不清晰的产品进行二次定位，优点是能摆脱困境，重新获得增长与活力。

4. 创业的4R策略

1) 4R 营销的概念

21 世纪伊始，《4R 营销》的作者艾略特·艾登伯格提出 4R 营销理论。4R

6.2.2 创业的 4R策略

营销理论以关系营销为核心,重在建立顾客忠诚。它阐述了四个全新的营销组合要素:关联(relativity)、反应(reaction)、关系(relation)和回报(retribution)。4R 理论强调企业与顾客在市场变化的动态中应建立长久互动的关系,以防止顾客流失,赢得长期而稳定的市场;面对迅速变化的顾客需求,企业应学会倾听顾客的意见,及时寻找、发现和挖掘顾客的渴望与不满及其可能发生的演变,同时建立快速反应机制以对市场变化快速做出反应;企业与顾客之间应建立长期而稳定的朋友关系,从实现销售转变为实现对顾客的责任与承诺,以维持顾客再次购买和顾客忠诚;企业应追求市场回报,并将市场回报当作企业进一步发展和保持与市场建立关系的动力与源泉。

2) 4R 营销的操作要点

(1) 紧密联系顾客。企业必须通过某些有效的方式在业务、需求等方面与顾客建立关联,形成一种互助、互求、互需的关系,把顾客与企业联系在一起,减少顾客的流失,以此提高顾客的忠诚度,赢得长期而稳定的市场。

(2) 提高对市场的反应速度。多数公司倾向于说给顾客听,却往往忽略了倾听的重要性。在相互渗透、相互影响的市场中,对企业来说最现实的问题不在于如何制订、实施计划,而在于如何及时地倾听顾客的希望、渴望和需求,并及时做出反应来满足顾客的需求,这样才利于市场的发展。

(3) 重视与顾客的互动关系。4R 营销理论认为,如今抢占市场的关键已转变为与顾客建立长期而稳固的关系,把交易转变成一种责任,建立起和顾客的互动关系。而沟通是建立这种互动关系的重要手段。

(4) 回报是营销的源泉。由于营销目标必须注重产出,注重企业在营销活动中的回报,因此企业要满足客户需求,为客户提供价值,不能做无用的事情。一方面,回报是维持市场关系的必要条件;另一方面,追求回报是营销发展的动力,营销的最终价值在于其是否给企业带来短期或长期收入的能力。

3) 4R 营销的特点

(1) 4R 营销以竞争为导向,在新的层次上提出了营销新思路。根据市场日趋激烈的竞争形势,4R 营销着眼于企业与顾客建立互动与双赢的关系,不仅积极地满足顾客的需求,而且主动地创造需求,通过关联、关系、反应等形式建立与它独特的关系,把企业与顾客联系在一起,形成了独特竞争优势。

(2) 4R 营销真正体现并落实了关系营销的思想。4R 营销提出了如何建立关系、长期拥有客户、保证长期利益的具体操作方式,这是关系营销史上的一个很大的进步。

(3) 4R 营销是实现互动与双赢的保证。4R 营销的反应机制为建立企业与顾客关联、互动与双赢的关系提供了基础和保证,同时延伸和升华了营销便利性。

(4) 4R 营销的回报使企业兼顾成本和双赢两方面的内容。为了追求利润,企业必然实施低成本战略,充分考虑顾客愿意支付的成本,实现成本的最小化,并在此基础上获得更多的顾客份额,形成规模效益。这样一来,企业为顾客提供的产品和追求回报就会最终融合,相互促进,从而达到双赢的目的。

4R 营销理论的最大特点是以竞争为导向,在新的层次上概括了营销的新框架。该理论根据市场不断成熟和竞争日趋激烈的形势,着眼于企业与顾客互动与双赢,不仅积极地适应顾客的需求,而且主动地创造需求,通过关联、关系、反应等形式与客户形成独特的关系,把企业与客户联系在一起，形成竞争优势。

三、新企业成长管理的技巧与策略

(一) 新企业成长的基本规律

1. 企业成长阶段

企业成长如同人的成长一样，具有阶段性。不同学者有不同的划分方法和结果，通常将企业成长阶段划分为以下几个阶段。

1) 创业期

创业者开办企业的基本理由是对市场需求的把握和预测，并能够组织资源开发出适合市场需求的新产品。在这一时期，新产品刚刚上市，甚至市场上还没有新产品，顾客对产品知之甚少，市场前景也不明朗，竞争对手很少，彼此之间也很少直接交锋。创业团队虽然艰苦，但大家目标一致，高度团结。组织很不正规，没有明确的分工，采取个人独立工作或分散的小组的运作方式，但效率高，大家相互协作，创业的灵魂人物对每个人都施加影响。

创业期企业面临的主要问题是市场和产品的创新问题。

2) 成长期

随着新产品打开市场局面，企业业务快速发展，企业进入成长期。在这一时期，顾客的产品知识日益丰富，对质量、价格、交货等方面提出了更高的要求；竞争对手增加，竞争范围扩大，企业面对价格竞争的压力越来越大；为了扩大规模，占据有利的市场地位，企业不再满足于单一产品的发展，转向产品多元化开发。

人员方面，大量新员工涌入，给企业原有的价值观和行为规范带来巨大的冲击；领导者不可能再管到每个人；中层管理者希望有更多的权力和权威；人员素质和水平越来越不能满足公司发展的需要。

组织和流程方面，职责划分不清，流程运作不畅等问题引起效率下降；部门间协调越来越多，出现了大量新的工作、新的问题，大家都看到、议论并评价，但不去解决，部门本位主义日益明显。

3) 成熟期

一般来说，进入成熟期的企业面对的是寡头垄断的市场竞争格局，竞争更加白热化和多样化。顾客不但要求产品质优价廉，更要求在某些方面能给他们带来独特的价值。品牌在市场竞争中越来越重要。企业要想扩大市场份额很困难，并将付出沉重的代价，但稍不努力，则面临市场份额的丧失并走下坡路。

在员工层面，创新和创业精神渐渐淡薄，取而代之的是循规守矩的思维和按部就班的节奏，官僚作风逐渐形成。组织和流程的僵化问题日趋严重，组织结构臃肿、繁杂，在组织内部，听不到客户的需求和抱怨；流程运作艰难，效率低下，文件"旅行"的现象随处可见。

4) 持续发展期

如果企业在成熟期后能避免衰退期，即进入持续发展期，从而实现永续经营的追求。如何在企业文化中注入新的理念和活力，如何克服巨大的成本压力，如何快速响应顾客多样化的需求，如何整合现有业务实现业务转型……这些都是这一时期企业面临的巨大挑战。

2. 企业成长机理

企业持续成长必须由企业结构和功能的不断完善做保障。企业的结构主要是指企业的组织、制度、文化等的构成及其相互关系；企业的功能主要是指企业的组织、制度、文化等发挥的作用及其对环境的反应与适应能力。新企业创建后经过一定时期的成长过程，最主要的就是企业的组织结构与企业的规模能够相适应，企业的制度框架与企业的组织结构相适应，企业文化与企业的组织结构、企业的制度框架相融合。即企业的组织结构、制度框架、企业文化等能够融为一体，且经得起比较大的环境波动和企业高层管理者的变动，成长到这个程度的企业可称之为成熟企业。

(二) 有效的新企业成长管理

1. 标杆管理

标杆管理方法较好地体现了现代知识管理中追求竞争优势的本质特性，通过标杆瞄准，企业能通过识别并模仿其他成功企业的经营方法，从而提升相应的自身活动质量，具有巨大的实效性和广泛的适用性。企业成长为标杆瞄准提供了绝佳机会。通常，如果公司的"标杆瞄准"企业没有将公司视为竞争者，这将推动并有利于公司的标杆瞄准努力。实施标杆瞄准的成功企业数不胜数。例如，杜邦、Kodak、通用、Ford、IBM 等这些名企业在日常管理活动中均应用了标杆管理法。而在中国，海尔、李宁、联想等知名企业也通过采用标杆管理的方法取得了巨大成功。

案例 6-6

国内外知名企业使用的标杆管理理论

宝钢标杆管理的分析

宝钢是我国最大的现代化钢铁联合企业，在多年的建设与发展过程中着眼于提升企业的国际竞争力，始终坚持技术创新，形成了自己的鲜明特色和优势。为了跻身于世界第一流钢铁企业之林，宝钢在 2000 年引入实施了标杆管理作为技术创新管理工具，选定了 164 项生产经营指标作为进行标杆定位的具体内容，选择了 45 家世界先进钢铁企业作为标杆企业。

宝钢的标杆管理是比较成功的，其管理成效也非常显著。其将标杆管理运用到企业的各个方面。并且将对标企业选择本行业的佼佼者，最大可能地为宝钢提供了借鉴优势。同时借鉴了其他行业经验，在特定方面可以引用了"外援"。标杆管理的引入和实施为宝钢的技术创新提供了一种可信、可行的奋斗目标，极大地增强了宝钢的技术创新体系对外部环境变化的反应能力。

海尔标杆管理的分析

海尔的"OEC"管理不但以自身的先进管理为我国企业树立了学习标杆，而且提供了防止标杆管理中战略趋同的创新理念。这套管理系统方法学习先进企业基本管理理念，以海尔文化和日清日高为基础，以订单信息为中心，带动物流和资金流运行。它激励员工创造并完成有价值的订单，使员工人人对用户负责，实现了企业管理的新飞跃，并且在学习标杆战略的基础上，突出其企业自身优势，利用海尔的文化创出本土化的世界名牌。

在学习标杆技术的基础上，海尔进行自身技术创新。海尔以技术创新为本企业实力的坚强后盾，在策略上，着眼于利用全球科技资源，除了在国内建立有独立经营能力的高科技开发公司，还在国外建立了海外开发设计分部，并与一些世界著名公司建立了技术联盟。

(资料来源：根据网络资料整理)

2. 平衡企业职能管理

大多数新企业在创业期没有规范化的管理方式，也无法进行专业化的经营，创业者往往身兼数职。创业企业在职能管理方面的表现如下：在营销管理上，卖出产品换回收入，即销售是创业初期最重要的任务，许多新企业在创业初期销量很大，但没有利润；在人力资源管理上，组织结构层次简单，决策权在主要创业者手中，决策简单，决策与执行环节少。

很多企业认识到专业化经营的需求时已经太晚，在快速成长压力下错误不断。为此，管理者应谋求企业的快速行动和市场机会把握能力与有效管理成长和专业化经营实践需要之间的恰当平衡。

兼顾规模与效益。可规范销售行为，对客户进行筛选和细化管理，满足关键客户的需求，促进销售收入与利润的同步增长，努力成为在某些产业或利基市场上销量名列前茅的领导企业。

做好计划，处理好短期生存和远景目标的关系，关键是执行可扩展的商业模式，即利润率会随销售额增长而提高。

处理好控制与放权的关系，加强领导与沟通，提供有力的激励和鼓舞，提高员工的凝聚力。

3. 企业组织结构变革

新企业成长的组织障碍表现如下。一是复杂组织体系带来的问题。随着现有企业的成长和壮大，组织结构越来越复杂，导致企业在识别市场机会、实现管理承诺、完成有效市场行动等方面行动迟缓。同时，由于组织层级增加，管理幅度收窄，分工细化，专业化加强；加之实行自上而下的严格控制方式，沟通渠道不畅，员工创新和创造空间被大大压缩、挤占，新事业受到极大抑制。二是现有政策和流程的固化作用。现行政策和流程是企业日常运作有序和连续的重要保证，但对创业具有阻隔作用：①批准程序繁杂；②繁文缛节、详尽精确的文件材料要求。而企业成长本身具有风险性、不确定性，不可能精确，有的甚至不可预测；同时创业机会的时效性非常强，如果时间迟滞，成长就会缺乏动力。所以企业要随时根据内外部环境的变化进行组织结构变革，通过组织结构的变革激发企业的内驱力。

扩展阅读

创业的30种死法，你是哪一种？

我们总是能看到成功耀眼的创业故事，却不知道那些无数不为人知的成功背后是什么样的经验教训。曾经的"VC 之王"靳海涛先生目睹创投在中国从无到有，看过无数创业项目。他把几十年的投资经验总结成文，发现创业项目之所以会死掉，可以概括为 30 个原因。本文是他的经验分享。

一、创业者的精神和道德层面

1. 缺乏理想

每一个成功的企业家，给我的第一感觉就是有理想。反之，我们投资失败的企业，失败的首要原因就是缺乏理想和情操，把钱放到至高无上的地位。

我们原来投资的一家企业做艾滋病药研究，预期可以是明星企业。如果这个企业还存在的话，肯定在创业板第一批上市公司阵容里。但是它倒闭了，老板也锒铛入狱了。为什么呢？在做企业过程中，他利用这个平台，想自己挣更多的钱。如果一个创业者把钱看得最重要，早晚要失败，因为他可能为了钱做一些不该做的事情。

所以，做小生意勤快就够，做中生意要拼智慧，如果要做大生意，必须靠德，也就是说要有理想。

2. 只适应顺风顺水，缺乏坚持的决心和毅力

我们投了一个企业，做生物新药。在过去十年里，它没有一分钱收入，但是它坚持下来了。在美国的同类药，去年卖了78亿美元，而我们做的这个药，价格可以便宜一半。这个成功是个大成功，但如果没有永不言弃的精神，这个公司早干不下去了。

我们投资的另一家企业，在路由器行业兴盛时做路由器，做得不是很成功，就转向网络安全。干了一段，又不行。现在转向了系统集成——一个在中国可能做不大的行业。如果这位创业者坚持做路由器，我想这家公司至少不是现在这种境地。

3. 过于依赖以往的经验，因循守旧拒绝改变

产品要升级，模式要创新，管理上也要创新。任何一方面，如果依赖以往的经验，都可能导致失败。我们投资过一个资源类行业企业，条件非常好。但是它死守传统，不去开发创新的产品，也没有开拓创新的模式。金融危机前，传统的产品每年能贡献5千万～6千万元利润，金融危机以后则只有500万元，处于半死不活状态。

我们投资东莞的一家光电企业，以前做钢结构，后转向高科技，现在是LED照明的亚洲老大，它的路灯已经超过3000千米。你创新了，做了一个新产品，不用担心过去的产品，这是环境变化带给企业的变化。

4. 长袖善舞，缺乏务实精神

有些创业者不是扎扎实实地干，而是投机取巧。比如说靠忽悠，靠忽悠能成一时，无法成一世。讲门子、盼速成，希望一件事情很快能成功。天上掉馅饼也许有一次，不会有第二次。企业缺乏务实精神，今天不失败，明天也会失败。

5. 为上市而上市，既害人又害己

企业上市，应该是水到渠成的过程，不是靠单纯的包装。为上市巧做假账，毛利或者净利突然提升。为上市拆东墙补西墙，拆一次可以，但如果遇到环境变化，那可能拆西墙补东墙也不够。还有的企业为了上市而盲目扩张，结果不能适应市场需要，或者没有团队去经营扩张以后的资产而导致失败。

二、企业发展战略层面

1. 不清楚长期战略

创业不能只知道今天干什么,不知道明天干什么。长期发展战略处在一个混沌状态,你就没法给员工指明方向。

我们投资做太阳能的晶科能源时,公司单一做拉晶,在行业内处于二三流地位,很快碰上金融危机。面临金融危机,企业认真分析了行业状况,做了战略调整,由原来的拉晶扩展到电池片,再扩展到电池组件,2010年在纽交所发行股票上市,前段时期又以很高的价格增发了一次。晶科2010年前三季度实现净利人民币5.14亿元,其中第三季度实现2.59亿元,环比增长43.6%,同比增幅高达1865%,这家企业已经进入第一流的太阳能企业行列。

企业步入金牛业态后,现金流非常好,就一定要考虑转型升级。如果金牛的时候不转型,不做战略调整,有朝一日可能变成瘦狗。

2. 战略只在浅层打转,缺乏探求深层规律的魄力和本领

一些企业只是在过往经验上找出路,只在表面资源上做文章,结果导致企业都没长大。一定要跳出来,通过创新方式使企业获得发展。

3. 不敢扩张或者无序扩张

扩张是一把双刃剑。对于创业者来讲,第一,不能不去扩张。第二,不能偏听偏信资本运作者的主意,在不该扩张的时候去扩张。要按照自己的发展规律去做。扩张不及则忧,但扩张过度,比不及还差,就像一句成语"过犹不及"。

一家位于兰州的企业的创业者认为不需要扩张,可以满足市场需要。隔几年一看,满足不了市场需求了,于是想要扩张,却突然发现,第一钱不够,第二竞争对手已经一大帮了。这就是"不及则忧"。

另有一家企业,本来有合适的时机上市。但他认为规模大了以后可以卖更好的价钱,于是买了美国的一整条生产线,结果这条生产线从建立那天起就没有一分钱的盈利,企业现在已经倒闭了。如果他不盲目扩张,上市有了更多钱以后,再看究竟应该采取什么方式扩张,也许已经成功了。这就是"过犹不及"。

扩张应该循序渐进。我们投过一家做工业化厨房的企业,第一个厨房还没有运行,就去扩张做第二个厨房。第一个厨房的运营是非常必要的,在运营中找到好和不好的地方,再根据运行的实际情况建第二个厨房。结果还没能把第二个厨房扩张起来,资金链就断裂了。

我们现在投了一个做连锁餐饮的项目,创业者要来深圳收购15个网点。我对他说,千万不要一下子收购15个,极限不能超过3个。结果他试了3个点,深圳2个,东莞1个,都失败了,因为产品不适合这个地方经销。所以,创业如果不知道行不行,要先试,再循序渐进地推进。

4. 资本运作战略出问题

很多企业家缺乏资本运作的判断能力,偏听偏信财务顾问。但如果企业制定了资本运作的规划,企业家一定要自己首先弄明白,完全明白是不太容易的。要持续积累,这是非常重要的。

大体了解后,还要做到兼听则明。只听一家财务顾问给出的意见也许会违背企业利益最大化。因为财务顾问是有特长的,比如我的特长是在美国上市,我如果给你推荐别的地方,我的

饭碗就没有了。

5. 财务杠杆的战略不当

不利用财务杠杆，没有合理的负债，那你就不是一个很好的企业家。但如果负债过高，流动性风险就增加，正常情况下高负债还能撑得住，一遇到经济环境变化，特别是金融危机，就撑不住了。

企业相互乱担保害人害己，而且丧失了被营救的条件。我们投资过一家细分行业老大的企业，一味搞扩张，钱不够就借款。借款得找人担保，就跟另外一家企业搞互保，结果扩张本身失败了。原本还有挽救的机会，但跟他互保的对象也失败了，没有办法救。所以，相互乱担保是害人害己的办法，千万不要为降低财务成本而互保。

三、公司治理结构层面

1. 实施家族式管理，缺乏辅助决策体系的监督

很多创业企业是家族企业，不少还是夫妻店。我的观点是，如果一个企业想成功，必须关掉夫妻店。家族企业想成功，必须适度地进行决策阳光化。家族企业会产生什么问题呢？第一是员工缺乏责任感。第二是碰到困难的时候，员工很难跟你同舟共济。第三是无法做到集思广益。

2. 核心创业人员持股比例过低

核心创业人员的持股比例如果低于30%，成功率就低(国有企业除外，国有企业给员工10%或15%的股份就很好了，因为基础不一样)。我们投过这样的企业，行业很好，企业水平也很高，从这个公司出来的人，已经缔造了一批伟大的公司，而这个企业却走向没落。原因就是骨干没有股份。还有一些靠风投支持下来的公司，大股东是风险投资机构，创业团队持股比例很小，这种企业的成功率也低。创业者骨干股份少，做事的心态和办法都不一样。

另外，老板不变，团队常变不可取。遇到困难，应该让团队去持股而不是换一个团队、改个产品，这种做法成功率不高。

3. 激励与约束不匹配

激励不到位，等于不激励。该花100元的只花了60元，等于白花。我一贯的主张是，单给团队高薪水、高待遇是不行的，应该给他股份。约束也非常重要。约束的目的是什么呢？就是让人"有贼心无贼胆"。贼心管不了，但贼胆可以靠制度来管。

4. 创业团队的智力结构过于单一，风格过于重合

创业团队如果知识结构不齐全，都是一类专长的人，很容易出问题。有人适合搞技术，有人善于搞管理，有人善于搞经营；内向的人适合搞科研，外向的人适合搞经营——应该做这样的分析判断，做到人员合理搭配。人才结构好的企业，成功率非常高；人才结构不好的企业，成功率低，或者成功了也是小成功。

5. 实际控制人的精力过于分散

很多创业家同时做很多事情，不如专注做一件事情。如果作为老板，你已经不专注了怎么办？第一，你的CEO必须持有公司股份，太少了不行；第二，你应该有人格魅力，在员工面前，你的人格魅力非常重要。如果人格魅力不够，失败的可能性更大。

四、产品技术层面

1. 知识产权保护不力

知识产权的保护,对企业盈利能力影响非常大。中国也有靠知识产权作为主要营收的企业,更多的情况是,知识产权保护得比较好,企业获得一个比较好的发展环境。如果在知识产权方面有重大瑕疵,这样的项目不要做。

2. 技术门槛和市场门槛低

门槛包括两个:技术门槛和市场门槛。门槛高低,不能用简单和复杂来区分。有的企业做的事情,看起来很简单,但门槛很高。因为市场地位也是门槛——新浪、携程都挺简单,但市场地位高,有规模,这样的企业门槛很高。

3. 可替代性强

作为创业者,替代趋势的分析非常重要。有三种替代:第一种是革命性的,如 LCD(液晶)替代 CRT;第二种是多样性的,如电影和电视剧,过去电视剧把电影赢得一塌糊涂,后来电影追上来了;第三种是差异性的,如线上线下购物方式的长期共荣。

4. 有天花板

一些专业的软件公司,市场占有得差不多之后就下来了,又去规划另外一个专业软件。应该开始规划的时候,就要多规划几个产品,奋斗空间不能太窄。如果人家认为你有天花板,就不会有兴趣。你想私募很困难,或者上市了股票价格走不上去,这都是天花板造成的。

5. 单一市场

以前中国企业能出口是好企业,现在要既能出口又能内销才算好。两个市场都敢卖,就说明对国内和国外的销售都掌握了规律。单一市场有一个很大疑问——经济周期和宏观环境变化可能导致生存困难。

6. 对资源和环境的依赖大

创业或投资,朝减少消耗的方向走,成功的可能性就更大。对于现有的企业来讲,有两条对策:第一要逐步减少对资源和环境的依赖;第二要提高应对环境变化的本领。在金融危机时有一个现象:需求减少了,但有限的需求会特别集中,这会造成个别企业更加优秀。

我们扶植上市的东方日升,是做太阳能的。2007 年利润是 2000 万元,2008 年太阳能行业大洗牌,东方日升的利润涨到 8000 万元。2009 年利润达到 1.35 亿元,2010 年 1 至 9 月业绩为 1.5 亿元。它何以持续增长?因为有消化环境的本领。

7. 没有差异化的竞争优势

产品与技术的水准要与众不同。产品与技术市场基础要牢固,市场要有一个认可度。所以我认为,创业要争取做哪怕很小的细分市场的第一、第二,做后边的不行。另外,产品与技术的经营管理要略胜一筹。核心就是成本控制,成本控制好了,就可能在别人不挣钱的时候挣钱,在别人挣小钱的时候挣大钱。

五、商业策略与经营模式层面

1. 泡沫阶段赶潮流

创业也好，投资也好，不要在行业中后期或顶点进入，否则未来3至5年都是艰难的生存期。

我们曾经投资一家企业，投资当年就是利润最高点，因为这个行业走到顶点了。要选择在行业的爬坡阶段投资。2006年底，我们投资了做锂电池正极材料的企业，利润不足300万。在别人还不敢投的时候我们投了，结果企业高速成长，2009年利润已经达到4000万元，上市了，我们赚了近50倍。

2. 产业链过长

干一件事，要考虑你的链条究竟有多长。我们投资了很多芯片设计公司，后来发现到终端短的企业都成功了，而到终端长的企业，情况不太好，这就叫"链条过长容易断"。

我们还投资了电视购物公司。电视购物公司在国外挺好，在中国却没有一个伟大公司出现。细分起来，就是因为需要搞定的环节太多。第一，要有频道资源，可能这个城市签下来了那个城市签不下来。第二，选择好的产品也不容易。第三，购物人的观念也非常重要。大家对电视购物不相信，影响营销效果。第四，还有跟商家利益分配的问题，事情很复杂。因为环节太多，某一个点出了问题就不行。

3. 制约点太广、太多

同样的道理，如果办成一件事情需要盖很多"公章"，这事就很难。产品也一样，如果你做的产品配套环节太多，也会非常困难。

4. 雪中送炭还是锦上添花

这是需求分析的问题。每一个项目，你都可以这样去考虑：它是雪中送炭还是锦上添花？雪中送炭要比锦上添花好。例如，手机支付有两种：一种可以把信用卡集成在手机SIM卡上，付款只要带手机就可以；另一种模式是把通过桌面执行的电子支付搬到手机上。前一种模式是雪中送炭，后一种模式就是锦上添花。同样两个项目，雪中送炭的应该是优先选项，如果是"锦上添花"型项目，那必须高举高打。

5. 领先一大步等于赔钱等三年

要干领先一小步的事，而不要干领先一大步的事。领先一大步的事国家来干。

6. 忽略新项目的凌乱美

对项目亮点的准确判断是成功的一半。比如腾讯，十年前，腾讯找我们投资，我们看不明白，或者说对凌乱美没看明白，没投。如果当时投500万元，现在的市值应该是400亿元。所以，不能忽略创新项目的凌乱美。创业也好，做投资也好，对项目亮点的判断是很重要的。

7. 当杂货铺掌柜

每一个企业都应该专业化，如果已经专业化，就要把细分领域做精。我们也做过这样的项目，企业本身业务是专业化的，但它没有把专业化的一个细分领域去做精，而是每一个都去做，最后它失败了。

8. 单一依赖

对单一客户和市场的依赖也很可怕，有的时候企业家觉得单一依赖很舒服——对特定市场的依赖，是因为这个市场提供的利润高，换了一个特定市场可能利润低。

但应该从更长的时间点来看这个问题，因为市场环境是不断变化的。此外，做资本运作的时候，如果你有多个市场，投资人的想象空间就大，估值就高。所以，不管从经营角度来讲，还是从投资角度来讲，都要尽量规避单一依赖。

(资料来源：根据网络资料整理)

参考文献

[1] 陈晓暾，陈李彬，田敏. 创新创业教育入门与实践[M]. 北京：清华大学出版社，2017.
[2] 李秀华，刘武，赵德奎. 大学生创新与创业[M]. 吉林：吉林大学出版社，2015.
[3] 彭有冬，等. 大学生创新创业基础[M]. 北京：中国林业出版社，2016.
[4] 冯林. 大学生创新基础[M]. 北京：高等教育出版社，2017.
[5] 何伟. 创新与创业基础[M]. 北京：国家行政学院出版社，2018.
[6] 唐继红. 大学生创新创业实务[M]. 北京：高等教育出版社，2017.
[7] 朱海雄，等. 商业计划书编写指南[M]. 北京：电子工业出版社，2012.
[8] 李伟，张世辉. 创新创业教程[M]. 北京：清华大学出版社，2018.
[9] 李家华. 创业基础[M]. 北京：北京师范大学出版社，2013.
[10] 杰弗里·蒂蒙斯，小斯蒂芬·斯皮内利. 创业学[M]. 北京：人民邮电出版社，2005.
[11] 孙燕芳，安贵鑫. 大学生创业基础[M]. 山东：中国石油大学出版社，2015.
[12] 李家华. 创业基础[M]. 2版. 北京：清华大学出版社，2015.
[13] 高文兵. 创业基础教程[M]. 北京：高等教育出版社，2015.
[14] 莫尊理. 创新思维与创业指导[M]. 上海：上海交通大学出版社，2017.
[15] 张玉利，杨俊，等. 创业研究经典文献述评[M]. 北京：机械工业出版社，2018.
[16] 王艳茹，王兵. 创业基础课堂操作示范[M]. 北京：北京师范大学出版社，2014.
[17] 朱建良，李光明. 大学生创新创业教程：慕课版[M]. 北京：人民邮电出版社，2018.
[18] 李家华，王艳茹. 创业基础：微课版[M]. 上海：上海交通大学出版社，2017.
[19] 创业邦. 创业者的天下，未来将是他们的：无所畏有所为的95后大学生们[EB/OL]. https://www.cyzone.cn/article/126643.html. 2015-07-08.
[20] 李桥臻. 周新民：无人机开启创业梦[N]. 绵阳日报，2017-2-24.
[21] Joseph Schumpeter, History of Economic Analysis, New York：Oxford University Press, 1954, p.897.
[22] Casson, M.,1982, The Entrepreneur: An Economic Theory, Totowa, NJ: Barnes & Noble Boos.
[23] Ireland, R., Hitt, M., Camp, S. & Sexton, D.,2001, "Integrating Entrepreneurship and Strategic Management Actions to Create Firm Wealth", Academy of Management Executive, 15: 49-64.
[24] Kirzner, L.,1973, Competition and Entrepreneurship, Chicago: University of Chicago Press.
[25] Kirzner, I.,1997, "Entrepreneurial Discovery and the Competitive Market Process: An Austrian Approach", Journal of Economic Literature,35: 60-85.